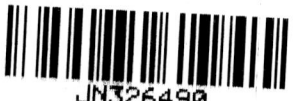

# 排除と抵抗の郊外

フランス〈移民〉集住地域の形成と変容

森　千香子［著］

東京大学出版会

The Banished Suburb:
Social Exclusion, Urban Segregation and Resistance in French Society

Chikako MORI

University of Tokyo Press, 2016
ISBN978-4-13-056109-9

# 排除と抵抗の郊外——目　次

# 序章
# フランス主流社会とマイノリティの亀裂を問う

2015年11月13日金曜の夜，首都パリと郊外サン・ドニの計6カ所で同時襲撃事件が発生し，死者129人負傷者352人をだす大惨事となった（2016年1月16日現在）．事件後まもなく「イスラーム国」が犯行声明をだし，それに対してフランス政府は「テロリズムに対する戦争」を宣言，15日に「イスラーム国」の事実上の「首都」となっているシリア北部ラッカを空爆した．

また国内では事件直後に非常事態宣言が発令され（11月20日に2016年2月26日までの延長，同年1月22日には5月末までの再延長が決定），警察の権限が強化されて，2015年12月28日時点で家宅捜索2977件，自宅軟禁処分391件，199件の武器押収が報告された．このように事件以降，フランスでは国内外で「テロリズム対策」が行なわれてきた．

しかしこの悲劇は「グローバル・テロリズム」とそれに抵抗する「民主主義」というような図式には容易に収まりきらない背景をもっている．それは過去30年にわたって深まってきた，フランスの主流社会と移民・マイノリティの間の亀裂である．実行犯の多くは，ヨーロッパで生まれ育った「ホームグロウン」のエスニック・マイノリティの若者たちであった．彼らをこのような暴力へと向かわせる社会構造とはいったい何なのだろうか．

本書は，フランスで現在「紛争」と化している事態を，マジョリティとマイノリティの間にある「亀裂」という角度から考察していくものである．

## I――フランスの移民統合の理想と現実　OECDの比較調査から

毎年2億を超える人が国境を越えて移動し（2013年2.32億人[1]），移動先に定住する人も増加するなか，移民を社会にどう統合するかは多くの国々で課題となっている．専門家の間でも各国の「統合モデル」の利点や限界について議論が重ねられてきた．

そのような状況のなか，2015 年 7 月に経済協力開発機構は加盟国 34 カ国の移民統合に関する報告書『移民統合の指標』を発表し（OECD 2015），各国の現状を（統計調査がもつ限界はあるにせよ）比較するデータが提供された．それによれば，フランスの移民の就業率は 57％で，ドイツ（69％）やイギリス（68％）はもちろんのこと，新興移民国のイタリア（59.5％）よりも低く，EU 加盟国（平均 62％）のなかでフランスを下回るのはスペイン，ベルギー，ギリシャのみである．また貧困層の占める割合も 30％を超え（一般世帯は 13％），「移民―非移民[2] 経済格差」は OECD 加盟国で最大レベルとなっている．

学歴の相対的な低さも特徴的で，低学歴・無学歴者が占める割合は 43％と OECD 加盟国平均（29％）を大きく上回り，この数値はフランス生まれの第 2 世代にかぎっても 23％と OECD 加盟国平均（12％）の倍近い．以上の数字は移民第 1 世代だけでなく，フランス生まれの第 2 世代にも依然として「フランス人」との間に大きな格差があることを示唆している．

住宅や医療へのアクセスに関しては加盟国平均を上回る数値が出たものの，フランスでは他国と比べて雇用や教育の面で移民と非移民の間に大きな格差が存在しているとの結果が出た．いったい原因はどこにあるのか．OECD 国際人口移動部門責任者ジャン＝クリストフ・デュモンは「フレキシビリティを欠いた労働市場」「言語習得率の低さ」「社会関係資本の低さ」「（フランスが）学歴社会であること」などを要因にあげている（OECD 2015）．だが困難の背景には，差別の影響も無視できないだろう．OECD 調査によれば，フランスで「差別を受けている」と答えた人の割合は OECD ならびに EU 加盟国平均よりも高く，特に移民 1 世（17％）より，フランス生まれの 2 世のほうが高い（27％）数値を記録した．つまり被差別意識は世代をおって弱まるどころか，強まっているという結果が出たのである．

フランスは，国家が全ての市民に出自，人種，宗教の差異に関係なく平等を保障する一方，市民に対して自らの差異を私的領域に閉じ込めることを求め，少数者の集団的権利は一切認めないという共和主義を国家理念とする．そのよ

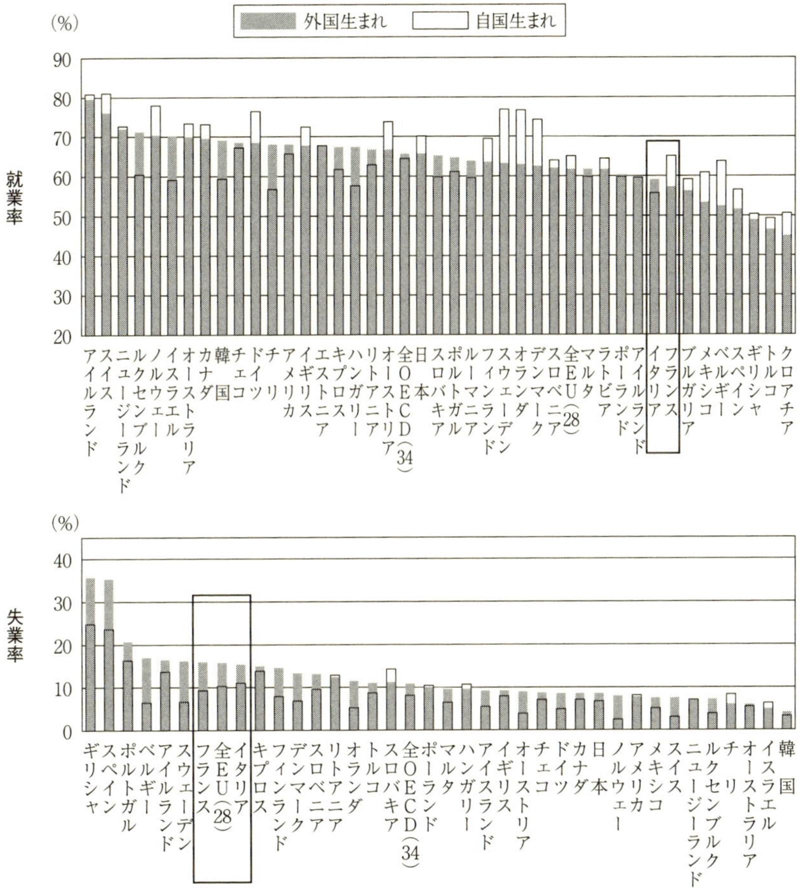


**図 0-1**　2012-13 年 OECD 加盟国における移民の雇用率・失業率

出典：OECD（2015: 83, 89）.

うな共和主義にもとづいたフランス型移民統合モデルはアングロ＝サクソン型多文化主義に比べ，同化主義の傾向が強いと言われる．たとえばエマニュエル・トッドは『移民の運命』で女性の外婚率にもとづいて欧米の移民の統合度合いを比較し，フランスを「平等主義核家族」とモデル化し，「積極的な移民同化をすすめる最良のモデル[3)]」と位置づけている（トッド 1999）．しかし 2015 年の OECD 報告書は，トッドの理想化されたモデルを裏切るようなフラ

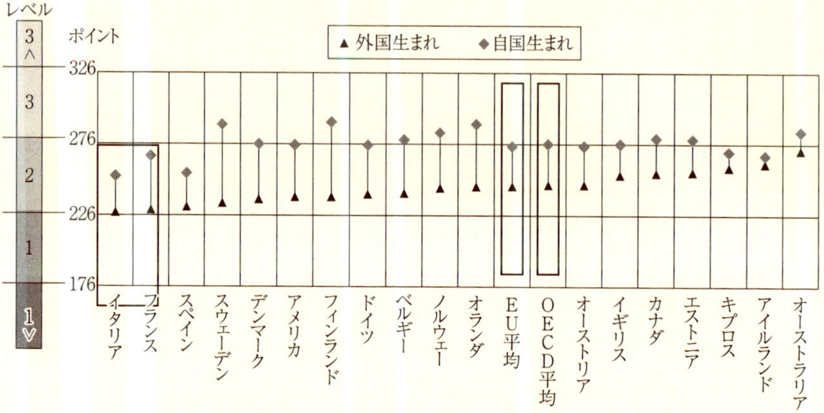


**図 0-2** 2012 年 16-64 歳の出生地別読解力レベル比較
出典：OECD（2015: 135）.

ンスの実態を明らかにし，「移民女性がフランス人男性と結婚すれば」統合がすすみ，次第に差別や排除の問題が解消されるというように簡単にはいかないことを示唆した.

## 2——移民からエスニック・マイノリティへ
### 呼称変化とアプローチの転換

フランスは国籍法で血統主義とともに出生地主義を採用しており，フランス生まれの外国人の子どもには成人（18 歳）になると自動的にフランス国籍が付与される．また同国では憲法第 1 条で「フランス共和国は一にして不可分」で「すべての市民は出自，民族，宗教などの差異にかかわらず法の前に平等」という原則が定められており，一度フランス国籍を取得すれば「フランス国民」として統計上カウントされ，その民族的出自を問うことは「差別」にあたると見なされる．このような制度のもとで「移民」とは「外国で外国人として生まれ，その後フランスに移住してきた人」と定義されるため，フランス生まれの移民 2 世以降は「移民」ではなく「国民」とされる．したがってフランスでは公式には「移民 2 世」という概念は存在しない.

しかしフランス国籍を取得し，公式には「フランス人」であっても，実際には「移民同然」の状況におかれた人々が多く存在する．このような実態を明らかにするため，社会学者を中心とした研究者たちは，このカテゴリーの人々を「社会学的移民」と捉え，「移民２世問題」として分析を行ってきた．

筆者も1990年代後半にこのような先行研究に触れて「移民２世問題」の存在を知り，それ以来調査を重ねてきた．だがその間，ずっとある違和感を抱き続けてきた．それは調査対象の人々を「移民」と名指すことへの疑問であり，居心地の悪さであった．居心地の悪さの根源は，聞き取り調査に応じてくれた当事者が「移民」と呼ばれることに対して示す拒否反応にあった．筆者が取り組んできたのはフランス生まれの，まさに「２世以降」の「社会学的移民」とされる人々であったが，その誰もが「移民と呼ばれること」に違和感を示したり，「なぜ移民よばわりされなければいけないんだ」と不快感を露にするのだった．自らを「移民の子ども」だと言う人はいた．「フランス人ではなくアルジェリア人だ」と主張する人もいた．自嘲的に「しょせん，移民扱いなのさ」という人もいた．しかし積極的に自分自身を「移民」と位置づける人にはいまだ出会ったことがない．

だからといって，この人たちがフランスにすっかり同化して「われわれは他のフランス人と変わりないのだ」と主張しているわけでもない．筆者の経験にもとづけば，むしろ「普通のフランス人」と自分の「差異」を意識している人が大半であった．ただ「普通のフランス人」とは違っても，「移民」とよばれることには抵抗をおぼえる，というのである．

もちろん研究を行う上でカテゴリー化は必要である．また「客観性」を標榜する研究において「自称」ばかりを採用するわけにいかないこともあるだろう．だが，「移民」という表現を用いることが，研究者の意に反するかたちで，かえって既存のステレオタイプや差別の強化につながるリスクも意識する必要があるのではないか．そのような観点から歴史家のジェラール・ノワリエルは「移民出自の若者は存在しない」と述べ，また社会学者のナシラ・ゲニフ＝スイラマをはじめ当事者の主観性に光をあててきた研究者たちも単なる「移民」ではなく「北アフリカ移民の子孫」など別の呼称を採用してきた（cf. Guénif-Souilamas 2003）．

筆者は，フランス生まれの人々を「移民」という名称で括ることの最大の問

**表 0-1　移民にルーツをもつ 15-34 歳人口の国別分布**（2013 年）

（1,000 人）

| | 両親が外国生まれのネイティブ | 人口に占める割合（%） | 片親が外国生まれのネイティブ | 人口に占める割合（%） | 外国生まれの子供時移住者 | 人口に占める割合（%） | 外国生まれの成人後移住者 | 人口に占める割合（%） |
|---|---|---|---|---|---|---|---|---|
| オーストリア | 132.9 | 6.3 | 110.0 | 5.2 | 134.8 | 6.4 | 241.5 | 11.5 |
| ベルギー | 198.3 | 7.4 | 240.7 | 8.9 | 142.5 | 5.3 | 291.3 | 10.8 |
| デンマーク | 54.1 | 4.0 | 78.0 | 5.7 | 43.8 | 3.2 | 131.9 | 9.6 |
| フィンランド | 9.8 | 0.7 | 32.4 | 2.4 | 38.1 | 2.8 | 72.6 | 5.4 |
| **フランス** | **1,263.1** | **8.4** | **1,519.0** | **10.1** | **557.5** | **3.7** | **840.9** | **5.6** |
| ドイツ | 1,366.0 | 7.2 | 475.0 | 2.5 | 1,419.0 | 7.5 | 1,536.0 | 8.1 |
| ギリシャ | 15.1** | 0.6** | 38.2** | 1.5** | 94.1 | 3.7 | 180.0 | 7.0 |
| アイルランド | 9.7** | 0.8** | 58.0** | 4.5** | 68.0 | 5.3 | 218.4 | 17.0 |
| イタリア | 30.7** | 0.2** | 277.4** | 2.1** | 577.7 | 4.3 | 1,381.6 | 10.4 |
| ルクセンブルク | 18.9 | 14.0 | 11.1 | 8.2 | 17.3 | 12.8 | 29.3 | 21.7 |
| オランダ | 296.0 | 7.3 | 310.0 | 7.6 | 193.0 | 4.7 | 202.0 | 5.0 |
| ポルトガル | 38.7** | 1.5** | 58.6** | 2.3** | 111.2 | 4.3 | 107.5 | 4.2 |
| スペイン | 80.3 | 0.7 | 331.7 | 2.8 | 583.6 | 5.0 | 1,506.3 | 12.9 |
| スウェーデン | 151.2 | 6.2 | 208.1 | 8.5 | 170.2 | 7.0 | 297.5 | 12.2 |
| イギリス | 990.2 | 6.4 | 224.7 | 1.5 | 642.0 | 4.2 | 2,063.6 | 13.3 |
| **全 EU（15）** | **4,654.9** | **4.9** | **3,973.0** | **4.2** | **4,792.9** | **5.0** | **9,100.3** | **9.6** |

注：1）EU 加盟国中，当該データを保有する 15 カ国.
　2）無印の国のデータが各国で実施された 2012-2013 年の調査にもとづくのに対し，＊＊印の国では国レベルの調査が行われていないため，2008 年の EU 調査にもとづく.
出典：OECD（2015: 235）.

題点が次の点にあると考える．それは「移動してきたこと」を焦点化するあまり，当事者が経験する困難の原因を当事者自身に探ってしまう，というリスクである．「移民２世」とされる人々が直面する問題は，その人たちの親や，その親が「外国」から移動してきたことのみに起因するわけではない．原因は，フランス社会に根を下ろす差別意識や排除の構造にもあるはずだ．しかし「移民」という言葉で問題を切り取ることによって，当事者の属性がクローズアップされ，受け入れ社会と当事者の間の支配―被支配の関係が見えにくくなってしまう．このように「移民」という呼称は単なる呼称の問題ではなく，問題をどう切り取り，どの角度から考察するか，というアプローチの問題とも密接に関わっている．

フランスはEU 諸国のなかでも「移民人口」に占める「（受け入れ国生まれの）２世以降」の割合が大きいことで知られる（**表 0-1**）．またフランスでは 1974

年に新規労働移民受け入れが停止され，それが移民労働者の定住化を引き起こし，フランス生まれの「2世」が誕生したと言われるが，その新規移民停止からもすでに40年以上が経過している．そのことを考えると，**表0-1**では「2世」までしか扱われていないが，表にあらわれない3世以降が主流になっていることが推察される．このような現状をふまえ，宮島喬はすでに「エスニック・マイノリティという呼称を用いてもいいかもしれない」と指摘している（宮島 2012: 37）．

以上の経緯をふまえ，本書は従来の「移民」「移民2世」に代わり「エスニック・マイノリティ」という用語を基本的に採用することとする．「基本的に」の意味は，現象として「移民」が論じられている時など「実践カテゴリー（categories of practice）」としては「移民」を用いることもあるが，「分析カテゴリー（categories of analysis）」としては「エスニック・マイノリティ（この中に宗教も含む）」を採用するという意味である（Bourdieu 1984, Brubaker 2001）．

この用語を採用する理由としては，「マイノリティ」と「マジョリティ」の間にある非対称な関係を焦点化したいという問題意識がある．ここでいう非対称性とは単なる量的な「多数派」「少数派」のみを意味するわけではない．本書では「マイノリティ」と「マジョリティ」の間にある「支配―被支配の構造」（Bourdieu 1980）のもつ非対称性を問題化し，そのような意味で「マイノリティ」という言葉を用いる．そして「マイノリティ」のなかでも「エスニック」に光をあてるのは，ヨーロッパ出身者とそうでない者が直面する問題には差異があり，その根源がエスニシティや「人種」にあり，その背後にあるレイシズムと植民地主義の思想にある，と考えるからである（**図0-3**）．

2世，3世と世代がすすめば移民の葛藤も失われ，社会に溶け込み，問題はじきに消えると考える立場もあるが（cf. トッド 1999），筆者の見解はそれとは異なる．世代がすすんで一定の同化や統合がすすんでも，問題はムスリム移民を対等な存在として受け入れることのできないフランス社会の差別にもあり，それがあるかぎり葛藤は消えないからである．事実，3世が中心となりつつある現在もイスラーモフォビアは減少するどころか増加し，2015年の事件によってフランスのマジョリティとマイノリティの状況は「紛争」の様相さえ呈している．本書が「移民2世」ではなく「エスニック・マイノリティ問題」に焦点

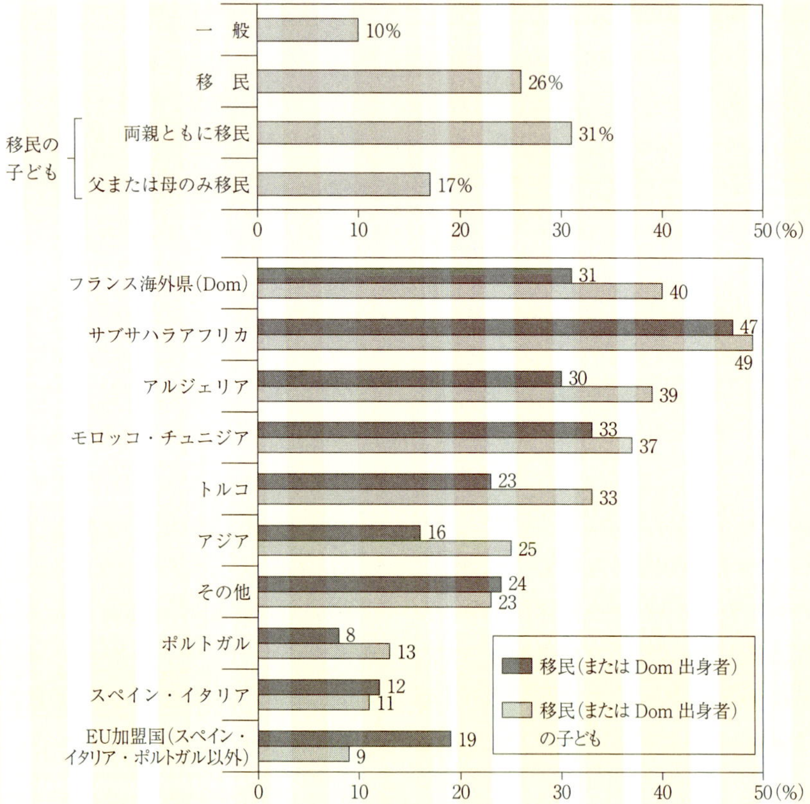


**図 0-3**　出身地・出身国別の被差別意識「過去 5 年間に不平等な扱いや差別を受けたことがありますか？」(対象：フランス在住の 18-50 歳)

出典：Beauchemin *et al.* (2010).

をあてるのはそのためである.

もちろん「エスニック・マイノリティ」という名称自体も完全に満足いくものではない. しかし不完全であり, 問題点を意識しつつも, 「移民」に代わって「マイノリティ」という用語を採用するのは, いま問うべき課題が, 受け入れ社会と当事者の間にある力関係であり, 支配関係だと考えるからである. そうすることで, これまで「移民の統合問題」として扱われてきた問題を「エスニック・マイノリティへの差別, 排除と背後にあるレイシズム」という観点から再検討するのが，本書の目標である．「テロリズム」の凄まじい暴力の根は，より目につきにくい社会的暴力によって涵養されていることを改めて考えていきたい．

## 3――郊外「セーヌ・サン・ドニ県」への注目

本書は，フランスにおける「エスニック・マイノリティへの差別，排除とその背後にあるレイシズム」の問題を，パリ郊外，なかでもセーヌ・サン・ドニ県という場を起点に考察する．同県は2005年郊外暴動が始まった場所であり，2015年のテロ事件の舞台ともなった場所でもあり，フランスにおけるエスニック・マイノリティの問題を鮮やかに映し出す事例だと考えるからである．

フランスには現在「移民1世とその子ども」をあわせると約1200万人が居住し，全人口の約20%にのぼる（INSEE 2012）が，この人口は特に首都圏に集中しており，パリ首都圏では移民1世が全人口の16.9%，「2世」を含めると33%を超える．海外県出身者やその子弟も含めると18-50歳の43%は親のいずれかがフランス本土外出身者だという（Sagot 2011b）．

そのなかでもセーヌ・サン・ドニ県は外国人比率が27.4%にのぼる．しかも18歳以下の57%，新生児の64.9%が外国出身の親をもつといわれ，同県のエスニック・マイノリティ比率がきわめて高く，しかも増加しているのがわかる（Guigou 2010）．より新しい調査では，2015年にパトリック・シモンがセーヌ・サン・ドニ県人口の75%が「移民1世とその子ども」だと指摘している[4]．同県内部においてマイノリティ人口は均等に分布しているわけではないものの，県レベルでみると「エスニック・マイノリティ」が数の上では多数派を構成しつつある．その意味でセーヌ・サン・ドニ県は人口の多文化化がすすみ，「エスニック・マイノリティ」が諸問題に直面するフランス社会のなかでも，様々な現象が明確にあらわれる「実験室」としてとらえられるのではないか，と筆者は考える．

1） http://www.ilo.org/global/topics/labour-migration/lang--en/index.htm
2） OECDの調査は国籍にもとづいた「外国人―国民」の違いではなく，出生地にもとづいた「外国生まれか，自国生まれか」の違いに主眼を置いており，「移民」の中には帰化して国籍を取得した者も含まれる．そのためここでは「移民―国民」という表現ではなく，「移民―非移民」というやや不自然に聞こえる表現を用いる．

3）トッド自身も 2015 年のインタビューで，この研究の背景には，ルペン問題をとりあげフランスの移民政策を非難する英米の研究者に対して「フランスはこれほど外婚率が高く，移民が溶け込んでいるのだ」と反論し，フランスを擁護しようという愛国主義（patriotisme）があったことを認めている．詳しくは *Le Nouvel Observateur* 2015 年 4 月 30 日号を参照．

4）http://www.lesinrocks.com/2015/02/15/actualite/patrick-simon-construire-une-cohesion-partir-de-la-diversite-et-pas-dans-sa-negation-11562488/

# I 章
# フランス郊外研究の視座
## 空間と結びついたマイノリティの差別と排除

## 1――日本とは異なる郊外像

「郊外」ときいて多くのひとが連想するのは，おそらく中産階級の住宅地のイメージではないだろうか．日本でも 1990 年代以降，郊外をテーマとした社会学関連の書籍が多く刊行されてきたが，その大半が中産階級の住宅地で発生する諸現象・諸問題を対象としている．郊外住民の消費行動と家族の変容（三浦 1995），「郊外化」が生み出した「息苦しさ」（宮台 2000），郊外のローカル・コミュニティ（玉野 2005，玉野・浅川編 2009），郊外社会学というディシプリン確立の可能性（若林 2007），格差（東・北田 2007），高齢化・地域の空洞化（三浦 2012）など内容は多岐にわたるが，郊外を「平均的日本人」の居住空間と捉える点で一致する．

このような郊外像は，19 世紀以降にイギリスやアメリカ合衆国で定着してきた郊外のイメージと重なる．イギリスではブルジョワジーが，産業化がすすみ人口の増大したロンドンを忌避して「家族を防衛するため」に郊外に田園都市を築いた．合衆国でもホワイトカラー層が鉄道網の発達とともに郊外に移住して「芝生文化」に代表される独自の文化とコミュニティを形成した．そして以上の現象について研究がすすめられてきた（Whyte 1956=1984，Riesman 1964=1968，Fishman 1987=1990）．これらの分析も手法やアプローチは多様であるが，郊外を階級・エスニシティの両面で「均質」な空間――中産階級の白人の居住空間――と捉える点では一致する．先にあげた日本の先行研究も英米の先行研究の影響を受けたものが少なくない（三浦 1995，若林 2007）．

このように日本に定着した郊外のイメージと比べると，フランスの郊外はまったくの別世界にみえる．フランス郊外というと2005年秋におきた「郊外暴動」を想起する読者もいるかもしれない．同年10月27日，パリ郊外で警察に追われた少年2人が事故死したのを契機に地元の若者と警察が衝突し，それがやがて全国各地に飛び火し，3週間で約3000名の逮捕者と1万台の放火車両という被害を出した事件である．この時に日本のメディアがフランス郊外をどう描写していたか，簡単に振り返ってみよう．

> 暴動がこれほどまでに拡大した背景には，治安維持を優先するサルコジ内相の強硬路線に対する反発だけでなく，就職，家探しなど日々の暮らしの中で移民が直面する差別への怒りがある．さらに，仏社会に溶け込めない一部移民は大都市郊外などで一種の「ゲットー」を形成しており，社会からの疎外感が若者の過激化を招いている（『毎日新聞』2005年11月7日「仏暴動——移民若年層，差別に怒り　疎外感が過激化招く」，傍点は引用者．以下同じ）．

> パリ郊外の移民街で起きた暴動がフランス全土に波及し，沈静化の兆しがみられない（……）フランスでは1960年代から高度成長期の労働力として移民を積極的に受け入れた．仏政府は主要都市の郊外に低家賃の住宅を用意するなど福祉面で手厚い政策をとったが，一方で言語や文化・生活面での「同化」を求める政策を通した．イスラム教徒女子生徒へのスカーフ禁止が引き起こした騒動は記憶に新しい（『産経新聞』2005年11月8日「フランス暴動——学ぶべき教訓少なくない」）．

> フランスで若者らの暴動が発生して27日で1ヶ月．暴動は沈静化したものの，移民2, 3世への差別の根は深く，仏社会の根幹を揺るがす問題となっている．移民2, 3世が集中して暮らす都市郊外の「ゲットー（隔離地域）」は急増しており，イスラム過激派の温床になるのではないかとの懸念も高まってきた（『読売新聞』 2005年11月27日「移民差別根深く　増える隔離地域——過激派の温床化懸念」）．

このようにフランス郊外は，低所得層の移民が集住する「ゲットー」や，「イスラム過激派」などとの関わりを疑われる「危険な空間」として紹介されてきた．冒頭で触れたような日本や英米の「中産階級の住宅地」のイメージと

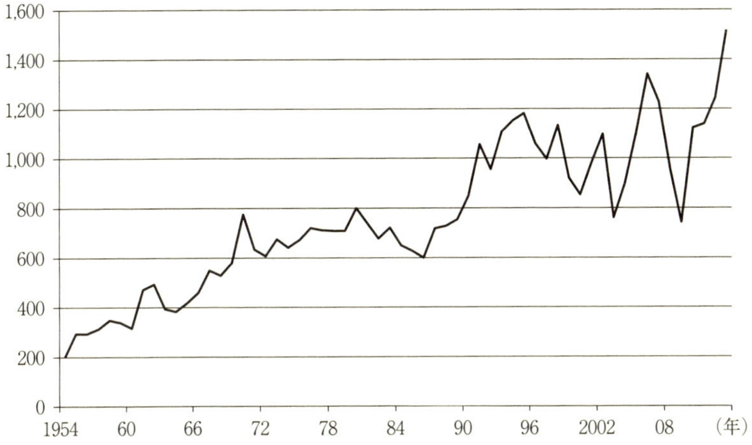


**図 1-1**　ルモンド紙の「郊外」報道の推移（1954-2013 年）
出典：Le Monde Archives をもとに作成.

はかけ離れた「郊外像」である．このような差異はどこから来るのだろうか．

## 2——モラル・パニックとメディア，政治空間

フランスでは 2005 年暴動のずっと以前より郊外はメディアをにぎわせてきた．**図 1-1** は主要日刊紙『ルモンド』に掲載された郊外関連記事の数の過去 60 年間における推移を示すものである．その数は 1950 年代半ばより徐々に増加し，特に 1980 年代半ばから 1990 年代半ばに大幅に増加し，2013 年には 1950 年代の 7 倍を超えた．これらの記事がフランスの事例をとりあげたものばかりではない点には留意しなければならないが，それでも郊外報道が 60 年の間に大きく増加したことは確認できる．

数量だけではなく，郊外の論じられ方にも一定の変化がみられる．その傾向を端的に述べるなら，次のようになるだろう．郊外は 1970 年代後半以降，「移民」と関連づけて報道されるようになり，1980 年代半ば以降は特に「移民の若者」の「非行」や「暴動」との関係で報じられ，さらにその後は「イスラーム」や「テロリズム」に関する記事でとりあげられることが増えた．このような変化のなかでも一貫して多いのが「治安」の観点からの報道である．たとえ

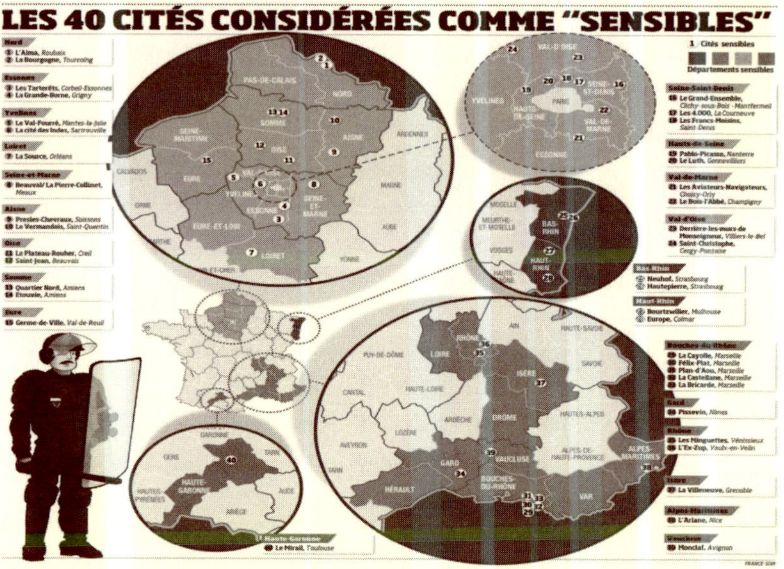


図 1-2　新聞報道の事例「『問題地区』指定を受けた 40 団地」

出典：『フランス・ソワール』紙 2011 年 6 月 9 日号．©*France Soir*

ば大統領選を 1 年後に控えた 2011 年 6 月，大衆紙『フランス・ソワール』は「不良たちが支配する 40 地区」という特集を組んだ[1)]．特集では 2010 年 9 月の内務省通達で「警察がもっとも活動しにくい地域」として全国 29 県 40 地区が指定されて，警察官が増員されたことが報じられ，そのうち 15 カ所がパリ郊外に位置していることが，具体的な地名とともに明らかにされた（図 1-2）．このような報道は決してめずらしくない．「パリ郊外 84 カ所の禁じられた団地」（1999 年，『ル・パリジャン』紙）「公安警察が監視する 630 の高犯罪率地区」（2004 年，『ルモンド』紙）「都市暴力に恒常的に晒される 23 都市」（2004 年，『フィガロ』）「共和国の無法地帯団地」（2008 年，『フィガロ』）など，郊外の治安悪化に関する報道は，特にこの 20 年間継続的に重ねられてきた．

政治家も郊外をたびたび問題にしてきた．すでに 1995 年大統領選でも保守党 RPR の候補ジャック・シラクは「社会的断絶（fracture sociale）」を選挙運動のスローガンに用いた．これはエマニュエル・トッドが 1994 年に提唱した概念で，それによればフランスでは従来，市民が積極的に社会参加することで

「社会的紐帯（lien social）」を構築してきたが，貧困の増大やフランスの文化的伝統を共有せぬ移民の増加によって，このような紐帯の断絶が進行しているという．シラクはこの「社会的断絶」がもっとも深刻なかたちで現れる場として「郊外」を位置づけていた．

> 貧困化した郊外では，恐怖が慢性化しています．学校に通っても卒業後には仕事が見つからず，せいぜいインターンシップくらいで将来の展望が見えない．そう感じる移民の若者が増加し，反逆行為に走っています．現在まで国家は秩序維持に努め，福祉によって失業の影響を緩和してきました．しかしこのような状態をどこまで続けることができるでしょうか（1995 年 2 月 17 日の演説[2)]）．

シラクは郊外の状況の深刻さは，第 2 次大戦後のフランスの状況にも匹敵するとして「郊外のマーシャルプラン」の実施を提案した．一方，1997-2002 年に首相を務めたリオネル・ジョスパンも，在職中には郊外の治安問題を最重要課題の 1 つに位置づけていた．それどころか 1999 年には「治安改善をするには取締強化だけでなく社会政策が必要だ」と主張する社会学者を批判し，インタビューで次のように語っている．

> 政権の舵取りを始めて以来，郊外の治安問題の克服に力を注いできました．問題の背景には，無計画に行われた都市開発が深刻な影響を及ぼしていることや家庭崩壊，貧困，そして郊外団地の若者の一部が社会統合されていないことなどがあります．しかし，以上の要因を，犯罪や非行を容認する口実にしてはなりません．社会学と法を取り違えてはなりません．各々が自分の行為に責任を持たなければならないのです．郊外に住む移民の若者に，社会学的な言い訳を認め続けるかぎり，問題は解決しないのです（『ルモンド』1999 年 1 月 7 日）．

2007-2012 年に大統領だったニコラ・サルコジは，先にあげた 2 人以上に「郊外の治安改革」を積極的に問題にした．内務大臣在職中には，2003 年国内治安法（団地の入口で若者がたむろすることや，セックス・ワーカーの客引き，物乞いなどを「迷惑行為」として禁止）などの政策を敷く一方，挑発的な言動でメディアに「郊外対策」をアピールした．2005年5月，パリ郊外の団地で11歳の少年が住民間の抗争に巻き込まれて射殺された際に，事件の起きた団地を訪問し，「ご安心ください．（この団地にいる）ゴロツキどもを，カルシェール（強固な汚れも落ちることで有名なドイツ製の高圧洗浄機）で掃除してやります」と発言したことはよく知られている（森 2007）．また2007年の大統領選でも「郊外の治安問題」を選挙運動の中心に据え，シラクと同じように「郊外のマーシャルプラン」を提案した[3)]．

このように過去30年にわたってメディアや政治家は郊外に関心を寄せ続けてきた．それは郊外で発生する問題の深刻さを反映しているにすぎないとも解釈できるが，その一方でスタンリー・コーエンの「モラル・パニック（moral panic）」という角度から問題を検討することもできる．「モラル・パニック」とは「特定の出来事や人間，集団，状況が，当該社会の価値や利益を脅かすものとして名指される」際に発生する敵意を含んだ激しい感情である．コーエンは，1960年代のイギリスで「モッズ」などの若者の振る舞いがメディアでたびたび報道され，それを通して「危険な若者」のイメージが形成され，過剰なまでの危機感が社会に広がった過程を分析し，その現象を「モラル・パニック」と呼んだ（Cohen 1972）．

それから50年経ったフランスで，1960年代のイギリスで「モッズ」に対して示されたのと同じような「モラル・パニック」が，大都市郊外に住む移民の若者に対して起きている．実際，2012年2月に都市学生基金協会（AFEV）が行った電話調査によれば，フランス人の57％が「郊外の若者」に悪印象を抱いていると答えており，「一般の若者」に比べ「郊外の若者」に厳しい目が向けられているのがわかる（**図1-3**）．

## 3――先行研究における「郊外」の位置づけ

1980年代以降，郊外は学問的関心の対象にもなってきた．社会学においては，郊外の住民，その中でも若者に焦点を定めた研究が主に2つのアプローチから展開されてきた．トゥーレーヌ派の社会学者は郊外住民の「移民」としての側面に関心をよせ，移民2世の集合行為とアイデンティティ（Jazouli 1986），指

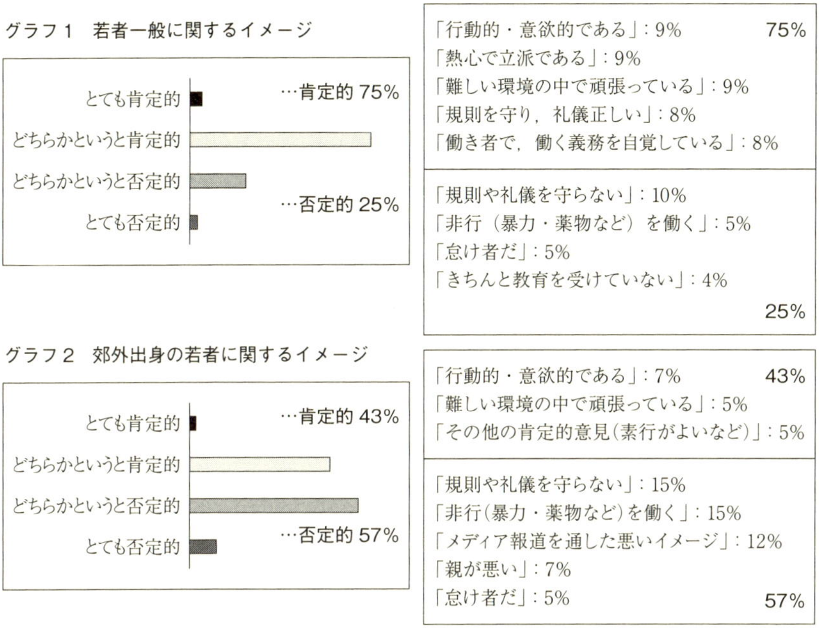


**図 1-3**　フランスにおける「郊外の若者」のイメージ

出典：AFEV（2012: 5）.

標を失った移民の若者とアノミー（Dubet 1987），「暴動」と移民の若者が受ける差別などの社会的暴力の関係（Wieviorka 2003），移民女性とアイデンティティの変容（Guénif-Souilamas 2003）などを中心的課題として扱ってきた．それに対してブルデュー派は，アブデルマレク・サヤドによる一連の移民研究を除いては，どちらかといえば階級闘争の観点から，労働者階級の没落（Mauger 2006b）や，格差拡大による希望の喪失（Beaud et Pialoux 2006）などの視座から郊外の若者について分析をおこなってきた．

また郊外団地という空間に注目し，そのような空間の特異性やその形成の背景，構造，影響などをモノグラフィー，あるいは比較社会学の見地から論じた先行研究も豊富にある（Dubet et Lapeyronnie 1992, Lepoutre 1997, Donzelot *et al.* 2003, Wacquant 2007, Tissot 2007, Lapeyronnie 2008, Lapeyronnie et Kokoreff 2013）．またイスラームとの関わりから郊外を論じた研究（Kepel 1991; 2012,

Khosrokhavar 1997; 2004），さらに犯罪社会学の枠組みから郊外の若者のモラル低下と非行増加の関係（Body-Gendrot 1993）や，警察や司法の「寛容主義」の影響（Bauer et Raufer 2002）などを扱った研究も行われた．

日本でも，主に移民・エスニシティ研究の枠組みで郊外問題がとりあげられてきた．学術研究としては，1980年代半ばに刊行された宮島喬・梶田孝道・伊藤るりの『先進社会のジレンマ』が郊外問題について学問的に言及した最初の書籍である（宮島ほか 1985）．なかでも宮島は，その後もフランスの移民2世をめぐる一連の研究のなかで，繰り返し郊外問題を論じてきた（宮島 1992; 2006a，宮島編 2009）．

一般書では，林瑞枝の『フランスの異邦人』（林 1984）が郊外団地の環境とそこで暮らす住民の様子を詳細に描いた秀逸なルポルタージュである．また稲葉奈々子は郊外で頻発する暴動の背景を社会運動とその不在という観点から検証した（稲葉 2006）．さらに移民の貧困と居住に関する一連の研究（稲葉 1998; 2001），「暴動」のメディア表象（鶴巻 2006），イスラーム研究（浪岡 2003; 2004，内藤 2004），教育問題（園山 2004; 園山・サブレ編 2009），レイシズム（杉山 1997）などにも，郊外について論じた箇所がある．また移民研究とは異なる視点として，住宅政策や都市計画の領域で郊外を論じた研究も蓄積されてきた（寺尾 2004，檜谷 2008）．

以上の先行研究は，方法論もアプローチも多様であるが，郊外を移民・マイノリティの生活空間として捉えている点，また郊外を現代の社会問題と位置づけ，その対策を模索することに学問的関心がおかれている点などに共通点がみられる．また先行研究の大半が，移民，貧困，住宅，宗教，階級などの諸問題との関連において郊外に言及するものであり，郊外を主題として扱った社会学的研究ではない点にも留意する必要がある．今橋映子は『都市と郊外』のなかで「郊外を専門に扱った研究の必要性」をあげているが（今橋編 2004），それも示唆の次元にとどまっている．以上の研究をふまえた上で，本書はフランス郊外という「場」——単なる地理的な「空間」ではなく，そこで人間が構築する社会関係，諸活動とその影響としての「場」——を研究対象として位置づける．つまり郊外を「背景」としてではなく，分析対象の「中心」に据えて考察する．

## 4――本書の枠組み　差別，排除，レイシズム

先行研究の蓄積をふまえつつ，本書は以下の３つのフレームのなかで議論を展開していく．

１点目は，差別，排除，レイシズムという問題アプローチである．前節でみたようにフランスでは1980年代より多様なアプローチから移民研究が進められてきたが，これらの多くで採用されたのが「統合（intégration）」というパラダイムであった．「統合」は「同化（assimilation）」,「編入（insertion）」に代わり，1990年代より「移民問題」を考えるための中心概念として用いられるようになった．その一方で1990年代末より「差別（discrimination）」という枠組みから移民当事者の主体的経験に注目した研究も増えてきた（Fassin 2002）．このようにフランスの移民研究は統合（政策）と当事者の経験という主に２点から論じられてきたが，本書はそのうちの後者にあたる差別や排除に関心を寄せ，その実態，経験を明らかにすると同時に，それを生み出すレイシズムの構造とイデオロギーに焦点を定める．

ここで本書に繰り返し登場する差別，排除，レイシズムといった用語を筆者がどのような意味で用いるのか，その定義を簡単に示す．

レイシズムは，恣意的に選び出された何らかの「差異」(それが現実か架空かは問わない）を特定の個人や集団の最たる特徴として本質化し，多くの場合，その差異を劣等の根拠とする思想・イデオロギーである．その差異は必ずしも身体的特徴などの形質的なものに限定されず,「血統」のように見てすぐにわからないものの場合もある．レイシズムはときに，このような思想にもとづいた実践や現象自体も含めた総称として用いられることもあるが，本書では基本的に，思想・イデオロギーの意味で用いることとする．類似する概念として，排外主義という言葉があるが，これは外国人，あるいはそう目される人を敵視し，排除しようとする思想・イデオロギーであり，本書ではレイシズムとは区別して用いる．たとえば合衆国のアフリカ系アメリカ人はレイシズムの対象にはなるが，排外主義の対象にはならない．

それに対して差別と排除という概念は，上記の思想・イデオロギーにもとづ

いた実践やその帰結という意味で用いる．差別と排除は重なる部分も多いが，だからといって筆者は両者をひとくくりにするのではなく，それぞれを異なった意味で捉えている．一般に，差別は，自分では変えることのできない属性にかかわる差異を根拠に，特定の個人や集団を不平等に扱うことであり，排除は何らかの差異を根拠にして，特定の個人や集団がある場所からおしのけられ，恩恵，機会，アクセスなどを剝奪されることを意味し，両者の違いは「不平等な扱い」と「取り除かれること」という実践の内容にかかわるものとして理解される．

さらに本書では，場合に応じて，差別には人種・エスニシティ，文化などの差異を根拠としたもの，排除には（それが結果的にエスニック・マイノリティの排除を伴うとしても）どちらかといえば社会・経済・政治的なものにもとづいたものという意味を与える．実際にはジェンダー差別や階級差別も存在するし，民族などにもとづいた排除も起きている．だがフランス郊外について言えば，第 4 章でも見るように「排除」という単語は貧困問題などの「社会的排除」という文脈で，カラー・ブラインドな形で用いられ，それに比べて差別はよりカラー・コンシャスな形で用いられることが多い．以上の理由から，本書では基本的にこのように使い分けることとする．

本書の目的はフランスを「差別・排除の国」と悪魔化することではない．そのような単純な話ではなく，現実は複雑である．差別や排除に対抗する際の概念として「人権」があるが，フランスは「人権誕生の国」を自負する国である．同国では現在でも「人権」が社会で重要な価値として位置づけられており，「自国のどこに誇りを感じるか」という世論調査の問いに対し，96％が人権思想と答えている（TNS-SOFRES 2009 年 11 月 24 日発表）．同国では第 2 次大戦以降，様々な反人種差別の取り組みも重ねられてきた．それにもかかわらず，差別や排除を生みだす仕組みとイデオロギーが依然，根強く存在しているのはなぜなのか．

エチエンヌ・バリバールは 1990 年代半ばに「レイシズムが急伸しているのは事実ですが，地域とトランスナショナルなレベルできちんと対策を立てれば，民主主義の力によって抑え込めるはずです．レイシズムに抵抗する運動や差別を禁じる制度が整えられたので，20 世紀にファシズムやナチスを生み出した事態がふたたびヨーロッパに起きることは現時点では考えられません」(Balibar 1996: 145) と発言している．しかし，この発言から20年が経過した現在，ヨーロッパでは極右政党が各国で急伸し，深刻な事態となっている．筆者はむしろフェミニストでレイシズム研究のコレット・ギヨマンが1972年，ちょうどフランスで反人種差別法が成立した年に示した，次の見解を共有する．

> ナチズムの記憶と脱植民地化はレイシズム思想のシステム (système de pensée raciste) 自体を変えたのではなく，差別意識を別のレベルに移行させたのである (Guillaumin 1972: 129)．

ギヨマンのいう「別のレベルに移行したレイシズム」とそれにもとづいた差別，あるいは排除とはいったいどのようなものなのか．このような現在のフランスにおける差別，排除を考える上で重要な鍵の1つとなるのが，前述した「統合」概念である．この枠組み自体を批判的に検討し，そのイデオロギーを問う研究が2000年代半ばより一部の研究者によってすすめられ，本書の議論もそれらに影響を受けているが，その中心的な業績にアブデラリ・アジャットの統合論批判がある．アジャットによれば，フランスの統合概念は，外国人を市民共同体から排除した革命に起源をもつ同化主義の伝統の影響を強く受けており，現在の「移民は統合されなければならない」というイデオロギーは「マジョリティ社会にマイノリティは溶け込まなければならない」という上下の力関係を前提とし，強化するものだという．しかもこのように政治家が用いる統合をめぐる「実践カテゴリー」――通常の社会的アクターによって日常生活の社会経験から生み出される概念――を，社会学者が「分析カテゴリー」――経験から距離を置いた社会的な分析者によって使用される分析概念――と混同し，「分析」の名を借りて「統合イデオロギー」を支え，強化しているという[4]．このように政治，学問など複数の領域によって「普遍性という名の熱狂的愛国主義 (chauvinisme de l'universel)」(Bourdieu 1999) の統合論が支えられている．このようなイデオロギーから移民の社会学を解放するには，統合パラダイムから脱却する必要があるとアジャットは述べる (Hajjat 2004: 9-23)．

以上の議論をふまえつつ，本書は現代フランスの差別・排除とその背後にあるレイシズムについて考察する．本書ではレイシズムを社会病理としてではなく，ギヨマンのいうような「社会制度」，「権力関係の構造」の1つとして，つまり「普通の現象」として捉えていく．そうすることで「人権の国」か「単なるヘイトの国」か，といった善悪二元論に陥ることなく，等身大のフランスが直面する差別と排除の問題を検討していきたい．

2点目は，以上の差別，排除，レイシズムの問題を「都市空間」という場を起点に考えることである．つまり，ある集団が支配集団と空間的境界によって隔てられる――それは居住地から学校，雇用，娯楽など多岐におよぶ――というセグリゲーションの問題を考えることである．それは同時に，セグリゲーションとレイシズムの関係を問い直すことでもある．先でレイシズムを「普通の現象」として捉えると述べたが，ここでいう「普通」とはレイシズムは排外主義運動や暴行などの「例外的な暴力」として現われるだけではなく，社会の日常のなかに根を下ろし，いたるところに「普通に」見られるという意味である．社会学者のエリーズ・パロマレスは「日常の社会関係においても，制度の機能においても，人々が『社会学的な人種（人々が認知する「人種」）』別に分類され，不平等に扱われることは現実に起きている」として，それを「人種化／レイシャライゼーション」と呼んでいる（Palomares 2013）．本書はこのようにパロマレスが指摘する「人種化」の現象が都市空間にどのように反映されているか――具体的には人々の交友関係やライフスタイル，行動を規定し，セグリゲーションを生み出し，さらに都市政策のあり方にも影響を及ぼす――という問題に注目し，それをフランス郊外の事例を通して考えていく．

都市空間の人種化や人種，エスニック・マイノリティのセグリゲーションについての研究はシカゴ派都市社会学以来の多くの先行研究が蓄積されてきた．この25年間は都市下層の変容をグローバリゼーションや新自由主義と関連づけて分析する研究が進められ，サスキア・サッセンやロイック・ヴァカンらが貴重な知見を提示してきた（Sassen 1991; 2014, Wacquant 2008）．また多様な住民によって構成される都市空間でのレイシズムやナショナリズムの克服と，それに代わる新たなレイシズムやナショナリズムの形については「都市における市民的ナショナリズムによる人種的ナショナリズムの克服」という視座を提示した村田をはじめ，日本でも貴重な研究が重ねられてきた（村田 2007，広田

2011，五十嵐 2012）．本書はこれらの知見にもとづいて，フランス郊外に浮かびあがる差別，排除とレイシズムの特徴について考えていく．

だが，郊外という「都市空間」を通してレイシズム，差別，排除の問題を考える上で重視したい点がもう１つある．それはレイシズムや人種化と社会階級が，そしてジェンダーが交差しながら社会や人々の生活に影響を及ぼしているという「交差性（intersectionality）」の視点である．マイノリティ差別を考察する切り口として「郊外」を選んだ理由のひとつは，19 世紀以降フランスの労働者階級の居住地として形成されてきたこの空間には，人種，エスニシティと社会階級という差別の交差性，複合性の問題が明確に反映されている，と筆者が考えるからである．

３点目に比較の視点を意識することである．具体的には次の２点を心がける．まず，比較に耐えうる普遍的なアプローチや語彙を意識的に使用する．本書はフランスの事例をとりあげるが，日本をはじめ他国との比較検討の可能性を常に念頭におきながら議論をすすめる．フランス語に「フランコ・フランセ」という表現があり，それは「フランス社会の事情に特化し，普遍性をもたない」ことを意味し，ときとして「（フランスにしか通用しない）内輪の議論」といった意味で用いられる．本書の目標は「フランコ・フランセ」をできる限り排しながら，フランスの事例を論じることである．

フランスという国は理念を非常に重んじる傾向がある．本書でも検討の対象にする「共和国」，「共和主義」のイデオロギーは学校教育を通して人々の意識に浸透し，また公共空間のいたるところに様々な影響を与えている．このような「共和国」イデオロギーの影響を受けるのは，筆者のようなフランスにとっての外国人研究者も同じである．そうした文脈では，先にアジャットが批判したような「実践カテゴリー」と「分析カテゴリー」が混同されやすくなり，筆者自身も含めた研究者は常にそのリスクに晒されている．このような問題を自覚し，本書ではこのような混同をできるかぎり回避するように努め，それにあたって，できるかぎり普遍性の高い「分析カテゴリー」を用いるよう――たとえば第７章では「共和主義」を「カラー・ブラインド」と「カラー・コンシャス」という概念で説明する――努める．つまりできるかぎり「普通の語彙」を使って，フランスの特殊性を考察するのが本書の目指すところである．

もう1つは，一見「特殊」にみえる社会現象を比較研究に耐えうるものにするため，歴史的視点を重視することである．現在フランス郊外でみられるような低所得層のエスニック・マイノリティの集住地区は他の先進国でも観察されてきた（Body-Gendrot 1993, Donzelot *et al.* 2003, Wacquant 2007）．しかし他国の都市において，こうした地区は都市内部に位置するインナーシティ問題であった．それに対してフランスではなぜ郊外に問題が現れるのだろうか．この問いは，フランスで行われてきた膨大な先行研究でも，管見のかぎり明らかにされていない．ロバート・フィッシュマンによる郊外住宅地の比較研究は，この問いに部分的に答えようとした数少ない試みとしてあげられるが，その分析は19世紀半ばに限定されており，現代に至るまでの展開は捉えられていない（Fishman 1987）．いったい，このようなフランスのマイノリティ居住地区の特殊性はどのような過程と背景のもとで形成されたのだろうか．本書では，このような違いには，メディアや政治動向だけに還元できない社会的・歴史的要因があると仮説をたて，その要因を探ることを目指す．

## 5——本書の方法と構成

以上の課題を検討するにあたり，本書ではマクロな枠組みをふまえつつも，郊外の特定の地域を事例研究としてとりあげ，詳細に検討する方法を選択した．調査地は，歴史的に郊外形成において重要な意味をもち，また社会経済的データの上でも郊外の「典型」として位置づけられる，パリ北部セーヌ・サン・ドニ県オベールヴィリエ市の事例である．

本書の分析は，筆者の2度にわたるフランス長期滞在中（1999年2月—2005年3月と2009年12月—2010年9月）と，その後も毎年2回のペースで継続してきた現地調査でのデータにもとづいている．調査方法は参与観察（オベールヴィリエ市役所の外郭団体 OMJA）と聞き取りが中心になっている．聞き取りは，オベールヴィリエ市役所（青少年支援部，都市整備部，保健福祉部，文化国際部，防犯対策部など），住民（特に後述する再生事業対象地区住民），同市の市民団体，民間業者，学校関係者（小・中学校）に対して行い，方法は基本的に半構造化インタビューを用い，対象者が拒否した場合を除いてはインタビューを録音し，トランスクリプトを作成した．またOMJAが開催する地域振興目的のイベント（音楽祭など）の来場者をはじめ，フォーマルなインタビューがむずかしいケースもあったため，必要に応じて，非構造化インタビューからデータを収集した．またオベールヴィリエ市地域社会観測室，同市都市整備部住宅課からは地域に関する統計資料の提供を受けた．

本書の構成は以下のとおりである．

第2章では，本書の前提となるフランスの「郊外」概念が何を指し示し，どのような問題を提起するのかについて，複数のアプローチから検討する．特に現代の郊外を特徴づける要素である「移民」との関係について整理する．

第3章では，郊外の問題地区が形成された歴史的過程と社会的文脈を明らかにする．それにあたり19世紀半ばから現在にいたるパリ郊外の発展を，①工業地帯と貧困の郊外，②団地の郊外，③移民の郊外，の3つの時期に区分して，郊外が「排除の空間」として形成された過程を分析する．

第4章では，オベールヴィリエ市に焦点を定め，その特徴と近年直面している課題や変化を整理した上で，同市が都市再生事業政策の実施を決めた背景と争点を明らかにする．「赤い郊外」として発展してきた同市が1970年代以降の経済のグローバル化と国の規制緩和政策の影響で失業率が上昇するなかで，都市政策を軸とした政策転換をはかったことの意味とそれが地域社会の住民に与えた影響を検討する．

第5章では，オベールヴィリエ市で実施された「再生事業」が，具体的に地域のエスニック・マイノリティの住民コミュニティに与えた影響を分析する．もともと地域に居住していた「旧住民」と転入してきた「新住民」の関係がどのように再構成され，またそれがローカル・コミュニティに促した変容をたどりながら，「再生事業」が地域にもたらした真の影響・効果を検討する．

第6章では，オベールヴィリエ市のエスニック・マイノリティの若者の新たな参加の場としてアソシエーション活動と文化表現に光をあて，従来の社会運動とは異なる回路を通して若者がどのような形で地域社会に参加し，その意思を表現しようとしているのかについて考察する．

第7章では，2015年1月の風刺新聞社襲撃事件を手がかりに，フランスにおけるエスニック・マイノリティと主流社会の関係性を問い直す．以上の分析を通して，フランスにおける差別・排除の特殊性と普遍性を検討し，比較研究の枠組み構築の手がかりの提示を目指したい．

なお本書はフランスの事例を対象としているが，考察の根底にはひとつの，普遍的な問題意識がある．それは「異なる人びとが，どのようにしてともに暮らし，社会を構築できるのか」という問いである．そしてこの問題は，現代の日本社会にも決して無縁ではないものと考えている．日本でも多文化化が確実に進行していることは，すでに数々の先行研究で明らかにされてきた．それに加えて近年，政府は産業界の要請を受けて外国人労働者の大規模な動員を本格的に検討しており，現実化も遠くないと予測される．このような状況をふまえると，他者とともにどのように暮らし，社会を形成していくのかを考えることは，喫緊の課題だと思われる．

1） http://www.francesoir.fr/actualite/societe/ces-quartiers-que-police-juge-tres-difficiles-108151.html
2） 同演説はフランス国立視聴覚研究所（INA）のサイトで視聴可能である（http://www.ina.fr/video/CAC95008426）．
3） 1980年代からフランス政治の「第三極」として大きな影響力を行使してきた極右・国民戦線も，郊外を政治戦略に位置づけてきた．1995年の大統領選ではパリ郊外オ・ド・セーヌ県23カ所，ヴァル・ド・マルヌ県25カ所，セーヌ・サン・ドニ県30カ所で候補を出し，特にセーヌ・サン・ドニ県ではクリシー・スー・ボワ31.6%，ボンディ28.4%，ピエールラフィット26.4%，スタン26.1%，サン・ドニ24.4%など高得票率を記録した．
4） 同じようなカテゴリーの混同は「ゲットー」や「共和国モデル」についても見られる．くわしくは第4章，第7章で言及する．

# 2章
# 多様化する郊外とマイノリティ

## I——「移民」と「郊外」の関係を整理する

1980年代以降，フランスでは「郊外＝移民」という理解が定着してきた．たとえば稲葉奈々子は1980年代以降フランスでは郊外が移民問題と同一視されてきたことを以前より指摘してきたし（稲葉 1996），ジャック・ドンズロも『三重都市』のなかで「郊外」を移民の集住と関連づけて定義している（Donzelot 2009: 49–50）．

この図式は正しいが，同時に一定の条件をつける必要がある．第1に「郊外」と「移民」はいずれも幅広い事象を対象としており，文脈によっては，それが具体的に何を指すのかが必ずしも判然としない点である．たとえばピエール・メルランは「郊外」を地理的概念として定義し，フランス郊外人口を算出した（**表 2-1**）．しかしヴェルサイユやヌイイなどフランス全国でも一，二を争う富裕自治体は地理的にはパリ郊外に位置するが，これらの地域を第1章で言及したような「問題地区」と一緒にカテゴリー化することは社会学的には適切ではない．

「移民」に関しても，フランスにはエスニシティ，出身地，社会的地位などの面で多様な人々が暮らしているが，「移民」という表現はそのような多様性をひとくくりにしてしまい，均質化された虚像を作り出してしまうリスクがあるのではないか．そもそも，フランスに来て日の浅いニューカマーと，定住のすすむ3，4世を同一カテゴリーでくくることはどの程度妥当だと言えるだろうか．

**表 2-1　フランス郊外人口の概算**

| 地域別人口分布 | 都市数 | 市町村数 | 人口（千人） | 人口（%） |
|---|---|---|---|---|
| 都市クラスター[1]（a＝a1＋a2） | 361 | 2,813 | 34,372 | 60.7 |
| うち，中心市街地（a1） | 365[2] | 365 | 16,634 | 29.4 |
| うち，郊外（a2） | 361 | 2,448 | 17,738 | 31.3 |
| 都市クラスター外都市自治体（b）(1) | 582 | 947 | 2,929 | 5.2 |
| 郊外全て（c＝a2＋b） | 943 | 3,395 | 20,667 | 36.5 |
| 都市クラスター外農村自治体（d） | | 9,483 | 5,933 | 10.5 |
| 遠郊（e＝b＋d） | | 10,430 | 8,862 | 15.7 |
| 農村圏内都市自治体（f） | 948 | 1,559 | 4,597 | 8.1 |
| 農村圏内農村自治体（g） | | 21,768 | 8,784 | 15.5 |
| 農村圏（h＝f＋g） | | 23,327 | 13,381 | 23.6 |
| 農村自治体（i＝d＋g） | | 31,251 | 14,717 | 26.0 |
| フランス全体（j＝a＋b＋f＋i） | | 36,570 | 56,615 | 100.0 |

注：1）都市クラスター（Pôle urbain）は INSEE の定める都市圏の単位．
　　2）都市クラスターのなかには複数の中心市街地をもつところがある．
出典：Merlin (1998: 8).

第 2 に，「郊外＝移民」という解釈は，問題を静態的に切り取り，動態的な側面を捉えきれないという問題を含んでいる．「郊外＝移民」という図式は 1980 年代初頭，リヨン郊外マンゲットで若者の反乱が起き，それをメディアが報道したのを契機に定着した．しかしそれから 30 年以上が経過し，その間に様々な施策もとられてきたことをふまえると，解読格子をここで再検討する必要があるだろう．

以上の問題意識にもとづいて，本章では「郊外」と「移民」という概念にいくつかの補助線を引き，２つの概念を明確化したうえで両者の関係を整理する．具体的には「郊外」が何を指し示すのか（地域・範囲），また「郊外」に住む「移民」とは誰であるのか（世代，エスニシティ，出身地，社会階層など）を明らかにし，「郊外問題」と呼ばれる事象の実態を描くことをめざす．

本章は，できるだけ具体的な記述をおこなうため，パリ郊外の事例に焦点を絞る．郊外の問題化は首都圏に限ったことではないが，中央集権国家フランスにおいて首都パリの郊外には（後述する）「問題化する郊外地区」に特徴的な要素が明確に現れており，その点でも具体例としてとりあげる意義は高い．もちろん首都パリの郊外ゆえの特異性も存在し，その点は注意しなければならないが，それでもなおフランス郊外の一例としてパリ郊外をとりあげることには一定の妥当性があると思われる.

## 2——郊外をめぐる複数の空間的アプローチ

### 2.1——パリ郊外の地理的定義

本節では「郊外」を定義する試みがどのような領域やアプローチで行われるのか，それぞれの利点と課題を整理し，概観する．第1にとりあげるのが地理空間的なアプローチである．ここでは国立経済統計研究所が統計を作成する際に用いる3つのアプローチを紹介する（INSEE 2010).

(a)　イル・ド・フランス地方（Région d'Ile-de-France)

行政上の区画にもとづいた定義で，イル・ド・フランス地方のうちパリを除いた7県（オ・ド・セーヌ，セーヌ・サン・ドニ，ヴァル・ド・マルヌ，セーヌ・エ・マルヌ，イヴリンヌ，エソンヌ，ヴァル・ド・ワーズ）をパリ郊外とする．7県のうち前者の3県を近郊（petite couronne，フランス語では「小さな環」を意味)，後者4県を遠郊（grande couronne,「大きな環」）と呼び，人口と面積はそれぞれ442万2270人，657km$^2$と，512万131人，1万1250km$^2$，パリも含めた地方全体では1178万6234人，1万2012km$^2$となる（2010年時点).

(b)　パリ都市的地域（Unité urbaine)

国立経済統計研究所が国際基準にもとづいて創出したカテゴリーで，英語のurban areaに該当する．総人口1046万118人，総面積2845km$^2$で7県412のコミューン[1)]にまたがる．この定義において，パリ都市的地域はEU最大規模を誇る.

(c)　パリ都市圏（Aire urbaine)

パリ都市的地域より広範囲に及ぶ定義で，英語のMetropolitan areaに該当する．1222万3100人1万7175km$^2$で，13県1798コミューンにまたがる.

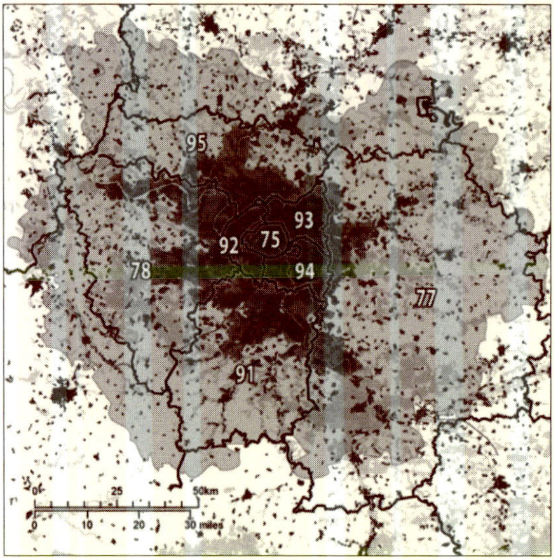


75　パリ

近　郊
92　オ・ド・セーヌ
93　セーヌ・サン・ドニ
94　ヴァル・ド・マルヌ

遠　郊
77　セーヌ・エ・マルヌ
78　イヴリンヌ
91　エソンヌ
95　ヴァル・ド・ワーズ

濃いグレー　パリ都市圏
薄いグレー　パリ都市的地域

**図 2-1**　パリ都市圏，パリ都市的地域の広がり
出典：IAURIF（2007）.

東京と比較した場合，パリの面積（105.3km²）は都心 8 区（109.9km²），（イル・ド・フランス地方の）近郊が（657km²）が 23 区（621.3km²），遠郊まで含んだ首都圏（イル・ド・フランス地方，1 万 2012km²）がおよそ関東大都市圏（1 万 3572km²）に該当すると目安をつけることができる．面積は同じだが，人口には差があり，近郊 442.2 万に対して 23 区は 813.4 万人，遠郊も含む首都圏 1178.6 万に対し，関東大都市圏はその 3 倍を超える 3568.2 万人を数える．ただしそれぞれの中心部の人口を比較するとパリ 212.5 万，都心 8 区 133.7 万（2010 年）とパリが圧倒的に多い．このことから東京圏に比べ，パリ圏は中央に人口が著しく集中しており，したがってパリと郊外の格差は東京とその郊外に比べてもきわめて高いと言える．

## 2.2——郊外間の多様性と格差

このように地理的な意味での「パリ郊外」は 7-13 県にまたがり，人口も 1000 万を超えるヨーロッパ最大規模の都市圏である．だがその内部は均質で

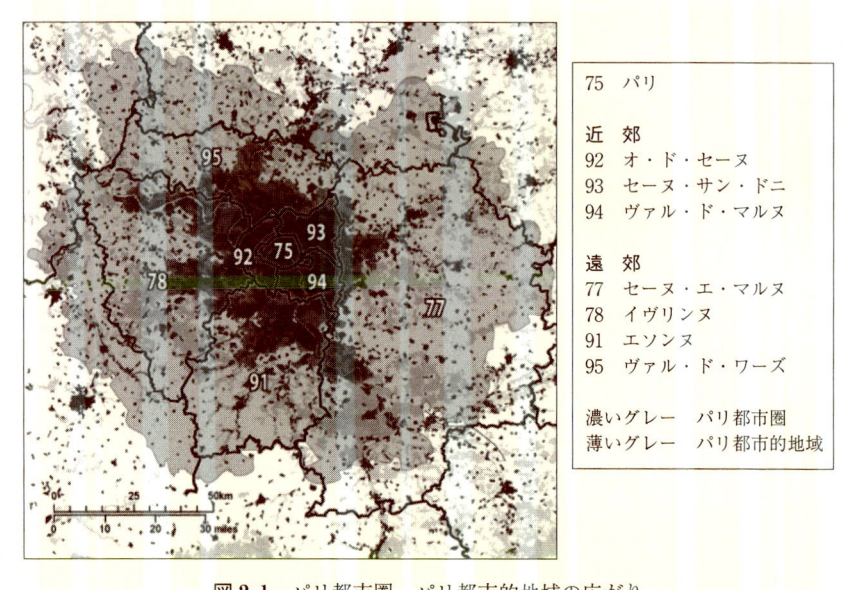

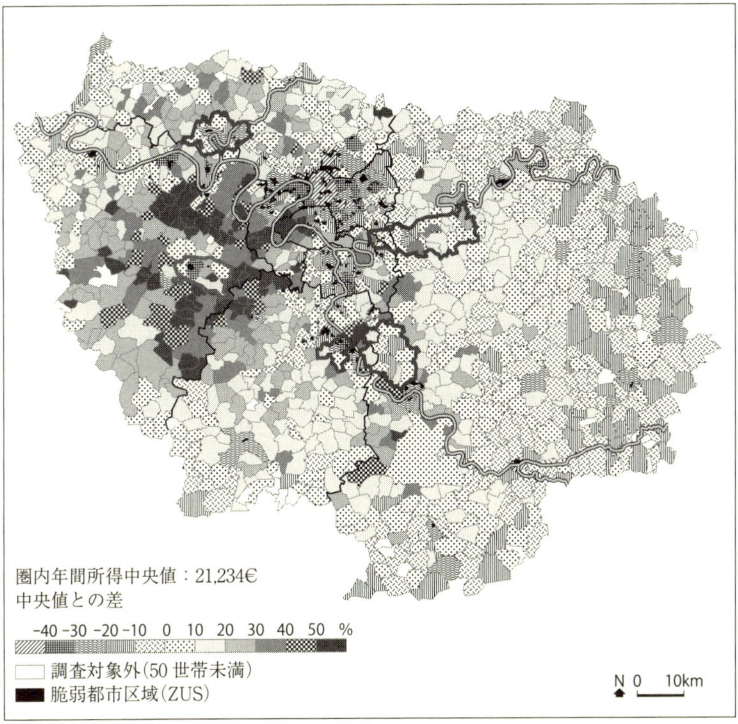


**図 2-2** パリ都市圏世帯別平均所得（2008）
出典：Guigou（2010）.

はなく，自治体によって歴史的背景や住民構成，都市圏内で果たす機能，街の景観などの面で大きな差異がみられる．またパリ都市圏には経済活動が集中しており，他の地方と比較しても世帯別平均所得や国民総生産が全国でもっとも高いが，その内部には大きな格差が存在する．**図 2-2** はパリ都市圏の世帯別年間所得中央値2万1234ユーロ（2008年）を基準に各自治体の平均所得を比較したものである．これをみると高所得世帯（中央値の1.4倍以上）はパリ西部に，低所得世帯（中央値の50%以下）はパリ北東部に集中しており，地域によって大きな収入格差のあることがわかる．

地域内の所得格差は非常に大きい．全国自治体別平均所得の上位10自治体はすべて西部のオ・ド・セーヌ県とイヴリンヌ県に位置するのに対し，下位

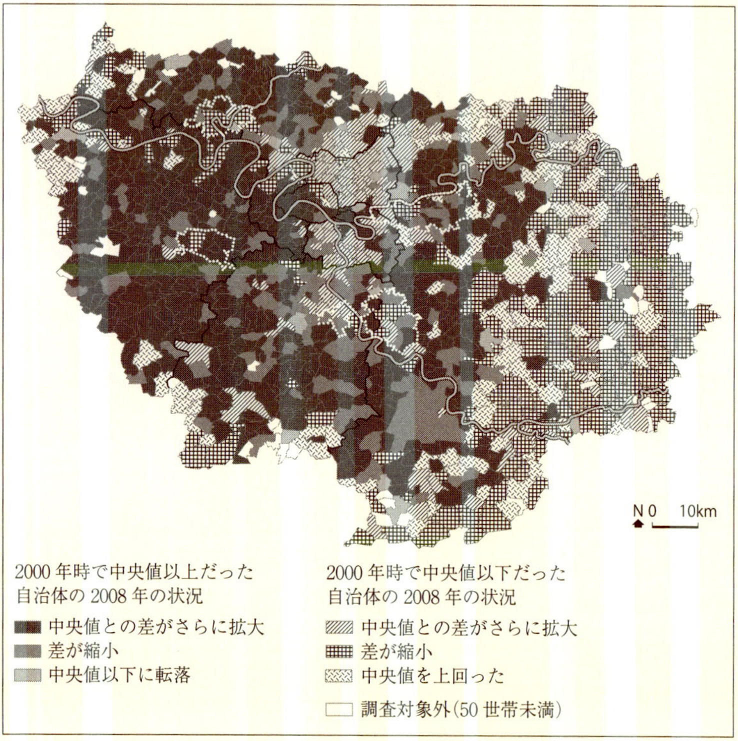


**図 2-3**　2000-2008 年の世帯別平均所得の推移

出典：Guigou（2010）.

10 自治体のうち 7 つが北東部のセーヌ・サン・ドニ県とヴァル・ド・ワーズに位置する[2)]．つまり全国でもっとも富裕度の高い自治体と低い自治体がパリ郊外に集中しているのである．

所得格差の推移を示したのが図 **2-3** である．2000 年に中央値を上回っていた自治体の大部分が平均よりもさらに豊かになる一方，中央値以下だった自治体の半数強も所得を伸ばし，中央値を超えたり，それに接近した．ところが，中央値以下だった自治体の一部では平均所得のさらなる低下がみられ，地域間の格差が増大している．

つまりパリ郊外では全体的に住民所得が上昇し，それまで比較的低所得層が集まっていた地区も含めて，いわゆるジェントリフィケーションの動きがみられる．だが，一部の地域では今まで以上に貧困の集積がすすむなど事態は悪化しており，パリ圏内の格差がより拡大しているのがわかる．

## 2．3――貧困地区としての郊外① 脆弱都市区域（ZUS）

「問題地区」としてメディア，研究や政策でとりあげられるのは地理的な郊外ではなく，2．2でみたような北東部を中心に点在する貧困地区である．これらの地区は「都市の外部にある，困難を抱えた地区」（Boyer 2000），「都市周辺部の社会経済的困難の集積する地区」（Merlin 1999）などと，常に「困難」という概念をともなって論じられてきた．

ここでいう「困難地区」とは貧困だけでなく，治安悪化をはじめとする諸問題が集中する地区として想定されており，一般的には「脆弱都市区域（Zone Urbaine Sensible, ZUS）」と同義で捉えられる．脆弱都市区域とは1996年の都市再活性化協定（Pacte de relance pour la ville）法で「優先的に社会・経済的支援を行う必要がある」と指定された区域で，2006年時点で全国751カ所，約440万人が居住する．そのうちイル・ド・フランス地方には157カ所，127万8300人（全住民の11%）が居住する（INSEE 2010）．脆弱都市区域はパリ市内にも9カ所あるが，残りの148カ所は郊外に位置し，西を除いてドーナツ状にパリを囲むように点在する（**図2-4**）．

脆弱都市区域は国家と市町村議員が複数の指標にもとづいて選定する．基準とされる指標は失業率（特に長期失業率），最低参入所得受給者や家族手当受給者の割合，犯罪率，無学歴者，父子・母子世帯，外国人比率，さらに都市インフラの充実度や経済構造，他地域への交通アクセシビリティなどである．ただし脆弱都市区域内部にも一定の格差がみられる．**表2-2**は平均的な脆弱都市区域と，脆弱都市区域の中でも困難の集積する区域のデータをわけて整理したものである．

具体的にパリ都市圏の脆弱都市区域では27%が貧困ライン[3)]以下の収入（全国平均の3倍強），失業も地方平均の倍，多人数世帯（子ども4人以上）にいたっては3割と地方平均の15倍近い格差がある．ただし「最下層脆弱都市区域」の内部にも大きな格差があり，失業率だけをみても，区域によって2-3倍の差があることはふまえる必要がある．

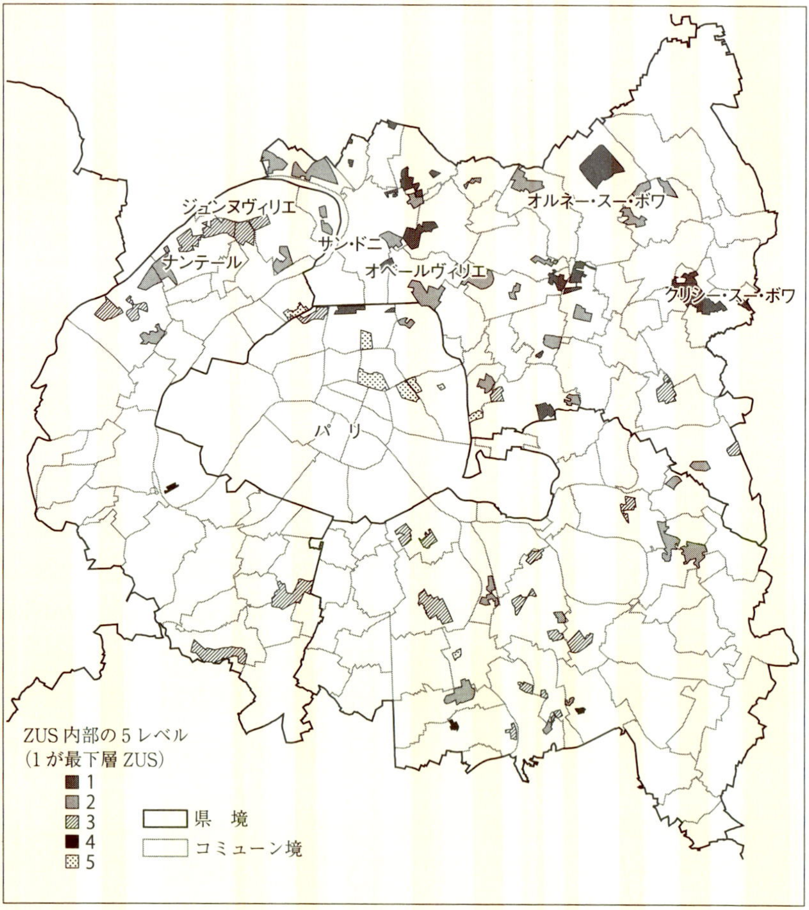


**図 2-4** パリと近郊における ZUS の分布

出典：Musiedlak (2011).

脆弱都市区域に特徴的なもう 1 つの要素として，社会住宅の割合の高さがある．脆弱都市区域住民の 6 割近く，最下層脆弱都市区域の 7 割強が社会住宅に居住しており，これは全国平均（17%）の 4 倍以上，イル・ド・フランス地方の平均と比較しても 3 倍となっている．言い換えれば，脆弱都市区域に指定されているのは社会住宅の集中する地区で，なかでも戸数の多い大規模団地が多い．つまり脆弱都市区域というカテゴリーは荒廃する団地対策の指標でもある．

**表 2-2　脆弱都市区域（ZUS）の社会的指標（2006 年）**

| | 最下層 ZUS（パリ郊外セーヌ・サン・ドニ県） | 平均的 ZUS | イル・ド・フランス平均 |
|---|---|---|---|
| 等価所得（€） | 7,799 | 11,392 | 18,455 |
| 失業率（%） | 19.2 | 14.8 | 11.0 |
| 労働力率（25-64 歳）（%） | 69.4 | 77.1 | 83.1 |
| 社会住宅割合（%） | 73.4 | 58.0 | 23.4 |
| 国民健康保険料免除対象者（%） | 21.5 | 15.1 | 5.8 |
| 世帯人員 6 人以上（%） | 30.4 | 27.4 | 2.6 |

出典：INSEE などをもとに作成.

## 2.4——貧困地区としての郊外②
### 「脆弱都市区域」を補填する「貧困区域」のアプローチ

こうして「脆弱都市区域」は問題化する郊外地区と同義として捉えられてきた. しかし近年, このような枠組みを批判的に検討し, 新たな分析枠組みからの研究もすすめられている. その代表的なものにマリエット・サゴの提唱する「貧困区域（territoire de la pauvreté）」の概念がある.「脆弱都市区域」が経済的指標だけでなく住宅, 教育, 家族などの指標をふまえて総合的に「困難」を測定するのに対し,「貧困区域」は純粋に所得に特化したシンプルな算出方法である. 収入 10 階級分位の最下層カテゴリーに属する層が 20%を超える地区を体系的に「貧困区域」として分類する.

こうして算出された「貧困区域」と「脆弱都市区域」の分布を比較してみると, 両者の間には看過できない差異が存在することがわかる. たとえばイル・ド・フランス地方にある 157 の脆弱都市区域のうち, 40%あまりは「貧困区域」に該当していない. またセーヌ・サン・ドニ県民の 23%が「脆弱都市区域」に居住するが,「貧困区域」居住者の割合はその倍となる 46%である. つまり「脆弱都市区域」に指定されているのに「貧困区域」には該当しない地区と,「脆弱都市区域」に指定されていないにもかかわらず, 極端な貧困が集中している地区が存在するのである（Sagot 2011a）.

このようなギャップが生じる理由は主に以下の 2 点に集約される. 第 1 に「脆弱都市区域」は 1996 年に指定されたカテゴリーであり, それが必ずしも現在の「問題地区」を反映していない点である. 脆弱都市区域の選定から約 20

年の間にさまざまな対策がとられてきた．また，パリ都市圏では毎年全住民の1割に相当する50万世帯が転居しており，なかでも収入階級の下位に位置する住民ほど移動頻度が高い．たとえば1990-1999年の間に1度以上引越しを経験した住民は「脆弱都市区域」住民全体の61％にも達している（Observatoire national des ZUS 2005）．このように転出・転入が多いなか，住民の実態にも一定の変化が生じていることが推察される．

同調査では，「脆弱都市区域」においては転出者より転入者のほうが一般的に低所得で，複数の社会的困難を抱えている（言葉のハンディキャップ，低学歴，低所得，不安定な家族構成など）ことも明らかにされた．ところがその一方，一部の「脆弱都市区域」では転入者による持ち家取得の件数も増えており，その事実に依拠しながら，これらの区域で相対的に貧困層の割合が減少している傾向を指摘する研究もある（Musiedlak 2011）．いずれにせよ「脆弱都市区域」だけでは捉えきれない一連の変化が「貧困区域」の概念の導入によって新たに把握された．

第2に「脆弱都市区域」の枠組みにおける「問題地区」の定義の特殊性があげられる．先にも触れたように「脆弱都市区域」とは1990年代に始まった国家主導型都市政策の一環で形成されたカテゴリーで，そこで目的とされたのは1950-70年代初めに大量建設された団地で発生する諸問題の解決だった．区域の指定にあたっては，全国に一律の基準が適用されるのではなく，国が各自治体と協議をおこない，それを通して決定する方法が採られた．その結果，所得や失業率などの客観的なデータよりも「地元の住民は，地域のどの地区に治安の問題を感じているか」などといった，住民の主観性に依拠した選定がおこなわれた．都市政策研究のフィリップ・エステーブは「脆弱都市区域」が「貧困や社会的排除というよりも，地域社会で『社会的リスク』と同一視される地区を示している」と指摘する（Estèbe 2014）[4]．そういった点からも「脆弱都市区域」は「団地対策」という都市政策の独自の枠組みにもとづいた「問題地区」へのアプローチであり，必ずしも都市の貧困問題を包括的に反映するものではないことがわかる．

とはいえ「貧困区域」アプローチにも問題がないわけではない．都市で発生する諸問題は，所得の額のみに還元できない多様で複雑な性格を孕んでいる．

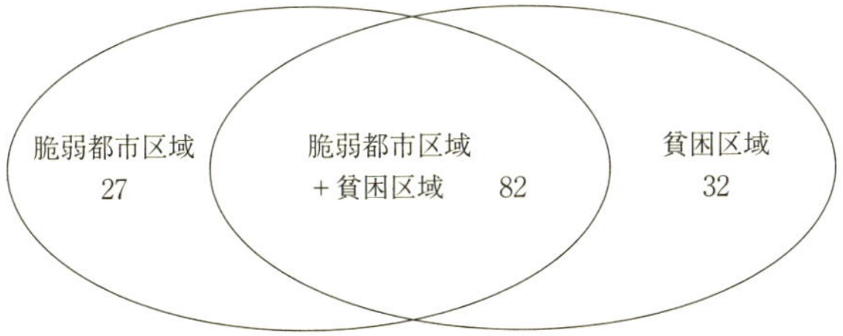


**図 2-5**　イル・ド・フランス地方における貧困地区を抱えるコミューン分布

出典：Sagot（2008）.

また貧困問題を解決する上でも，経済的なアプローチだけではなく複数の要素を組み合わせて複合的に対処する必要性は多くの研究者によって指摘されてきた（Paugam 1991）．さらに「脆弱都市区域」では基準の１つとされていた交通の便や建物の荒廃，近隣地区との関係などは統計のような量的データでは測定できないが，地区の困難を形成する重要な要因であり，こうした要素が「貧困区域」の枠組みからは完全に抜け落ちている．

本節でみたように，フランスで問題とされる「郊外」とは単純に地理空間的なカテゴリーを指すものではない．それは貧困をはじめとする複数の問題が観察される地域であり，それはパリ郊外においては北東部を中心に，西部をのぞいた一帯に点在している．「問題地区」の定義については諸説が存在し，なかでも「団地」という空間を都市問題の根源と捉える「脆弱都市区域」の概念と，純粋に所得だけを基準とした「貧困区域」概念が有力であるが，大切なのは「脆弱都市区域」か，「貧困区域」かといった二者択一的な見方ではなく，複数のアプローチを組み合わせて，効果的な実態把握を目指すことである．そう考えると，郊外の都市問題は「脆弱都市区域」と「貧困区域」の両アプローチを併用し，「団地」と特に近郊に多い「不衛生住宅」の両方をあわせてとらえることが適切だと思われる．

## 3――「移民」と居住の多様化　中産階級の台頭

次に「郊外問題地区」に居住するとされる「移民」の具体的な実態について説明する．本章の冒頭でも述べたように，郊外に「移民が多い」という理解は

**表 2-3　外国人・移民人口の推移**（1968-2006 年）

| | 外国人 | 割合（%） | 移　民[1)] | 割合（%） |
|---|---|---|---|---|
| イル・ド・フランス（パリ都市圏） | | | | |
| 1968 | 817,828 | 8.9 | 940,396 | 10.2 |
| 1975 | 1,156,095 | 11.7 | 1,207,685 | 12.2 |
| 1982 | 1,339,944 | 13.3 | 1,335,944 | 13.3 |
| 1990 | 1,377,416 | 12.9 | 1,488,782 | 14.0 |
| 1999 | 1,298,117 | 11.9 | 1,611,008 | 14.7 |
| 2006 | 1,434,273 | 12.4 | 1,950,623 | 16.9 |
| フランス | | | | |
| 1968 | 2,621,084 | 5.3 | 3,238,284 | 6.4 |
| 1975 | 3,442,415 | 6.5 | 3,887,460 | 7.4 |
| 1982 | 3,714,200 | 6.8 | 4,037,036 | 7.4 |
| 1990 | 3,596,602 | 6.3 | 4,165,952 | 7.4 |
| 1999 | 3,258,539 | 5.6 | 4,306,094 | 7.4 |
| 2006 | 3,541,820 | 5.8 | 5,040,367 | 8.2 |

注：1）移民第 1 世代に限る.
出典：INSEE（2012）.

正しいが，十分でもない．というのも「移民」というカテゴリーの内部には大きな多様性があり，ここでいう「移民」が何を具体的にさすのかを整理する必要があるからだ．

「移民」カテゴリーの多様化は全国レベルで顕著に見られる．フランス国立経済統計研究所の報告書『フランスの移民とその子孫』（2012 年）によれば，フランスには移民 1 世・2 世をあわせ約 1200 万人（全人口の約 20%）が居住するが，その出身国は大きく変化しており，1970 年代半ばには移民人口の 66% を占めていたヨーロッパ出身者が 38% に減少した．ヨーロッパのなかでも 90 年代末まではスペイン，イタリア，ポルトガルが主要な出身国であったが，それに代わってイギリス，セルビア，ロシア出身者が増加した．一方，非ヨーロッパ出身者についても，これまでの旧植民地出身者（特にアルジェリア，モロッコ，カメルーン，コートジボワール，コンゴ）だけでなく，トルコや中国からの移住も増えており，特に中国出身者は 10 年で倍増した（INSEE 2012）．

多様化の傾向は，特にパリとその郊外（イル・ド・フランス地方）で著しい．パリ地方圏の外国人の出身地域はヨーロッパ 29.2%，北アフリカ 29.7%，サブサハラアフリカ 18.6%，アジア 17.5%，北南米オセアニア 5% と多様で，さらに世代に関してもニューカマーがいる一方で，4世が増えるなどの多様性がみられる（Sagot 2011b）．このように多様な「移民」たちは都市空間に均質的に分布するのではなく，それぞれのカテゴリーに応じて居住空間や居住形態が異なっている．そこで以下では，パリ郊外におけるエスニック・マイノリティならびに外国人の多様性が，居住環境にどのように反映されているのかを検討し，それを通して「郊外問題地区」の住民の実態をより詳細に検討する[5)]．

2007年のイル・ド・フランス都市整備研究所（IAURIF）の調査によれば，移民の居住環境は全体的にみると過去25年間（1982-2007年）で大きく向上した．高度成長期の住宅不足の時代に，主に北アフリカ（マグレブ）からの移民労働者の流入が続いた同地方では，移民の劣悪な居住環境が以前から問題になってきた．1970年代までは移民の多くがビドンヴィルとよばれるスラム街や老朽化が激しく衛生・設備面でも問題のある不衛生住宅への入居を余儀なくされ，狭い空間に多人数で生活せざるを得なかった．この時代と現在を比べると，狭小過密住宅の割合は47%から36%に，低設備住宅は42%から7%に減少しており，その点で環境は大きく改善に向かっている．国民と移民の居住格差は依然として存在はするが，1970年代以前の状況に比べれば，格差は相対的に減少（過密住宅格差は27%から21%，低設備住宅格差は16%から5%に減少）した．

居住環境の改善に加え，テニュア（住宅所有形態）もこの25年で大きな変化をとげた．1970年代まで移民の住居と言えば，ビドンヴィルをはじめとする民間の不衛生住宅が圧倒的多数を占めていたが，現在では民間，社会住宅，持ち家がほぼ同じ割合（民間30%，社会住宅32%，持ち家33%，間借り5%（IAURIF 2007: 9-14））となり以前に比べて多様化がすすんだ．

なかでも変化が著しいのは持ち家取得者の増加である．9%にも満たなかった1982年に比べ，約4倍近く増加した．この現象については2000年代半ばから複数の研究がすすめられてきた．なかでもディディエ・デポンはパリ郊外における外国人・移民世帯の持ち家購入の増加とその地理的分布について，大規模な量的データを用いて分析をおこなった（Desponds 2010, Bergel et Desponds 2011）．またマリー・カルチエをはじめとする4人の若手社会学者は，セーヌ・サン・ドニ県のある自治体に焦点を定め，そこで持ち家を取得した移民世帯に対する質的調査を行い，「移民中産階級」の出現と彼／彼女らの生活世界や価値観を詳細に描きだした（Cartier *et al.* 2006）.

このような近年の研究は，移民の定住化と多様化がすすむなか，居住形態にも変化が生じていることを示し，これまで大都市郊外の団地（Dubet et Lapeyronnie 1992, Lepoutre 1997, Mucchielli 2001, Masclet 2005, Wacquant 2007, Lapeyronnie 2008）や都市内部の貧困地区（Toubon et Messamah 1990, Bouly de Lesdain 1999, Bernardot 2008, Chabrol 2013）など，貧困との関係から分析されてきたエスニック・マイノリティの居住研究に新しい地平を切り開いた.

これはまた，ドンズロが『都市が壊れるとき』（Donzelot 2006=2012），『三重都市』（Donzelot 2009）などで展開してきた分極化論，つまり「富裕層は都心部，底辺層の移民は近郊の団地，中間層は遠郊の戸建住宅地」に都市が引き裂かれるという図式に必ずしも合致しない現実をあぶり出した.「移民」の定住化が進行する現在，ビドンヴィルから団地に移った「移民世帯」の子弟の中に持ち家を取得する動きがおきていることを明らかにしたのである．この研究は，これまで静態的に捉えられがちだった「移民」カテゴリー内部で進行する変化を浮かびあがらせた.

## 4――「移民」カテゴリー内部における分極化の進行
### 郊外貧困地区の状況の悪化と時間的変化

### 4.1――出身地域別の居住格差の増大

だが「移民」と「国民」の居住格差が全体的に減少し，エスニック・マイノリティ中産階級の出現で持ち家取得数が増加したからといって，貧困状態におかれたマイノリティが存在しなくなったわけではない．前節でみた「移民」カテゴリー内部の多様化は，出身国や世代だけではなく階層面でも確認できる．このような階層化はエスニック・マイノリティの居住環境に看過できない影響を及ぼしている.

マイノリティの階層化と居住環境の格差は，一般に出身国と相関関係にあることが多い．先にみたように，移民の居住環境・形態に関する先行研究において国民と移民の居住格差に縮小の傾向がみられることが明らかになっているが，より詳細なデータを検証すると，出身国別に大きな開きがあるのがわかる.

その1つがヨーロッパ出身者とその他の地域出身者の間に存在する格差である．1960年代末まではポルトガル出身者の多くも郊外のビドンヴィルと呼ばれるスラム街に居住するなど，かつてはヨーロッパ出身者とフランス国民の間にも大きな住宅格差が存在した．だが今日ではヨーロッパ出身者と現地フランス人の居住環境の違いはほとんどなくなっている．49％が持ち家を取得し，35％が一戸建てに暮らし，狭小過密住宅や低設備住宅に居住する割合の低さも国民と変わらない．この点でヨーロッパ出身者に関しては国民との居住格差がほぼ解消され，平等が達成されたと言える．

だがその一方で，非ヨーロッパ出身者と国民の間にはいまだに大きな居住格差が存在し，その一部は劣悪な環境におかれ続けている．イル・ド・フランス地方で行われた調査によれば，非ヨーロッパ出身者の45％が狭小過密住宅に居住する．また持ち家を取得した世帯も全体の4分の1以下，そのうち一戸建てに居住するのは1割にも満たない．

非ヨーロッパ出身者のなかにも大きな格差が見られる．東南アジア出身者は持ち家取得率が50％近いなど，ヨーロッパ出身者に次いで安定した居住環境を確保した者の割合が高い．それに対して北アフリカ，サブサハラアフリカ出身者の持ち家取得はそれぞれ21.2％，17％で，戸建てに住む者も12.9％，8％となっており，ヨーロッパ出身者の数字（48.7％，35.3％）を大きく下回る．

北アフリカ，サブサハラアフリカ出身者には設備・環境の面で問題のある住宅で暮らす者の割合も多い．低設備住宅居住者がそれぞれ8％と5％（フランス国民は1.8％），狭小過密住宅居住者は45.7％と47.5％（フランス国民は15.7％）となっており，国民だけでなく，他地域出身の移民との間にも大きな格差がみられる．以上の理由から別の住宅に移ることを希望する者の割合も高く，ヨーロッパ出身者の2倍以上（26.6％に対し，北アフリカ出身者の転居希望率は56.9％，アフリカ出身者58.5％）となっている．

このようにエスニック・マイノリティの居住環境をめぐっては出身国・出身地域別の大きな格差が存在し，そのなかでも北アフリカ・サブサハラアフリカ出身者は全体的に劣悪な条件におかれている．北アフリカ出身者に比べてフランス移住時期が遅かったアジア出身者の居住環境が，国民平均のレベルにより近いことを考えると，居住格差の存在を移住時期によって説明するのは不可能

**表 2-4　ヨーロッパ出身移民と非ヨーロッパ出身移民の居住格差**

| | 国民 | 移民 | | | | | |
|---|---|---|---|---|---|---|---|
| | | 全体 | ヨーロッパ出身 | 非ヨーロッパ出身移民 | | | |
| | | | | 全体 | マグレブ | サブサハラアフリカ | その他 |
| 世帯数 | 3,860,524 | 865,957 | 310,052 | 555,905 | 266,190 | 130,410 | 159,305 |
| テニュア（居住形態）（%） | | | | | | | |
| 持ち家 | 48.8 | 33.2 | 48.7 | 24.7 | 21.2 | 17.3 | 36.5 |
| 社会住宅 | 23.4 | 31.8 | 21.0 | 37.8 | 47.3 | 41.7 | 18.8 |
| 一般賃貸 | 23.2 | 30.0 | 22.0 | 34.5 | 29.9 | 35.1 | 41.8 |
| その他 | 4.7 | 4.9 | 8.4 | 3.0 | 1.6 | 5.9 | 2.9 |
| 住宅形態（%） | | | | | | | |
| 一戸建て | 29.4 | 21.1 | 35.3 | 13.2 | 12.9 | 8.1 | 17.8 |
| 集合住宅 | 68.8 | 77.0 | 62.9 | 84.8 | 84.0 | 90.4 | 81.6 |
| その他 | 1.7 | 2.0 | 1.8 | 2.0 | 3.1 | 1.5 | 0.6 |
| 住宅面積 | | | | | | | |
| $<30m^2$ | 6.6 | 11.8 | 8.7 | 13.5 | 12.4 | 15.4 | 13.9 |
| $30\text{-}64m^2$ | 35.4 | 37.5 | 35.6 | 38.6 | 40.5 | 34.3 | 38.9 |
| $>=65m^2$ | 58.0 | 50.7 | 55.7 | 47.9 | 47.1 | 50.3 | 47.2 |
| 平均（$m^2$） | 76 | 68 | 74 | 64 | 63 | 63 | 67 |
| 快適さ | | | | | | | |
| 快適さなし（%） | 1.8 | 5.4 | 4.0 | 6.2 | 8.0 | 5.0 | 4.2 |
| 狭小過密住宅 | | | | | | | |
| 狭小過密住宅割合（%） | 15.7 | 36.3 | 21.3 | 44.7 | 45.7 | 47.5 | 40.85 |
| 一部屋あたりの人数 | 0.66 | 0.96 | 0.76 | 1.11 | 1.08 | 1.17 | 1.05 |
| 引越しの要望 | | | | | | | |
| 引越し希望（%） | 30.9 | 43.4 | 26.6 | 52.6 | 56.9 | 58.5 | 40.6 |
| 社会住宅入居希望 | | | | | | | |
| 入居希望申請者（%） | 4.6 | 15.7 | 4.4 | 22.1 | 22.6 | 29.5 | 15.1 |
| 住宅補助 | | | | | | | |
| 受給者（%） | 10.6 | 33.4 | 10.9 | 45.3 | 46.2 | 58.5 | 33.4 |
| 住宅の評価 | | | | | | | |
| 不十分だ（%） | 7.5 | 21.7 | 11.9 | 27.1 | 28.9 | 36.3 | 16.7 |
| 住居費（家賃またはローン返済額） | | | | | | | |
| 該当者（%） | 67.4 | 79.3 | 62.4 | 88.6 | 89.0 | 91.0 | 86.1 |
| 負担額（€） | 560 | 488 | 550 | 463 | 384 | 456 | 606 |
| 所得に占める割合（%） | 19.0 | 22.3 | 20.6 | 23.2 | 20.7 | 22.8 | 27.1 |

出典：IAURIF（2007）をもとに作成.

である．「移民」カテゴリー内部におけるエスニック集団別の階層化の進行や植民地支配をはじめとする歴史的文脈の影響など，複数の要因を考慮する必要がある．

### 4.2――アフリカ大陸出身者の社会住宅へのセグリゲーション

「移民」カテゴリー内部の出身地域別の格差・多様性に関するもう1つの特徴に，北アフリカ・サブサハラ出身者の社会住宅への集中がある．第3節でみたように「移民」全体の居住形態は多様化しており，パリ圏において社会住宅に居住するマイノリティは32%となっている．だが内訳をみるとそのうち46%が北アフリカ出身者，20%がサブサハラアフリカ出身者となっており，アフリカ大陸出身者が全体の3分の2を占めていることがわかる（IAURIF 2007）．コミュニティの視点にたっても，北アフリカ出身者の47%，サブサハラアフリカ出身者の42%が社会住宅に居住しており，つまりアフリカ大陸出身者の半数近くが社会住宅に集中しているのである．

社会住宅に居住するエスニック・マイノリティには，他の居住形態を選択するマイノリティに比べ，どのような特徴があるのだろうか．その1つに社会職業的な相違がある．社会住宅に居住するマイノリティはそうでないマイノリティに比べて非熟練労働の割合が高く，労働者38%，従業員23%となっている（「移民」全体は30%，16%）．収入も「移民」平均より3割低く，非社会住宅居住者と比べ4割少ない（月あたりの平均所得1408ユーロに対し894ユーロ）．また失業者の割合も高い（25%）．

さらに社会住宅で暮らす「移民」には多人数世帯が多い．大半が子どものいる世帯（72%，フランス人世帯は47%）であるのに加え，5人以上の世帯が3割を超え，母子世帯の割合も18%と高い．つまり社会職業的に不安定である上に，世帯構成員の数は多く，1人当たりの所得が低い世帯が多いことがわかる．そのため住宅補助などの福祉受給世帯の割合も高い（IAURIF 2007）．

それでは社会住宅で暮らす「移民」の居住環境とは具体的にどのようなものなのだろうか．一般に社会住宅は温水や電気・ガス，シャワーなどの設備は整っており，その点で一部の民間劣悪住宅にみられるような「低設備住宅」ではない．ただしイル・ド・フランスで行われた調査によれば，社会住宅で暮らすマイノリティの37%が過密状態におかれるなど，1人当たりの居住面積の狭さが問題となっている．また，社会住宅で暮らすマイノリティは別の場所で暮らすマイノリティよりも自分の居住環境に不満を抱えている．同じ調査によれば，社会住宅で暮らす「移民」の47%が共用設備の破損や荒廃（落書き，設備の破壊など）という問題を抱え，46%がメンテナンスの悪さや建物の不衛生状態，43%がエレベーターの度重なる故障，38%が夜間の騒音などの苦情を訴えている．さらに60%が治安に不安を感じている．18%が共同住宅内の個人用倉庫や駐車場で盗難や破壊行為にあっており，24%が公共交通機関の便の悪さに不満をもっている．

社会住宅で暮らすエスニック・マイノリティが抱える不満は，2001年に行われた別の調査でも明らかになっている．国立経済統計研究所の「自分が暮らす地域への印象」調査によると，社会住宅で暮らす「移民」の20%が「どこに行くのも不便」と感じている（非社会住宅居住移民は12%，フランス国民は13%）．また地域が暮らしやすいと感じる社会住宅居住移民は62%で，非社会住宅居住移民（85%）や国民全体（88%）に比べて少ない．33%が住宅の周辺環境が悪い（17%, 14%），22%が地域に全く愛着を感じないと答えている（INSEE 2011b）．

社会住宅居住者のなかでもエスニック・マイノリティ，特にアフリカ出身者の不満が特に高いのはなぜなのか．それはフランス人の社会住宅居住者に比べてマイノリティの社会住宅居住者が不満や不平を抱きやすいということではなく，むしろ「移民」と国民では入居を許可される社会住宅が同じではないというのが正しい理解であろう．

フランスの社会住宅は日本の公的住宅に比べ，全住宅数に占める比率が高い[6]．日本の公営住宅（2008年）は4.2%，UR住宅を含めても6.1%であるのに対し，フランスでは全住宅の17%，賃貸住宅の43%で約1200万人が居住（2011年）している．このことからわかるように，フランスの社会住宅は日本の公営住宅に比べ，セーフティネットというよりもアフォーダブル住宅としての性格が強い（檜谷 2008）．しかし社会住宅の内部には築年数や立地，入居者の所得制限などの点で大きな多様性がみられ，その結果，人気の高い物件とそうでない物件が明確にわかれており，住宅の所在地によって住民構成にも違いがみられる.

こうしたなか，老朽化がすすみ，かつ辺鄙な場所にある人気のない社会住宅に低所得の「移民」が集中するようになった．実際に，社会住宅のなかでも1960-74年に建設された老朽化の激しい団地で，しかも建物の質の面などで問題が指摘されてきた大規模団地において「移民」の比率が特に高いことが確認されている（移民の28%，国民はわずか6%）．このような現象は1990年代半ば以降，関東や東海地方の一部で顕在化してきた日本の「外国人集住団地」にも通ずるメカニズムである[7)].

したがって社会住宅に居住する「移民」が国民に比べて居住環境により強い不満を示すのは，「移民」が社会住宅のなかでも建物の質や周辺環境などの面で問題のある住宅や地域に居住を余儀なくされているからだと考えられる．だからこそ，社会住宅に居住する「移民」の4割強は，別の社会住宅への転居を希望している（INSEE 2011b）.

このように，全体的な「移民」カテゴリーの内部では多様化がすすんでおり，社会住宅に居住する人は全体の3割程度にとどまっている．だが問題となる団地にはエスニック・マイノリティのなかでもアフリカ大陸出身で，しかも社会職業状態が不安定で，世帯人員の多いことなどを特徴とする不安定層の集中がみられる[8)]．そして社会住宅に居住するエスニック・マイノリティの多くが自らの居住環境に不満を持っていることがわかった.

## 5——「郊外問題地区」の類型化とセーヌ・サン・ドニ県の事例

### 5.1——脆弱都市区域の5類型

以上の点をふまえた上で，本章で最初に提起した問い——「移民＝郊外」という図式は具体的に何を意味するのか——に立ち返ると次のことが言えるだろう．「移民」も「郊外」もその内部に大きな多様性を孕んでいるが，「移民」を北アフリカ・サブサハラアフリカ出身者の低所得層と理解し，また「郊外問題」を「一部の荒廃した（大規模）団地＝脆弱都市区域」と定義するかぎりにおいて「移民＝郊外問題」という図式には一定の有効性が認められる．本書で扱う「郊外」とは，社会住宅団地を中心とした荒廃地区におけるアフリカ大陸出身エスニック・マイノリティのセグリゲーションの問題——そこでは（人種）差別と（社会経済的）排除の問題が密接にからみあっている——として捉えていく．

しかし「郊外問題」を「荒廃した団地や劣悪住宅の多い区域」への北アフリカ・サブサハラアフリカ出身者のセグリゲーションと定義しても，その内部にはさらなる多様性が存在する．荒廃した団地や劣悪住宅の集中など，都市景観の面で似通っており，住民に関する社会経済的データ（世帯構成，所得，就労状況，学歴，国籍，年齢など）の面でも共通点が多く，一見同じようなセグリゲーションの問題にみえても，その間には看過できない差異が存在することもある．

たとえば都市圏内の地理的位置（同じパリ郊外でも都市中心部に近いか，否か），当該区域の形成された過程と文脈（旧市街地だったのか，新興住宅地か，工業・産業との関係など），住宅の種類（大規模団地，不衛生住宅など），隣接地域・周辺地域との関係性（社会経済的に連続性があるか，それとも断絶が存在するか，人口面ではどうかなど），公共交通機関など他の地域へのアクセシビリティなどの違いによって，その地域がどのように変動しつつあるのかも，それを支える構造も変わってくる．そうであれば，これらの差異を捨象して，まるで均質なカテゴリーであるかのように扱うことは，分析の結果にも影響を及ぼしかねない．もちろん差異や多様性は際限なく存在するものであり，社会学的な法則や構造を示す際には，一定の差異や多様性の捨象が必要になるが，どれが重要な変数であるか否かを見極める必要がある．

このような課題に対応するために，ここではジャック・ブラヴォとトマ・キルズボームによるパリ都市圏の脆弱都市区域の5類型を参照する（Bravo et Kirszbaum 1999）．ブラヴォとキルズボームは都市貧困地区の専門家で，1990年代以降の都市政策の制定にも関わってきた．当時から都市政策の対象区域をどう定義するかについては様々な議論があったが，ブラヴォとキルズボームは従来の都市政策に顕著だった各自治体の「主観」にもとづくアプローチも，また純粋に統計の数値にもとづく量的アプローチも郊外問題地区の現状を重層的に捉えきれていないと指摘し，地理的条件と歴史的条件の2つをベースにした質的アプローチを提案した．それは，①当該区域が形成されてきた歴史的過程，②区域と地域社会全体の関係性，の２点を重視して脆弱都市区域の多様なあり方を考えるというもので，このアプローチにもとづいてパリ都市圏の問題地区を以下の５つに類型化した．

(a)　貧困化した旧工業地帯・労働者街――19 世紀の工業化にともなって発達した旧「赤い郊外」．1950-60 年代に建設された団地のほか，老朽化した労働者用住宅や放置されて廃墟と化した旧工場施設が点在．1970 年代以降の脱工業化の影響で社会，経済，都市面などで深刻な問題が一帯に集積するようになった．

(b)　西部富裕地域内にある貧困の「飛び地」――1960-70 年の工業施設の地方移転でセーヌ河岸の工場が軒並み閉鎖され，その影響で貧困化．周辺には脱工業化後にサービス産業などへの構造転換に成功した豊かな自治体が多い．そのため，他の脆弱都市区域に比べ不動産価格上昇の可能性が高い．

(c)　周辺環境に不均衡をもたらした地区――1950-60 年代頃に，農地などの人口の少なかった土地が開発され，大規模団地が建設された．その結果，小さな村や中規模都市の付近に団地が建ち並ぶようになり，周辺環境とのギャップは著しく，人口面でも地域社会のバランスが崩れた．人口が過度に集中しており，一地区レベルでの問題解決はむずかしい．

(d)　衰退するニュータウン．1960-70 年代に，遠郊に建設された新興住宅地．その後徐々に環境が悪化し，治安や経済面での不安が増大．(c)と違って周辺環境とのギャップや摩擦は少ない．

(e)　都市中心部の荒廃地区．不衛生住宅が集中し，新規に流入する移民の受け入れの場として事実上機能．きわめて異なった特徴をもつ地区に囲まれており，周辺とのギャップは大きい．地域自体はきわめてコンパクトに限定．

この5類型には以下の利点がある．まず問題地区がいつ，どのような背景で形成されたのかという歴史性に注目することで，自然発生論的なヴィジョンから脱却し，問題地区形成の人為性に光をあてた点である．これは一見当たり前のことであるが，様々な問題が集積するなかで「運命論」に支配されがちな現場の状況をふまえると，改めて強調する必要があると思われる．

また問題地区と周辺の地域社会との関係性を特色づけることで，それぞれの地区がおかれている力学の把握を可能にした点である．統計上には共通点が多く，同じように見える地域でも周辺環境との関係に応じて状況は異なる．たとえば（b）と（c）では失業率などの数値は近似しているが，地区が直面する具体的な課題やそれを乗り越えるための解決策は同じであるべきではない．このように問題地区の定義において，歴史と周辺環境という2つの関係性を導入したことで，ブラヴォとキルズボームは新たな視座を提示した．

## 5.2——セーヌ・サン・ドニ県　貧困化した旧工業地帯の典型的事例

このように類型化によって現状を整理した上で，新たにどのような問題が提起できるだろうか．各類型の固有性や差異が明らかになると同時に，いくつかの共通項がうかびあがる．それは経済のグローバル化と脱工業化にともなう産業構造転換といったグローバルな影響であり，また団地やニュータウン建設などの国家主導でおこなわれてきた都市政策の影響であり，また問題地区と周辺環境との相互作用が及ぼすローカルな影響である．

「郊外問題地区」は以上のようなグローバル，ナショナル，ローカルの位相がどのように絡み合って形成され，変化しているのだろうか．またそこに居住するエスニック・マイノリティの住民はグローバル，ナショナル，ローカルな影響をどのように受けており，またそれは地区の変化とどのように関係しているのだろうか．過去30年ヨーロッパの他国でも都市部の衰退地区とセグリゲーションの問題が議論されてきたが，他国の状況との比較を可能にし，相違点をふまえつつ共通の構造を探るためには，以上の論点を整理してフランスモデルの素描を試みることが必要だと思われる．

以上の作業を行うための対象として，本書ではパリ郊外セーヌ・サン・ドニ県オベールヴィリエ市の事例を中心にとりあげる．ブラヴォとキルズボームが提示した5類型を網羅的に検証するよりも，限定的な事例を掘り下げて検証することを選択する．ただしセーヌ・サン・ドニ県は個別の事例でありながら（ブラヴォとキルズボームの類型化では（a）に該当する），他のパターンを考える上でも示唆に富み，また何よりもフランス・モデルを素描する上で重要だと思われる．理由として次の5点があげられる．

1点目は外国人，エスニック・マイノリティ比率が全国でも最も高い県だからである．序章でも述べたようにセーヌ・サン・ドニ県は外国人率がフランス最大であるだけでなく，エスニック・マイノリティ比率が特に若年層において高い（Guigou 2010）．本書のテーマである「マイノリティの差別，排除」を考える上で，同県はフランスの中でも「エスニック・マイノリティ」が直面する諸問題が明確にあらわれる「実験室」としての性格を備えている．

2点目はその他の「セグリゲーション」に関わる要素が集中しているからである．同県はパリ都市圏だけでなく全国でも最も世帯別平均所得の低い県の1つである（Guigou 2010: 46）．また治安面でも問題になることが多い．2008年フィガロ紙に掲載された「全国犯罪率ランキング」によれば，住民1000人あたりの犯罪件数上位10市のうち8市がセーヌ・サン・ドニ県内であった[9]．

ただし県内は均質的に貧困が分布しているわけではなく，県内には一部に豊かな自治体も存在するが（県東部にはランシーをはじめ，中産階級の集中する自治体がある．その理由については第3章を参照），全体的にみれば同県は同じ地方の他県と比べ，問題地区が集中し，貧困の割合が高いことは間違いない（図**2-2**，**2-4**参照）．

3点目は歴史的な重要性，特にフランスにおけるナショナルな都市の歴史における重要性である．セーヌ・サン・ドニ県の位置するパリ郊外北東部は，19世紀後半のパリ大改造工事時から国家による都市政策に大きな影響を受けてきた．その後も第2次大戦後の住宅政策，高度成長期の移民政策，そして近年のパリ再編都市政策まで常にナショナルな変動に強く規定されてきた．したがって国家が問題地区に与える影響を捉え，フランス・モデルを構築する上で，セーヌ・サン・ドニ県の事例を検討することは意義が大きいと思われる．

4点目はグローバルな影響の重要性である．首都に隣接するという立地条件も手伝って，同県は19世紀末から外国人労働者受け入れの地として機能し，

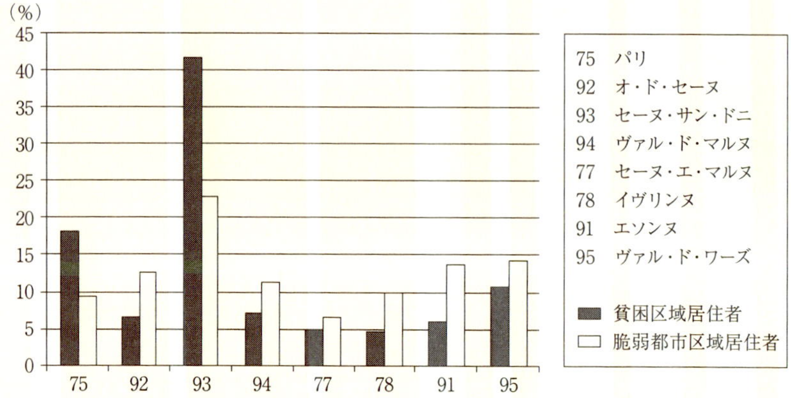


**図 2-6** イル・ド・フランス地方県別の貧困地区居住者の割合

出典：Guigou（2010: 65）.

現在も，全国で最も外国人の流入が多い県として知られている．その一方，ニューヨーク，ロンドン，東京に続いて，パリのグローバル・シティ化（Sassen 1991=2008）がすすむ近年，パリ近郊のセーヌ・サン・ドニ県も首都再編の動きに組み込まれ，他の地域よりも大きな影響を受けている．

5点目は地域社会内のギャップや地区間の相互作用を考える上での重要性である．後述するように（第3章），セーヌ・サン・ドニ県は1964年に新設された県である．それまで工業地帯・労働者街として発展した西部と，中産階級の街だった東部が1つの県に再編されたこともあり，県内でも自治体別に大きな格差が存在する．また同じ市内にも貧困地区と中産階級居住地区の並存するところが少なくない．さらに首都との近接性などの利点を活かし，近年は隣接自治体で大規模な企業誘致がおこなわれ，その関係もあって雇用創出数はイル・ド・フランス地方でも上位で，自治体収入も全国2位を誇っており[10)]，このような要素も同一地域内の格差を激化させている．実際，同県内でも近年急激に発展を遂げている地域と，そうでない地域の格差が顕著になっており，そういったローカルな文脈における変化や相互作用を観察する上でも，セーヌ・サン・ドニ県は適切な事例だと思われる．

本章ではフランスにおける「郊外」という概念が何を指し示し，どのような問題を提起するのかについて様々な角度から論じてきた．複数のアプローチを検討した上で，本書では「郊外」の定義を，北アフリカ・サブサハラアフリカをはじめとする旧植民地出身移民が集住する団地・劣悪住宅集住地区として位置づけ，具体的な分析の対象としては，数的にも歴史的にも重要な位置を占めてきた１つの「典型」として，旧工業地帯のセーヌ・サン・ドニ県と同県のオベールヴィリエ市の事例を中心にとりあげる．

1） コミューンは，フランスの基礎自治体の単位である．フランスには日本の市町村のような区別がなく，人口 200 万を超えるパリも，人口 30 人以下の村も同じコミューンとして分類される．全国では日本の市町村の 20 倍にあたる 3 万 6600 を超えるコミューンがある（2014 年）．

2） http://www.inegalites.fr/spip.php?article1663

3） 個人所得中央値の 50%．

4） それに加え，セーヌ・サン・ドニ県やヴァル・ド・マルヌ県など近郊の自治体の一部には，「脆弱都市区域」指定によって地域のスティグマ化がすすむことを嫌い，指定を拒否するところもあった．このような要素からも，「脆弱都市区域」は貧困を客観的に反映しているとは言いきれない．

5） フランスではこれまで「外国人」や「移民１世」に関する統計は存在したものの，国籍法の出生地主義に基づいてフランス国籍を付与される 2 世以降の統計は公式には存在しなかった．ところが 2012 年 10 月，フランス国立経済統計研究所が報告書『フランスの移民とその子孫』を発表し，2 世の実態を包括的に把握するデータが入手できるようになった（INSEE 2012）．

6） その他にも，フランスの社会住宅は地方自治体が直接管理や建設にはかかわらず，社会住宅管理会社とよばれる公社，官民出資企業，民間非営利団体などが建設・管理をとりおこなう点や，日本では例外的にしか認められていない単身者入居（高齢独身者，DV 被害者などは可）がフランスでは必要条件を満たせば可能であるなど，日本の公的住宅との間には複数の相違点が存在する．

7） 日本の外国人集住団地に関する総合的な研究としては，稲葉佳子（2008），稲葉佳子ほか（2010）がある．

8） 「不安定層」と書いたが，社会住宅に居住する層よりもっと不安定な状況におかれた層は存在する．社会住宅への入居資格を持たない非正規滞在者はその典型であろう．しかし本書が関心の中心とするのはニューカマーではなく，フランスで生まれ育ち，そのなかで差別を受けるエスニック・マイノリティであり，その点を区別して考察する．ここでは「国民」に包括されるなかで周縁化され，不安定な状況に位置づけられているという意味で「不安定層」と表現した．

9） Figaro «Le palmarès de la violence, ville par ville», du 24/06/2008（http://www.lefigaro.fr/actualite-france/2008/06/24/01016-20080624ARTFIG00263-le-palmares-de-la-violence-ville-par-ville.php）．

10） Un nouveau pacte de solidarité pour les quartiers. Rapport au nom de la mission commune d'information Banlieues, déposé le 30 octobre 2006 (http://www.senat.fr/rap/r06-049-1/r06-049-166.html).

# 3章
# 排除空間の形成と国家の役割
## フランス的例外か？

## I——「マイノリティ集住地区」としての郊外はどのように形成されたのか

本章では，現代フランスで問題化する郊外の現状が形成された歴史的過程と社会的文脈を検討する．第1章でもみたように，先行研究では「フランス郊外問題」を1970年代に進行した2つの社会変動——脱工業化と非ヨーロッパ出身移民の定住化——とともに出現した「新しい問題」として位置づける分析が主流だった．たしかに脱工業化は（後述するように）工業地帯として発展した郊外の自治体に大打撃を与え，経済構造と社会構造に重要な影響を及ぼしたし，非ヨーロッパ移民の定住化も地域社会や政治，文化の領域に看過できない変化をもたらした．

しかし脱工業化や移民の定住化によって1970年代に郊外に「新しい問題」が生まれたと考えるのはやや早計である．郊外の現状への理解を深めるためには1970年代以降の変化を捉える一方，それ以前から形成されてきた社会構造との連続性を考慮することが大切だと思われる．

現在の社会問題を分析する際に歴史性を考慮することの重要性については複数の論者が指摘している．デヴィッド・ハーヴェイは『パリ——モダニティの都市』の冒頭で現代社会の分析における一般的な問題点として，分析対象を「過去との断絶」という視点から捉え，現在を形成した歴史的構造を見落とすリスクを指摘している．ハーヴェイはそれを「神話」と呼ぶ．

モダニティをめぐる神話のひとつに，それが過去との根本的断絶を構成するものであるという神話がある（……）私はモダニティのこうした考え方を神話と呼ぶ．なぜなら，根本的断絶という観念は，それがおそらく起こらない，そして起こり得ないという豊富な証拠があるにもかかわらず，人々に浸透し，それを納得させる力を備えているからである（ハーヴェイ 2011）．

ブルデューもこの問題について重要な指摘を行っている．支配層が被支配層に自らの規範を押し付ける際，そのような支配関係が社会的に構成された現象であるにもかかわらず，支配層のみならず被支配層もそれが自然現象であるかのように思いこむという「二重の自然化」が起き，この共犯関係が象徴的暴力のメカニズムを強力にしているというブルデューの議論がある．この「自然化」の議論をブルデューは晩年の『パスカル的省察』で再びとりあげ，「自然化」の作用に抵抗する手段として分析対象を「歴史化」することの重要性を強調している．近視眼的分析から脱却するためには「社会的事実」が社会的に構成された過程を明らかにするアプローチが大切だというのである．

社会科学にとっては第一次自明性からの批判的断絶は不可欠であるが，この断絶をおこなうための最良の武器は歴史化である．歴史化（historicisation）はすくなくとも理論の領域で自然化の効果（effets de la naturalisation）を無力化してくれる．またとりわけ，ある所与――自然のすべての外見をまとって現われる，そして当然のこと（taken for granted）として受け容れられることを要求する所与――の個人的・集合的生成の記憶喪失を阻止してくれる（Bourdieu 1997=2009: 311）．

以上のブルデューの指摘をふまえつつ，本書の主題である郊外問題について次の問いを立てることができる．郊外で起きている諸問題の原因を「脱工業化」や「非ヨーロッパ出身移民の定住化」といった1970年以降の社会変動に求めることが自明視されているが，このようなアプローチ自体も「歴史化」の対象とし，自明性を問いなおすことが郊外の現状の深い理解につながるのではないか．このような問題意識のもと，本章では郊外の形成過程を19世紀半ばにさかのぼって細かく検討し，郊外問題地区の基盤を形成した歴史的な厚みを掘り起こす．19世紀を起点とする理由については次節で説明する．具体的には，

①工業地帯の郊外，②団地の郊外，③移民の郊外，の3つの時期に区分して考察をすすめ，現在の郊外問題を過去との「断絶」ではなく「連続性」において捉えることで，「脱工業化」や「移民定住化」のさらなる背景を探っていく．

## 2――工業地帯の郊外

### 2.1――パリ大改造と郊外の誕生

フランス語で郊外を意味する「バンリュー（banlieue[1]）」という単語は12世紀に生まれたといわれる．だが本章ではパリ郊外史の専門家アニー・フルコー（Fourcaut 1986）やアラン・フォール（Faure, dir. 1991）にならい，19世紀半ばを「郊外」の起源と位置づける．理由は2点ある．1つめは，1860年に「小郊外」（モンパルナス，モンマルトルなど）がパリに併合され，現在のパリと郊外の境界線が定められたことである[2]．

2つめは1853-70年に行われたセーヌ県知事オスマンによるパリ大改造工事の影響である[3]．人口過密[4]で治安と衛生状態の悪化していたパリでは，19世紀前半から都市改造計画が持ち上がっていたが，土地収用関連の法規制と住民の強い反対が原因で，工事はなかなか実現しなかった[5]．しかし1853年にナポレオン3世が皇帝に即位し，事実上の独裁政権が始まると，大掛かりな工事が始まった．17年間で公的資金25億フラン（当時の国家予算1年分），民間資金を含め100億フランの巨額資金が投入され，パリ市内の路地の7分の3，家屋の60%が取り壊される前例なき大工事が行われた[6]．改造工事によってパリ市と郊外の役割が明確化され，その後の郊外の発展が方向づけられた．フルコーは，以上の2点を「郊外」誕生の決定的要因と見なしている．

> 今日の郊外は，19世紀後半にナポレオン3世の命を受けたオスマンがすすめた首都の近代化のなかで生まれた．1860年1月，総面積3402ヘクタールだったパリ市に，外縁部の5100ヘクタールが併合され，パリ市は12区から20区へと拡大し，それが現在まで続いている．（……）第2帝政下でパリは国家主導で整備されて生まれ変わったが，郊外は民間と弱小地方自治体に遺棄された（Fourcaut 1992: 17）．

**表 3-1**　パリと郊外の産業部門別労働者数の増加

| | 1896-1906 年の増加率 1) | |
|---|---|---|
| | パ　リ | 郊　外 |
| 食品加工 | 127.7 | 154.9 |
| 化　学 | 126.8 | 168.8 |
| 製紙・ゴム | 129.7 | 260.8 |
| 印　刷 | 126.8 | 169.2 |
| 繊　維 | 107.7 | 139.8 |
| 衣　料 | 136.8 | 155.0 |
| 木　材 | 118.3 | 197.2 |
| 皮　革 | 105.1 | 153.3 |
| 鉄　鋼 | 132.3 | 270.2 |
| 貴金属 | 113.5 | 128.6 |
| 建　設 | 127.9 | 120.3 |
| ガラス・陶磁器 | 109.4 | 138.8 |

注：1）1986 年を 100 とした数値.
出典：Faure, dir.（1991: 95）をもとに作成.

郊外の変化は主に 3 つの領域で現れた．1 つめは都市機能の面である．パリでは道路整備や上下水道，街灯などの都市インフラが改善され，鉄道駅，公共施設，文化施設，緑地スペースなどが整備される一方（松井 1997），郊外には「パリには必要だが，環境や景観の面から市内には設置したくないもの」が設置された．オスマンが知事を務めていたセーヌ県はパリと周辺地域をあわせた 81 のコミューンで構成されており，オスマンはパリだけでなく郊外自治体における権限も所有していた．こうして廃棄物処理場，食肉処理施設，墓地，ガス・化学工場などの汚染の激しい工場，伝染病院，精神病院，刑務所などが市内から郊外に移設された．

2 つめの変化は都市景観である．オスマンの下でパリの街には広い幹線道路が通され，建物の高さ規制が行われ，調和のとれた街並が形成された．ところが郊外に対してはそのような都市計画は構想されず，むしろパリ市の必要に応じて秩序なき開発がすすめられ，いわゆるスプロール化（étalement urbain）の問題を引き起こした．

3 つめは住民構成である．改造工事でパリの路地の 7 分の 3 が解体され，2 万戸以上の住宅が取り壊されたが，大半は中心部の貧しい労働者の集住地区が対象だった．工事開始後の数年でパリ市民の 5 分の 1 にあたる 22 万人が立ち退きを命じられたが，その大半は貧困層だった（松井 1997: 245）．独裁的政権下で急速にすすめられた「スクラップ・アンド・ビルド」は，貧困層の労働者たちが立ち退かされ，排除される過程でもあった．

中心部と西部の再開発地区に建てられた「オスマン様式」高級アパートメントにはブルジョワジーが，再開発の行われなかったセーヌ河左岸や市内の周辺区域，特に東部の周辺区域には庶民が移り住むという階級別セグリゲーションが進行した．ただし人口が急増したパリでは住宅数が限られていた上，再開発の影響で家賃が全体的に高騰し，市内外の家賃格差も拡大したため，パリ市内に住居を確保できない貧しい労働者や新たに流入したニューカマー労働者は家賃の安い郊外に移り住んだ．こうして次第に階級別のセグリゲーションの境界線はパリ市内の東部と西部から，パリ市と郊外へと移動した．

## 2.2——工業化の進展

パリ改造工事はたしかに郊外に大きな影響を及ぼしたが，だからといってパリ郊外が一夜にして貧しい労働者の街に変化したわけではない．当時，パリ郊外には大きな多様性がみられた．西部には富裕層の避暑地・住宅地が存在していたし（今橋編 2004: 205-6），今日「パリ郊外」とよばれるイル・ド・フランス地方の大部分は依然として農地，牧草地が拡がっていた（Faure 1990: 167-70）．だがパリ市に近い地域では次第に工業化がすすみ，それまでの「緑の郊外」から「（工場の煙のため）黒い郊外」（後述）へと景観が徐々に変化した．「第2の工業化」は郊外を中心に進み，特に化学工場などの汚染のひどい工場がパリ北部と北東部の郊外に設置された．

「第2の工業化」の目覚ましさは工場数の急増にも表れている．当時の統計によれば，パリ郊外工業地帯の中でも早くから発展したサン・ドニでは従業員数100人以上の工場数が1880年の102から1914年には287に増加した（Bertho 1997: 33-35）．セーヌ県全体でも同規模の工場は233から369と58％増加し，パリ都市圏はヨーロッパ最大の工業地帯となった（Caron 1995: 43）．ルノー・ビアンクール工場やディオンブトン・ピュトー工場などの1000人規模の大工場も増加した．工業化は両大戦間に加速し，パリ郊外の鉄鋼工場数は20年間で11倍にもなり，前述のルノー工場の従業員数も1914年の4400人から1919年には2万1000人に急増した．

工業化にともない人口も増加した．パリ郊外人口は1861年の25万人から1891年には70万人を超えた．大半は工業地帯に流入した労働者だった．しかし急激な工業化は環境汚染などの問題を引き起こし，特にパリ北東部には危険な汚染物質を排出する化学工場が集中したため，住民は公害に悩まされた．オベールヴィリエ市で生まれ育ったジョルジェット・ピラールは，当時暮らしていたスペイン移民居住地区では常に近隣の工場が排出するガスが充満し，地区自体が「真っ黒だった」と証言する．地区には常に悪臭がたちこめており，ひどい臭いがすると「オベールヴィリエの臭い」と言われるほどだったという．

汚染と貧困に悩み，劣悪な環境で生活する郊外住民の姿は当時の大衆新聞でもたびたびとりあげられた．だがこれらの記事は郊外住民を「(工業化の) 犠牲者」として同情的に論じるというより，むしろ郊外を「パリのカイエンヌ[7)]」「パリのシベリア」などと「流刑地」を喚起する言葉を用いて描写し，読者の恐怖や偏見を煽るような記述をしていた (Bertho 1997, Fourcaut 2007)．重要なのは，すでにこの時代に，郊外に対して「排除の空間」という「スティグマ」が課され，それに対する恐怖や偏見が社会で広く存在していた点である．郊外に対する「モラル・パニック」は 1980 年代に始まった新しい問題ではなく，すでに 19 世紀末には存在していたのである．ただし，この時代の偏見は (現代のように) 人種，エスニシティ，宗教などではなく階級にもとづいていた．

## 2.3——「黒い郊外」の形成

### 2.3.1——労働者の街と 2 種類の「移民」

工業化とともに労働者人口が急増し，パリ郊外は労働者階級の街として発達していく．1886 年の統計によるとパリ郊外サン・トゥアンとパンタンでは就労人口に占める労働者の割合が 4 分の 3，サン・ドニでも 3 分の 2 を超えた (Bertho 1997: 19)．この流れは第 2 次大戦後まで続き，1960 年代に入ってもサン・ドニやオベールヴィリエの就労人口の 8 割は労働者だった (Baron 2007)．この状況は 1970 年代に本格的な脱産業化が始まるまでおよそ 1 世紀にわたって続いた．

郊外住民のもう 1 つの特徴は他所からの移民の高比率である．1891 年の調査によればセーヌ県民の 6 割以上は地方や外国出身だった (Faure, dir. 1991: 41-43)．

郊外の歴史が都市に比べて浅いこと，また郊外の発達と 19 世紀後半以降の工業化 (とそれに伴う人口流入) が密接にかかわっていたことを考えれば，郊外が「移民の街」として発達したのはむしろ当然と言える．1910 年にパリ西部ピュトーのディオン工場で行われた調査によれば，従業員 1607 人のうち地元生まれは 8.8％にすぎず，9 割以上が外部からの転入者だった（Faure, dir. 1991: 106）.

**表 3-2**　1891 年セーヌ県住民の出身地分布

（％）

| 出生地 | 住　民 |
|---|---|
| 市　内 | 16.1 |
| 県　内 | 22.3 |
| 地　方 | 57.0 |
| 外　国 | 4.5 |

出典：Faure, dir.（1991: 41）より作成.

ただし正確には 2 種類の「移民」がいた.「移民」ときいてまず想起されるのは「外国出身者」である．フランスへの移民の出身国は移住時期によって異なり，19 世紀後半にはベルギー，スイス，ドイツ，スペイン，20 世紀に入るとイタリア出身者が増え，両大戦間にはポーランド，そして植民地アルジェリアやモロッコからの労働者が増加した（Noiriel 2001）．そして第 2 次大戦後の高度成長期には北アフリカ，そしてサブサハラアフリカ出身者が増大した.

だが「移民」は外国（や植民地）出身者ばかりではなかった．19 世紀後半のフランスには経済的発展から取り残された「辺境」が存在したが，そのような「辺境」であるアルザス・ロレーヌ，ブルターニュ，オーベルニュ地方から都市部への人口移動も起きていたのである．つまりパリ郊外への転入者には地方出身の「国内移民」も含まれていた．全体の比率をみると 20 世紀初頭までは多数派を構成していたのは「国内移民」であり，外国出身者が増えるのは 20 世紀以降のことだった（渡辺 2007）[8)].

歴史的に小規模農場が多く，農村に土地所有者が多かったフランスでは農村都市人口移動が他国に比べて遅く，近代プロレタリアートの誕生も遅かった．このような要因からフランスではドイツ，イギリスよりも早い段階で外国人労働者が増加したと言われる（Winock 2010=2014: 99-100）．こうしてパリ郊外は国内外出身の異なる背景をもった労働者の集まる「移民労働者の受け入れ地」として機能してきた.

ところで今日「国内移民」と「国外移民」というと「国民」と「外国人」というカテゴリーが想起され，両者のおかれた条件や環境にはかなりの相違が想像されるが，当時の両者の隔たりは必ずしも大きくなかったことは注目に値する．国民国家形成の過渡期であった 19 世紀後半から 20 世紀前半までフランス語は全国共通語の地位を実質的には獲得していなかった．特に国内移民の大半は農村出身であり，共通語の習得率は低かった．そのためアルザス・ロレーヌやブルターニュ地方出身者のフランス語運用能力は，イタリアをはじめとする外国出身者のそれと大差がなかったと言われる（Bertho 1997: 45）．また国内移民にも国外移民にも農村出身者が多く，階級や教育水準の面でも両者の距離は近かった．したがって国内移民と国外移民の間の垣根は今日想像する以上に低かった．このように国内外からの「移民」によって郊外人口は急増し，サン・ドニでは1860年から1890年で人口が倍増した．

### 2.3.2——貧困層と「黒い郊外」

当時の郊外居住者の大半は自分が働く工場付近に居住した．職場から近いという利便性もさることながら，19世紀後半からパリの地価が高騰し，貧しい労働者の住める場所が限られていたため（**表3-3**）[9]，家賃の安い郊外にすみかを求めたのだった．1931年の調査によると，サン・ドニの就労人口の８分の７以上が同じ街で居住・就労しており，他地域（主にパリ）への通勤者は圧倒的少数だった（Bertho 1997: 20）．このような職住近接は今日の郊外の状況——住民の大半が都市中心部に通勤するベッドタウン型の職住分離——と正反対だったと言える[10]．

しかし人口の急増（オベールヴィリエ市では1836年2000人から1886年2万2223人と50年間で10倍に増加）に対して居住環境の整備は追いつかず，郊外住民は厳しい条件下での生活を強いられた．特に深刻だったのは住宅不足だった．住民の大半は「住宅を選択する」というより「住めるところに住む」という状況で，線路沿いなどの空地に掘建て小屋の集落（いわゆるビドンヴィル）を形成したり，「家具付きホテル」とよばれる安宿への居住を余儀なくされた．

人口増に対応した生活インフラの整備も不十分だった．フランスでは1882年に初等教育が義務化され，郊外の労働者の子どもたちも就学するようになったが，人口の急増した自治体では常に教室不足で，外国人生徒の入学を断る方針がとられたほどだった（Fourcaut 2007: 87）．また上下水道の整備の遅れは衛生面に悪影響を及ぼした．上下水道よりも工業用水の確保を優先する産業利益優先型の都市開発がすすめられ，住民の生活は後回しにされた．こうして汚染の進んだ郊外は「黒い郊外（banlieue noire）」と呼ばれた．

**表 3-3** 1869 年のパリ市と郊外の地価の差

（%）

| 1 平米あたりの地価 | パリ市内 | うち周辺区 | パリ郊外 | うち工業地帯の自治体 |
|---|---|---|---|---|
| 5 フラン以下 | 0.4 | 1.0 | 28.7 | 10 |
| 5-9.9 フラン | 1.9 | 6.0 | 23.5 | 15 |
| 10-14.9 フラン | 4.0 | 11.6 | 14.8 | 14 |
| 15-19.9 フラン | 2.9 | 7.6 | 8.9 | 10 |
| 20-29.9 フラン | 7.4 | 18.3 | 11.9 | 23 |
| 30-50 フラン | 9.7 | 22.7 | 8.8 | 18 |
| 50 フラン以上 | 73.7 | 32.8 | 3.4 | 10 |
| 合　計 | 100.0 | 100.0 | 100.0 | 100 |

出典：Faure, dir.（1991: 85）より作成.

郊外住民は，居住環境だけでなく労働面でも厳しい条件におかれた．1872 年のパリ商工会議所の資料によれば，最初に郊外に拠点を移転したのは特に過酷な労働で知られる産業部門だった．郊外移転の理由は国策の影響や地価の安さだけでなく，パリの労働者を避けたいという意図があった．19 世紀後半パリでは労働者の組織化がすすみ，賃金交渉やストライキなどが相次いでいた．そのようなパリの労働者を嫌い，組織化のすすんでいない郊外に安く従順な労働力を求めようという企業戦略があったといわれる[11)]．パリに比べ，労働者の組織化がすすんでいなかった郊外では一般に賃金もパリより安く，1891 年の調査によれば平均 20%少なかった．しかも労働時間はパリより長く，10 時間超の長時間労働も常態化していた（Faure, dir. 1991: 84-87）.

## 2.4――「赤い砦」としての郊外

### 2.4.1――共産党の躍進と「赤い郊外」の表象

このような劣悪な環境のなか，郊外でも次第に労働者の組織化がすすんだ．第 2 帝政以降，一時的団結権の承認（1864 年）や職業組合法の制定（1884 年）によって労働者の権利が拡大されると，労働運動の気運は一層高まった．1895 年にフランス労働総同盟（CGT）が結成されると，それ以降は組合を中心に本格的な組織化がすすむ．労働運動の組織化と並行して 1848 年には男性普通選挙が再導入され，男性労働者の政治参加が可能になった．さらに 1876 年法と 1884 年法によって市長が選挙で選出されるようになり，郊外の労働者が地域レベルで政治に参加する回路が整っていった[12]．

1880年サン・ドニとイヴリーで初の労働者市議会議員が誕生し，以降，労働運動の政治空間への展開が本格化する．1912年の地方統一選挙ではセーヌ県78コミューン[13]のうち25が共和左派，35が極左，13が社会党の市長を選出し，1919年の地方選でもセーヌ県23コミューンで社会党が勝利した．翌年フランス社会党（労働インターナショナル・フランス支部）が分裂し，フランス共産党が創設されると，以降は同党が労働者を代弁する党として急速に勢力を拡大した．1929年地方選ではセーヌ県11コミューン，1935年には26コミューンで共産党が勝利し，遠郊セーヌ・エ・オワーズ県で勝利した29コミューンも含めると55のコミューンで共産党市長が誕生した．

パリ郊外での共産党の躍進を，パリ市内のブルジョワジーがどう見ていたのかは当時の新聞報道からうかがうことができる．1935年の選挙後には「赤いベルト（ceinture rouge）」や「赤い郊外（banlieue rouge）」という表現が「パリがプロレタリアートの郊外に包囲された」という意味で多用された．郊外の貧しい労働者による反ブルジョワ革命がそのうちに起きるのではないか，とブルジョワジーの恐怖を煽るような記事も散見された．

共産党はパリ郊外での成功に勢いを得て国政でも影響力を拡大する．1936年国民議会選挙では社会党，急進社会党とともに「フランス人民戦線（Le front populaire）」を結成し，608議席中386を獲得して史上初の「革命によらない形での」社会主義政権ブルム内閣を誕生させ，共産党は閣外協力のかたちで政権に参加した．

その1年後にブルム内閣は崩壊し，フランスは第2次世界大戦開戦，ヴィシー政権，終戦と冷戦，ゴーリズムの誕生，冷戦崩壊と激動の時代に突入していったが，このように不安定な政治情勢のなかでも共産党は一定の支持を保った．国政レベルでは1978年の国民議会選挙（第1回投票で20%，86議席を獲得）を頂点に支持が下落し，88年国民議会選挙では4%まで落ち込むが，地域レベルでは全国レベルの凋落に比べると一定の支持率を獲得し続けた．たしかにパリ近郊でも1977年（54コミューンで共産党勝利）以降，83年に46，95年に34，2008年には27と支持率は低下しているものの，現在なお一定数の自治体が共産党によって運営されている．

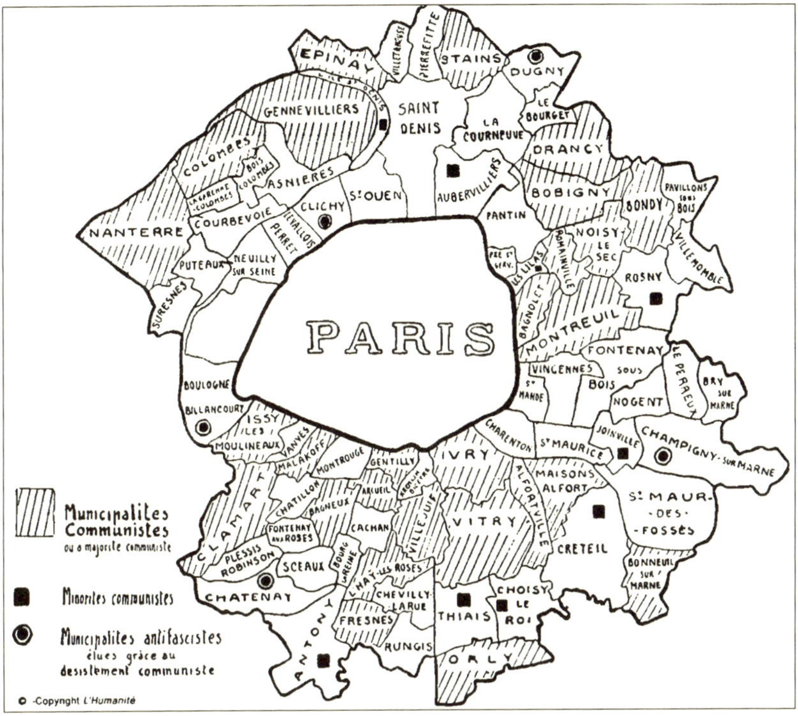


**図 3-1**　1935 年パリ郊外の地方統一選選挙結果

注：斜線部分が共産党自治体.

出典：1935 年『ユマニテ』紙.

### 2.4.2――ローカル・コミュニズムの影響　地域密着型貧困対策の展開

共産党がこれほど大きな力を持った国は，西欧ではイタリア以外にはみられなかった．しかもローカルレベルで，継続的な支持率が維持されるということはイタリアでも起きなかった．なぜフランスではそれが可能になったのか．ミシェル・ヴィノックは「共産主義――フランス的熱狂」という論考で，フランス人の信仰心の強さや詩情と英雄的なものへの憧れ，博愛の精神といった国民性が共産主義イデオロギーの支持と結びついたと説明している（Winock 2010=2014: 88-95）．

しかし国政選挙と地方選挙の結果が必ずしも連動しておらず，国政で支持を失った後も地方では一定の支持が維持されたことはヴィノックの分析では説明されていない．国政選挙では共産党に投票しないが，地方選挙では投票するという有権者の選挙行動の背景は「共産主義イデオロギー」とは違った角度から探る必要もあると思われる．

オリヴィエ・マスクレは，フランスにおける共産主義の展開の特徴として，パリ郊外を中心に発達した「ローカル・コミュニズム（communisme municipal）」の実践をあげる．これは，①自治体レベルで労働者を手厚く支援，②市民団体ネットワークを通して住民の交流を促進，③労働者文化を価値づけて，地域アイデンティティを強化，などの要素を軸にして政治的革新をめざす運動である．1930 年代からパリ郊外の労働者街では，労働条件をめぐる闘争支援といった従来の労働者支援に加え，学校の増設や「民衆教育」（就学年齢を超えた成人労働者向けの生涯教育プログラム）の促進などの教育政策，失業者への援助金拠出や炊き出し，託児所の建設，保育支援などの社会政策が行われた．さらに不衛生住宅やスラムが乱立していた郊外で，労働者に適切な住宅を確保する目的で，次節でみていくような大規模な住宅政策もおこなわれた．これらは当時のフランスでもきわめて斬新な社会政策の試みだった．

地域を基盤とした貧困対策は，第 2 次大戦後により広域で展開される．教育，医療，住宅といった従来の活動領域に加え，文化活動や余暇の領域でも政策が展開された．「余暇の充実」をめざして「労働者菜園」の整備やスポーツ，民衆教育の振興がおこなわれる一方，「労働者にも文化を」のスローガンの下，各自治体で文化会館，図書館の建設がすすめられた．1960 年には共産党の牙城であるオベールヴィリエに劇場が設置されたのを皮切りに，70 年代までにジュンヌヴィリエ，ナンテール，ボビニー，サン・ドニ，モントルイユとパリ郊外で 6 つの公立劇場が新設されるなど，公共文化施設への投資がおこなわれた．そのような文化施設では文化イベントが定期的に開催され，市民の交流の場となった[14)]．

文化支援と並行して，行政と住民の緊密な関係づくりにも力が注がれた．市民団体の活動支援に大きな予算が割かれるだけでなく，活動にコミットする地元の活動家が市政に参加するという回路が作られ，住民と距離の近い市政がおこなわれた（実際，市長には地元出身の活動家が多かった）．さらに通りや公共施設の名称に共産主義の思想家や歴代の市長の名前を用いるなど，諸要素を動員して，住民の政治化と地域アイデンティティの形成・強化がはかられた．

「ローカル・コミュニズム」の内容を細かくみたのは，共産党が郊外住民にとってどのような意味をもっていたのかを検討するためだった．それは抽象的なイデオロギーではなく，むしろ地域に密着した活動で自分たちの日常生活の諸領域を支える具体的な存在であったと思われる．

**写真 3-1** ヴィルジュイフ　カール・マルクス小学校

注：1933 年建設当時は極めて前衛的な建築であり，1996 年国から文化遺産指定を受けた．©Christian Décamps

だが郊外住民にとっての「赤い郊外」の重要性は以上のような社会政策だけにとどまらなかった．それは，労働者階級を軽蔑するパリのブルジョワを恐れさせる力をもった「赤い砦」という意味ももっていた．つまりローカル・コミュニズムはフランスの主流社会に抵抗する共同体であり，労働者文化を基盤とした「対抗社会」の試みでもあった．伝統的に形成されてきた「排除空間」としての位置づけと，それにともなう郊外への蔑視があったからこそ，国家，支配社会，それを象徴する首都パリの価値観への対抗意識が強化され，それが住民の結束を強めることにつながった．外部から課される「流刑地」のレッテルは，労働者文化を価値づける取り組みによって「赤い砦」という肯定的な意味を持つようになり，地域アイデンティティの軸となった[15)]．国家に対抗する地域という図式は，当時の共産党自治体で用いられていた（福祉国家ではなく）「福祉自治体（municipalité-providence）」という表現にも表れている．

このように郊外住民が共産党を支持した背景には，共産主義イデオロギーへの共鳴だけではなく，住民が結束して社会の支配的価値観に抵抗するという

「対抗社会」の概念も影響を及ぼしていた．だからこそ，フルコーが指摘するように，郊外住民のなかには国政選挙では決して共産党に投票しないが，自治体が行ってきたローカルな施策を評価して地方選では投票するという有権者も少なくなかった（Fourcaut 1992）．

本節では 19 世紀後半からパリ郊外が工業地帯として発達した過程を確認し，この時代にすでに郊外が「排除の空間」としてスティグマ化され，偏見の対象となっていたことをみた．郊外は国内外からの移民の街として発展し，20 世紀に入ると国外からの移民が急増したが，この当時，郊外に向けられた偏見は「移民」ではなく「労働者階級」を標的としていた．

これらの自治体では労働運動が活性化し，共産党が大きな影響力を持ち，ローカル・コミュニズムとよばれる大規模な社会政策が行われた．ローカル・コミュニズムは様々な領域で実践されたが，なかでも重要だったのが住宅政策だった．20 世紀前半よりこれらの自治体では，労働者に安価かつ適正な住宅を提供する目的で様々な政策が行われた．それは第 2 次大戦後に「団地建設政策」という形をとり，その後の郊外の変容に大きな影響を及ぼしていく．

## 3——団地の郊外

### 3.1——低廉住宅（HBM）建設の始まり

工業地帯として発展した郊外の景観は，その後再び大きな変化を遂げる．その決定的な要因となったのは住宅不足だった．19 世紀に入るまで，住宅問題は国家や都市権力にとって政策の範疇外であったといわれる．ところが 19 世紀半ば以降，人口の急増したパリと郊外で住宅不足が慢性化すると，公権力は対策を検討するようになる．ナポレオン 3 世が 1851 年にパリ 9 区ロシュシュアール通りに建設した「シテ・ナポレオン」は最初の労働者向け住宅として知られるが，当時，このような公権力による労働者住宅建設は例外的だった．むしろ住宅建設は，自社で働く労働者向けに社宅の建設をすすめる企業家の手でおこなわれた[16)]．このような民間のイニシアティブを促進する目的で，政府は労働者向け住宅の建設事業を支援する法整備をおこなった．

その第一歩が1894年のシーグフリード法（Loi Siegfried）である．同法は「財産を持たず，自分の労働賃金で生活する労働者や事務職員」に向けた「低廉住宅（Habitation à bon marché, HBM）」の供給を目的とし，建設に着手する企業への融資や免税などの優遇措置を定めた．また1912年には地方自治体に「社会住宅管理会社」を設立する権限が付与され，以降，民間企業だけでなく地方自治体も（社会住宅管理会社を通して）労働者向けの公的住宅の建設・管理の主体となる．さらに1928年には国が預金供託金庫（Caisse des Dépôts et Consignations）を住宅建設資金貸付に運用すると決定し，社会住宅建設の財政的支援の体制が整えられた．

こうして1920年代以降，煉瓦造りが特徴的な労働者向け住宅HBMがパリ周辺部から郊外で建設された．一部の郊外の自治体では，より実験的なHBMの建設も行われた．それが1920年代から1930年代にかけて郊外の自治体主導で建設された「庭園都市（cité-jardin）」である．イギリスの社会改良家エベネザー・ハワードがイギリス中産階級向けに構想した「田園都市」のアイデアを，郊外自治体が労働者向けの住宅に適用したものである．住宅に加えて公園，学校，保育所，商店，教会など生活に必要なインフラを備えた，低廉だが質のよい住宅コミュニティで，1930年代半ばまでにパリ郊外の15カ所に建設された．**写真3-2**の広告にもあるように，「庭園都市」は郊外の自治体にとって外部（特にパリ）からの住民を引き寄せるための重要な政策でもあった．

HBM建設が開始された当初，住宅の形態は一戸建てか低層の集合住宅が中心だった．しかし，次第に経済的合理性にもとづいて集合住宅，特に高層住宅が建てられるようになる．そのなかでもパリ郊外で建築された最後の「庭園都市」として知られるドランシーの「ミュエット・コミュニティ」は，当時としては例をみない15階建ての高層団地だった．これは第2次大戦後に次々と建設されるようになった高層団地の原型とされる[17]．

しかしこのようなHBMの建設も，パリ郊外の深刻な住宅不足を解消するにはほど遠い状態だった．第1次大戦開戦直前の1914年3月，政府は住宅不足への対応策として「家賃モラトリアム法」を定め，賃貸住宅の家賃値上げを事実上凍結した．それは出征する兵士の家族が住宅を失うことのないよう配慮しての施策であったが，民間による新規建設に歯止めをかける結果となり，住宅

**写真 3-2**　パリ郊外ブランメニル市の庭園都市の広告

注：「**以前**：パリに住んでいた頃はいつも具合が悪く，すべての稼ぎを薬局につぎ込んでいた．**現在**：ブランメニルの庭園都市に越して以来，病気にかからなくなり，薬代はいらなくなり，小さなマイホームを買った」．

不足をかえって悪化させた．そして第 2 次大戦後には，住宅不足はさらに深刻化していった．

## 3.2——戦後の住宅危機と国家による団地建設政策

戦前から慢性化していた住宅不足は，第 2 次大戦後に新たな 4 つの要因によってさらに悪化し，「住宅危機」とよばれる状況を引き起こした．1 つめは戦争被害である．1946 年の調査によれば全国で 29 万棟，約 50 万戸の住宅が全壊し，損傷の激しい住宅も含め 230 万戸（全住居の 18%）が居住不可と判断された[18]．また 1950 年の住宅調査では全国で 400 万棟が修復を必要とし，うち 50 万棟は立て替えが必要と判断された（Mesmin 1992: 43-44）．

2 つめは農村都市移住である．ヨーロッパ他国に比べ小規模農場の多かったフランスでは，農村都市移住の進行が他国に比べて遅かったことは先にみた．19 世紀半ばにイギリスでは農業人口が就労人口の 22%（1851 年）であったのに対し，フランスでは 75%（1846 年）で，第 2 次大戦後はイギリス 5% に対して，フランスでは依然 30% が農業に従事していた[19]．本格的な農村都市移住の波は，第 2 次大戦後の高度成長と農業の集約化・機械化以降だった．1960

**写真 3-3** ドランシー・ミュエット団地（1933-35 年建設）
© Edition Godneff

年代に男性の農業人口が 200 万人減少し，大半が都市部に流入した．このことも都市部の住宅不足を悪化させる要因となった（Mendras 1990: 30-31）．

3 つめが戦後のベビーブームである．フランスは 19 世紀から少子化に悩み，第 1 次世界大戦では労働人口の 1 割強を失ったが，戦後の高度成長期には 1946 年（2.98）から 1964 年（2.90）までの長期ベビーブームが起きた[20]．これも，住宅の需要に拍車をかけた．

4 つめは，植民地の独立による引揚者の増加である．特にアルジェリアが独立した 1962 年には年間 68 万人が本土に引き上げ，住宅の需要をさらに増加させた．

以上の要因から，住所不定者（安定した住居をもたない人）が大量に発生し，その割合は 1946 年で 35%，1962 年でも 10% 以上にのぼった．これらの人びとは家具付きホテルなどの安宿や知人宅に滞在したり，スラム街などの集落を形成したりして，非常に不安定な形での生活を余儀なくされた．

このように住宅危機が叫ばれるなかで政府による住宅政策が始まった．その柱の 1 つは民間建設促進・持ち家取得支援策だった．1948 年の借家法によって同年以降に建設された借家の家賃の自由化が定められ[21]，1914 年の家賃凍結法の一部自由化をすることで民間建設の促進が目指された．また 1953 年には

「クラン・プラン」で建築奨励金，低利融資制度による民間建設の促進と「家族用低廉住宅（Logéco）」の供給による持ち家所得奨励が行われた（檜谷 1993: 17）.

しかし予算規模の面で政策の中心となったのは国家主導の建設事業だった．政策の方向性を象徴する改革が 1950 年におこなわれた．それまでの HBM（低廉住宅）に代わり HLM（適正価格住宅）という新しい社会住宅の概念が示され，社会住宅はもはや貧しい労働者向けの住宅ではなく「中産階級と労働者階級に適正価格で住宅を供給する」という新たな目標が定められたのである．1953 年には復興・住宅担当大臣クランが年間 24 万戸の住宅建設の目標を定めると同時に，雇用主住宅建設資金拠出制度（PEEC）を創設し，10 人以上を雇用する雇用主は給与の 1% を住宅建設拠出金として支払うことを義務づけて住宅建設の財源を確保した.

また住宅供給量を上げる目的で，1958 年には「市街化優先区域（Zone à Urbaniser en Priorité, ZUP）」が創設された．地価が安く土地接収の容易な郊外の地域を指定し，そこに 1000 戸以上の大規模団地の建設を促す制度で，10 年間で全国 200 区域が指定を受けた．これらの地域では，住宅の量を確保する目的で，戦前の HBM のような低層住宅ではなく 17 階から 40 階建ての高層団地が建設された．大量の住宅を供給するために，一戸あたりの建設費は大幅に削減された（その詳細は次節で説明する）.

こうして 1945–55 年には 86.5 万戸だった新規住宅戸数は 1955–65 年に 300 万，1965–71 年に 250 万戸と急増し，全国住宅数も 1946 年の 1270 万戸から 1975 年には 2100 万戸となり，都市圏面積も 1954 年の 7% から 1975 年には 14% まで拡大した．新規住宅の 83% が国の援助を受けており，純粋な民間住宅はたった 6 分の 1 だった．このことも戦後の住宅建設における国家の役割の大きさを表している（Bertho 1997）.

新規建設住宅のなかでも社会住宅が 4 割程度を占めたが，それらの建設は郊外，それもパリ郊外に集中した．全社会住宅数 300 万戸（1975 年）の 34.5%，また 1000 戸以上の大規模団地（grands ensembles）の 43%（151 カ所）がパリ郊外に建設されたのである（Fourcaut 2007）．大規模団地としてはパリ北郊ラ・クールヌーヴの「4000 戸団地（les quatre mille）」やオルネーの「3000 戸

**表 3-4　パリ郊外の主要市街化優先区域**

| |
|---|
| **イヴリンヌ県** |
| マント・ラ・ジョリ，ヴァル・フレ団地（1959-77 年，8,300 戸） |
| サルトルヴィル（1964 年，4,100 戸） |
| **エソンヌ県** |
| レ・ジュリス（1963-79 年，3,400 戸） |
| ヴィレーヌ（1962-68 年，9,400 戸） |
| グリニー（8,500 戸） |
| **オ・ド・セーヌ県** |
| ジュンヌヴィリエ（5,000 戸） |
| **セーヌ・サン・ドニ県** |
| ボビニー（6,000 戸） |
| オルネー・スー・ボワ（5,800 戸） |
| **ヴァル・ド・マルヌ県** |
| クレテイユ（1961-74 年，6,000 戸） |
| ヴィトリー・シュル・セーヌ（8,930 戸） |
| **ヴァル・ド・ワーズ県** |
| アルジャントゥーユ（1961-72 年，8,000 戸） |
| サルセル（12,360 戸） |

団地（les trois mille）」が知られており，最大はサルセルの 1 万 2360 戸の団地であるが，これもすべてパリ郊外に位置する．

団地がパリ郊外に多く建てられた背景には国の政策方針がある．住宅不足は特に人口の集中する首都圏で顕著であり，1960 年代後半になってもビドンヴィルとよばれるスラム街（後述）がパリ郊外に 120 カ所あり，5 万人が暮らしていた．ただし「パリ市はこれ以上拡大できない」と考えられていたため，必然的にその外縁部である郊外に大量の住宅を建設することが決められた．そして前述した市街化優先区域（ZUP）制度によって，土地の接収が簡易化され，大規模団地が次々と建設された．

また，もう 1 つの要因に前節でみた共産党市政の影響がある．共産党自治体のローカル・コミュニズムのなかでも支持基盤である労働者や事務員の住宅建設は重要な課題だった．そのなかでも HLM 団地（適正価格住宅）は「階級に無関係で標準化された居住環境」（Donzelot 2006=2012: 43）という共産党の理想に合致するものと見なされ，多くの共産党自治体がそれを支持し，建設に前向きな姿勢を示し，ZUP 指定も積極的に受け入れた．実際，パリ郊外 151 カ所の大規模団地の半数は共産党自治体，10%が社会党の自治体に建設された．

Hier
Des immeubles vétustes prêts à s'effronder, rue A.-Lepère.
Aujourd'hui
Un bâtiment spacieux et clair où ont été relogés les mal-logés !

**写真 3-4**　モントルイユ市の HLM 団地宣伝用パンフレット（1961 年）
注：左「以前　崩壊寸前の老朽化した住宅」，右「現在　広く明るい住宅に入居！」．
出典：Bulletin municipal, Montreuil, 1961（Tissot 2005）．

**写真 3-4** の広告にも見られるように，郊外の自治体は「HLM 団地がたくさんあること（したがって安い住宅に入居できること）」を住民誘致の戦略として利用していた．

ここまで団地の歴史を詳しく追ってきた理由は，現代フランスにおける「団地のイメージ」を「歴史化」し，その自明性を検討するためだった．現在のフランスでは団地，それも高層の大規模団地にはきわめて否定的なイメージが定着している．しかし第 2 次大戦後のフランスでは団地はむしろ肯定的に捉えられていた．フランスで高層大規模団地の建設に大きな影響を与えたのは建築家のル・コルビュジエだった．1933 年のアテネ憲章の立役者だったル・コルビュジエは，同憲章で「都市のあるべき姿」として「機能的都市」を提唱し，「高層ビル」の建築の必要性を主張した．当時，高層住宅は時代の最先端をいく未来の住宅として肯定的に評価されていたのである．

**写真 3-5** ナンテール・マルグリット団地

注：「レンガからコンクリートへ．1959 年，マルグリット通りには小さな住宅が並んでいたが，1980 年には同じ場所に団地が建てられ，1,500 人が居住する」．© *Le Monde* 2, 2006 年 2 月 4 日号

団地が高評価された理由には，当時のフランスの平均的な住宅水準の低さも関係していた．戦後のフランスには「居住可能」ではあるが，十分に設備の整っていない住宅も多かった．1946 年の調査によれば，全国の住宅の 77％がシャワーも洗面台もなく，31％が水も電気もなかった．低設備住宅は農村部だけでなく，貧しい労働者が居住する郊外にも多かった．1947 年の調査では労働者の 88％が温水設備，63％が暖房，59％がシャワーのある住宅への入居を望んでいた（Bertho 1997: 26）．このような状況において，温水設備が整い，電気もシャワーもある団地への入居は「社会的上昇移動」を意味していた．実際，団地建設初期の入居者は中産階級と，労働者階級でも専門技術をもつ安定層が中心だった．

今日もセーヌ・サン・ドニ県では全住宅の 35.9％を HLM が占めており，特に県内でも共産党自治体の多い西部には社会住宅比が 50％以上を占める市が集中している（なかには 80％を超えるところもある）．このような現状は第 2 次大戦後の特定の社会的，政治的文脈において国家と地方自治体の思惑が交錯するなかで形成されていったのである．

## 3.3――団地の理想と現実

当初はポジティブに見られていた団地のイメージが悪化し始めるのは1960年代のことである．大規模な団地建設事業によって住宅不足が解消されつつあった頃，新たな住宅問題が指摘されるようになった．それは住宅の「質」の問題だった．先にみたように，戦後の住宅政策の目標とされたのは「量」の供給だった．そのなかで「スピード」，「生産性」と「コスト削減」が優先された．1953年4月に国が主催した「ミリオン・オペレーション」コンペでは，核家族向け標準アパート（3ルーム）の建設コストを従来の3分の2以上削減し，1戸あたり100万フラン以内で建設することが要請されたほどだった．この点について建築家のジョルジュ・フィリップは次のように語る．

> 与えられた予算内で要求された内容通りの建設を行うことは到底不可能でした．詐欺行為をすれば，別ですが（『ルモンド』紙インタビュー，2008年5月10日）．

「量」のために「質」を切り捨てた住宅は問題を引き起こした．まずは建物自体の質に起因する諸問題があった．なかでも団地の薄い壁に防音効果が全くなく，そのことによって隣人との「騒音」をめぐるトラブルが団地で大量に発生した（Tissot 2005）．また設計上の問題もあった．たとえば975戸に4000人が暮らす団地にエレベーターが1機しか設置されていなかったなどの事例が報告されている（Rinaudo 1999）．

団地の周辺環境も問題になった．1960年代以降，市街化優先区域に指定された区域の多くは，それまで市街化されていない，つまり「生活に必要なものが何もない土地」だった．そのような場所に団地と最低限の生活インフラ（上下水道，電気，ガス）だけが設置され，その他は後回しにされ，近隣に文化施設，医療施設，商業施設などがないままのところも多かった．こうして団地は周辺から孤立した「ただ寝る場所」となった．

なかでも問題になったのは交通網だった．大規模団地住民は，近隣の施設・設備が不足しているだけに，あらゆる面で外部地域に依存した生活を送らざるをえない．それにもかかわらず，交通の便が非常に悪く，外部地域との行き来がむずかしかった．高度成長期で自動車も普及しつつあったが，パリ郊外はアメリカ合衆国の主要都市郊外に比べると自動車保有率が低く，1990年代末の調査でもパリ郊外世帯の3割は車を所有していなかった．つまりその3割は，非常に便の悪い公共交通機関に頼って生活する以外なかった．

建物や周辺環境といったハード面に加え，団地内部の人間関係やコミュニティ形成の面でもさまざまな問題が報告された．大規模団地が建設された自治体では，急激な人口増で地域人口のバランスが崩壊した．パリ郊外では3分の1以上の自治体で人口が数年間で倍増したが，それが新たな問題を引き起こした．生活インフラの整備がすすまない結果，既存の学校，病院などの公共施設や商店などがパンク状態になり，それが原因でもともと地域に住んでいた「旧住民」と団地に越してきた「新住民」の間に衝突が生じることもあった（Bertho 1997, Lapeyronnie 2008）．

団地内の住民間にも摩擦が生じた．共産党自治体では「階級に無関係な住宅」が理想とされていたが，異なる背景をもつ人びとの共生は理想通りにはいかなかった．この問題を論じた研究に，ジャン＝クロード・シャンボルドンとマドレーヌ・ルメールの論文「空間的近接と社会的距離——大規模団地の住民について」がある．同論文は1966-70年にパリ南郊アントニーの大規模団地でおこなった聞き取り調査にもとづいて，団地内部で生じる諸問題を分析したものである．階級や職業によって団地で暮らす経緯や意味が異なり（経済的余裕のある中産階級が持ち家所得のために「一時的に」団地で暮らしているのに対し，余裕のない貧しい労働者階級は他の場所に住む選択肢がない），階級の違いによってライフスタイルや人間関係にもかなりの違いがみられ，以上の理由から同じ団地内に住んでも階級的混淆や調和は起きておらず，むしろ異なる階級の人間が近くにいることで警戒や緊張が生まれていることが明らかにされた（Chamboredon et Lemaire 1970）．

このような郊外団地の問題点は1960年代から指摘され，それにともなって郊外団地のイメージは次第に変化した．たとえば週刊誌『ヌーヴェル・オプセルヴァトゥール』は，1973年に「恐怖の郊外」という特集を組み，パリ郊外の団地の「治安の悪さ」や「荒んだ人間関係」について住民のインタビューを交えながら20ページにわたって報じた（*Le Nouvel Observateur*, 1973年6月18日号）．このように1970年代前半には「郊外」は「団地」の空間，それも「問題のある団地」の空間として問題化されていた．「フランスの郊外問題＝団地」という現在定着している理解はこのように形成されていった．

## 3・4——住宅政策の転換と団地の貧困化の始まり

ちょうどこの頃，国の住宅政策にも変化が起きた．1965年ニュータウン（villes nouvelles）計画，1969年戸建住宅建設プログラムと，これまでの団地建設とはまったく異なる住宅政策が発表され，集合住宅建設は減速したのである[22)]．だが決定的な変化は1973年のオイルショック後に起きた．高度成長が終わり，失業が増大するなか，住宅政策も「量」から住環境の向上をめざす「質」に重点が移行した．そして1973年，住宅・交通担当大臣ギシャールは「非人間的住宅による社会的隔離をなくす」という名目で，500戸以上の団地建設を禁止した（ギシャール通達）．かつて「未来の住宅」と評価された高層大規模団地は「非人間的」と断罪され，1950年代から続けられた国家主導の大規模団地建設が終わりを迎えたのである．1977年には首相バールがこれまでの国家による住宅建設という「石への支援」を停止し，代わって個人の持ち家取得を支援する「人への支援」を行うと発表し（バール法），戦後から続いてきた住宅建設は大幅に規模を縮小された[23)]．

政策転換の背景には複数の要因がある．住宅不足が緩和され，建設事業が一定の目的を達成したと判断されたこと，低成長時代で記録的な低金利が続いたこと，国民に持ち家志向が強いこと（団地建設全盛期でも75％が戸建住宅への入居を希望）などがある．これらに加えてもう1つ重要なのが政府の「住宅の市場化」方針への転換である（Bourdieu 2000=2006）．檜谷によれば，住宅市場への介入を段階的に弱めようという方向性はすでに1960年代に始まっており，市場化に向けた制度整備がすすめられた（檜谷 1993: 17）．この流れは社会住宅政策にも影響を与えた．1960年代末にHLMへの政府補助金が大幅に削減されると，その影響で社会住宅の家賃が大幅に上昇した．さらに団地の批判（前述のギシャールの「非人間的住宅」発言に加え，HLM居住者の「特権」に対する批判が激化した）と戸建の賞賛（住宅大臣シャロンドンによる安価な戸建住宅建設コンクール開催や，ジスカールによる「戸建の並ぶ村」の賞賛など）が繰り返され，国民が住宅に抱くイメージの変革を促す戦略がとられた（Masclet 2005: 21-22）．そう考えるとバール法は過去の流れとの「断絶」というよりも，国家による市場化の流れを明確化したと捉えることができる．一連の政策を受けて，1965年には新規建設の30％程度だった戸建の建設は1977年には57％まで増加した（Fourcaut 2007）．

政策転換は団地の住民構成にも影響を及ぼした．1950年代には団地住民の大半を占めていたフランス人中産階級と上層労働者階級（専門技術職）が，団地をめぐる諸問題の指摘され始める1960-70年代にかけて，次々と転出していった．まず管理職，中産階級が転出し，上層労働者階級が続いた．1977年の持ち家取得政策への転換は，このような住民転出の流れを加速させた．団地からは中産階級と上層労働者階級が消え，持ち家取得のできない低所得層だけが残り，空室に入居するのは，居住の選択肢が限られたさらに貧しい層であった．こうして団地の貧困化がすすみ，団地のイメージはさらに悪くなり，それがさらなる空室増を引き起こすという悪循環が始まった．団地管理会社にとって空室の増加とその管理は喫緊の課題となった．

本節では，第2次大戦後の住宅不足のなか，郊外で国策として大量の団地が建設された過程をおってきた．建設当初，団地は肯定的に捉えられていたが，無秩序かつ質を顧みない住宅の問題が明らかになり，1970年代には団地の貧困化と空室増という問題が顕在化した．このような文脈で注目されるようになったのが，当時のフランスで増加していた旧植民地出身の移民の存在であった．

## 4――移民の郊外

### 4.1――高度成長期における移民労働者の動員

団地の大量建設が行われていたのと同じ時期に，フランス郊外のその後を特徴づけるもう1つの大きな変化が進行していた．それは国策として，（旧）植民地から労働者を大量動員したことである．政策の背景には，戦後復興と高度成長期[24]という2つの要因が重なり底辺労働力の著しい需要が発生したことがある．こうして土木建設業，炭坑，またフランスの伝統的産業である鉄鋼，繊維，「近代産業」と呼ばれた自動車，電気，石油，化学繊維，プラスチック加工業部門で雇用が大幅に増加した．平均失業率は1973年までは2%台で推移し，当時の問題は失業よりも労働力不足だと考えられていた（La documentation française 2006）．

雇用増加に加え，生活水準の上昇と高学歴化も労働力不足に拍車をかけた．1959年の中等教育改革で義務教育期間が16歳に引き上げられ[25]，中学に通う者の数が1960年の47万4500人から64年には78万9300人（La documentation française 2001），中学校卒業者は1960-70年では倍増し，高校卒業資格取得者の割合も46年の8%から66年20%，70年31%に増大した．このような教育の民主化[26]が労働者階級の高学歴化，そして社会的上昇移動を促した[27]．1977年，33-42歳のホワイトカラーの4人に1人は労働者の子どもだった．

このような背景から非熟練・底辺労働力不足は慢性化し，労働力を外国に求める方針が採られた．産業界は以前より外国からの労働力動員を政府に要請しており，すでに1945年にはフランス移民局（Office national de l'immigration）が設置され，イタリア，スペイン，ポルトガルと二国間協定を締結し，労働力動員の促進が図られた．ところが1950年代以降，イタリアをはじめとする，これまでフランスに労働力を供給してきた国々でも経済成長がすすみ（イタリアでも戦後30年で平均5.5%成長（Crainz 2008）），生活水準が向上して「移民送り出し国」から「受け入れ国」への転換が起きた．そのため，これらの国々から産業界が必要とする安価な労働力を確保するのはむずかしくなった．

こうしたなかでアルジェリア，モロッコ，チュニジアという（旧）植民地からの労働者動員が活性化した．各国の独立後は二国間協定が締結され，より大規模な動員がおこなわれた[28]．労働者の募集は，各企業がブローカーを現地に派遣して行われ，都市部の人間よりも「より従順で，扱いやすい」農村出身の非識字層が優先的に採用された[29]．アルジェリア戦争で全アルジェリア人の4分の1が強制移住をさせられ，農民の多くが居住地と生活基盤を同時に失い，「根こぎ」の状態になったこともフランスへの移民を促す要因となった（Bourdieu 1977=1993）．

こうして非ヨーロッパ出身移民の割合は1954年に2割以下だったのが75年

**表 3-5　高度成長期の 20 代人口の階級上昇**

（%）

| | 1953 | 1964 | 1970 | 1977 | 1977（70 年の 20 代） |
|---|---|---|---|---|---|
| ブルーカラー | 37.0 | 54.0 | 53.0 | 42.0 | 39.0 |
| ホワイトカラー | — | — | — | 30.3 | 32.0 |

出典：Bertho（1997: 57-59）より作成.

には 4 割，90 年には 6 割近くに達し，その半数近く（90 年，45.8%）を旧植民地の北アフリカ，サブサハラアフリカ出身者が占めるようになった．なかでもアルジェリア人が最も多く，1962 年 40 万人から 75 年には 71 万となった．

ところが 1973 年オイルショックを機に西ヨーロッパ諸国は低成長時代に入り，フランスでも失業が増大した．これを契機に国内の製造業はより安価な労働力を求め，海外に生産拠点を移したため，雇用はさらに減少した．こうしたなか，政府はこれまでの移民労働力動員政策の大幅な見直しをはかる．1974 年に新規移民の受け入れ停止を決定する一方，正規資格で滞在する移民労働者には帰国奨励政策を敷き[30)]，さらに正規の滞在資格を持たない労働者とその家族には「強制退去」などの弾圧的な政策を講じた．

だが一連の政策は，フランス国内に滞在する移民と家族の危機感を強め，かえってその「定住化」を促す結果となった．実際，「帰国奨励制度」を利用したのはイタリア，スペイン，ポルトガルなどのヨーロッパ諸国出身移民であり，政策が対象としていた旧植民地出身者はフランスにとどまった．このように帰国奨励政策は，政府の思惑とは正反対の結果を招いたのである[31)]．重要なのは，同じ移民であってもヨーロッパ諸国出身者と旧植民地出身者を区別し，後者を下位に位置づけ，排除しようとする差別的な発想が，この政策にもはっきり表れている点である．

## 4. 2——差異化された移民の住居とセグリゲーション
### ビドンヴィル，SONACOTRA，仮住まい団地

### 4. 2. 1——「顔の見えない定住化」を促した移民の住居の特殊性

ところで 4.1 の最後で「定住化」と括弧をつけたのには理由がある．フランスでは移民の定住開始は新規受け入れ停止後の 74 年以降との理解が共有され

表 3-6　国籍別外国人人口（1975 年）

| | 全人口 | | 10 歳以下 | | 10 歳以上 | | 帰　化 |
|---|---|---|---|---|---|---|---|
| | 男 | 女 | 男 | 女 | 男 | 女 | |
| スペイン | 262,365 | 235,115 | 35,970 | 33,985 | 226,395 | 201,130 | 261,100 |
| イタリア | 260,440 | 202,500 | 23,605 | 22,330 | 236,835 | 180,170 | 446,400 |
| ポルトガル | 408,530 | 350,395 | 93,050 | 87,990 | 315,480 | 262,405 | 35,700 |
| アルジェリア | 483,095 | 227,595 | 81,305 | 78,595 | 401,790 | 149,000 | 6,100 |
| モロッコ | 190,570 | 69,455 | 23,915 | 22,400 | 166,655 | 47,055 | 20,500 |
| トルコ | 37,790 | 13, 070 | 4,420 | 3,850 | 33,270 | 9,220 | |
| 外国人全体 | 2,060,845 | 1,381,570 | 301,805 | 284,895 | 1,759,040 | 1,096,675 | 1,392,000 |

出典：INSEE（1975）.

ているが，実際には移民労働者の多くがその以前より，事実上「定住」の道をたどっていた．すでに 1950 年，ジャン＝ジャック・ラジェは「アルジェリア移民は配偶者を伴い，フランスに定住する傾向にある」と記述していた（Rager 1950: 126）．内務省の統計によれば，1956 年在仏アルジェリア移民の 10％が労働者の家族であり，59 年には総数 32 万人のうち約 10 万人が家族だった．また別の調査によれば，63 年には 25 万人の労働者と 25 万人の家族（女性・子ども）がフランス本土に滞在していた（Ministère de l'Intérieur 1957, Morlot 1959, ESNA 1963）.

1950 年代から家族連れの増加が見られていたことは移民の定住傾向を示すものである．それにもかかわらず，アブデルマレク・サヤドが指摘するように，移民とその家族は 1970 年代半ばまで「まるでフランス社会に存在しないかのように」扱われてきた（Sayad 2006: 138）.

梶田孝道らは 1990 年代以降の日系ブラジル人とその家族の日本における存在様式を「顔の見えない定住化」と表現した．それは「外国人労働者がそこに存在しつつも，社会生活を欠いているがゆえに地域社会から認知されない」（梶田ほか 2005: 72）状況を意味する．同じような定住化のあり方が――移住システムや就労形態は異なるにせよ――高度成長期のフランスでも進行していたのである．

このような移民の定住をめぐる実態と認識のずれはいかに生じたのだろうか．第 1 の解釈として，サヤドも指摘するような「帰国神話」の影響があるだろう．

この「帰国神話」は，いつか国に帰りたいという移民当事者の「願望」だけでなく，いつか帰るだろう，というフランスの側の「期待」でもあった．このように双方が神話を信じたため，進行していた定住化の事実を両者とも見ようとしなかった（Sayad 2006: 188）[32]．このような背景から，移民の社会統合を促す政策が一切行われなかったと考えられる（Noiriel 2002）[33]．

第2の解釈は，フランス政府が帰国神話を信じて統合政策を行わなかったというより，むしろ旧植民地出身移民がフランスに根付かぬように社会から遠ざけ，事実上隔離する政策を敷き，移民の顔を「見えなくしていた」のではないかという解釈である．この解釈は慎重に検討する必要があるが，当時の移民に対する住居政策にはそのような隔離の側面がたしかに見られる．

植民地からフランスに渡った移民が直面した最大の困難は住宅の確保だった．第2次大戦後，国民が住宅確保に苦労していた時代に，渡仏したての移民労働者が住居を見つけることはきわめて困難だった．本来は二国間協定で，移民の住居が事前に確保されなければ渡仏許可が下りない決まりになっていた．ところが当時，移民労働者向けの住宅は公式には移民労働者単身寮だけであり，その数は大幅に不足していたため，「事前の住居確保」は極めて困難だった．こうしたなか，労働力が一刻も早く必要な企業側と早く働きたい労働者側の利害が一致し，正規の手続きをとらず，住居の当てのないまま渡仏する者が増加した．

それでは移民はどこに居住したのか．フランス人中産階級，労働者階級が団地に入居していた頃，移民は不衛生住宅，ビドンヴィル，移民労働者寮，家具付き安ホテル，仮住まい団地，シェルターなどの多様な場所に点在していた．入居に至る経緯も様々で，自力で不衛生住宅やビドンヴィルなどに住み始める者もいれば，行政を通して仮住まい団地や移民労働者寮に入居する者もいた．

しかし，これらの住宅形態はある点で一致していた．それは，どれもがフランス人の住宅と完全に差異化された住宅だった点である．上記のいずれの場所も「フランス人であればまず住むことのない」住宅形態で，そこは移民しかいなかった．そう考えると，旧植民地出身移民は強制的に隔離されたわけではなかったが，彼らにはフランス人とは区別された移民専用の空間に住むしか，選択肢はなかったのである．これはアパルトヘイトのように国家が積極的に推しすすめたセグリゲーションとはまったく異なるものであるが，旧植民地出身移民をフランス人とは差異化された，劣悪な環境に長年放置したという点でフランス政府の政策を「消極的セグリゲーション政策」と呼ぶことは可能だと思われる．少なくとも，当事者の目にはそのように映っていた．ドキュメンタリー『移民の記憶』（日本語版，パスレル，2007年）に出てくるモロッコ移民1世アブラー・サマルの言葉もそれを物語っている．

> モロッコ人炭鉱夫はフランス人から徹底して隔離されました．休暇で帰国する時も何もする必要はありませんでした．すべて炭鉱会社が手配していました．出発の朝，バスが宿舎に到着し，我々は荷造りをしてバスに乗り込み，入管出張所まで護送され，検査がすむとモロッコ行きの便に乗せられました．全体をブローカーが手配していました．帰りも同じで，外部との接触は一切ありませんでした．私たちが知識を身につけ，自立するのを，周到に妨げていたのです（『移民の記憶』父編）．

### 4.2.2――ビドンヴィルとは何か

移民労働者寮に入居できなかった旧植民地出身者は，初めは家具付きホテルなどの安宿や老朽化の激しい不衛生住宅に，物件には見合わぬ高額家賃を支払って住むことが多かった（Lyons 2003: 37）．しかし次第に郊外の工場で働く移民労働者たちは，仕事場から遠くない空き地などにビドンヴィルを形成して暮らすようになった．

ビドンヴィルとは，トタン板などで作った掘建て小屋で形成されるバラック集落のことで，スラムとも呼ばれる．スラムときくと途上国を思い浮かべがちだが，先進国にもスラムは存在する（Wacquant 2009，デイヴィス 2010）．フランスでは1950年代からパリ郊外をはじめ大都市近郊でビドンヴィルが形成された．1962年パリ郊外サン・ドニでは非熟練労働者の割合が60％を超え，その大半が移民労働者だったが，このように郊外で働く非熟練移民労働者が職場近くの空き地にビドンヴィルを形成し始めた．

1950年代半ばにはパリ郊外ビドンヴィルの住民の42％が北アフリカ，21％ポルトガル，6％がスペイン出身だったが，その後は北アフリカ出身者の割合が増加し，1960年代初めには在仏アルジェリア人の43％がビドンヴィルに居

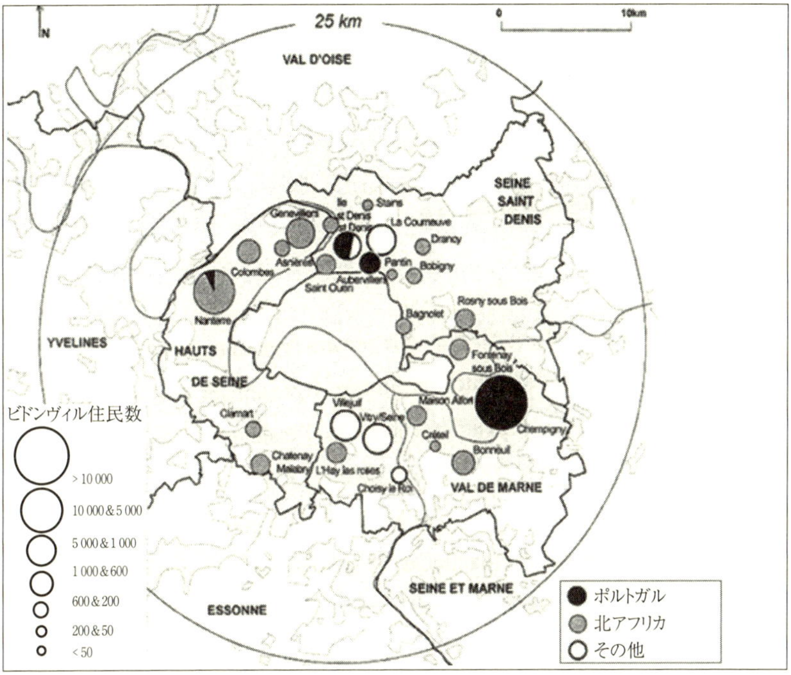


**図 3-2**　1965 年パリ郊外のビドンヴィル

出典：Ministère de l'Equipement, Annexe du rapport du 31/01/1966.

住していた（David 2002）．1970 年にも 4 万 5000 人がビドンヴィル住民で，その 4 分の 3 以上は外国籍だった（『ルモンド』1971 年 1 月 21 日）．

1966 年の調査ではフランス全体のビドンヴィル数は 255 で，うち 119 カ所がパリ郊外に位置していた．ビドンヴィルの大きさは集落によって異なり，プチ・ナンテール（2 万人），シャンピニー・シュル・マルヌ（1 万 5000 人），フラン・モワザン（5000 人）などの大規模な集落も存在した．ビドンヴィルは団地と並び，郊外の一風景と化していった．

ビドンヴィル内部の様子については複数の先行研究が存在する．日本でも林瑞枝が 1980 年代当時の状況を詳細に紹介している．上下水道，電気，ガスなどの生活インフラがなく，衛生面で問題があり，住宅の安全基準を満たしていない空間に人びとが居住を余儀なくされていた．先進国内に出現した「第三世界」が拡張しないよう，警察は監視の目を光らせ，ことあるごとに乱暴な「捜査」が行われた（林 1984: 11-19）．集落は有刺鉄線で囲まれ，入り口には見張り番がいて，夜は「門限」前の帰宅が義務づけられていた[34]．こうしてビドンヴィルの住民を社会から隔離するような政策がとられていた．

特に深刻だったのは火災だった．粗末な板でできた小屋が密集しているため，火の手があがるとすぐに大火災に発展した[35]．また事故だけでなく放火も相次いだ．このような火災事故は当初，黙殺されていたが，1950 年代半ば以降，その解体の必要性が叫ばれるようになる．その背景には 1954 年フランスが記録的な寒波に襲われた冬，人権活動家として知られるアベピエール神父が，ビドンヴィル住民の支援をラジオで呼びかけたことがあった．だが人道的見地からの配慮だけでなく，当時のフランス政府の政治的思惑もビドンヴィル解体政策の背景にあったと言われる．アメリア・リヨンによれば，1950 年代アルジェリアで独立の気運が高まるなか，独立戦争の中心となったアルジェリア民族解放戦線（FLN）支持者が郊外のビドンヴィルで急増した．こうしたなか，ドゴール政権はビドンヴィルの監視・取り締まりを強化するとともに，福祉や居住環境改善の名目で民族解放戦線の活動拠点だったビドンヴィルの解体をもくろんだという（Lyons 2003: 43-44）．

### 4.2.3――新たな「移民向け」住宅の創設とセグリゲーション

こうして，アルジェリア独立後の 1964 年に「ビドンヴィル解体法（通称ドゥブレ法）」が可決され，全国のビドンヴィルの解体が宣言された．1966 年には解体事業の対象となるビドンヴィル 255 が定められたが，解体は 1980 年代半ばまで完了しなかった．最大の原因は，移民の再入居先が見つからなかったことである．

たしかに 1950 年代以降，旧植民地出身者，なかでもアルジェリア出身者向けの居住施設建設がすすめられ，1956 年にはソナコトラル（国営アルジェリア労働者住宅建設会社，62 年にソナコトラに改名）が創設され，5 年間で 6 万戸の「移民向け寮／ホテル」の建設が発表された．1958 年にはアルジェリア出身者のビドンヴィル転出支援を目的とした「フランス本土在住アルジェリア・ムスリム労働者のための社会行動基金」が，60 年には国営企業 Logirep が創設され，パリ郊外に「家族連れのアルジェリア移住労働者」専用の団地の建設に乗り出した．パリ郊外では570家族を収容できるナンテール・カニブ団地をはじめ，アルジャントゥーユ（130戸），オベールヴィリエ（88戸）などが建設され，61年末にはパリ郊外で431戸，リヨンで243戸，マルセイユで190戸が「アルジェリア出身者を受け入れる目的」で建設された（Lyons 2003: 46-47）．

しかしこれらの建設も年に14万人の割合で渡仏するアルジェリア出身者の住宅需要を満たすにはほど遠かった．その上1962年にアルジェリアが独立すると，「ピエノワール」と呼ばれる在アルジェリア・ヨーロッパ系引揚者100万人あまりがフランス本土に「帰国」したため，「アルジェリア出身者用」に作られたソナコトラルの寮も公営住宅も優先的に引揚者に割り当てられた．こうして「アルジェリア出身者用」につぎ込まれた予算は，結果的に彼らの住環境改善にはつながらなかった（Lyons 2003: 48-49）．このような施策にも，住民をエスニシティ別に分類し，不平等な扱いをするレイシズムの思想がはっきりと反映されている．

移民は社会住宅に入居できないだけでなく，持ち家取得という選択肢も事実上もたなかった．フランスでは1950年代に持ち家取得を支援する補助制度が作られており，62年の独立まではフランス国籍者だったアルジェリア出身者にも補助制度を利用する権利があった．しかし実際の利用者は皆無だった．手続きがきわめて煩雑で，ハードルが高かったことに加え，アルジェリア出身者の収入がフランス人に比べて低く，購入資金の調達が困難だったことが理由にあげられる（Lyons 2003: 35-36）．

つまり，フランスで移民の居住できる場所は事実上限られており，入居先が簡単に見つかる状況ではなかった．それにもかかわらず，ビドンヴィルの早急な解体だけはますます強く叫ばれた．1970年，シャバン＝デルマス首相は火災事故で4人の移民労働者が死亡したオベールヴィリエのビドンヴィルを視察し，「住民がおかれた状況は耐え難いレベルだ」と述べ，1972年末までに全ビドンヴィルを解体すると宣言した．以降，解体プロセスは加速するが，そこで問題になるのが「移民の再入居先」だった．

このような状況下，解決策をさぐる試みもおこなわれた．代表的なものに1961年に発案された「再入居のための社会プログラム（PSR）」と，その一環

**写真 3-6**　ナンテールの仮住まい団地（1962 年）
©ATD Quart Monde, Institut CGT d'histoire sociale, Periphérie, Emmaus

で建設された「移行のための社会住宅（IST）」，通称「仮住まい団地（cité de transit）」がある．「仮住まい団地」とは，通常の HLM 団地の基準を大きく下回る簡易社会住宅である．しかも単なる住宅ではなく，住宅と社会教育がセットになったプログラムで，フランス人向けに造られた団地での生活に旧植民地出身移民を適応させるという名目で教育プログラムが準備された．2 年の学習期間が終了すれば，他のフランス人と同様に団地に入居できることになっていた．

ところが実施されたプログラムは，移民のニーズにはほど遠く（農村地帯出身のフランス人を対象としたプログラムが行われていた），団地によっては教育プログラム自体がほとんど実施されないところもあった．プログラムの「名目」と「現実」は大きく乖離していた．そして団地への入居も，自治体や社会住宅管理会社が移民の受け入れを拒否したためになかなか実現せず，結果的に仮住まい団地に 20 年以上住み続けた家族も少なくなかったという[36]．

ただし，このような「仮住まい団地」でさえ，ビドンヴィルを立ち退いた住民数に見合うほどの数は作られなかった．そのため，多くの移民は他のビドンヴィルに移動したり，野宿を強いられたり，別の場所に新たな掘建て小屋を作って暮らすことを余儀なくされた．ビドンヴィルを解体しても，移民の居住環境は根本的に改善されないままだったのである.

ミシェル・ピアルーが指摘するように，一連の移民向け住宅の建設計画では「移民だけの空間」という「ゲットー」を作ることに主眼がおかれ，他のフランス人と同じ空間で居住させるという発想は皆無だった (Pialoux 1977). このような旧植民地出身移民向けの住宅政策を検討するかぎり，政府は移民の社会統合をはかるどころか，むしろフランス人から遠ざけ，隔離するような住宅政策をとっていたという仮説は支持できると思われる.

### 4.3――ビドンヴィルから団地へ
なぜ一部の団地に旧植民地出身者が集中したのか?

ビドンヴィルが解体されても移民の居住は安定しなかったが，1970 年代に転機が訪れる. この時期にフランスの団地で進行していた変化が，移民住宅形態にも変化をもたらし，同時に郊外の都市空間をある方向に決定づけることになった (Gastaut 2004). その変化とは郊外団地の空室増加だった. 3.4 で見たように，政府の持ち家取得政策への転換によって団地転出者の数が増加し，空室をどう管理するかが問題になっていた.

こうしたなか，ビドンヴィル住民の受け入れ先として団地が注目されるようになる. ビドンヴィル住民の再入居先が難航した理由の 1 つに，移民に多人数世帯（5 人以上）が多かったことがあった. その点で，フランスの家族向けに作られた団地の間取りは，移民の受け入れにも適していると考えられた.

しかし，移民の入居はすんなりとは進まなかった. 1960 年代半ばにビドンヴィル解体が決定されて以来，政府は近隣の団地を再入居先候補と位置づけて交渉を行ったが，各自治体の団地管理会社は受け入れ反対の姿勢を貫いた. 団地に空室が増加しても，多くの管理会社が 15-20% の移民枠をもうけ，それ以上の受け入れを拒否したのである. しかし 1968 年 10 月の命令で，社会住宅管理会社に対し，管理住宅の 3 割をビドンヴィル出身者をはじめとする「劣悪な住環境に置かれた者 (mal logés)」の受け入れにあてることが義務化された. これによって流れが変わり，団地への移民の集住が進んだ.

興味深いのは，受け入れ義務は「各社会住宅管理会社で 3 割」だったのに対し，一部の自治体の，一部の団地ではこの割合をはるかに超える「集住」が急速にすすんだ点である.

このようなセグリゲーションの背景には主に２つの要因があった．１つめは，民間の団地管理会社（官民出資企業）が経済的合理性にもとづき，あえて移民を１カ所に集中させたケースである[37]．ここではマスクレによるパリ郊外ジュンヌヴィリエの団地の事例をみていこう（Masclet 2003）．ジュンヌヴィリエの団地でも中産階級が戸建住宅を購入して転出した後，民間の管理会社は移民労働者世帯の入居を了承させざるを得なくなった．しかし管理会社は，管理下にある複数の団地に移民を分散させると，団地全体のイメージが低下し，既存の住民の流出が加速するのではないかと考えた．そこで管理団地のなかでも交通の便が悪く，建物の劣化も激しい人気のない団地に，移民の家族を集中させる方針をとった．マスクレは次のように述べる．

> 一部の HLM 管理会社は新たな「眠りの商人[38]」となった．アパートの広さに対して入居させる世帯人員が多すぎようと，そこで違法行為が行われようと（団地の一室が非合法の縫製業や食料品加工業の作業場として利用されることもあった），家賃が支払われさえすればよかった．20 年間で一部の建物の住民数は倍増したが，清掃や修理にあてる費用は減少し続けた．住宅管理の収益を最大限確保するため，コストが最大限削減されたのだった．子どもの数が多い世帯が集中したことも手伝い，共用部分はますますひどい状態になった．こうして団地は「移民用の住居」となり，「最悪の場所」と見なされるようになった．団地地域は負のスパイラルに陥った．団地の評判が悪くなればなるほど，職のある中産階級はよりつかなくなった（Masclet 2003: 198-9）．

２つめは，首都パリと郊外の間に存在する複雑な関係性が原因となったケースである．先に見たように，フランスの社会住宅は，公社，官民出資企業，民間非営利団体などが管理を行っているが，その中でも公社（全管理会社８分の３程度）は，当然のことながら各自治体と緊密に連携して事業を展開する．ところがパリ社会住宅管理会社の場合，管理対象となる団地はパリ市内だけではなく郊外自治体にも存在する．郊外自治体の視点にたてば，自分の市内にある団地にもかかわらず，管理運営の責任が自分の市ではなくパリにあるという状況である．このような変則的な事態は，1964 年のパリ圏自治体再編（1968 年１月より施行）以前の歴史に起因する．その複雑な事情を理解するため，以下ではパリ郊外ラ・クールヌーヴの4000戸団地の事例にもとづいて経緯を説明する.

1964年まで，今日のパリ市と近郊3県（オ・ド・セーヌ，セーヌ・サン・ドニ，ヴァル・ド・マルヌ）の一部は，セーヌ県という1つの県を構成していた．歴史的な権力構造を背景にして，県庁所在地だったパリ市は県内の別の市にも「パリ市管轄の土地」を所有していた．そして第2次大戦後の住宅危機を契機に，国家主導のもと大規模な団地建設事業が始まると，パリ市は市内に建設用地がないことを理由に，郊外に所有する土地に「パリ市の団地」を建設し始めたのである.

その一環で行われた最大規模の建設計画がラ・クールヌーヴの4000戸団地だった．1955年，パリ市は「特例」にもとづいて，ラ・クールヌーヴで団地建設を開始した．60年代半ばから入居が始まり，パリ圏再編で別々の県になった後も，ラ・クールヌーヴ市人口の4割を占める住民1万7000人の選定から管理まで，すべてパリ市の責任下で行われた．ラ・クールヌーヴ市からの再三の要請と大統領の介入によって，1984年に管理権がラ・クールヌーヴ市に譲渡されるまで，この状態が続いたのである[39)].

当初，団地住民の大半はアルジェリアからの引揚者であったが，その後次第に北アフリカ，サブサハラアフリカ出身の貧しい労働者が住民の大半を占めるようになった．ラ・クールヌーヴ市長のジル・プーによれば，パリ市は団地入居希望者のなかでも低収入の移民層を「望ましくない世帯」と位置づけ，「パリから追放し」，「流刑地」ラ・クールヌーヴに次々と入居させた．そして管理コストを下げるため，清掃や建物の修繕を適切に行わず，団地一体が荒廃するのを放置した．そのために団地に住んでいた安定層が次々と転出し，地域の貧困化がさらにすすみ，評判はどんどん悪くなり，悪循環に陥ったという[40)].

このように移民のビドンヴィルから団地への移動は1970年代以降急速にすすんだが，それは行政や管理会社といった様々なアクターの利害衝突や対立を伴った．それまで移民専用の居住空間に事実上隔離されてきた移民たちは，ついに団地でフランス人住民の隣人となるはずだった．ところが，今いる住民の転出や団地の評判の低下を恐れた自治体・管理会社は，辺鄙で建物の劣化も激しい不人気団地に移民を固めて入居させた．そのことが，もとから団地にいた層のさらなる転出を引き起こし，次第に「フランス版アパルトヘイト」(Vidal 2005) と言われるような今日の状況を生み出した．「フランス人と共に暮らせるよう」指導を受け，長期間待たされた挙げ句，ようやく移民専用の「特殊な住宅」から転出した移民たちであったが，結果的には，移民ばかりが集められた団地に再び囲い込まれるという，新たなセグリゲーションが起こった．

この時期はまた，脱工業化がフランスで進行した時期でもあり，その影響による失業の波はまず移民労働者とその子弟を襲った．移民の集住する郊外団地はもはや労働者階級の居住空間ではなく，没落する労働者階級，あるいは失業者の居住空間に変化した．こうして団地のさらなる貧困化がすすんだ．

重要なのは，本章でみてきた郊外の変化が，常に国家の施策の影響下で引き起こされてきた点である．次章以降でもみるように，フランスでは郊外団地が「ゲットー」と呼ばれ，そのような「ゲットー」は共和主義を理念とするフランス社会を危機にさらし，アメリカ型の分断社会の到来を招く危険なものとみなされているが，実際には郊外のセグリゲーションと「ゲットー化」は国家の施策の影響――団地建設政策とその放棄，移民労働者の大量動員政策――を大きく受けながら形成されてきたのである．

## 5――結びにかえて　排除空間としての郊外と国家

最後に，本章の冒頭で提起した課題に立ち返る．本章では，現在の郊外が直面する諸問題が 1970 年代以降の「非ヨーロッパ出身移民定住化」や「脱工業化」が原因で発生したとするこれまでの自然化された解釈を歴史化するため (Bourdieu 1997=2009)，19 世紀半ば以降の郊外の形成過程を検討した．その結果，次の 3 点が明らかになった．

第 1 に，郊外はその誕生から発展まで，常に国家の政策の影響を強く受けてきたことが確認された．ロジャース・ブルーベイカーは 19 世紀以降のフランスの政策にみられる「国家中心的」な傾向 (Brubaker 2001) を指摘したが，それは都市政策においても明確に現れており，そのことは複数の先行研究でも指摘されてきた (檜谷 2008)．しかし国家が郊外に及ぼしてきた影響はこれまで十分に検討されてこなかった．むしろ国家は郊外においては「無介入」だったとの側面が強調されてきた（Fourcaut 2007）．しかし本章では，国家が郊外の形成において無介入だったわけではなく，むしろ郊外に一定の役割を与え，発達を方向づけ，積極的に介入したことを確認した．パリ大改造工事から戦後の大規模団地建設政策，そして移民労働者向けの住宅政策まで，国家はパリ郊外に対し，一定の役割を担わせた．

第2に，国策の影響下で形成されてきた郊外は19世紀から「排除の空間」として方向づけられてきたことが確認された．「危険で汚い」工場や廃棄物処理場などの施設の設置，大規模高層団地の大量建設，ビドンヴィルの放置と非ヨーロッパ出身移民の団地への集住施策――これらの政策を通して浮かびあがるのは，19世紀以降の国策の下，郊外は都市にとって都合の悪い施設や人間を事実上追いやる場として形成されてきたという点である．郊外は首都パリの矛盾を解消する場として，首都パリを結果的に支えてもきた．

第3に，「排除の空間」として形成されてきた郊外に対して，常に外部から偏見や恐怖のまなざしを向けられてきたことである．ロイック・ヴァカンはアーヴィング・ゴフマンによるスティグマの分析を，都市部の荒廃地区の状況に援用して「領土的スティグマ化（territorial stigmatization）」の概念を定式化したが，郊外の問題地区は19世紀半ばからこのようなスティグマ化の対象になってきたことが確認できた．

ただし20世紀前半まで郊外への偏見は階級意識に大きく影響を受けていたが，第2次大戦後にはそれに加えて植民地主義を根とする移民への差別意識の影響が強まった．「郊外問題」とは単なる階級問題でもなければ，移民問題でもない．階級意識とレイシズム思想の交錯する地点で郊外へのスティグマは形成されてきたのである．そして，このようなスティグマの形成には国家の介入が大きな役割を果たしてきた．

その国家は1980年代以降，新たな形で郊外に介入をするようになる．それが「都市政策」とよばれる一連の政策である．このような新たな国家の介入がどのようなものであったのか，また国家の政策が郊外にどのような影響を与えたのか．この問題を，次章ではローカル・コミュニズムの伝統をもち，「赤い郊外」の牙城の1つとして知られる，セーヌ・サン・ドニ県オベールヴィリエ市の事例に基づいて検討する．

1） 中世には，領主が統治する領土の外縁1里（lieue）以内の地帯は，領土の外部であるにもかかわらず，領主の布告（ban）に従わなければならなかった．郊外とはこのような一帯を指す言葉だった．ヨーロッパの多くの都市と同じように，フランスでも外敵からの防衛と関税徴収など都市内部の支配という目的で，市壁が築かれていた．だが実際の都市空間は壁の内部では完結せず，外部にも人が住みつき，皮革業など都市から追放された業種や，税金逃れ目的の商業活動が行われており，当局の取り締まりの対象となっていた（Merlin 1999: 6，今橋編 2004: 204）．

2） 中世以降，都市の場末で商売をしたり，住み着く人びとが増えて「集落」が形成されると，従来の市壁を取り壊して「集落」を市内に取り込み，外側に新たな市壁を築くことが繰り返された．パリでは12世紀にルイ7世が要塞構築を試みて以来，1924年に「ティエールの壁」の撤去が終わるまで，6回もの城壁構築と解体が行われた．このようにパリは「場末」を飲み込んで拡大していったが，1860年を最後に市域は拡大していない．1870年以降，第三共和制の下で市町村制度が整備され，都市の無秩序な拡大に終止符が打たれたことが背景にある．パリ以外の主要都市でも，今日の郊外との境界線をつくった最後の「外縁部併合」は，ほぼ同時期に行われた（1852年リヨン，1858年リール，1865年ボルドーなど）．

3） オスマン大工事以前のパリは，他の産業都市と同じような課題に直面していた．それは衛生問題（上下水道の整備が遅れていた当時のパリがいかに泥と埃，悪臭に満ちていたかは『レ・ミゼラブル』などの文学作品にも詳細な記述があり，またコレラで1832年に1万9000人，1849年には1万6000人の死者が出るなど疫病が蔓延した）であり，また治安問題であった（1789年の大革命，1830年7月革命，1848年2月革命と50年間で3度の革命に加え，民衆蜂起や労働者によるストライキ，デモなどが絶えず起きていた．パリの街は暗くて細い道が入り組み，バリケードを組んで当局の目をかいくぐるのに格好であり，当局にとっては治安維持活動を行うのにきわめて不都合だった）．こうしたなか衛生状態を改善し，同時に頻発する騒乱を制して秩序の安定を図るために，パリの都市構造を抜本的に変革する必要性が強く主張されるようになった．

4） 19世紀のパリが衛生と治安の問題に直面していたことは先にも述べたが，この問題の背景にはパリの人口急増というもう1つの問題があった．当時，フランス全体では人口が伸び悩んでいたものの，首都への人口流入は急速にすすんでおり，1801年の54万から1851年には105.3万人と倍増した．増加した人口の大半は，農村危機で生活が立ちゆかなくなり賃金の高い首都に職を求めて上京した「旧農民」たちだった．彼らはパリ中心部の劣悪な住宅街に集住し，そこにも場所がなくなると当時のパリの市壁（「徴税請負人の壁」と呼ばれていた）と1844年に首都の周囲に築かれた「ティエールの壁」の間に位置する「小郊外」に定住していった．つまりパリでは単に人口増加が著しかっただけでなく，貧しい労働者の数が急増していたのである．当時の記録によれば，1850年に貧困層は全住民の4割にも達し，パリは貧しい労働者と下級職人の街となっていた.

5） もっとも，都市行政における衛生と治安への強い関心は19世紀半ばに始まったことではない．すでに17世紀のヨーロッパの都市では，円滑な経済活動のサポートという目的で，都市の公共衛生を高めることと治安を維持することが行政の課題となっていった．18世紀後半には「都市医学」という学問領域が生まれ，人口の増大した都市の治安と衛生問題に対処するには都市を整合的かつ同質的に支配しなければならないとの主張が展開され，廃棄物の排出ルートや水，大気の流通の管理，都市生活に必要な分配や行動指針の制定などが構想された.

6） ナポレオン3世がなぜ大規模な都市改造を実施したのかについては，経済活動を保護するための衛生や治安への対応といった従来からの課題に加え，ナポレオン3世がパリをロンドンのような都市にしたいと熱望していたこと，鉄道網の整備やスエズ運河の建設といった一大インフラ投資のプログラムの一環という位置づけなど諸説が存在する.

7） カイエンヌとは，南米大陸に位置する（西にスリナム，南と東をブラジルのアマパー州と接し，北は大西洋に面する）フランス海外県ギアナの県庁所在地である．フランス革命直後に流刑地の建設がおこなわれ，第2次大戦終了まで主に政治犯を収容する場として機能していた.

8） 今日でこそ，外国からの移民はパリよりも郊外に集中しているが，19世紀末から20世紀初めにかけて外国人はパリ郊外ではなくパリ市内に多かった．1891年，パリ郊外では外国籍住民の割合が5.5%であったのに対し，パリ市内では7.5%を記録していた．ただし，パリとパリ郊外では「外国籍住民」といっても社会学的に異なるカテゴリーであったことも事実である．パリ郊外には先にあげたような隣国からの労働者が多かったのに対し，パリに住んでいた外国人はアメリカ，イギリス，ドイツ，スイスなど「豊かな国」出身の，芸術家や学生などが多かった（Faure, dir. 1991: 39）.

9） パリ市内にも労働者の多い周辺区（13，14，15，18，19，20区）が存在したが，そこでも地価高騰は顕著であった.

10） 現在の状況については第2章を参照.

11） その典型が大手印刷業のポール・デュポン社である．同社は1867年に郊外クリシーに工場を移転しただけでなく，「子どもより従順で，かつ成人男性より安い」として女性労働者を大量に雇用したことで知られる.

12） 女性参政権は日本と同じ1945年を待たなければならなかった.

13） フランスの基礎自治体，すなわち地方自治体の最小単位である．日本の市町村に相当するが，フランスではすべて区別なく「コミューン」とされる．その数は2013年1月時点3万6681で，日本の市町村数の約20倍に相当する.

14） これらの劇場は2005年秋の「郊外蜂起」の際にターゲットにされることはなかった．劇場での住民との取り組みについては以下を参照．http://www.liberation.fr/culture/2006/01/05/contre-l-apartheid-culturel_25407

15） 郊外の住民にとっての「砦」としての「赤い郊外」のイメージはフルコーら

の歴史家の仕事に加え（Fourcaut 1992），いくつかのドキュメンタリー映画を通じてもうかがうことができる．代表的なものとしてパリ南東イヴリーを舞台にした«Ivry ou 20 ans de gestion municipale communiste»（Georges Marrane, 1945年）がある．

16）なかでもミュルーズの労働者住宅，ギーズのファミリステールは代表的な試みとして知られる．特に後者は1889年のパリ万博で高評価を受け，その後フランスの社会住宅のモデルとされていった．

17）同団地の建設直後にナチスによるフランス支配が始まり，1940-44年にはユダヤ人をアウシュビッツ絶滅収容所に移送するための通過収容所として利用された．

18）建物の損傷には地域差があった．首都パリ圏（パリと近郊3県）に限ると損傷住宅は5%台にとどまったが，英軍の空襲を受けた北部カーンをはじめとする一部の地域では，ほぼすべての住宅が損壊した．

19）現在でも農作物加工品輸出額でアメリカ合衆国に次ぐ世界2位，農業生産額でもヨーロッパ1位（EU農業生産額の18.1%）の農業大国である．

20）http://urbamet.documentation.developpement-durable.gouv.fr/documents/Urbamet/0272/Urbamet-0272277/PCA941_s1.pdf

21）しかし同法は，1948年以前に建設された住宅については，改修などを行わない限り家賃の値上げを禁じ，賃貸人の権利を保障する法として機能してきた（稲葉 1996）．そして1986年にそれを事実上無効化する法律（住宅価格自由化法）が定められるまで住宅市場に看過できない影響力を及ぼした（1970年時点で民間賃貸住宅の3割が同法適用）．その結果，フランス都市部の住宅価格は他の先進国都市の住宅に比べて1990年代まで相対的に低く設定された．

22）集合住宅から戸建て住宅への移行はその後さらに顕著になった．1968年新規建設住宅に戸建ての占める割合は39%だったが，78年には63%，84年には69%に達した（http://www2.logement.gouv.fr/actu/logt_60ans/pdf/fiche1976_1985.pdf）．これも持ち家取得促進政策がもたらした変化といえるだろう．

23）政策転換が発表されたからといって，HLMの建設が停止されたわけではない．バール法後に新規建設戸数は削減されるが，1980年代社会党政権の時代になると再度建設がすすめられた．しかし社会党大統領ミッテランの任期が終了した1995年以後，新規建設数は再度減少する（IAURIF 2007: 20）．

24）フランスの国内総生産は1938年を100とした場合，57年204，67年338，73年452と，35年で4.5倍になり，年間成長率は5.9%を記録し（Fourastié 1979），経済成長に伴って大量の雇用が創出された．

25）中等教育改革はその後も進められ，1963年フシェ・カペラ改革（進路選択に幅を与える目的），そして1975年のハビ改革によって，すべての中学で同じ教育が受けられる「同一中学教育（Collège unique）」が実現したといわれる．

26）教育の民主化に関しては，中央政府の政策だけではなく，郊外の労働街で特に共産党が地域政策として振興していった「民衆教育（éducation populaire）」

の成果も大きい．これは学校教育を補塡する目的で地域のアソシエーションなどが中心となって行う広い意味での教育であり，学校教育制度の外に出た労働者の学習支援や，大衆文化や芸能，スポーツや娯楽など学校では「教育」として扱われないようなものを「教育」として位置づけ，市民の実践を支援した．

27) フランスでは1962年から75年で農業人口が激減，労働者人口はここで見たとおりの横ばい状態であったのに対し，第3次産業の急増がみられた．実際，1946年から75年の間に上級管理職の数は3倍，中間管理職は2.5倍となった．このような傾向は70年代後半以降さらに顕著になり，第3次産業がさらに増加したのに対し，労働者人口は急減していった（Desrosières et Thévenot 1988）．

28) こうした移民政策は受け入れ国側にとってだけでなく，経済基盤が弱く，移民労働者が本国の家族宛に送金する外貨がほしい送り出し国側にとっても好都合なものであった．

29) 移民労働力の募集の実態については，ヤミナ・ベンギギ監督のドキュメンタリー映画『移民の記憶——マグレブの遺産』の父編を参照．モロッコで労働者の募集を仕切っていた元ブローカーや，移民労働者の証言に詳しい（日本語版，パスレル，2007年）．

30) 日本でも2008年リーマンショック後に日系人を対象とした「帰国奨励政策」が行われたが，それと同じ原則で，子どもを残さず家族全員での帰国を条件に1万フランを支給するという内容だった．

31) 移民に対して帰国を奨励したり，新規入国の基準を厳格化したりするなど，国境を閉鎖するような政策が，かえって国内にいる移民の定住傾向を加速させるという現象は1970年代のフランスに限ったことではなく，地域や年代の差異を越えてある程度普遍的にみられる．こうした状況をふまえて，移民研究を専門とする社会学者のヴィトロール・ド・ヴェンデンらは「国境閉鎖は必然的にすでに入国している外国人の定住化を加速させ，また国境の開放は移民の増加を必ずしも引き起こすわけではない」として，1980年代以降先進国で軒並み厳格化する入管政策の緩和を提案してきた（Wihtol de Wenden 1999）．

32) ちなみに日本においても，在日ブラジル人にこのような「帰国神話」を持つ者が多いことが過去の研究によって示されてきた．たとえばヤマグチ・アナ・エリーザは東海地方で行った調査にもとづき，在日ブラジル人家族が客観的には「定住及び永住」に近い状況であるにもかかわらず，強い帰国願望をもっていることを明らかにした（ヤマグチ 2013）．

33) 統合政策の不在に関してはベンギギ『移民の記憶』母編（パスレル，2007年）の証言にも詳しい．

34) ベンギギ『移民の記憶』子ども編（パスレル，2007年），元ビドンヴィル住民のアーメッド・ジャマイ氏の証言を参照．

35) なかでも1970年6月にサン・ドニのフラン・モワザンのビドンヴィル（住民5000人）で起きた火災では，600軒のバラックが焼失した．

36) ベンギギ『移民の記憶』子ども編（パスレル，2007年），当時仮住まい団地管理の責任者だった高級官僚の発言参照.

37) フランスの社会住宅は日本の公営住宅と様々な点で異なり，その1つが管理主体の違いである．フランスでは日本のように地方自治体が直接管理や建設にかかわるのではなく，社会住宅管理会社とよばれる公社，官民出資企業，民間非営利団体などが建設・管理をとりおこなう．2007年，それぞれの数は279，284，163となっている（Brouant et autres 2005）.

38) 都市部などにある劣悪な環境の安宿や不衛生住宅を，立場の弱い移民に相場よりずっと高い料金で貸すことを商売としている人，業者.

39) 1983年7月，団地のルノワール棟に住む10歳の少年が隣人に射殺される事件が起き，その2週間後に大統領ミッテランが現地に赴き，4000戸団地の問題の背景にパリ市の遠隔管理の問題があるとの陳情を受けたことが，1984年の譲渡に大きな影響を及ぼしたと言われる.

40) 2009年12月5日，ラ・クールヌーヴ市庁舎でのインタビュー．なお，現在でもパリの社会住宅管理会社（OPH Paris Habitat）は管理戸数の約1割を旧セーヌ県内だったパリ郊外自治体に所有・管理している．該当する自治体のリストは以下のサイトを参照．http://www.parishabitatoph.fr/Locataires/Quotidien/VieQuartier/Pages/banlieue.aspx

# 4章
# 「赤い郊外」の変容と都市政策の展開

## I——問題設定

1980年代以降，フランス郊外に大きな変化があらわれた．それは都市政策とよばれる一連の政策が行われるようになった点である．このような政策はフランスだけでなく西ヨーロッパ広域で展開された．低成長時代に入った西ヨーロッパの都市部では，高度成長期には「消えた」と思われていた貧困問題が再燃し，「社会的排除」の現象が観察されるようになった（Paugam 2001）．そして冷戦が終結し，EU統合の進んだ1990年代以降，それは各地で「都市問題」として顕在化した．地域ごとに違いはあるものの，一般には公営住宅などに低所得層のエスニック・マイノリティが集住して衰退地区を形成し，そこで失業・学業挫折・福祉受給・犯罪率の高さなどの問題が立ち現れる，という共通点がみられた（Wilson 1987, Wacquant 2008, Tissot *et al.* 2011）．

衰退地区の住民を包摂し，社会的結束（social cohesion）を取り戻すにはローカル，ナショナル，（EUなどの）トランスナショナルなレベルでどのような政策をとるべきか議論が進められ（Donzelot *et al.* 2003, Kirszbaum 2009, Avenel 2011），各国で様々な政策が模索された．EUレベルでも1990年代半ばより，欧州委員会主導の政策領域「共同体イニシアティブ」の中にある「越境地域間協力プログラム（INTERREG）」の枠組みで「都市再生プログラム（URBAN I 1994-1999年，URBAN II 2000-2006年）」，ならびに「プログラム型都市ネットワーク（URBACT I 2002-2006年，URBACT II 2007-2013年，URBACT III 2014-2020年）」が実施されている．

そのなかでもフランスはEU各国に先んじる形で様々な施策を「都市政策」の枠組みで行ってきた．実際，EU都市プログラムもフランスの政策を参考にした部分が大きい（森 2003）．そのような経緯もあって2002年以降のURBACTプログラムではフランス（正確にはフランスの都市担当省）が，欧州委員会から依頼を受けてプログラムの管理とプロジェクトの運営を委任されている．そして，このような政策が行われてきた中心的な「場」が大都市郊外であり，特に「赤い郊外」であった．

フランス都市政策については日本でもすでに複数の研究者が紹介してきた．寺尾仁は都市法学の見地から，1980年代から重ねられてきた荒廃地区の修復事業の変遷について日本に紹介し，検討を行ってきた（寺尾 1999; 2004）．檜谷美恵子は住宅政策の地域空間化というアプローチから「都市政策」の分析を展開した（檜谷 2008）．社会学では川野英二が貧困問題への社会的処遇という切り口で郊外の都市政策の展開を論じてきた（川野 2008b）[1]．

それらをふまえた上で，本章は都市政策の全体的な評価ではなく，政策が「赤い郊外」自治体で展開されたことの背景と意味，そしてそれが旧植民地出身のエスニック・マイノリティの住民に与えた影響を検討する．そして都市政策を所与のものと捉えるのではなく，それがどのような社会的，歴史的文脈と過程において形成され，どのような帰結をもたらしたのかを考察する．具体的な検討を行うために，本章はセーヌ・サン・ドニ県オベールヴィリエ市と，同市を含めた9つの自治体が形成するプレーヌ・コミューン自治体間連合の事例をとりあげる．

オベールヴィリエ市はパリ北部のセーヌ・サン・ドニ県南西部に位置し，人口規模は同県4位である（7万6280人）．若者人口（25歳以下36%，30歳以下44.5%），外国人人口（40%），失業率（22%），父子・母子世帯（29%），社会住宅（40%），不衛生住宅（27%）などの指標で県平均を上回り，「社会経済的困難」が最も集中する県として知られるセーヌ・サン・ドニ県でも典型的な自治体といえる（INSEE 2011c）．農地だった同市では19世紀半ばから産業化がすすみ，第2次大戦後には大規模な団地建設政策がとられる一方，高度成長期に動員されたヨーロッパ域外出身労働者の事実上の受け入れ地となり，国策の影響を強く受けてきた．

同市はセーヌ・サン・ドニ県内の他の自治体と同様に19世紀から労働運動が発達した地域であり，1945-2008年まで共産党市政が続いた「共産党の牙城」の1つとして知られる．2008年に社会党への政権交替が起きたものの，2014年には共産党が再び政権に返り咲いた．1970年代の脱工業化の流れに伴い，労働運動は弱体化したが，その一方で独自の文化政策（他のパリ郊外自治体に先がけて劇場を設置，大規模な音楽祭の開催，民衆教育の振興など）やアソシエーション・ネットワークの強化（Mori 2002）などを行い，ローカル・コミュニズムの伝統がいまだに一定程度観察される[2)]．

その一方，1990年代末より同市の景観は大きな変化を遂げてきた．19世紀後半から「赤い郊外」の基盤を支えてきた製造業や化学産業の工場は，脱産業化のなかで次々に閉鎖され，その廃墟がいまだ市内のあちこちに点在する．そのかたわら，後述する1990年代以降の同市の政策転換を象徴するような建築物も目立つ．市西部には1998年サッカーワールドカップの会場となった「スタッド・ド・フランス」が位置し，パリ市に隣接する南部ポルト・ド・ベールヴィリエ周辺には，2009年代以降の再開発事業で建設されたガラス張りの高層ビルが連なり，情報サービスや金融関連の企業がオフィスを構える．

このような景観の変化は，どのような文脈と背景のもとで実現したのか．またそれはどのような帰結をもたらしたのか．以下では，これらの問題を郊外で展開された「都市政策」を手がかりに考察する．前半でフランス都市政策の誕生と推移を概観し（2節），後半では政策がローカルレベルでもった意味を検討する（3-5節）．1970年代から脱工業化に直面したオベールヴィリエの困難と対応を考察し（3節），それが市政と住民の関係をどう変化させ，どのような課題をもたらしたのかを分析し（4節），そのなかで「地域の危機（crise des territoires）」や「団地のゲットー化（ghettoïsation des cités）」に代表される「都市問題」という問題認識が形成されたことの意味をエスニック・マイノリティの住民との関係から検討し（5節），最後に一連の流れのなか，市政にとっての課題が「階級問題」から「都市問題」に移行したことの意味と帰結を総括する（6節）．以上の考察をとおして，1980年代以降に展開された都市政策と従来のオベールヴィリエ共産党市政による政策（＝ローカル・コミュニズム）を比較し，両者の差異・断絶がどこにあり，それは何を体現しているのかを考察する．

## 2——「都市政策」の誕生と展開

フランスで都市政策（politique de la ville）とよばれる政策は，都市よりも郊外で発生する様々な問題を解消する目的で始まった．「都市政策」の呼称が正式に用いられるのは1990年代以降であるが，同様の政策は1970年代後半から展開されていた．そこで本章では「郊外」対策として行われた政策をすべて含めて「都市政策」と呼ぶ．本節では，この都市政策の全国的な展開を概観する．

### 2.1——誕生の背景　大規模団地批判と治安悪化の懸念

第3章でもみたように，1950-1970年代初めのフランスは国家主導で団地建設をすすめる「住宅建設国家」の時代だった．これらの団地建設は郊外を中心にすすめられ，なかでも「大規模団地（grands ensembles）」がパリ郊外に多く建てられた．フランス都市政策はもともとこの「大規模団地」対策として始められた．

戦後の最大の課題だった「住宅不足」という「量」の問題は1960年代後半には解決しつつあったが，ちょうどその頃から大規模団地の建物や環境が問題化し，団地の住環境という「質」への批判が激しくなる．そして，この流れを決定づける通達が1970年代初めに国土整備大臣オリヴィエ・ギシャールによって出された．1971年「中規模都市に適切な都市化の形態に関する通達」では大規模団地の制限（5万人以下の自治体で「階段の3つ以上ある一定規模の団地」建設禁止）と戸建住宅の推奨（戸建の割合を2万人以下の自治体で全住宅の5割，2-5万人の自治体で3割まで増加させる）が定められ，1973年「『大規模団地』都市化形態と居住が引き起こした社会的セグリゲーションとの闘いに関する通達」では全体で2000戸，1棟あたり500戸を超える団地の建設が禁じられた．さらに1976年にはパリ市内の新規建築物に高さ37メートルの制限を定める命令が出された．こうして住宅の「量」を保障する政策から「質」を配慮する政策への転換が起き，戸建や小規模集合住宅が重視される一方，戦後の住宅政策の柱だった団地建設は遺棄され，大規模団地の新規建設は禁止された．

また既存の大規模団地については現状改善を目指した施策が模索された．1973年6月国土整備省建設部局長ロベール・リヨンを中心に「居住と社会生活（habitat et vie sociale）有識者会議」が結成され，大規模団地住民の生活実態調査が実施された．貧困のほか，住民の交流なき生活，脆弱な地域社会基盤，貧困層と（持ち家購入を目指す）中間層との溝，若者の非行などの問題が指摘され，解決策として荒廃した建物の改修，住民関係の強化，結社活動の推進，住民参加の促進などが提案された．この報告を受けて，1976年に「都市整備基金（fonds d'aménagement urbain）」が設置され，翌年3月住宅大臣ジャック・バローが「居住と社会生活」プログラムを発表した．全国53カ所の「荒廃が著しい」郊外団地で自治体と社会住宅管理会社，国が契約を結び，周辺環境から孤立した団地地区を地域社会に再統合するための事業が開始された[3)]．当初，同事業は建物修繕だけでなく住民参加支援などの社会政策的要素も謳っていたが，結果的には予算やマンパワーなどの限界から団地の改修事業に特化したことが指摘されてきた（cf. Donzelot 2006=2012）．

さらに1977年にはアラン・ペルフィットを座長とする「暴力，重犯罪，軽犯罪調査委員会」の報告書が提出された．戦後に開発された郊外団地における「体感治安の悪化」や「大規模団地内の機能不全」が指摘され，解決策として警察官の増員の必要性が強調されている．このことは，当時，すでに治安の観点から郊外団地を問題視する空気が広がりつつあったことを示す事例と言える．そしてこの時代に郊外団地を問題視する空気が強まったことと，郊外団地に旧植民地出身のエスニック・マイノリティが集住し，地区の「人種化」が進んでいたことは無関係ではなかったと思われる．

### 2.2——自治体主導の住民社会経済支援政策

1970年代末より郊外団地ではエスニック・マイノリティの若者と警察の衝突が繰り返されるようになり，団地の治安対策を求める声はさらに強まった．その一方で，団地問題を解決するには建物の修繕だけでは不十分であり，社会的な取り組みが不可欠であるとの認識が広がった．そして社会党のミッテランが大統領に就任した直後の1981年7月，リヨン郊外マンゲット団地に住む若者が「ロデオ事件（団地に駐車されていた車を乗り回して放火）」を起こすと，ついに本格的な最初の対策が講じられた．それが「夏期予防作戦（opérations prévention été）」と呼ばれるプログラムである．

これは郊外団地で同様の事件が起きるのが常に夏休み期間であることに着眼し，夏休みに時間を持て余した団地の若者による逸脱行為を防ぐ目的で，彼らを対象に夏期講座や小旅行などを企画・実施するというものである．企画・実施は自治体が，資金は国が提供する．1982 年の開始当時は 11 県だけで行われていたが，1993 年には 29 県にまで拡大された．そして 1995 年には「都市，生活，ヴァカンス（Ville, Vie, Vacances, VVV）」と名称変更され，現在まで継続されている[4)]．

1980 年代初頭には，その後の都市政策を方向付ける重要な 3 つの報告書が提出されている．その 1 つである 1981 年のシュワルツ報告書では「若者の社会職業的挿入」をテーマに若者の雇用，失業対策の方針が示された．また 1982 年のボンヌメゾン報告書では若者の非行対策が示され，全国非行予防審議会の設置や地域予防プログラムの試験的導入（1983 年に 18 の地域で実施）が行われた．

だがその後の政策に最も大きな影響を与えたのは 1983 年のデュブドゥ報告書「共にまちを作りなおす（Ensemble refaire la ville）」である．これは 1977–1981 年に実施された「居住と社会生活」プログラムの成果を総括し，今後の郊外対策の方向性を示す内容となっている．そこでは，⑴事業が住居内部の改善に特化し，周辺環境や住居以外の設備改善が進まなかった，⑵住民の社会・経済的状況は改善されなかった，⑶住民参加が期待ほど進まなかった，などの問題が指摘された．

この報告を受けて本格的に始まったのが「地区社会開発（Développement social des quartiers, DSQ）」プログラムである．すでに 1981 年には「全国地区社会開発審議会（Conseil national du développement social des quartiers, CNDSQ）」が設置され，「居住と社会生活」で進まなかった住民の社会経済的支援について検討が始まっていた．そして住民を地域の公共事業に参加させ，住民間関係を強化し，各住民の「能力開発」を支援することで，問題地区の状況改善を図る取り組みが始まった．当初，対象地区は「居住と社会生活」プログラムの対象地区のなかから選ばれた 16 地区限定であったが，デュブドゥ報告書を受けてより広範囲で展開されることになり，1984-1988年には148地区で実施された（Délégation interministérielle à la Ville 2004: 2-6）．

また住民の社会経済的支援の補完的取り組みとして，郊外の問題地区を対象とした「積極的差別是正」施策も行われるようになった．1981年のマンゲット団地事件の直後に，貧困層の若者の教育支援の必要性が訴えられて「優先教育区域（略称ZEP）」制度が作られた．これは郊外の「荒れた小・中学校」を対象に教員数の増加，授業時間数の削減，特別手当の支給，特別予算配分などを行うものである．また1990年代には問題地区からの企業・商店の流出を防ぐ目的で，地区内に立地する企業を税制面で優遇する「自由区域（Zone franche）」制度や「脆弱都市区域（ZUS）」，日本の交番制度に着想した「近隣警察」制度，26歳まで国が給与を負担し，働きながら研修を受けられる若者雇用制度といった差別是正政策が教育，雇用，治安など広範囲にわたって展開された．

一連の社会プログラムと並行して，1983-1988年には建築家ローラン・カストロとミシェル・カンタル＝デュパールの主導で再開発プログラム「郊外89」が行われた．セグリゲーションの進んだ団地地区を周辺環境に再統合させるための整備と，機能主義的に作られた団地地区に「美」を与えるための工事が行われた．

この時代に行われた多様な政策の特徴をまとめると，(1)建物修繕や都市インフラの整備といった狭義の住宅政策の範疇を超えて，教育環境改善，雇用促進，福祉拡充，文化振興，地域経済の活性化といった住民生活の質の総合的な向上を目指す，(2)地区での社会経済事業への住民参加を促すエンパワメント重視の政策，(3)「地区単位の積極的差別戦略」として教員や警察官の増員や企業誘致のための免税措置，と整理できるだろう．全体的に住環境というハード面だけでなく，住民の生活向上というソフト面に配慮した，分野横断的な社会政策が中心だった（檜谷 2008: 166-68）．これらは住民支援を通した問題地区改善策で，自治体主導のもとで行われた．政策を行った自治体には旧工業地帯に位置し，共産党など左派の基盤が強く，ローカルレベルで大規模な貧困対策を行う伝統をもつ「赤い郊外」が多かった．これらの政策の対象とされたのはあくまで「住民」であり「若者」であった．政策に関する文言には，いかなる人種・エスニシティのカテゴリーに関する言及もなかった．それは共和主義を国是とするフランスではごく「当然」のことに思われる．ところが実際には，これらの政策の対象となったのはほぼ大半が旧植民地出身のエスニック・マイノリティの住民であった．形式と実態にずれが生じていたのである．

## 2.3——国家主導型都市再開発への新展開とソーシャル・ミックス

1980年代は自治体が政策の主導権を握っていたが[5)]，1990年代に入ると「都市省（Ministère de la Ville）」が設置され，国による制度化がすすみ，政策の主流は自治体と国が都市協定を締結して行う「契約型事業」に次第に移行した．社会党政権による国家の権限強化に対し，当初「赤い郊外」の自治体は「市政への国家の闖入」だと警戒を示した．しかし多額の予算が自治体に直接付与されることは，苦しい財政状況の自治体にとって魅力でもあった（Subra 2006: 144）．こうして始められた事業に「都市契約（contrats de ville，1990年開始）」や「都市のグラン・プロジェ（Grand Projet Urbain, 1994年開始）」といった地域活性化事業，また失業対策や治安対策などの目的別協定事業「都市再活性化協定（pacte de relance pour la ville，1996年開始）」がある．

事業の枠組みだけでなく内容も変化し，住民エンパワメント型政策に代わり都市インフラや住宅などの物的環境の改善が優先された．典型例に後述する2003年開始の都市再生事業（Programme National de Rénovation Urbaine, PNRU）がある．これは社会経済的問題の集積する団地を取り壊すなど，問題地区の空間構造の抜本的変化をうながす事業で，国家予算120億ユーロ，総予算300億ユーロの予算がついた．その一方，荒廃地区で地道な活動を重ねるNPO用予算は大幅に削減され，「若者雇用」などの社会経済支援策も一部廃止が決定した．社会政策の縮小と並行し，治安対策の強化もすすんだ．その一例に2003年成立の「国内治安法」がある．団地内での若者のたむろをはじめ「迷惑行為」や「いたずら」が処罰の対象となり，厳罰化を推し進めた法として知られる[6)]．

もう1つの変化にソーシャル・ミックス（mixité sociale）の重視がある．これは都市部のセグリゲーションを防ぎ，階級の異なる人々が同一地域に居住することを理想とする都市計画の概念である（Charmes 2009）．アメリカ合衆国ではジェーン・ジェイコブズがすでに1960年代初頭に「発展する都市地域の条件」として「ミックス」の必要性を強調していた（Jacobs 1961=2010）．1970

年代には「ソーシャル・ミックス」という表現は黒人貧困地区対策の議論で用いられ（Sarkissian 1976），1980 年代以降は都市再生論全体で使われるようになった．

この概念はアメリカ合衆国では学問や政策論争でとりあげられたが，それに対してフランスでは実際に政策に適用された点で大きく異なる．郊外団地に同質的な人びとが集まり，その地区が周辺から孤立しているとの懸念が 1970 年代に生まれ，次第に強まるなか（Touraine 1991），ソーシャル・ミックスは地域に多様性を生み出し，「ゲットー化」を防ぐ手段として注目された．それに加えて「機会の平等」「差別の撤廃」「社会関係の強化」を促して貧困層の底上げを後押しする「社会的公正」を保証する政策としても期待された（Launay 2012）．そして都市政策や社会学の研究者，政治家の言説にとどまらず，法律で明文化され，政策として実践されていった（Tissot 2007）．

同概念が最初に政策で示されたのは，前述の 1973 年ギシャール通達である．同通達では大規模団地におけるセグリゲーション対策として「ミックス」の実現を掲げ，混合土地利用による地域再活性化，道路，鉄道などの移動・コミュニケーション網の整備など都市機能面での「ミックス」施策を打ち出した．

同通達には住民構成面での「ミックス」への配慮もあった．人口 1 万人以上の自治体は社会住宅の 2 割までを「特定社会カテゴリー（catégories sociales particulières）」と呼ばれる貧困層——実際には「移民・外国人」を指していた——に割り当てねばならないが，1000 世帯以上の社会住宅団地ではこの層が 5 割を上回らないことなどが細かく定められた（ただし政府が「社会住宅を増やさなくてよい」と判断した自治体は対象外）．その目的は 1960 年代末から一部の郊外で進行していたセグリゲーションの防止・解消であった[7)]．

ギシャール通達はフランス都市政策に初めてソーシャル・ミックス概念を導入したが，通達には法的拘束力がなく効果は限定的だった[8)]．そもそも 1980 年代までの「郊外対策」は建物の修繕と住民の社会経済支援が中心で，住民構成を修正するという発想はギシャール通達を除いてほぼ皆無だった．例外的に 1986 年「社会住宅の割当に関する命令」で「住民構成多様化の必要」が明記され，社会住宅入居者の選考基準を法で定めるよう義務づけられた．しかし数カ月後の総選挙で野党（保守派）が勝利し，命令は事実上無効化された．ソーシャル・ミックスが再導入されるのは1990年代を待たねばならなかった[9].

こうしたなか1991年に「都市指針法（loi d'orientation pour la ville, LOV）」が定められ，郊外団地地区のセグリゲーションや社会的排除を解決するために居住形態を多様化するというソーシャル・ミックスの中心的な考え方が打ち出され，具体的に3つの政策が実施された．1つめが社会住宅の入居審査の監視を強化して，一部の団地への弱者集中の回避をめざす施策で，1990年の住宅権利法（通称ベッソン法）がそれにあたる[10]．2つめは社会住宅の少ない自治体に建設を義務づける施策で，2000年「都市の連帯と再生に関する法（略称SRU法）」が該当する．各自治体に全住宅数の20%以上を社会住宅に割り当てるよう義務づけ，その割合は2013年には25%まで引き上げられた[11]．同政策は社会住宅建設を促進し，パリでは2001-2010年に4万3000戸が新設され，社会住宅比率も13.4%から17.1%に増加した（Observatoire du logement et de l'habitat de Paris, OLHP 2012）.

3つめは貧困の集中する団地を取り壊して都市構造を改造する施策で，2003年以降の都市再生事業が該当する．施策には社会住宅の解体と同時に再建も盛り込まれ，10年で25万戸の解体と20万戸の新規建設，20万戸の修繕が予定され[12]，2004-13年で約120億ユーロが投じられ，全国487地域で事業が実施された[13]．取り壊しに加え，地域の用途混合を達成し，都市機能の多様化をはかる目的で，商業施設や企業の誘致，文化施設，教育施設の建設も進められた．

2005年秋の郊外暴動後も政策の基本的な流れは変わらなかった．2008年サルコジ大統領の命を受け，都市政策担当副大臣ファデラ・アマラは「郊外希望プラン（plan «espoir banlieue»）」の枠組みで，215地区を対象に26歳以下の失業対策と公共交通機関整備を発表したが，都市再生事業に比べて予算は限られていた（10億ユーロ）．2012年以降の社会党政権も新たな都市政策プランを発表したが（2013年11月「都市と都市結合に関する法案」が国民議会で可決），新規予算ゼロと財政的には限定的で，代わりに強く主張されたのが「ソーシャル・ミックス」の向上だった[14].

以上，1970年代に始まった大規模団地対策が「都市政策」として制度化され，確立する流れを概観した．しかしながら都市政策の一連の流れは，公共政策の他領域と切り離して考えることはできない．ティソは著書『国家と地区——新

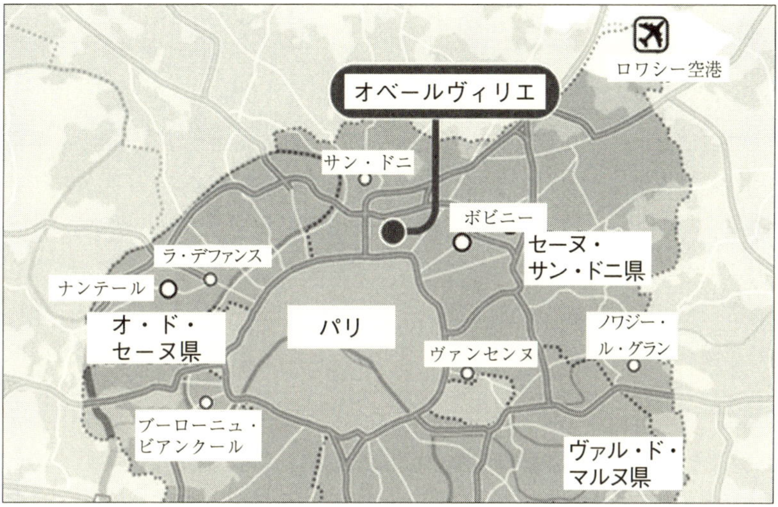


**図 4-1**　パリ近郊図

たな公共政策領域の生成』(Tissot 2007) のなかで「都市政策」という領域が官僚, 学者, 政治家によって作り出された過程を分析し, それが社会政策の変容から生まれたことを示した. 従来の社会政策の予算の一部が縮小されて「都市政策」として刷新され, その一環で「契約型プロジェクト」の名における地方分権化, 民間との連携強化の名における民営化, 予算配分形態の変更による競争的資金制度の導入などが進められた (Tissot 2007: 188-202). これをティソは「社会政策の地域化 (territorialisation des politiques sociales)」とよぶ. そして 1980 年代型の住民支援策から「都市政策」制度化以降の都市再開発への流れを通して, 公共政策の目的が「個人間の不平等の解消」から「地域間の格差緩和」に移行したことを指摘した (Tissot 2007: 273-88). 川野も指摘するように, 都市政策とは福祉国家の変容を反映する鏡として捉える必要がある (川野 2008b). 実際, 都市政策の立案にも関わったジャック・ドンズロは都市政策の誕生を「福祉国家」に代わる「世話役国家 (Etat animateur)」の誕生とよんでいる (Donzelot et Estébe 1994).

もう一点重要なのは, エスニシティをめぐる政策と実態の乖離である. 対象としての「住民」「若者」, 目的としての「ソーシャル・ミックス」など, 都市政策には人種・エスニシティを喚起するカテゴリーは一切用いられないが，実際には「移民・外国人」，特に旧植民地のエスニック・マイノリティに事実上特化した政策になっている．問題は，これが単に「結果的にそうなった」というものではないように見える点である．むしろ先にあげた1973年のギシャール通達の例にあるように，「移民・外国人」が実際には想定されながら，そのような文言をあえて回避する婉曲語法（「特定社会カテゴリー」）が採用された，と考えるべきである．このように形式と政策意図の間にねじれが起きているのである．このような国家の政策はローカルレベルにどのような影響を及ぼしたのだろうか．また国家はローカルレベルのどのような変化を反映して政策を定めたのか．これらの問いについて以下でみていく．

## 3――脱工業化のインパクトと「赤い郊外」の変容

本節以降では，都市政策がローカルな文脈でどのような意味をもち，影響を引き起こしたのかを具体例にもとづいて検討する．本章では都市政策が行われた「ローカルな文脈」に注目し，同政策の舞台の１つとなった「赤い郊外」のセーヌ・サン・ドニ県オベールヴィリエ市に光をあてる[15)]．

人類学者のアラン・ベルトは，セーヌ・サン・ドニ県で長年調査を重ねた経験に基づいて，今日同県が直面する困難を次のように語っている．かつての「赤い郊外」は現在，「製造業の過去」から「情報サービス業の未来」への移行の過渡期にあり，そのなかで「郊外における権力，労働，人々の生の関係性の再編」――ベルトはこの再編をフーコーの安全・領土・人口をめぐる議論になぞらえている（Foucault 2004=2007）――が起きており，そのことが同県の現状に決定的な影響を与えている，という（Bertho 2005）．このような「移行」や「再編」，そして「決定的な影響」が具体的に何を指しているのかを，オベールヴィリエ市の事例を手がかりにみていく．

### 3.1――「赤い郊外」の危機　工業撤退，失業増大，ローカル・コミュニズム衰退

オベールヴィリエ市が直面した脱工業化の流れとその影響の大きさを理解するには，同市の工業地帯としての発展の歴史を振り返る必要がある．

パリ北東部に位置するオベールヴィリエは南側を首都環状高速道路（périphériques）がパリ市と，東側を国道2号線がパンタン市と隔て，西側にはサン・ドニ運河が，北側には高速道路86号線が走る，総面積5.76km$^2$の自治体である．中世より農地がつくられ，小麦や野菜をパリ市住民に供給してきたが，1821年のサン・ドニ運河開削以後は隣町のサン・ドニとともに工業地帯として著しい発展を遂げた．鉄道と運河が早くから整備されたサン・ドニでは鉄鋼，精錬，化学，機械など多様な工場の立地が進んだのに対し，オベールヴィリエは19世紀半ばにパリ市住民用の巨大な屠殺場（ヴィレット屠殺場）が設置された関係から獣脂を利用する化学工場（主に油脂）が集中し，1870年に同市に立地していた40あまりの工場の半数が化学工業だった．それに加え，塗装，染料，接着剤などの製造工場も並んだ．1860年代にはガラス製造で知られたサン・ゴバン社，硫酸製造のジョン・フレデリック・ボイド社，マッチ製造業のダム・ルカン社などの大企業がサン・ドニ運河沿いに工場を開設した．当初は周辺に住宅がなかったこともあり，他の地域から自転車で通勤する労働者の姿が目立ったが，やがて都市化がすすみ，工場周辺にカバノン（cabanons）とよばれる労働者の家屋が形成され，職住近接が実現した．

20世紀初頭には第2次産業人口が就業人口の大半を占め（1920年で労働者68%），工業都市としての性格を強めた．そして労働運動が組織され，その声を代弁する左派政党が常に市政を担ってきた．両大戦間は社会党のピエール・ラヴァルが市長を務め，第2次大戦後は2008年まで50年以上にわたって共産党が市政を運営した．市は労働者の支援だけでなく，「労働者にも文化を」のスローガンのもとで大衆教育[16)]の実施，図書館や若者会館（maison des jeunes）の開設，フェスティバルの実施，コミューン劇場の設立など，良質の文化を市民に提供する実験的施策が重ねられてきた．第3章4.2でみたような，ローカル・コミュニズムを実践してきた自治体の典型と言える．

だが脱工業化の波が押し寄せ，市の経済構造と住民の生活を根底から変容させた．脱工業化はすでに1955年の「工業地方分散に関する政令」――経済発展の地域間不均衡を是正するため，首都圏に集中する自動車，電機工場を地方に移転させ，本社だけをパリに残す立地移転政策――から始まっていたが，流れが決定的になったのは1974年以後だった．オイル・ショックを契機に西ヨーロッパは低成長時代に突入し，企業の倒産や規模縮小が相次いだのに加え，人件費削減を目的とした企業の海外移転が追い打ちをかけた．こうして失業が増大し，全国失業率は1974年の2%台から1981年には10%を超えた．なかでも多くの労働者を抱えるパリ郊外の共産党自治体への影響は甚大だった．当時の「赤い郊外」の窮状を，1977年（7年後に市長に選出されることになる）ジャック・ラリートはこう述べた．

> オベールヴィリエ2700人，ラ・クールヌーヴ1400人，スタン1200人と大変な数の失業者が出ています．オベールヴィリエだけでも1974-1976年で2770の雇用削減がありました．ラ・クールヌーヴではこの2週間で3つの工場でリストラがあり，バブコック社で400人強，アルディ・トゥルチュー社で45人，イレラン社で178人が解雇されました．スタンでは最近3企業で60人がクビになりました．状況は限界に達しています．今こそ労働者と組合，自治体が共に介入する時です（*Le Journal officiel*, 1977/12/17）．

こうしてオベールヴィリエ市では労働者が立ち上がり，ストライキやデモ，工場の占拠などの抗議行動を展開した．市も組合や市議会と連携して運動を全面的に支持し，ストライキ中の労働者への物的支援，デモの開催，工場の占拠，雇用維持委員会の設置，土地占用計画による工業以外の土地利用阻止などを行った．また企業と交渉の場をもち，工場閉鎖を撤回するよう説得を試みた．

だが以上の試みにもかかわらず，脱工業化の流れは継続された．1976年に老舗の工作機械メーカーカズヌーヴ社，1979年には電話メーカープイエ社が400人超の解雇を発表し，1982年には溶接業ラングパン社が工場閉鎖を決定した．1980年代末には電気メーカーシュナイダー社，ジュモン社，電子機器メーカートムソン社，刃物メーカージップスなど，長年地域に多くの雇用を供給した大手企業の工場まで閉鎖された．

> 労働者は工場を占拠し，交通道路を封鎖し，自治体で住民投票を組織しました．思いつく限りの方法で抵抗したのです．それにもかかわらず，閉鎖を撤回した企業は1つもありませんでした（アラン・ベルト，元組合員）．
> 工業を守るために闘いました．できる限りのことはしましたが無駄でした．ジュモン・シュナイダー社の前でビラを配り，ジップスやカズヌーヴ社の工

場を占拠しました．しかし結果は悲惨でした．3万人以上が解雇され，旋盤工とフライス工という業種自体が死滅したのです（ディディエ・パイヤール，サン・ドニ市長，元化学工場労働者）．

その結果，オベールヴィリエ市では失業が増加し，貧困問題が噴出した．雇用は減少の一途をたどり，民間雇用数は1975年2万3511，1990年2万1774，2000年1万8076と下落を続けた．1975年，工業は民間雇用数の41％を占めていたが，1990年には75年の雇用者数の半分を失って全就労者の22.5％となり，2001年には11％まで落ち込んだ．

脱工業化は地域の景観や地域社会の様相も大きく変容させた．失業の増大と並行して人口が減少し，1968年の7万3695をピークに1975年7万2976，1982年6万7719，1990年6万7557，1999年には6万3136人まで落ち込んだ．同市で生まれ育ち，現在市職員として働くマリー＝クリスチーヌは脱工業化が町に与えた影響を次のように振り返る．

子どもの頃，この地区に祖母がすんでいたので，よく会いに行きました（……）電車を降りると，駅周辺には工場の騒音が響き渡り，強烈なにおいが充満していました．青い作業服姿の人々が通りにあふれ，自転車で移動する人も多く，その向こうには貨物電車が行き交っていました．しかしその後，少しずつ工場が閉鎖され，跡地に何が作られるわけでもなく，工場の廃墟ばかりが増えていきました．現在スタッド・ド・フランスのある一帯も，当時は草が生い茂り，周りを鉄線で囲まれただけの何もない場所でした（……）脱工業化は1960年代から少しずつ始まり，その後急速にすすみました（……）こうして大勢の人でにぎわい，カフェが立ち並び，活気に満ちた地区から全てが姿を消していきました．15-20年の間に驚くほどの変化が起きたのです（……）当時は香水や段ボールを作る大きな工場がたくさんあり，広大なスペースを備えた建物や工場の煙突が立ち並んでいました．現在とは全くの別世界で，まさに19世紀という雰囲気でした」（マリー＝クリスチーヌ，市職員）．

### 3.2——自治体の経済政策転換
情報サービス業への産業構造転換と都市政策の重要性

脱工業化で自治体の財政を支えていた法人税収は大幅に減少したが，失業の増大で福祉支出は増大した．そのため自治体の財政状況は深刻な状況に陥った．1958-1968 年には 1 万 2000 以上の雇用が削減し[17]，財政の立て直しは自治体の急務となった．

ただし自治体の対策は時代とともに変化した．1970-1980 年代初頭までは地域に工場を呼び戻す「再工業化」が志向されたが，先に見たように脱工業化が不可逆な流れになると，「もはや工場は戻ってこない」という意識が市政レベルでも次第に共有され，以前とは異なる方法での財政立て直しが模索された．

決定的な転機は 1984 年に訪れた．共産党機関紙『ユマニテ』文化欄担当のジャーナリストで，かつ文化政策の専門家であるジャック・ラリートが市長になり，以前とは明確に異なる「自治体生き残り戦略」を選択したのである．ラリートは工場の呼び戻しではなく，工場が閉鎖された跡地をどう再利用するかを本格的に検討した．最初に検討されたのは市東部からサン・ドニ市にまたがるプレーヌ・サン・ドニ地区（Plaine de Saint-Denis）だった．同地区は 19 世紀後半よりヨーロッパ最大の工業地帯に発展したが——1850-1900 年で 300 を超える工場が開設された——，それだけに脱工業化の影響も甚大で，1980 年代初頭にはヨーロッパ最大の「産業廃墟（friches industrielles）」と化した．この空間をどのように再活用するか——この課題をラリートは重視した．

ところが同地区は市が自由に用途を決定できない状況におかれていた．同地区の半分はパリ市（ガス企業跡地），残りの半分は民間の所有地で，市が所有するのは広場や街路，2 つの学校に限られていたのである[18]．このままでは地元の意向に添わない形で国やパリ市，民間による再開発を押し付けられてしまいかねない．このような危機感のもと，自治体と企業が結束して同地区の再利用計画がたちあがった．中心となったのはラリートとサン・ドニ市長マルスラン・ベルトゥロで，2 人のイニシアティブのもと 1985 年「プレーヌ・ルネッサンス（Plaine Renaissance）」事務連合が結成された．サン・ドニ，オベールヴィリエ両市のほか，サン・トゥアン市，セーヌ・サン・ドニ県，そして複数

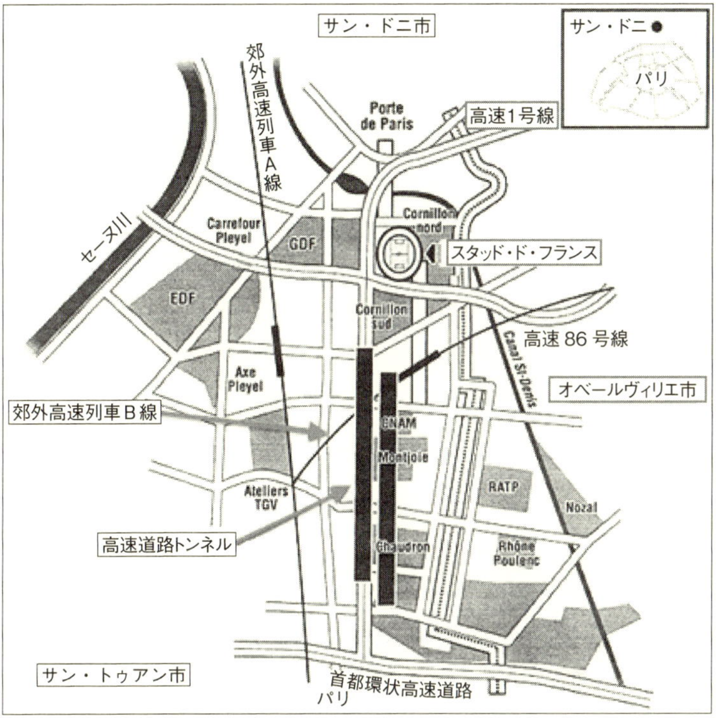


図 4-2　プレーヌ・サン・ドニ地区（1994 年時点）

の地元企業が加入し，具体的な地域再生の方向性を検討し，国や企業に働きかけを行った．

計画の主眼は経済再活性化におかれたが（Houard 2007: 100-1），それにむけて最初に着手されたのは交通網の整備だった．同地区の中央を走る高速道路1号線の市街地部分を地下化する工事と，地区内に郊外高速列車（RER）の駅を２つ新設する事業が決定した（**図 4-2**）．ラリートは，企業を誘致するには何よりも交通網の整備が不可欠と考えた．ラリートの側近で，地元の企業連合代表を務めたフランソワ・デュブラックは語る[19]．

前任市長のカルマンは再工業化を目指していましたが，ラリートは駅の設置にすべてをかけました．駅イコール企業イコール雇用，と考えたからです．

ここには，従来の工業化時代の経済政策との大きな違いが見られる．脱工業化時代の主要産業である情報サービス産業を誘致するには，オフィスビルの利便性を高めるような交通網の整備が決定的というのである．実際，この交通網の整備はオベールヴィリエ市がサン・ドニ市と共同で進めたサッカー・スタジアム建設計画――パリ市所有のガス工場跡地に，1998 年開催のサッカーワールドカップの会場となる 8 万人規模のサッカー・スタジアム「スタッド・ド・フランス（Stade de France）」を建設する計画――の正式決定（1993 年）につながり，それが地区の再開発に拍車をかけた．前述のデュブラックは述べる．

> これまでプレーヌ・サン・ドニに来たことのない人々が，ワールドカップを観戦しに，国内だけでなくヨーロッパ中からやってきます．彼らはスタジアムに向かう道中で，首都パリのすぐ近くに広大で手頃な空地があるのを目にして，建設許可を求めて市役所に殺到するだろう――これがラリートと（1991 年よりサン・ドニ市長の）ブラウゼックの計算でした．そのためにはテナント賃料を市場価格の 3 割引におさえると同時に（パリ西部のビジネス街）ラ・デファンスと同等以上の設備を整える必要がありました（……）パリ空港とラ・デファンス，パリ中心部のどこからも 15 分という利便性が最大の強みでした．

スタッド・ド・フランスの建設に加え，1996 年に制定された「企業免税区域（Zone franche）」制度も追い風となって，プレーヌ・サン・ドニ地区ではオフィスビルの建設と，それと並行した住宅建設が急速にすすんだ．このように脱工業化後の経済再活性化政策の特徴は企業が利便性などの魅力を感じる都市整備の重要性にある．ハーヴェイはオイル・ショック以後の低成長・脱工業化時代に，先進資本主義国でケインズ主義的資本蓄積体制から「フレキシブル」資本蓄積体制への変化が起きる過程で，経済・財政基盤の弱体化に直面した自治体が困窮を緩和するために資本や企業の積極誘致に乗り出したことを「都市管理者主義」から「都市起業家主義」への都市統治様式の変化として分析した．そして「都市起業化主義」において最も重視されたのが，企業が活動展開する上で優位性を感じられ，また活動に魅力的なイメージを与え，付加価値を生み出すような都市開発であることを指摘した．プレーヌ・サン・ドニで行われた経済活性化を目的とした都市整備もまさにハーヴェイの議論に合致するといえる（ハーヴェイ 1997: 38-43）.

ただし，このような都市整備は規模にもよるが一般に膨大な予算がかかる．またプレーヌ・サン・ドニ地区のように一自治体の境界を超えて行う必要があるケースも少なくない．こうしたなか，1990 年代に自治体間の連携を強化する法改正が行われ（1992 年「自治体間連合（communauté de communes）」法や 1999 年「都市圏共同体（communauté d'agglomérations）」法など．くわしくは中田（2015）），以降オベールヴィリエ市でも自治体間共同事業が主流になった．1998 年には周辺 10 自治体との間に協力協定が締結され，2000 年にはその半数の自治体[20]によって「プレーヌ・コミューン自治体間連合（Intercommunalité Plaine Commune）」が結成され，その後イル・サン・ドニ，スタン（以上 2003 年），ラ・クールヌーヴ（2005 年），サン・トゥアン（2013 年）も加入し，9 自治体による都市圏共同体となった．このような枠組みで，経済再活性化のための都市整備が進められた．

この流れの延長線上にあるのが 2010 年交付の「グラン・パリ」法である．同法は首都圏の交通網整備と地域開発を主眼とし，その下で国家と自治体が契約を締結して 2014-2030 年に「地域開発事業」が行われることになった．その一環で，プレーヌ・コミューンは「文化とクリエーションの地域（Territoire de la culture et de la création）」の役割を付与され，2014 年に国と契約を結んだ．文化，アート，その他のクリエイティブな産業を誘致し，それを中心とした経済と都市の発展をめざし，地域住民間の関係強化にも結びつけるという発想で，下記の具体的目標が示された．

① 地域の自然や歴史遺産，無形文化財を価値づけ，活用する
② 都市再開発事業に際して，公共空間にアート作品を設置したり新しいタイプの文化・芸術イベントを実施したりして，都市におけるアートの重要性を定着させる
③ 文化産業と文化政策を連結させ，これらの事業向けの施設を供給して，クリエイティブ産業を振興する
④ アーティストと文化関係者，実業家，研究者，建築家，住民の間に相乗

効果が生まれるように支援する

⑤ 住民とともに，住民のための事業をおこなう[21)]

1970年代に脱工業化が本格化して40年あまりの間に，ヨーロッパ最大の工業地帯はこのような「文化・クリエイティブ産業の地域」へと大きな方向転換を遂げていった．抜本的な産業構造の転換は地域のイメージを大きく変革させた．同時に地域の「イメージアップ」は企業や新規住民の誘致に決定的役割を果たすものとして重視されるようになった．つまり地域のイメージアップと経済再活性化は不可分だと考えられ，そのような変革を物理的にもたらす都市整備政策は，単なる都市構造の変革に留まらず，具体的に経済的利益を生み出すものとしていっそう重視された．

こうして鉄鋼メーカーアルセロール，保険会社ゼネラリ，電気機器サムスン，複写機メーカーゼロックス，テレビ制作会社アーベープロダクション，電話会社オランジュ，エスエフエールなどの多国籍企業，メガショッピングセンター（ミレネール），首都圏人文系高等教育機関の拠点コンドルセ・キャンパスなどが10年あまりの間に立地した．2004年，オベールヴィリエとともにプレーヌ・サン・ドニ地区を牽引するサン・ドニ市長にディディエ・パイヤールが就任したが，パイヤールも前任者の政策を引き継いで情報サービス・文化産業の誘致による経済再活性化を図っている．

> パリの地価が高騰した今，プレーヌ・サン・ドニでは住宅やオフィスビルの建設需要が高まっています．工場を誘致する予定はありません．何もない農村部ならわかりますが，この土地に工場を呼び戻すつもりはもはや皆無です（ディディエ・パイヤール，サン・ドニ市長）．

2016年半ばには水処理，交通事業，廃棄物処理，エネルギー事業などを担う総合環境サービス多国籍企業ヴェオリア社がパリ西部からオベールヴィリエに移転すると発表した．同社が立地するサン・ドニ運河の対岸には2014年に移転した携帯電話会社SFR本社が建つ．こうしてオベールヴィリエ市内企業数は2000年1926から2015年5308に増加し，雇用数も16％増加した[22)]．企業の増加が追い風となり，さらに建設ラッシュが進んでおり，2015年8月現在も住宅とテナントあわせて13万戸の建設が進んでいる．前述のブラウゼックは，4万5000$m^2$のヴェオリア社建設予定地が位置するサン・ドニ運河沿いが10年前までは「散歩するのもはばかられるほど荒れていた」と述べる．2014年にオベールヴィリエ市長に再任したパスカル・ボーデも次のように述べる．

> 数年前におぼろげにしか見えなかったことが現実になりました．ヴェオリアの移転はオベールヴィリエの経済変容が成功しつつあることの証しです．(……) どの住民も切り捨てることなく，社会変容を遂げることは可能なのです．

このように地域経済を長年牽引した工業から情報サービス・文化産業への転換を推し進める市にとって，都市（再）開発はきわめて重要な意味を持つようになった．誘致において重要なのは賃料の安さやアクセスのよさに加え，企業が必要とするアメニティを整備し，安心して活動を展開できるセキュリティを保障し，さらに企業の印象を損ねないポジティブなイメージの空間を創り出すことだった．工業重視からサービス情報産業重視への市政の方針転換は，それまで住民の社会経済支援に重点が置かれていた政策のあり方も大きく変えていった．

## 4——市政と住民をつなぐ新たな媒介の模索

### 4.1——減らぬ失業 「経済活性化=社会活性化」図式の崩壊

一連の経済政策の転換——法人税を下げ，工業から情報サービス業への転換——を実現し，オベールヴィリエ市には多くの企業がオフィスビルを構えるようになった．2012年時点でプレーヌ・サン・ドニ地区の約800ヘクタールの空間には1700企業が立地し，同地区は首都圏第3のビジネス街[23)]に変貌した．ところがこのような「経済活性化」の成功は地域の失業率低下には結びつかなかった．同地区の失業率は23%，若年層（15-24歳）失業率は35%と依然高いままである．年間世帯平均収入も1万6000ユーロで，首都圏平均の3万770

ユーロを大きく下回り，生活保護受給者の割合も依然多い[24]．

就労者にもパートタイムや非正規雇用が多く，しかも大半が地元ではなく県外に通勤する[25]．実際，地区内の2つの駅の朝と夕方の混雑ぶりをみれば，立地する企業の従業員の大半が地元に住んでいないことがわかる．パリ中心部から電車で10分のスタッド・ド・フランス駅には毎朝スーツ姿の男女が携帯や鞄を抱えて降り立ち，ガラス張りの高層ビル街へと足早に向かう．同地区では4万5000人が雇用されているが，地区住民1万8000人のほとんどはそこで雇われていない（INSEE 2012）．2009年のプレーヌ・コミューン自治体間連合（8自治体）の発表では，同自治体間連合住民のうちプレーヌ・サン・ドニ地区で働くのはわずか2500人と言われ，しかも大半が企業にサービスを提供する下請け・派遣業，または建設業での不安定雇用で，同地区企業の社員ではない．

前節でみたように，自治体はテナント賃料を市場価格の30％減におさえたり，税制上の優遇措置をとったりして企業誘致をはかった．その代わりに企業は「企業・地域間憲章」に署名し，「地域社会への貢献に努める」約束をした．これは従来の「赤い郊外」で行われてきた「経済活性化と社会活性化の一体化」モデル――企業誘致によって雇用が生まれ，また法人税収を社会政策にあてて，結果的に住民生活を支援する――を踏襲したものといえる．ところが雇用数は大幅に増加したにもかかわらず，失業率の低下には結びつかなかった．つまり経済活性化が社会活性化にもはや結合していないのである．この点についてオベールヴィリエ市長補佐のエヴリーヌ・ヨネはこう説明する．

> 憲章には，企業に地元住民の雇用を強制する効力はないので，限界があります．また企業の求める人材と地元住民のギャップも問題です．企業が雇用するのは主に大卒者ですが，オベールヴィリエ市では大学教養課程修了以上（*筆者註 高校卒業後2年間の教養課程）の者は就労人口の1割でパリを大きく下回っています[26]．教育水準のギャップを埋める努力もしないといけません．

産業構造の転換によって高度情報サービス関連業務に対するニーズが高まったが，求職者側がそれにみあった知識・技能を持ち合わせていないために雇用に結びつかない，という「雇用のミスマッチ」論は，オベールヴィリエにかぎらず，失業対策を論じる文脈で繰り返し指摘されてきた．そして問題解決にあたっては，教育・職業訓練を強化することの重要性が唱えられてきた．ヨネによるオベールヴィリエ市が直面する問題（経済活性化と社会活性化の断絶）の分析も，まさにこのミスマッチ論の枠組みに沿ったものと言える．

だがこのように問題の原因と解決を求職者側に求める見方に対して，異なる見方をする者もいる．ランディ地区の団地に住むモハメッドは大学を卒業して7年になるが，正社員の職を得ていない．その経験を通して，彼は問題の原因が「地元住民の採用に積極的でない」企業側にもあると述べる．

> さまざまなアルバイトをしながら，大学の商学部で会計の勉強をしました．そして経理資格の取得後，履歴書をあちこちに送りました．特に地元のプレーヌ・サン・ドニの企業には集中的に送りました．全部で300通は送ったと思います．その後，複数の企業で有期の仕事に就きましたが，プレーヌの企業から仕事をもらったことは一度もありません．（……）私だけではありません．ヴァントゥプリヴェ社は「企業・地域間憲章」に署名していますが，全従業員410人のうち「プレーヌ・サン・ドニ住民を30人も雇った」などとホームページで自画自賛しています．全従業員の10分の1以下なのに「こんなに雇ってやった」と威張っているのです．憲章に署名してもせいぜいこの程度なのです（モハメッド，携帯電話会社勤務）．

実際，憲章では「地域社会への貢献」の具体的内容として，地元住民を優先的に採用する努力のほか，若者の就労支援キャンペーンの後援や「見習い訓練税（taxe d'apprentissage）」の納付などの方法も示されている．自治体の思惑では，採用に加えてその他の取り組みを示したはずだったが，それが採用しなくても他の方法がある，と解釈されたという部分があったのも否めない．いずれにせよ，企業の対応は自治体の期待値を大きく下回るものであった．その理由として，デュブラックは地元企業の「質」が変化し，そのために企業と自治体の関係が変わった点を指摘する．

> 1990年代ワールドカップの際には地元企業と協力して事業をおこない，信頼関係を作ることができましたが，その時に一緒にやったのは中小企業でした．しかしその後プレーヌ・サン・ドニの再開発がすすむと，移転してきたのはグローバルに事業を展開する大企業でした．これらの企業は，常に有利な条件を求めて移動を繰り返し，地域社会との関係は希薄です．地域の問題にも

関心を払おうとしません．そして力関係の面でも自治体の立場はかなり弱いのです[27]．

企業と自治体の力関係の変化は，自治体と住民の関係にも大きな帰結をもたらした．それまで「赤い郊外」の自治体は「労働者の代弁者」として位置づけられてきた．1945年から共産党市政が続いていたオベールヴィリエ市でも市議会議員と労働運動の活動家は緊密な関係を結んでおり，活動家から市議になる者も多数いた．まさに労働運動は市政に直結していたといえる．このような文脈において，自治体の役割とは国家や企業に対して「地元の労働者」の利益を代弁し，擁護することであった（Bertho 2008: 24）．

しかし脱工業化後に新たな経済活性化が図られ，雇用数の増加にもかかわらず地域の失業率や貧困率が減少しなかったことは，自治体が少なくとも経済的領域では住民の利益を守れなくなったことを示している．「経済活性化＝社会活性化」モデルの崩壊によって，労働者の声を代弁するというそれまでの役割が機能しなくなったのである．そのことによって，おのずと共産党自治体の存在意義が問われるようになった．自治体にとってみれば，それまで住民と市政をつないできた回路の機能不全を受けて，市政と住民をつなぐ新たな回路を見つけ，存在意義をアピールしなければならないという問題に直面した．

また「赤い郊外」において労働運動は住民を「労働者」というカテゴリーのもとに結集させ，その声を代表してきたが，実際にはこの時すでに「労働者」の内部には（主にヨーロッパ近隣諸国出身の）移民が多く含まれていた（第3章2.3）．つまり「赤い郊外」の労働運動は，様々な地域から移住してきた住民を「労働者」という1つの均質なカテゴリーに結集させる役割を果たしてきた．しかし労働運動の衰退は，そのような住民結束の基盤を弱体化させることにもなり，住民を新たに結束させる軸が求められるようになった．

### 4.2――社会住宅団地の変容　もう1つの「市政―住民」媒介の揺らぎ

オベールヴィリエ市では，自治体と住民をつなぐもう1つの重要なツールとして社会住宅の存在があった．第3章でもみたように，社会住宅団地は共産党自治体にとって「革新性」の象徴であり，国家とタイアップして建設に力を注いだ．オベールヴィリエ市ではHLM法が制定された1950年に「800戸団地」がキャトル・シュマン地区に建てられたのを皮切りに社会住宅建設がすすみ，2013年時点では全住宅の40％を社会住宅が占める．社会住宅の建設は，労働者に設備が整った住宅を低価格で提供し，生活の質を向上させ，社会上昇を支援する目的で行われた．政治学者のアンリ・レイとジャック・ロイはセーヌ・サン・ドニ県で調査を行い，1960-1970年代に社会住宅建設・維持に力を入れた自治体では1965年と1977年を比較すると自治体を運営する政党への支持が増加したことを示し，団地政策が選挙戦略において重要だったことを指摘した(Rey et Roy 1986: 18)．つまり社会住宅政策はローカル・コミュニズムの一環として行われた社会政策であり，同時に住民と自治体をつなぐ政治的回路としての役割も果たしていた．

ところが1960年代後半に国の住宅政策が持ち家取得支援策に移行し，郊外の社会住宅団地が「貧困層の住居」として事実上再定義されたことは，社会住宅の割合が高いオベールヴィリエ市にも複数の看過できない影響を及ぼした．

１点目は建物の荒廃である．短期間・低予算で建てられた団地のもともとの質の悪さという問題に加え，国家予算の大幅減少に伴って社会住宅管理会社が住宅維持費の予算を切り詰め，メンテナンスが十分に行われなくなったことも荒廃に拍車をかけた．オベールヴィリエでも1950-1960年代に建設された団地の外壁，内壁のひび割れや，水道管の老朽化による水漏れ，薄く悪質な壁が原因の音漏れ，エレベーターの故障や雨漏りなどの問題がたびたび報告されるようになった．

２点目は貧困化である．まず，前述の政策転換で安定層が持ち家取得によって団地を転出したことがある．それに加え，この時期はオベールヴィリエの工場が次々に閉鎖され，失業が急上昇した時期と重なっており，団地住民が失業に襲われたことも貧困化を深刻化させた．こうしたなか長期失業者の割合も年々高まっていった．

３点目は団地におけるインフォーマル経済の発達である．具体的には，若者の間での薬物の売買が団地で行われるようになった．1970年代から市内中心部近くのレーニン団地に居住するファウジは，当時の様子を次のように語る．

団地にドラッグが入ってきたのは1975-1976年頃だったと思います．クラックとよばれる粉状のものです．（……）同世代の友だちが何人も死にました．クラックが入ってきたことで団地の世界は劇的に変化しました．命を落とす若者がでる一方で，豪華な車に乗り，香水を身につけ，いい服を着た男が現れました．ドラッグの売人です．一塊売れば，今日の1500ユーロほど稼げるのです（ファウジ，自営業）．

人類学者フィリップ・ブルゴワは著書『敬意を求めて——NYエルバリオ地区におけるクラック』のなかで，ニューヨーク・イーストハーレムで行ったプエルトリコ移民2世の若者についてのエスノグラフィー調査を通して，クラック売人・使用者としてインフォーマル経済に関わる彼らが，フォーマル経済という「表の世界」では工業の最底辺に位置づけられた労働者である点に注意を喚起する．そして彼らが産業構造転換の下で失業，賃金削減，労働者文化の解体などの影響に直撃され，周縁化されており，そのような彼らにとってドラッグ売買と暴力，男性支配に特徴付けられるストリート文化へのコミットは，貧困や差別などで損なわれた他者からの「敬意」を回復しようとする営みでもあることを明らかにした（Bourgois 1995: 116-71）．オベールヴィリエでも団地でインフォーマル経済が始まった1970年代半ばは，脱工業化の影響で失業が広がっていた時期と重なる．特に若者失業率は一般失業率の2倍以上にのぼり，団地によっては25歳以下失業率が6割に達するところもあった．近年の都市下層分析では「逸脱行為」の個人的要因や道徳的価値判断を重視する傾向がみられるが，それだけにブルゴワのように「逸脱行為」をマクロな経済構造変動と関連づけて分析するという視座は，「赤い郊外」における若者の実態を多角的に理解する上で重要である．

建物の荒廃，貧困化，インフォーマル経済という複数の要素が重なり，次第に「団地の荒廃」は「団地の治安悪化」と同義として受容された．だが影響はこれだけではなかった．最後の4点目は移民の集住である．先にも述べたとおり，当初，社会住宅は地元住民向けに建設され，旧植民地出身マイノリティの居住者はほとんどいなかった．ところが1968年に「劣悪居住者」の受入命令が出され，さらに1971年にその命令の遵守を強化する権限が県に付与され，状況が一変した（Ballain et Maurel 2002: 30）．こうしてビドンヴィルに居住していた移民労働者とその家族の団地への入居がすすみ，それが団地内の安定層の転出を加速させ，セグリゲーションがすすんだことは前章でもみたとおりである．このようなセグリゲーションの過程は，前述した団地の荒廃，治安悪化と同時にすすんでいった．そのため，団地の「荒廃」や「治安の悪化」と「移民の集住」はまるで因果関係があるかのように見なされていった．

こうして10年あまりの間に，オベールヴィリエの社会住宅団地は大きく姿を変えた．団地はもはや有権者（労働者）支援の一環で自治体が提供する快適な住宅ではなくなり，ローカル・コミュニズムの実践の場としての機能も失った．それどころか団地は，むしろその荒廃と治安悪化によって「問題」として浮かび上がったのである．

## 4·3――移民の街が，なぜ?

だが，ひとつの疑問がわく．「移民の街」として発展した歴史をもつオベールヴィリエで，なぜ1970年代以降「移民」が問題視されたのかである．

19世紀半ばより同市にはさまざまな地域から人々が移住してきた．工業化の始まった当初は，近隣地域や北部のノール・パ・ド・カレ，東部のアルザス・ロレーヌ，西部ブルターニュからの国内農村出身者が中心だった．そして19世紀末よりベルギーとイタリア，20世紀初頭にはスペインからの国外出身者が増加した．国内，国外出身者のいずれも出身地では日雇い労働や小作農民の貧困層だという共通点があり，その大半は貧しさから逃れるために移住を選択した人々だった[28)]．

第2次大戦後に増加したのは植民地だったマグレブ諸国，なかでもアルジェリア出身者とその家族だった[29)]．そして1974年の新規移民受け入れ停止以降は，家族合流の枠組みでマリをはじめとするサブサハラアフリカ出身者，2000年代以降は中国出身者が急増し，2010年にはオベールヴィリエ人口の4.5 %，同市外国人人口の13%に達し，アルジェリア人に次ぐ第2のコミュニティとなった．2000年代後半には東欧からのロマも増加している．

19世紀前半にはごく小規模の農村にすぎなかった同市が，今日人口7万を超える自治体に発展したのは，以上のような外部からの人口流入によってであった．同市のアイデンティティや伝統も，国内外のさまざまな地域からの移住者を吸収し，混交させながら形成されてきた．移住者がもたらした多様な文化の混交（métissage）は自治体，住民とそのアイデンティティに大きな影響を与えている．そのことは，市の紹介パンフレットにある以下の記述にも見ることができる．

> オベールヴィリエ市民は，長い労働者街の歴史を通して庶民的な気風を育くんできました．同時に，この庶民的な街は世界から移民を受け入れ，複数の文明が出会い，交差する場であり続けました．文化の混交という価値は市にとって大切なアイデンティティです．（……）今日もこの街には90を上回る国籍の若者が居住し，混交しています．オベールヴィリエは「世界の街」なのです（Aubervilliers, carrefour de la diversité culturelle, 2013）．

オベールヴィリエ「地元住民」「市民」は「移民」「外国人」に対比する概念として用いられることが多いが，実際にオベールヴィリエの歴史をたどれば「地元住民」の多くが外国にルーツをもつ人が多いことがわかる．「地元住民」自体が移民やその子弟なのである．だが，それにもかかわらず，なぜ1970年代以降，団地に住む移民が「問題扱い」され始めたのだろうか．オベールヴィリエの歴史を支え，アイデンティティを形成してきた従来の「移民」と今日問題視される「移民」の違いはどこにあるのか．

1点目はヨーロッパ域内出身か否かであり，その違いにもとづく差別の問題[30]である．2006年時点で外国人比率は40％，特に18歳以下の外国人比率（親が外国出身者）は1999年で64％，2008年には75％と高くなっているが，なかでもアルジェリア人，中国人，モロッコ人，マリ人といったヨーロッパ域外出身者が上位を占める．これらの域外出身者はイタリア，スペイン，ポルトガルなどのヨーロッパ域内出身者とは明確に区別されることが多い．興味深いのは，このような出身地域の違いによって，地域社会の「伝統」における位置づけも異なる点である．具体的には後者は「文化的に多様なオベールヴィリエの伝統の象徴」と好意的に扱われる．ところが前者は地域社会の多様性の一部として認められてはいるものの，伝統の一部としては扱われない傾向がみられるのである．筆者がオベールヴィリエ市のNPO支援局で2002-2005年に行った参与観察でも，市のアイデンティティとして「文化の混交」が強調されるときには，まずスペイン，イタリア，ポルトガルの文化が強調された．同市の外国人統計を見てもこれらの国籍より住民比率の多い国籍はたくさんあるにもかかわらず，これらの国々の文化が強調されるのである．さらにその際には，①これらの国籍出身者が独裁政権を逃れてフランスに移住した「政治亡命者」であるという側面，②労働運動の中核を担ってきたこと，が強調される．そして①はファシズムと闘ってきたオベールヴィリエの伝統，②は19世紀から形成されてきた労働者の街としてのオベールヴィリエの伝統，として位置づけられ，これらのヨーロッパ出身者は「オベールヴィリエの伝統を体現する人々」として表象される．それに対して，第2次大戦後に増加したヨーロッパ域外出身者は「デカセギ労働者」と表象されることが多く，その文化的な差異は伝統の一部と見なされるのではなく単に文化的な違いのみが強調される．このように市による両カテゴリーの表象のされ方には大きな違いが観察された．

このようなヨーロッパ域内出身者と域外出身者（そして域外出身者の内部でも）の扱いをめぐる「差異化」や「階層化」を定住期間の違いによって説明する論者もいる．一般にイタリア，スペインなどの欧州域内出身者のほうが域外出身者より渡仏時期が早く，定住期間が長いがゆえに地域社会への統合度も高い，というのである．しかし域外出身者のなかには4世代にわたって定住する者もおり，域内出身者と比べて同等，もしくはより長く定住する者もいる．そのことからも，欧州域内・域外出身者の「階層化」は定住期間という変数だけでは説明がつかない．そこには域外出身者に対するレイシズムの問題も影響を及ぼしていると考えられる[31)]．

2点目は貧困とそれにともなう排除の問題である．オベールヴィリエ市全体の失業率は全国2倍の22%であるが，外国人失業率はその2倍強（45%），25歳以下の失業率は6割近くにのぼる（Observatoire de la société locale, décembre 2012）[32)]．そのため貧困問題が深刻で，平均年間等価所得1万800€は全国平均を7330€下回り，特に最貧困層（収入10階級分位の一番下）は2502€と全国の40%以下，福祉受給世帯は1万6972€，うち収入が福祉に限られている世帯は4230€で，非課税世帯は63%（全国平均は47%）となり，フランス本土では北部ルーベに次ぐ，2番目に平均所得の低い自治体となっている．

ただし貧困は深刻な問題であるが，それは19-20世紀にかけてオベールヴィ

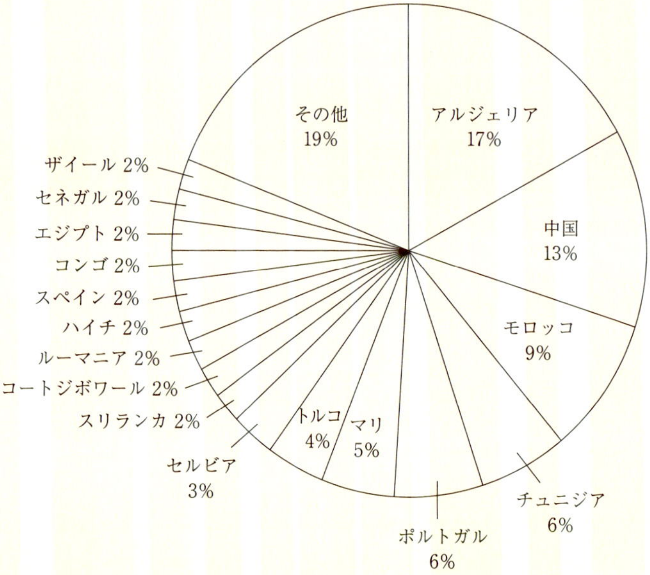


**図 4-3**　オベールヴィリエ市　外国人国籍別割合（2006 年）

出典：Diagnostic de territoire de la CA Plaine Commune, Recensement, Insee 2006.

リエの労働者が直面し続けてきた問題でもあり，その点で「新しい問題」ではない．それでは今日の失業問題の「新しさ」がどこにあるのかといえば，研究者の間では「社会的紐帯の喪失（désaffiliation）」が指摘されてきた．社会学者のロベール・カステルやマリー＝エレーヌ・バケらは失業の増大が社会に及ぼした重要な帰結として，それまで賃金労働や労働運動を通して社会や地域に「所属／加入（affiliation）」していた人々が，失業によって賃金労働の世界に所属できなくなり，社会からも「こぼれ落ちる」事態を生み出したことだと述べている（Bacqué et Sintomer 2001，Castel 1995=2012）．この点で従来の低賃金労働者の貧困と今日の失業者の貧困は決定的に異なり，このような紐帯の喪失が自治体―住民関係を変質させたというのである．

ノワリエルによれば，19 世紀より「移民」は賃金労働の世界に組み込まれ，労働者階級の底辺に位置づけられてきたため，「移民」としてではなく「労働者」として見なされていた．そのような状況において労働者でない移民など想定外だったのである．ところが賃金労働の世界からこぼれ落ちて初めて，彼らは階級や職業ではなく，エスニックな属性によって知覚され，「移民」として認識されるようになった（Noiriel 2007）.

以上の2点から，「移民の街」オベールヴィリエではヨーロッパ域内出身者と域外出身者がどちらも外国にルーツをもつにもかかわらず片方は地域社会の伝統の核，もう一方は移民として異なった扱いをうける．こうして，1970年代より団地に集住するようになった域外出身の失業者たちが「移民」として異化され，地域社会における異質な存在として見なされるようになった．オベールヴィリエの伝統として自治体と市民が共有してきた「移民性」は，この新たな文脈において異なった意味を帯びるようになった．そして，このような変化はフランスの政治空間にも看過できない影響を及ぼすようになる．

## 4.4――極右の台頭と共産党自治体の危機感

一連の変化と同じ時期にもうひとつの変化が進行していた．排外主義[33)]の高揚である．その契機となったのは，1962年にアルジェリアが独立し，130年に及ぶ植民地支配が終結したことだと言われる．7年以上にわたり，両軍あわせ100万人を超える死者を出した苛烈な戦争の記憶は，当時フランス社会にまだ生々しく残っていた．そのなかで独立を受け入れられない反対派は不満や怒りの矛先を国内の移民に向けるようになり，ヘイトクライムが急増した．在仏アルジェリア人会の発表によれば1971-78年に100人あまりのアルジェリア人が殺害されている（Wieviorka 1998=2007: 111-2）．当初，ヘイトクライムは「ピエノワール」とよばれるアルジェリア引揚者の多い南部に集中していたが，やがて首都圏のアルジェリア移民が多い地域にも及んだ．こうして1980年5月オベールヴィリエでもテロ組織「シャルル・マルテル軍曹」によるアルジェリア領事館爆発テロが起きた（Gastaut 1993: 73）.

このような反移民感情を政党政治の枠組みにくみ上げたのがジャン＝マリー・ルペンである．ルペンは1972年，アルジェリア独立反対派を集めて「国民戦線（Front national）」を結成した．そして1980年代以降，「移民排斥」を訴えて支持の拡大をはかり，ついに2014年の欧州議会選挙ではフランス1位となった．

そのなかでも「赤い郊外」は早い時期から国民戦線の支持率が高いことで注

**表 4-1** 大統領選での国民戦線の推移（1974-2012 年）

（%）

| 年 | オベールヴィリエ | 全　国 | 棄権率 |
|---|---|---|---|
| 1974 | 0.80 | 0.75 | 14.04 |
| 1981 | —* | —* | 21.81 |
| 1988 | 19.41 | 14.38 | 25.40 |
| 1995 | 20.01 | 15.00 | 34.59 |
| 2002 | 19.38 | 16.86 | 37.29 |
| 2007 | 9.60 | 10.44 | 19.36 |
| 2012 | 12.90 | 17.90 | 30.20 |

注：＊ 1981 年はルペン候補が 500 名の推薦人を集められず非出馬.
出典：Mairie d'Aubervilliers の資料をもとに作成.

目されてきた[34]. オベールヴィリエ市でも 1980 年代から国民戦線は一定の支持を集めてきた. 2002 年大統領選挙で国民戦線が与党（社会党）候補を抜いて決選投票に進出し,「ルペン・ショック」を引き起こした時にも, オベールヴィリエ市における同党の得票率は全国平均より高かった.

国民議会選挙（第 1 回投票）でも 1993 年 20.08%（棄権率 43.05%）, 1997 年 22.94%（同 42.39%）, 2002 年 16.97%（同 44.47%）と高得票を記録し, 1997 年と 2002 年にはそれぞれ決選投票にすすみ, 33.68% と 31.33% を獲得した[35]. 地方統一選でも 1993 年に 19.51% を記録したほか, 2014 年欧州議会選挙では第 2 位, 2015 年県議会選挙でも 21.81% で 3 位など, 政権入りは果たしていないものの安定した結果を残している.

これまで「赤い郊外」における極右支持は, いわゆる「プア・ホワイト」論によって説明されてきた. 脱工業化で失業が増大した地域では, 没落する労働者階級が「抑圧委譲」の論理で排外主義運動に走り, 共産党から極右支持に回ったという分析である（cf. Mayer et Perrineau 1989, Perrineau 1997）. 実際, 国民戦線が「赤い郊外」の労働者階級を「潜在的支持層」と捉え,「仕事を奪ったのは移民だ」と訴えてきたことは事実であり, したがってこの議論は説得力あるものとして広く定着してきた.

だが一方で「プア・ホワイト」論への批判も展開されてきた. たとえば政治学者のアニー・コロヴァルドは, 投票行動分析のデータに棄権者が含まれていない点を問題視する. コロヴァルドによれば, 労働者階級に最も多いのは「極右支持」でなく「棄権」である. 極右支持率が高いのは, 労働者よりもむしろ自営業者などのほうであるとする（Collovald 2004）.

マスクレも，パリ郊外ジュンヌヴィリエの団地調査にもとづいて「赤い郊外」での極右支持に関して貴重な考察を行っている．マスクレによれば，1970年代前半まで団地に居住することは一種のステイタスであり，移民には団地入居がほとんど認められなかったため，団地＝フランス人労働者階級（ただし，このなかにはヨーロッパ諸国にルーツをもつ「移民」の子弟が実際には多く含まれていた），団地以外の不安定居住（ビドンヴィル，仮住まい団地など）＝移民，という明確な「境界線」が存在していた．実際1970年半ばに首都圏で行われた調査によれば，社会住宅住民の大半が地元もしくはパリ郊外の他地域の出身であり，国内の地方出身者は9%，外国人にいたっては3%にすぎなかった（Clerc 1967: 471）.

だが1977年の住宅政策の転換以降，労働者階級の安定層に代わり移民の転入が進んだため，持ち家＝フランス人安定層，団地＝フランス人低所得層＋移民，というかたちで境界線が引き直された．団地居住の象徴的価値は急激に下落し，それでも団地に留まらざるをえないフランス人世帯は「社会的降格（déclassement social）」の気持ちを味わった．このような屈辱的経験をとおして，新たな尊厳の拠りどころを「フランス人であること」に求める人々が増加した，というのである（Masclet 2003: 79-82）．この点についてマスクレは次のように述べる．

> 排外主義（xénophobie）は，フランス人と移民の境界，労働者階級の「上位」と「下位」の境界の表明である．かつて両者は居住地によって明確に隔てられていた．だが同じ空間で暮らす今，排外主義こそが両者を隔てる境界となった（Masclet 2003: 82）.

マスクレは，このような排外主義の背後に共産党市政への強い不満があることを指摘する．それまで自治体と団地住民の仲介役を担っていた住民――中産階級や労働者階級安定層に属し，一定の文化資本を所有する市民団体などの活動家――が持ち家取得で転出したことにより，自治体に対する住民の不信感が強まった．自治体は次第に「われわれを貧しい移民と一緒に住まわせ，その苦しみや恐怖を理解しようとしない」「そのくせに反レイシズムなどと言って，暗にわれわれを非難する」，共産党の政治家は「現場を知らぬエリート」などと批判され，その一方で国民戦線は「われわれの恐怖を唯一わかってくれる党」だと支持された，という（Masclet 2003: 83-92）.

だがマスクレは，「国民戦線の発想が住民に支持されている」と認めつつも，それが投票行動に必ずしも直結しないことに注意を促している．住民は「気持ちを代弁してくれるのは国民戦線」と考えながら，同時に「国民戦線のやり方は過激すぎる」とも述べてもおり，「好感」と「投票行動」には一定のハードルがある，とマスクレは述べる．また現状は不満でも，共産党の過去の功績に一定の敬意を示す者もおり，一個人の内部に複数の矛盾する考えが混在することもマスクレは指摘する．その結果，マスクレのインタビュー対象者にも，国民戦線に投票するより棄権する者のほうが多かった（Masclet 2003: 92-100）.

以上の分析は，複数の点でオベールヴィリエの事例にあてはまる．同市でも共産党の求心力は低下し続けているが，国民戦線の支持率はこの10年頭打ちである．2014年地方統一選挙でも他の自治体で国民戦線が勝利するなか，同市では国民戦線の候補者さえ擁立されなかった．その一方，棄権率は直近の選挙では6割にも達する．2008年地方統一選挙でも，社会党のジャック・サルバトールが当選したが，投票者数は全市民（2008年時点で約7万6000人）のたった7%であった．このように「赤い郊外」でも極右的発想は住民間に浸透してはいるが，必ずしも投票行動には結びついていない．むしろ最大の「勝者」は「棄権」であり，「政治離れ」である．

しかしそうであるとしても，多様な住民（郊外の「フランス人」住民の多くが国内外からの移民やその子弟であったことは先で見た）を「階級闘争」のもとに結束させる力を失った共産党にとって，ナショナルな価値観のもとに動員をはかる極右の台頭は大きな政治的圧力であり，その存在を意識せざるを得なくなったことは確かである．言い換えれば，共産党自治体にとって「極右に票を奪われないこと」が政治活動における1つの目標となり，極右の主張に対するポジショニングを常に意識せざるをえなくなった．それは極右への同意を意味するわけではないが，極右が提起する問いを受け入れ，その枠組みで思考することを意味する．それは，以降のオベールヴィリエ市政を大きく方向付けるようになった．

## 5——「都市問題」という解読格子の誕生と定着

### 5.1——問題設定の変化 「労働者の支援」から「地域の危機」へ

経済活性化と社会活性化の一体化という従来の政策が機能しなくなったこと，また団地の荒廃と移民の集住に不満をもつ住民が増えるなか，極右が勢力を拡大したこと——以上の文脈において，共産党自治体の「有権者離れ」の懸念は高まり，この流れを食いとめ，市政と住民の新たな媒介が模索されるようになった．つまり共産党自治体は自身の「存在意義」の再定義をせまられるようになったのである．

自治体の存在意義を示すとは，市民にとって何が問題であるかを自治体が策定し，解決策を示すことである．そのなかで「市政の課題」として次第に重視されるようになったのが「地域の危機（crise des territoires）」「地区問題（problème des quartiers）」などとよばれる都市空間にかかわる問題だった．これは貧困などの社会問題をある特定の空間・環境と結びつけ，そこに原因と解決策を見いだす発想である．このような見方は1990年リヨン郊外ヴォー・アン・ヴランで暴動が起きた際，大統領ミッテランが行った次の発言にも表れている．

> 大規模団地によって都市は工業化され，画一的な建物に画一的な人々を居住させました．そのことが絶望や怒りを生み出したのです．（……）問題の原因は，セグリゲーションによってこのようなひどい画一性が生まれたことです．同じ困難を抱えた人々が同じ地区に集住し，同じ困難を抱えた子どもたちが同じ学校に集められているのです[36]．

自治体が「都市問題」を取り組むべき課題として掲げるようになった事実にはどのような変化を読み取ることができるだろうか．貧困問題を都市空間の特定の「場」に位置づけて捉える発想は，1970年代からの社会住宅団地の貧困化と並行して徐々に形成されてきた．そして社会学者のシルヴィー・ティソが指摘するように，それは次第に「地区（quartiers）」「地域（territoires）」という空間全体を問う視点に発展した（Tissot 2007: 32-33）．このような変化をティソとフランク・プポーは「社会問題の空間化（spatialisation des problèmes sociaux）」（Tissot et Poupeau 2005）とよぶ．

このような「社会問題の空間化」には２つの「視点の転換」がみられる．１点目は問題を「貧困」という経済的視点からではなく，「困難を抱えた人々（défavorisés）」という視点から捉える点である．これは社会問題を貧困だけでなく，教育，居住，家族，文化などの複数の面から総合的に捉えようとする「社会的排除（exclusion sociale）」論の影響を受けた考え方である．そして「郊外問題」の対策として始まった「都市政策」も，ある定められた地区を対象に，住宅と都市環境，社会・経済的統合，教育の向上，市民権，参加型民主主義など多面的な解決策を提案するアプローチであり，従来の貧困対策と一線を画している．これらのアプローチにおいては，問題が経済に限定されないこと，そうではなくて様々な困難が重なって「社会問題」が生じていること，つまり問題の原因は「累積」にあることが強調される．

社会学者のミシェル・ピアルーは「貧困」という言葉の代わりに「困難の累積（cumul des difficultés）」や類似する表現（「悪循環」「諸格差の累積による影響」など）が用いられるようになったことに注目し，それらが実際のところは貧困を意味するメタファーにすぎないことを指摘した．そして「貧困問題の原因が困難の累積にある」という説明は，つまり「貧困によって貧困を説明する」というトートロジーに陥っていると批判した（Pialoux 1979: 31）．

だが，問題は単なるトートロジーにはとどまらないと考える論者もいる．ロベール・カステルは，このようなアプローチが「社会問題」の経済的要因を隠蔽する効果をもたらしているとして，次のように批判する．

> 社会・空間的セグリゲーションは「社会関係（lien social）の解体」が地域的に表れたものとして理解された．「都市から切りはなされた」地区の住民は，このような社会関係の解体に苦しむ犠牲者として理解された．このような解釈によって，人々の周縁化を引き起こしている社会経済的力学と政治的力学は隠蔽されたのである（Castel 1995: 19）．

２点目は，貧困層などといった「住民」ではなく，それらの人々が特定の空間に「集中」すること自体に政策の焦点を定めた点である．それまでオベールヴィリエで展開されてきた貧困対策・社会支援政策において，最大の課題は貧しい住民の生活をどう支援・改善するかであった．ところが，都市政策において問われたのは住民の貧困の解消よりも，それが１カ所に集中することの解消だった．これは赤い郊外の「ローカル・コミュニズム」の伝統との大きな断絶を意味する．

このように「集中」を問題視する視点は，ある問題分析の論理を反映しており，その点で興味深い．オベールヴィリエ市の公式文書にも，同じ場所に集積していることが原因で問題が発生したという論理が繰り返し現れている．その一例を以下であげる．

> 問題は市内の都市空間の一部に困難が集中していることであり，それと闘わなければなりません[37]．
> 社会的不平等を生み出す最大の要因は，遺棄された問題地区に貧困が集中することであり，またこれらの地区が社会的に特殊化（spécialisation sociale）することなのです[38]．

シカゴ学派以降の都市社会学が積み重ねてきた「セグリゲーション」論では，所得という原因が（公営住宅など家賃の安い場所に），同程度の所得の人が同地域に居住するという結果を引き起こす，と理解されてきた．それに対して都市政策の論理は「１カ所に同質的な人が集まることが原因で，問題の深刻化という結果を引き起こす」としており，棲み分け論と因果関係が完全に逆転している．この解釈格子に基づけば，オベールヴィリエ市で社会住宅団地住民の貧困が（非課税世帯が６割を超えるなど）深刻化している原因は，その大半の世帯が同じ団地に集中しているからだ，ということになる．このような解釈スキームについてはパトリック・シモンも「『剝奪された（disqualifiés）』人々のセグリゲーションはもはや社会的排除の結果ではなく，原因として解釈されるようになった」とし，それを「空間的集中と社会問題の混同」であると批判している（Simon 1995: 178-9）．

このようなセグリゲーション分析は1990年代から「ゲットー」論へと発展してきた．同じ属性をもった者が同じ地域に集積するだけでなく，そこで外部に対して閉鎖的かつ自律的な空間が形成され，主流社会の規範やルールの通用しない危険なコミュニティ＝ゲットーを作り出す，という考え方である（Tissot 2007: 46）．また「ゲットー化」はそれが起きているとされる都市空間とそこに居住する住民に対してマイナス効果を及ぼすだけでなく，周辺地域やその住民にも深刻な影響を引き起こす，とされる．問題地区の建物修繕や社会政策などで自治体の予算がかさむということに加え，中産階級の流出と貧困層の転入を引き起こして地域住民の社会構成を（下方へと）変容させること，そして地区に与えられるマイナスイメージが原因で企業や新規住民に敬遠されるようになる，などの点があげられる（Subra 2006: 148）．

さらにはフランスにおいて「ゲットー」という表現はきわめてネガティブな意味を帯びている．同国には「法の下の平等をあらゆる市民に保障する」と同時に「国と個人の間の中間団体を認めない」という共和主義を国民統合の理念としており，そのような国において「ゲットー」概念は社会の内部に異質なコミュニティを生み出すものとして想起され，「一にして不可分の」フランス社会を分断し，破壊しかねないものであると強く警戒される．このような事情から「ゲットー」はフランスでは他国以上に敬遠される傾向があり，きわめてスティグマ化された表現である．

## 5.2——隠蔽された「危機」の基準　地域の外国人比率

このような文脈において，「困難を抱えた人々」のセグリゲーションをなくし，周辺から孤立した「ゲットー」を再び地域社会に統合（intégration）させることを目的とした「都市政策」が重要な役割を担うようになった．「集中」の解消を達成する手段として重視されるようになったのが，「社会的多様性」「社会的バランスの尊重」そして「ソーシャル・ミックス」などの概念であり，特に2000年代からは「ソーシャル・ミックス」の達成を目指した政策が行われるようになった（Palomares 2005: 77, Subra 2006: 141, Houard 2007: 98）．

ソーシャル・ミックスとは第2節でみたように，地域の住民構成を多様にすることを理想とする都市計画の概念であるが，郊外の「脱セグリゲーション」政策という文脈においては具体的に何を意味しているのだろうか．目指されるべき「ミックス」や「多様性」とは，どのカテゴリーの人々をどの割合で「混住」させることなのだろうか.

外国人やエスニック・マイノリティが一部の地区に固まって周辺から孤立し,それが当該住民の差別や排除を助長するのを防ぐために,人為的に「ミックス」を向上させようとする施策は,アメリカ合衆国の「バス通学政策(busing)」など他国にも存在してきた.だがフランスの事例の特徴は,問題とされるセグリゲーションが公式にはただ「社会問題」としてのみ提示され,外国人や人種,エスニシティに関するリファレンスは皆無だという点にある.地政学者のフィリップ・スブラも,2000年にSRU法を成立させた共産党の政治家ジャン=クロード・ゲソが同法について上院で行った演説に注目し,そこでも人種やエスニックという言葉が一切使われなかったことを指摘する.

> 裕福な人々や自治体がますます裕福になり,貧しい人々や自治体がますます貧しくなる.(……)このような空間の二極化は徐々に解消されなければなりません(2000年4月26日上院にて)(Subra 2006: 146).

先にも述べたとおり,フランスでは「一にして不可分」という共和主義に基づく国民統合の理念が重視されており,そのような理由から同国でエスニシティや人種を喚起することはタブー視される傾向が強い.だからこそ国民の民族統計(statistiques ethniques)をとることは——1990年代から人口学者の間で賛否をめぐる激しい論争が続いているが[39]——いまだ法律(1978年1月6日個人情報保護法第8条)で禁じられている.また2005年に起きた郊外暴動の分析に関しても,失業,貧困,教育などの社会経済的要因を強調し,移民やマイノリティが受ける差別の問題は退けたり,過小評価したりする政治家や研究者が多い.暴動で逮捕された若者に(北アフリカやサブサハラアフリカといった旧植民地出身の)移民が多いことは認めつつも,人種や民族を説明変数とすることはかえって人種差別を強化し,「出自や宗教,人種の違いにかかわらず,法の前に平等な市民」というフランスが誇る国民像に適さない,と抵抗をおぼえる論者が多いのである(Subra 2006: 147).

ところが,このように公式な言説のレベルでは社会的な部分のみが強調され,人種・エスニシティといった概念は完全に排除されている一方で,実際にローカルレベルでのソーシャル・ミックス政策の展開をみていくと，ある事実が明らかになる．それは「ソーシャル・ミックスが達成されていない」とみなされ，事業対象となる地域はどこも移民・外国人比率が高いという共通点がみられる点である．まるで公式の言説には一切あらわれない外国人やエスニシティといった要素がソーシャル・ミックス政策の地区選択に影響を及ぼしているのである．

このような見解に対して，「移民・外国人比率が高いのは，貧困などの困難を抱える層に移民・外国人がたまたま多いだけであって，人種・エスニシティ的な基準をソーシャル・ミックスの指標にしているわけではない」という反論もあるかもしれない．そのような批判への反批判として，オベールヴィリエで観察された2つの事例をあげたい．第1にソーシャル・ミックス実現のために行われた都市再生事業における対象地区の選定のされ方である．次章でくわしくみるが，事業対象となった2地区は，貧困率は高いものの市内一番ではないが，外国人比率は市内一高かった．つまり貧困より外国人比率が決定要素になっているのである（森 2014b: 61-62）．第2に市の公式見解である．同市の都市政策を統括する「地域民主主義と都市政策センター」長のミカエル・リシャールは，2012年9月プレーヌ・コミューン主催の再生事業に関するシンポジウムで，同市が直面する「困難」として住民や都市の特徴について次のように述べた．

> 市の住民7万6000人のうち29.1％が20歳以下，33.8％が外国籍で，特にマグレブと中国，マリ出身者が集中しています．（……）住宅数は3万1000戸で，うち社会住宅が40％，不衛生住宅が27％で，移民労働者寮13カ所，家具付きホテルも40を超えています．失業者は8800人，福祉受給者は3900人です[40]．

ここには同市に「集中」している「社会問題」，より具体的には問題となる住民のカテゴリーが浮かびあがっている．それは外国籍であり，そのなかでも一定の年齢（若年層が多い）と雇用面（失業者，福祉受給者）の特徴をもった層として理解されている．さらに居住形態の問題が言及されているが，これらの居住形態は移民が集中していることで知られる（社会住宅にはオールドカマー，寮，家具付きホテル，そして一部の不衛生住宅にはニューカマーが多い）．以上の事柄からも，市が都市政策を通して解決しようとしている「問題」が「移民・外国人の集中」として想定されているのがわかる．

### 5.3――移民をめぐるダブルバインド　ソーシャル・ミックス政策の建前と内実の乖離

「都市空間における多様性を促進」させ，「社会的排除と闘う」――都市政策をめぐる公式な言説や文書には，たしかに「移民」「外国人」「アラブ人」「黒人」といった人種や民族的差異を喚起させる表現は一切用いられていない．しかし具体的な施策をみると，それが単なる社会経済的指標のみを基準としていないことは明らかである．そこに浮かびあがるのは，むしろ移民・外国人の集団が1カ所に集住して「コミュニティ」または「ゲットー」を結成し，フランスの社会的結合（cohésion sociale）を脅かすことを恐れ，それを防ぐための闘いだと言える．このようにオベールヴィリエ市が市政の課題として取り組む「都市問題」は実際には「移民・エスニシティ問題」としての性格を強く帯びている．

このようなソーシャル・ミックス政策の問題点を，（人種・エスニシティなどの）集団間の差異を一切認識せず平等に扱う「カラー・ブラインド」と（人種をはじめとする）集団間の差異を認識し，差異に応じて異なった扱いをする「カラー・コンシャス」の概念を用いて説明すると，次のようになるだろう．ソーシャル・ミックス政策は公式文書などにおいては「カラー・ブラインド」であるが，現実の運用においては人種・民族的な差異がはっきり意識されているという点で「カラー・コンシャス」であり，このように政策の「建前」と「本音」の間に乖離が生じているのである[41]．

このような政策における乖離はどのような問題を引き起こすのか．第1に，問題の把握と分析が正確におこなわれず，その結果として適切な解決策が施されないリスクが高まる．それどころか「問題は移民・外国人といったエスニシティではなく，社会経済的困難なのです」という公的言説を掲げ，現実の人種差別の実態を否定することは，差別の問題を隠蔽することにもつながる．この問題について，社会学者のヴェロニック・ドゥ＝リュデールらも次の批判をおこなっている．

> 「フランスではあらゆるエスニックな分類を否定されており，すべての市民を平等に扱う統合モデルが存在するがゆえに，差別は存在しない」と主張することによって，現実に起きている人種差別は隠蔽され，容認されてしまう（De Rudder, Poiret et Vourc'h 2000: 12-13）．

またスュラブもこのような建前と現実の乖離が，結果的に差別の隠蔽と悪化につながっていることを指摘しているが，その原因として特に「出自や宗教，人種の違いにかかわらず，法の前に平等な市民」というフランスが誇ってきた国民像への強い固執があることを次のように指摘する．

> フランス民主主義の源泉であると同時に根幹を成すこの神話は両義的な意味をもつ．（……）というのも，それは「神話」であると同時に「集団的嘘」であるからだ．いかなる差別も存在しない真に平等な社会をつくる，という目標は大いに尊重されるべきである．しかし問題は，それが実際に存在する不平等や差別を過小評価し，問題の本質やメカニズムの隠蔽につながっている，という点である（Subra 2006: 147）．

ここにこそフランスの事例の特徴があり，複雑さがある．公には「フランスの価値観さえ受け入れれば，個人の人種，民族，宗教などの違いにかかわらず，誰でも区別なく平等に扱われる」というカラー・ブラインドの立場をとる．しかし実際には「移民・外国人比率が高くなりすぎると（フランス人住民から敬遠され，地域にマイナスイメージを与えるので）望ましくない」としてカラー・ブラインドの論理は放棄され，移民・外国人と国民を区別して捉えて，前者を制限・周縁化するというカラー・コンシャスの立場に変わる．そう考えると，この文脈に限って言えば，フランスの「カラー・ブラインド」とはかぎりなく「国民」に近い意味での「地元住民」優先という価値観を前提とした留保付きのものであり，マジョリティの量的優位性を脅かさない限りにおいてのみ「平等に扱われる」という「許容」の論理である．もっとも「移民」と扱われる者のなかには，第２世代以降でフランス国籍を取得した「国民」も多く，地域居住歴も長いことを考えれば，問題は「地元住民優先」というより，旧植民地出身者への差別といえるのかもしれない．

このような「地元住民優先」の価値観の内面化はオベールヴィリエ市や「赤い郊外」にかぎった現象ではない．国家やフランス社会全体にかかわる問題である．ただし興味深いのは，19 世紀以降，首都パリから排除された労働者の街として形成され，国内外からたくさんの移住者を受け入れて発展してきたオベールヴィリエ市の政治空間にも，この「国民優先」イデオロギーが根付いている点である．首都パリの「影」で中央集権国家フランスの様々な矛盾を負わされ，周縁化されてきた「赤い郊外」オベールヴィリエでは，中央国家に対抗する形で地域アイデンティティが形成されてきた．それにもかかわらず，国家イデオロギーの中枢にある「国民＝地元住民優先」の価値観が市政のアクターたちによって深く内面化されている[42)]．

## 6——階級問題から「都市問題」へ
### 「赤い郊外」における解読格子の変化

本章は 1980 年代以降，「赤い郊外」において「都市政策」が展開されるようになった背景と意味についてオベールヴィリエ市の事例にもとづいて考察した．1970 年代から脱工業化が本格化し失業が増大するなか，オベールヴィリエ市も産業構造の転換を余儀なくされ，1980 年代半ばより情報サービス業の促進を目指し，企業誘致に適したインフラ整備や税制優遇措置などの政策を行った．その結果，雇用数は増加したものの，地元住民の採用にはつながらず，ローカル・コミュニズム時代からの「経済活性化＝社会活性化」の図式が崩壊し，市政への不満が住民間で増大し，自治体にとっては「有権者離れ」が深刻な課題となった．

このような文脈において，市政が新たな課題として取り組んだのが「都市問題」だった．共産党自治体の住民支援の象徴のひとつだった社会住宅団地に「困難を抱えた層」が集中し，建物の荒廃もすすみ，治安悪化などを引き起こし，それが地元住民に不利益を与えているとして，そのような「セグリゲーション」を解消するための「都市政策」が重視されるようになった．こうして共産党自治体の問題意識はかつての「労働者の搾取」といった階級問題から「住民の治安悪化」という都市問題に転換を遂げたと言える．

この都市政策の一環として，地域の住民構成を多様化させることで問題を解消するという「ソーシャル・ミックス」政策が重視されるようになった．このことは「様々な階級の共生」を理想とする社会経済的指標にもとづいた「カラー・ブラインド」な政策として提示されてきたが，実際には移民・外国人の集住による「ゲットー」化対策としての意味合いを強く孕んだ「カラー・コンシャス」な政策であった．自治体が提起する「都市問題」とは暗に「エスニシティ問題」を意味していたのである．そして「都市政策」とは，市の衰退を移民・外国人と結びつける社会病理的アプローチにもとづいた「移民・外国人の管理」政策としての意味も持っていた．

このような「都市問題」という問題設定の背景には，1980年代以降の極右政党の台頭も看過できない影響を及ぼしている．「赤い郊外」自治体は「階級」を軸に労働運動を通して多様な住民を動員することができなくなったが，その一方で，極右のように（一部の保守のように）露骨にナショナリズムに走ることも政治的な自滅に陥りかねない．こうしたなかで「都市問題」の解消を通して治安改善をはかり，住民に快適な居住を保障する，という新たな自治体の役割が規定されていったと考えられる．

だが，このような「都市問題」アプローチにおいては移民・外国人の集中が潜在的リスクとして想定されており，そうである以上，この政策の根底には「地元住民の利益を移民・外国人から守る」というナショナリズムの論理が横たわっている．つまり「都市問題」は結果的にはナショナルな価値観を孕んでおり，ナショナリズムのメタファーとして機能していると思われる．

だがこのような変化はローカルレベルのみに起因するのではない．背景には国家の再編成が大きな影響を及ぼしていることも忘れてはならないだろう．1990年代より国家が牽引してきた「都市政策」は「社会問題の空間化」（Tissot et Poupeau 2005）という視点にもとづいた「社会政策の領土化」であり，それが福祉国家の縮小という国家の再編と共に現れたことは本章でもみたとおりである（cf .Tissot 2007）．それは単に福祉の削減という量的な問題だけでなく，社会問題の解釈スキームを「階級」から「ナショナル」なものに変えるという質的な変化もともなっていた．

だが以上の経緯で「赤い郊外」で始められた「都市政策」は，実際に地域の住民，特にエスニック・マイノリティの住民にどのような影響を及ぼしているのだろうか．そして本章で問題にした「ソーシャル・ミックス」政策は地域社会に具体的にどのような帰結をもたらしているのだろうか．次章ではこれらの問いを検討する．

1） さらにドンズロ（Donzelot 2006=2012）を訳出した宇城輝人による訳者解説「有機的連帯から都市の精神へ」も都市政策の変遷をまとめた論考として参照のこと．

2） 政治学者のダヴィッド・グアールはパリ郊外の共産党自治体の比較をとおして，今日の共産党市政は一枚岩的ではなく，その複数性に注目する必要があると主張している（http://www.lemonde.fr/municipales/article/2z014/01/25/il-n-y-a-plus-une-mais-des-politiques-locales-communistes_4354297_1828682.html）．

3） 事業開始の2カ月前には首相バールが持ち家取得支援政策（APL）を発表し，石への援助から人への援助への住宅政策の転換が起きていた．つまり政府が団地政策を切り捨てる方向性を打ち出した2カ月後にこの既存の団地修繕支援政策は発表された．したがって「居住と生活」プログラムは，政府の住宅政策転換から生ずる歪みを和らげるものとしての性格を強く持っていたといえる．

4） 2002年以降はフランスのほぼ全土（本土96県中91県）で実施され，対象も夏休みだけでなくすべての休暇期間に適用されるようになり，毎年90万人近い若者がプログラムを利用している（Lapeyronnie, dir. 2003）．

5） ここには1982年に始まった第1次地方分権化も看過できない影響を及ぼしていた．詳しくは岡村（2010）を参照．

6）「ゼロ・トレランス」政策の詳しい展開についてはヴァカン（Wacquant 1999=2008）第1部を参照のこと．

7） この通達の前からすでに300戸以上の社会住宅では2割を高齢者，身寄りのない単身世帯，身体または精神障害者に割り当てることは定められていた．一方政府は同じ出自の外国人が一部の団地や棟に集中することを回避したいという明確な意図をもっていた．そのなかで「特定社会カテゴリー」である「移民・外国人」を2割とする方針が適切だと考えられた．

8） 同時にこの時代は各自治体レベルでも「ミックス」を向上させるための独自の取り組みが行われた．全国に先駆けて実験的な都市政策を行ったことで知られるグルノーブルでは，市長ユベール・デュブドゥが1968年5月革命のスローガン「想像力に権力を」を合い言葉に，新築のヴィルヌーヴ団地に「アラブ人，盲人，変人，狂人」を受け入れなければならないと発言した（*Le Nouvel Observateur*, no. 392, 1972）．またパリ郊外エヴリーでは建築様式と目的の多様化が図られた．これらの試みは，1970年代の持ち家取得支援政策などによって団地から中産階級が一気に転出し，団地の貧困化が急激に進んだことで挫折したが，現在でもこれらの経験は先駆的な試みとして評価されている．中道保守の有名政治家フランソワ・バイルーも2013年に「グルノーブルで行われた地域都市政策の試みは再び実施されるに値すると長年考えています」と発言した（http://rue89.nouvelobs.com/2014/03/24/grenoble-laboratoire-gauche-francaise-seconde-fois-250930）.

9）詳細は以下のサイトを参照．http://www.memoireonline.com/05/08/1128/m_la-loi-SRU-une-loi-en-peril17.html

10）同法は最貧困層の社会住宅への入居を促進した法として知られるが，実際の運用においては「望ましくない」入居候補者に対して「限度枠」を設置し，移民・外国人が入居拒否されるなどの差別事例が数多く報告され，近年では訴訟も起きている．

11）3500人以上の自治体，イル・ド・フランス地方の自治体は1500人以上．また2013年法では20％維持を許可された自治体もある．

12）しかし2013年時点で解体戸数は当初の計画を大きく下回る15万戸にとどまった．

13）2011年度報告書は「都市省庁間委員会（Comité interministériel des villes, CIV）」のHPでダウンロード可能．

14）2012年以降の社会党政権の都市政策については第7章第3節を参照．

15）インタビュー対象者の名前は基本的には仮名でファーストネームのみの表記とするが，公職にある人物へのインタビューは実名フルネームとした．

16）学校外でおこなわれる広義の教育活動で日本語の社会教育・生涯教育に近い．

17）«Situation de l'emploi à Saint-Denis», mairie de Saint-Denis, avril 1969.

18）この時代のプレーヌ・サン・ドニの状況についてはFouteau（2012）を参照．

19）デュブラックの発言についてはFouteau（2012）を参照．

20）オベールヴィリエ，エピネー，ピエールラフィット，サン・ドニ，ヴィルタヌーズの5自治体．

21）詳細はプレーヌ・コミューン作成の計画書にくわしい（http://www.plainecommune.fr/uploads/media/CDT_2014.pdf）.

22）オベールヴィリエ市発表のデータより．

23）«Saint-Denis, plaine d'affaires», *Challenges*, Paris, 27 janvier 2011.

24）Rapport «Emploi et salaires», INSEE, 4 mai 2011.

25）セーヌ・サン・ドニ県雇用者の半分は県外で就労する．«Seine-Saint-Denis: le développement des emplois qualifiés accentue les déplacements domicile-travail», Institut national de la statistique et des études économiques（INSEE）—direction départementale de l'équipement de Seine-Saint-Denis, juillet 2010.

26）正確には10.3％（うちbac+2以上は5.4％），パリは37.8％．Le recensement général de la population（RGP）, INSEE, 2010.

27）デュブラックについてはFouteau（2012）も参照．

28）スペイン移民のなかでもオベールヴィリエや近隣サン・ドニの移住者は出身国でも最下層の人々だった．パリ郊外のスペイン移民を専門とするナターシャ・リロは次のように述べている．「オベールヴィリエのスペイン移民にはブルゴス地方の寒村出身者が多く，大半は貧しい家庭に育った若年層で，彼らを利用して儲けようとする同胞者に雇われて，サン・ドニやオベールヴィリエの工場で働きました．給与の大半を交通費や食費，宿泊費の名目で巻き上げられ，残りも1年後にしかもらえませんでした．彼らが別の土地に移るのを妨げ，搾取し続けるための方法でした．まさに今日でいう人身売買だったのです」（Lillo 2004）．このような条件にもかかわらず，第1次大戦期にはスペインからオベールヴィリエ，サン・ドニへの移住は増加を続けた．彼らは出征したフランス人労働者の穴を埋めるため，製鉄業や化学工業に動員された．

29）アルジェリア移民は数の上でも多かっただけではなく，フランス最大の植民地，かつ独立戦争でフランスに勝利した国という歴史的影響もあり，フランスにおける移民コミュニティのなかでも特異な位置を占めていた．特に植民地出身者だったことから（同じマグレブ諸国でもチュニジアやモロッコが保護領という位置づけであったのに対し，アルジェリアは海外県であり完全な植民地であった），アルジェリア移民は「外国人ともフランス人とも見なされない」という両義的な立場におかれていた．この点については次の論文を参照のこと（http://hommesmigrations.revues.org/209）．

30）ただしヨーロッパ域内出身者のうち，2000年代後半から増加した東欧からのロマは，「ヨーロッパ市民」でありながら人種化され，レイシズムの対象となる例外的存在である．この点についてはWindels *et al.*（2014）参照．

31）興味深いのは，実際に調べると「ヨーロッパ域内出身者＝政治亡命者」という表象は正しく現実を反映していないことがわかる点である．先にも見たように，ヨーロッパ出身者の大半も寒村出身の貧困層であった．それにもかかわらず，ヨーロッパ域内出身者を「政治亡命者」，ヨーロッパ域外出身者を「移民労働者」として表象するということには，両者を区別し，階層化，序列化，さらに人種化する意味があると思われる．この点についての詳細はMori（2010）を参照のこと．

32）学歴も平均に比べて低く，18歳以上の就学率は46%（パリ圏全体では58%）である．

33）排外主義の定義については第1章第3節を参照．

34）2014年欧州議会選挙ではセーヌ・サン・ドニ県有権者の5人に1人が国民戦線に票を投じた（cf. «Le FN en Seine-Saint-Denis, une campagne sous adrénaline», *L'Express*, 2015/03/27，http://www.lexpress.fr/actualite/politique/fn/le-fn-en-seine-saint-denis-une-campagne-sous-adrenaline_1665362.html，2015年6月23日最終確認）．

35）だが2007年，2012年には従来とは異なり大統領選挙でも国民議会選挙でも全国平均を下回る得票率となっている（2007年8.42%，2012年11.81%）．その背景には2007年に関しては2002年の「トラウマ」から棄権率が低下したこともあるが，保守候補のニコラ・サルコジが「ルペンから票を奪還する」ことをめざし，極右支持層から一定の有権者が保守に流れたことも大きい．1988年から2002年までオベールヴィリエにおいて保守政党（RPR-UMP）が国民戦線を得票で上回ったことはなかったが，2007年にはルペン9.6%に対してサルコジ23.54%

と大きく差をつけた．2012年には両者の差は大きく縮まったものの（12.9%，14.9%），サルコジが優位を保った（Malrie d'Aubervilliers, 2012）．

36） Discours de M. François Mitterrand, Président de la République, sur les principes d'action et les moyens à mettre en oeuvre pour améliorer les banlieues les plus défavorisées et lutter contre l'exclusion sociale, Bron, le 4 décembre 1990.

37） Mairie d'Aubervilliers, «Les conditions de réussite scolaire à Aubervilliers», 1997.

38） Mairie d'Aubervilliers, «Mission d'information sur la rénovation urbaine», 2012.

39） 1992年，国立人口統計研究所の ミシェル・トリバラが統計調査に初めて「民族的出自（origines ethniques）」概念を導入すると（Tribalat 1995），エルヴェ・ルブラスが共和主義の原則を擁護する立場から「（トリバラのやり方は）人種差別的である」と激しい批判を展開した（Le Bras 1998）．2000年代にはパトリック・シモンが人種差別是正には民族統計が不可欠であるという主張を展開している．論争は学者だけでなく政治家の間でも起きている．2015年には極右・国民戦線と近い立場をとる南西部ベジエ市長ロベール・メナールが，公立小学校の名簿に記載された名前にもとづいてムスリムの割合を算出したと発表し，論争が再燃した．

40） 2012年9月21日 «Plaine Commune. Notre banlieue d'aujourd'hui».

41） アメリカ合衆国では1970年代黒人やマイノリティの権利運動に対するバックラッシュの一環で，「肌の色を考慮しない」カラー・ブラインド・イデオロギーが主張されるようになった．そして，この一見非差別的な「カラー・ブラインド」の考え方が，社会に現存する人種的不平等を保持し，差別に帰結するという現象が立ち現れるようになり，「カラー・ブラインド・レイシズム」とよばれるようになった．このカラー・ブラインド・イデオロギーについては長島（2015）を参照のこと．

42） 問題は，ここで言うところの「地元住民＝国民優先」が純粋に国籍の問題ではなく「人種化」されている点である．実際にオベールヴィリエにはすでに国籍を取得したエスニック・マイノリティが多数居住し，筆者の調査経験にもとづけばパトリック・シモンがセーヌ・サン・ドニ県の平均として出した75%という数字を上回る人々が「国民」のなかに含まれていると思われるが，実際に市の議員などをみると，非ヨーロッパ系の住民のプレゼンスは圧倒的に少数派である．このような実際の「国民」と象徴レベルでの「国民」の間にギャップがあり，そこにはレイシズムの影響が横たわっている．

# 5章
# 再生事業と住民コミュニティへの影響

## 1——地域社会の底上げか，下層マイノリティの排除か?

本章は，前章でみた都市政策のなかでも，2003年に国が定めた都市再生全国計画（PNRU）の一環としてオベールヴィリエ市で実施された「再生事業」に注目し，それが地域社会と住民に与えた影響を検討する.

同市では1980年代より市や市の支援を受けたアソシエーションによって住民の社会経済支援政策が行われてきたが，1990年代以降は社会政策より国家との契約締結型都市政策の比重が高まった[1]．なかでも2008年よりヴィレット＝キャトルシュマン地区，およびランディ地区（後者はサン・ドニ市との共同事業）で始まった都市再生事業は市の概観を大きく変化させた．プレーヌ・サン・ドニ地区はオフィスビル街に変化し，サン・ドニ運河も整備がすすみ，中産階級向けの住宅や商店が増加した．パリと境界を接するポルト・ドゥ・オベールヴィリエ界隈でもオフィスビルや商業施設，住宅などの建設がすすんだ.

自治体はこのような再生政策が「ソーシャル・ミックス」を生み出し，それが「地元住民の利益」になることを繰り返し強調してきた．前章でみたように，異なる階級が同一地域で共生することで，中産階級の規範，意識，生活習慣が下層階級に好影響を与え，住民の全体的な底上げが達成されることが主張されたのである[2]．その一方こうした政策が移民・外国人の多い地区で行われ，これらの層を排除する側面をもっていることもみてきた．事実，既存のジェントリフィケーション研究も同様の再生事業が下層の立ち退きにつながることを批判してきた（Harvey 2012=2013)．このように「ソーシャル・ミックス」をめ

**写真 5-1**　キャトルシュマン地区の建設現場

注：筆者撮影．2009 年．

ぐっては「地元住民の利益になる」とする見解と「地元住民の立ち退きにつながる」とする見解が存在しているが，いったいどちらが正しいのだろうか．同時に再生事業は，「地元住民」とは誰なのか，自治体は誰を「地元住民」と想定しているのか，という問いも提起する．その答えはどのようなものなのか．

本章はこれらの問題をオベールヴィリエ市のキャトルシュマン地区で行われたＤ団地地区再生事業の事例に基づいて検討する．再生事業によって「ソーシャル・ミックス」が実際にどの程度達成されたのか，また再生事業がもたらした地域のハード面の変化がマイノリティの住民の生活や社会関係，意識といったソフト面にどのような帰結をもたらしたのかを本書の関心である差別・排除・抵抗の観点から検討する．

## 2――「ソーシャル・ミックス」の評価

### 2. 1――再生事業の目的と貧困層をめぐる処遇

オベールヴィリエ市の再生事業は 4 地区（ランディ，キャトルシュマン，カルチエ・ノール，エミール・デュボワ）で実施が決まり，2007-2008 年に市，国，プレーヌ・コミューン自治体間連合，社会住宅管理会社5者の間で実施協定が締結され，工事が始まった（森 2014b）．4地区のなかでも脆弱都市区域指定を受けているランディ地区とキャトルシュマン地区の事業規模は大きく，それぞれ4年間で約1.3億ユーロ（約200億円）が投じられた（都市省庁 http://sig.ville.gouv.fr/zone/93001）．うちランディ地区はサン・ドニ市との共同事業，キャトルシュマン地区は単独事業となっている．

締結された協定には，事業対象地区が直面する問題点として「不安定層」の割合の高さ，一部の民間住宅の不衛生や老朽化，過密居住，社会住宅団地の老朽化と孤立，公共施設の不足，緑地スペースの不在などが指摘され（ANRU 2008: 5-6），事業の主要目標として，①荒廃した住宅の取り壊し，②住宅形態の多様化，③多様な都市機能の付与，④事業対象地区を周辺地区・環境に溶け込ませる，ことが記されている（ANRU 2008: 9）．

目標を達成するための施策として，第1に地域の都市機能の多様化がすすめられた．企業の誘致によるプレーヌ・サン・ドニ地区やポルト・ドベルヴィリエ周辺のオフィス街化，また政府刊行物資料センター（La Documentation française），県立音楽舞踊高等専門学校，大学キャンパス（人文社会科学高等研究の拠点）などの公共施設の誘致，2011年以降，3つのショッピング・センターの開設などがあり，2015年には300あまりの衣料卸売店の入った「ファッションセンター」も開店した．またコンサートホールの開設，劇場，映画関連施設の増設といった文化施設の充実も「多様な街作り」の一環ですすめられた．こうして1999年から10年で雇用は16%，人口は17%増え，景観も大きく変化した．

第2に，住宅の領域で一連の政策が行われた．老朽化や損傷の激しい社会住宅団地や民間不衛生住宅を取り壊し，新たな住宅の建設がすすんだ．キャトルシュマン地区では540戸の解体，594戸の新築，1256戸の改修がおこなわれた．解体事業の対象には一部の民間の不衛生住宅や家具付きホテルも含まれたが，事業の中心となったのは1960年代に建設されたD団地だった．解体事業と並行して，テニュアも形態も異なる新規住宅の建設が進められた．住宅だけでなく住民向けのインフラ整備もすすみ，道路の拡張や広場の設置，運動場の整備，託児所の増設，日常生活用の商業施設やプールの建設などが行われた（森

**写真 5-2** ランディ地区に建設されたオフィスビル
注：筆者撮影．2013 年．

2014b)．

このような住宅改善事業は単なる地域のハード面の変化だけが目的ではなく，貧困地区の住宅形態を多様化させることで，住民構成を変えることが目指されていた．そのことは，2013 年に行ったオベールヴィリエ市の住宅政策担当市議へのインタビューにも現れている．

> 全住宅の 7 割が社会住宅だったり，スクオッター同然の劣悪住宅だったり，低家賃住宅しかないような街には貧困層しか住みません．ソーシャル・ミックスを促進して，中産階級の住民を増やすことで街を根底から変えなければならないのです（マルク・リュエ，住宅担当市議）．

ここには「貧困集住地区」を「街＝自治体」全体の問題として捉え，それを「中産階級住民を増やすこと」によって解決をはかろうというソーシャル・ミックスの考えが現れている．2008 年 3 月に共産党の現職を破って市長に当選したサルヴァトールも同様の見解を共有する．

> ゲットーに住みたい人間はいません．キャトルシュマンやランディの貧困地区には多様な人々が住むべきです．そうすれば皆が得をするのです．1990 年

代末にはあまりにアンバランスになりすぎて，もはや限界を超えていました．あのような「社会学」[3] では持続的発展など不可能です．

自治体の「持続的発展」を目指すには「アンバランス」な「ゲットー」を壊し，「バランスと社会的ハーモニーを回復する」——サルヴァトールが好んで使う表現である——必要があり，そのためにサルヴァトールは中産階級の住民誘致に力を注いだ．このようにオベールヴィリエ市のソーシャル・ミックス政策は「多様化」という抽象的な目的を掲げつつ，具体的には「問題地区」の貧困層を分散させ，中産階級を呼び込むことを目指していた．つまり「貧困地区の住民構成を変える」ことで地域の社会問題の解決を図るという戦略だった[4]．

ただしサルヴァトールはこのような施策と「ジェントリフィケーション」の違いを強調する．「ジェントリフィケーション」が貧困層の追い出しを含意するのに対し，同市で行われている政策は既存の住民を追い出すものではないというのである．

だからといって，ジェントリフィケーションが起きているのではありません．この言葉は，ある層の住民を追い出して別の層に入れ替えることを意味していますが，私たちが目指しているのは，そのようなことではないのです．(……) 全く違います．ただ地域の「社会学」をもう少し普通にしようとしているだけなのです．

サルヴァトールは，同様の再開発が貧困層排除だと批判されてきたことをふまえ「中産階級は誘致するが，すでに居住している貧困層も追い出さない」ことを強調する．したがって，このような政策は地元住民の不利益にならないと説明する．

ただし，この見解は関係者の間で必ずしも共有されていない．同地区の再生事業の責任者であるヴァレリ・キュサックはこう述べる．

再生事業は，間違いなくジェントリフィケーションを引き起こします．それを狙っているわけではありませんが，間違いなくそうなります．そうなれば昔からの住民に対する引き上げ効果も生まれるでしょう．ただ同時に「住民の多様化」が進んでいけば，いずれ最貧層は別の，もっと人気のない地区に転出することになるでしょう．

再生事業が地域の都市構造を変革することで「ソーシャル・ミックス」をめざす政策であり，実際には中産階級の誘致が目指されていることはたしかである．ただしオベールヴィリエのように労働者階級人口を多く抱え，反貧困政策を行ってきた伝統をもつ自治体では，貧困層の住民の処遇は他の自治体以上にセンシティブな問題になりやすい．再生事業やジェントリフィケーションに関する自治体関係者によるときに両義的な発言は，このような革新自治体のジレンマの現れとも言えよう．

またもう１点重要なのは，「アンバランスなゲットー」の住民である「貧困層」の大半がアフリカ大陸出身（北アフリカ，サブサハラ）のエスニック・マイノリティで占められている点である．都市政策において用いられる用語は常に「ソーシャル・ミックス」「バランス」「ジェントリフィケーション」といった「カラー・ブラインド」な用語であるが，そこで含意されているのは「エスニック・マイノリティの集住をどう解消するか」，という問題意識であったと言える．つまり形式はカラー・ブラインドだが，実際の問題認識と政策目的はカラー・コンシャスという乖離がみられる．

だがこれらの住民の立ち退きについて検討する前に[5)]，同市の再生事業によって外部から住民を誘致するために具体的にどのような施策がとられたのか，また施策がどのような成果をあげたのかをまずみていこう．

### 2.2――中産階級を誘致する施策

「中産階級の誘致」のために行われた具体的な施策としては主に次の２つがある．

１つめは，社会賃貸住宅の多様化政策である．1996-2001年に国が行った社会住宅改革によって社会住宅に４つのカテゴリー（PLAI，PLUS，PLS，PLI）が設けられ，カテゴリー別に入居者の所得や家賃の上限が定められた．それを受けて，全国的に「社会住宅の多様化」がすすめられるようになり，貧困世帯向け住宅（PLAI）だけでなく中産階級などの幅広い層に向けた社会住宅（PLUS,

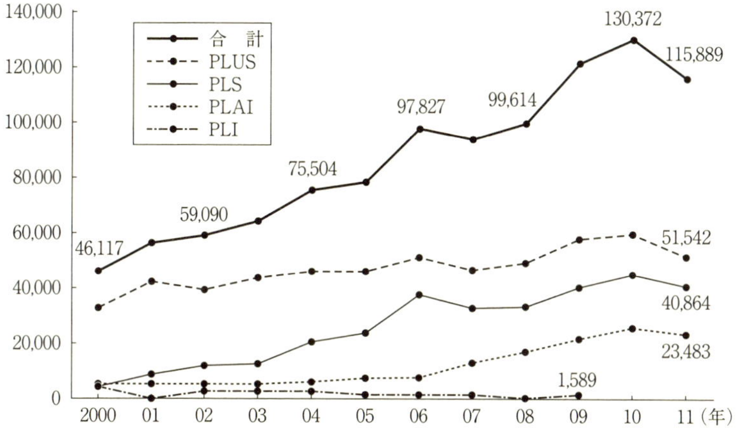


**図 5-1**　社会住宅供給数とカテゴリー別内訳の推移
出典：Fondation Abbé Pierre pour le logement des défavorisés, 2013.

PLS，PLI）の建設が行われた．所得別にみると，PLAI に入居可能な世帯は全住民の 34.5％であるが，PLUS は 70.1％，PLS は 84.1％，PLI は 90.3％の世帯が入居可能となっている（Ministère du logement et de la Ville[6]）．フランスでは 2000 年代から社会住宅の建設が再び増加し，2002-2012 年の間に全国で 45 万戸増加したが，その内訳をみると PLS などの幅広い層を対象とした社会住宅の割合が貧困世帯向け住宅（PLAI）を大きく上回っている．

以上の全国的な流れはオベールヴィリエでも同様に観察された．本章でとりあげる 2008-2012 年の同市再生事業でも社会住宅建設が行われたが，内訳は中産階級世帯向け（PLS）35％，貧困世帯向け（PLAI）23％，その中間世帯向け（PLUS）42％であった（OPH Aubervilliers 2013）．そのことからも，同市で行われた社会住宅建設政策が中産階級の誘致を目指しているのは明らかだった[7]．

2 つめは分譲住宅の創出である．2000 年代半ばより全国レベルで持ち家所有率をあげる目的で様々な措置がとられ，2005 年「ゼロ金利ローン（prêt à taux zéro，PTZ）」，2011 年「新ゼロ金利ローン（prêt à taux zéro plus，PTZ+）」などが導入された．国策に呼応して市レベルでも持ち家取得の促進がはかられた．特にオベールヴィリエ市では，プレーヌ・コミューン自治体間連合住宅局（Plaine Commune Habitat）によって「持ち家取得協同組合（coopérative

d'accession à la propriété）が設置され，社会分譲住宅の創出に力が注がれた．既存の社会賃貸住宅の分譲化に加え，取り壊し事業の跡地における分譲住宅の建設がすすめられ，そのなかには「多様化」政策の一環として社会賃貸住宅と分譲住宅を同じ敷地内に建設する事業も含まれていた[8)]．

再開発事業の枠組み外でも559戸の新規分譲住宅が2012年までに完成した．民間の投資を促すため，市は建設業者に平均$1m^2$ 350ユーロという安価で土地を譲渡し，代わりに居住可能面積が最低でも60-$68m^2$あるなど一定の基準を満たした住宅の建設を依頼し，ブイグをはじめとする主要大手住宅企業が建設に乗り出した．

このような分譲住宅の供給，それも民間に外部委託する形での供給は，賃貸の社会住宅供出を住宅政策の柱にしてきたオベールヴィリエの伝統に鑑みると決定的な転換といえる．2000年代から同市で住宅開発にかかわってきたプロモーターは，同市の政策変化を肯定的に評価して次のように述べる．

> 左派の住宅政策が賃貸住宅，右派が持ち家支援というとらえ方は時代遅れです．一定の収入のある層は社会住宅にとどまるのではなく，持ち家を取得すべきで，それが政策の役目なのです（パトリス，プロモーター）．

重要なのは，中産階級向け住宅の建設が市内で最も貧しい地区ではなく，最も外国人・移民比率の高いランディ地区とキャトルシュマン地区（47%，43.3%）で行われた点である．これらの地区は移住して間もないニューカマーの転入率（7.2%）も高く，同地区が外国人の受け入れ地としても機能しているのがわかる．エスニシティ面では北アフリカ，サブサハラアフリカ出身者が多いが，それに加えて2000年以降は中国出身者が急増している．ここにも「ソーシャル・ミックス」の目的が「貧困層の分散」と「中産階級の呼び込み」という階級だけに関わるものではなく，外国人・移民集中地区に「フランス人中産階級」を呼び込むというエスニシティ面での住民構成の変化も目指していることが改めて確認できる．実際「外部の中産階級を地元に呼び込むこと」と並行して，外国人・移民が集住する地区の「脱ゲットー化（désenclavement）」の必要性は，行政が常に喫緊の課題としてあげていた．

## 2.3――再生地区への転入者とは誰か

以上の中産階級誘致政策は，地域の人口構成をどれほど変化させたと評価できるだろうか．そもそも再生事業によって市内に転入した「新住民」とはいったい誰なのか．以下では，キャトルシュマン地区の分譲住宅に入居した26世帯へのインタビューを通して「新住民」の特徴を素描する．

新住民の特徴としてまずあげられるのは年齢層が比較的低く（20代後半―30代）持ち家の購入が初めてという世帯の多さであり，調査対象世帯の約8割に該当する．これらの世帯は年齢が低いゆえに勤務年数も浅く，貯蓄額も少ないため，通常での市場価格での住宅購入はむずかしいが，再生事業で供給される「社会分譲住宅」[9]であれば共働きを条件にローン購入が可能な層である．これらの特徴は，マリー・カルチエらが中産階級と区別して用いたカテゴリー「下位中産階級（petits-moyens）」（Cartier *et al.* 2006）にほぼ合致すると言える．サルヴァトールもすでに市内に転入してきた新住民の社会経済的特徴を次のように述べている．

> 現在のところ，ローンを組んで家を買うような，公務員や技術者など「中の下」に位置する人が多いです．（……）子どもが1人から2人いて，世帯収入が3-4000ユーロといったところでしょう．

実際，オベールヴィリエに転入した層には，子どもができたのを契機により広い物件を求めて郊外での購入に踏み切ったというケースが多い．ヴィルジニとジェレミー（26歳，32歳）も子どもの誕生をきっかけに，パリの賃貸住宅からオベールヴィリエ市の分譲住宅に引っ越した．

> 長女が生まれて，パリの2Kのアパートが手狭になって，多くの人と同じ問題に直面しました．一部屋多い3Kの賃貸物件に毎月1300ユーロ払うか，同じ金額をローンにあてて購入するか．支払い金額は同じでも，持ち家かどうかは天と地の差です．そこで30万ユーロの予算で購入物件を探し始めました．自分たちの年齢では少なくない予算ですが，パリだと30$m^2$以上の広さには手が届かないことがわかりました．だから郊外に出たのです．

初めての持ち家取得で，元手の資金の限られた若い世帯でも，同市の再生事業の枠組みで住宅を購入すれば，他の街では決して手に入れられない広さの家に住むことができる．オベールヴィリエ市にはパリの中心地に比べれば地価が4分の1以下といった場所も少なくない．それでいながらパリに隣接し，中心部までも地下鉄で30分以内という利便性の高さもある．このような要素をふまえて，オベールヴィリエ市は再生事業計画の段階から分譲住宅への入居者としてパリからの転入者を想定していた（OPH Aubervilliers 2009）．

ところが実際には，パリからの転入者は多数派ではなかった．セーヌ・サン・ドニ県住宅情報局（Agence départementale d'information sur le logement de Seine-Saint-Denis，ADIL93）のデータによれば，2010年に前述の「ゼロ金利ローン制度」を利用してセーヌ・サン・ドニ県で持ち家を取得した者のうち，パリ出身者は16％にすぎず，パリ郊外の他県からの転入者も16％，首都圏外（外国も含む）からの転入者は1％だった．残りの67％は，同じセーヌ・サン・ドニ県内の出身者だった（ADIL93 2012: 5）．

聞き取り調査を行った26世帯の中でも，パリから転入してきたのは3世帯のみで，残りは県内や市内の出身者だった．その一例としてリアド（IT技術者）とファティマタ（社会保険庁公務員）の居住履歴をみてみよう．分譲住宅に入居する以前，リアドは同市内の民間賃貸アパートに10年以上居住し，一方ファティマタはセーヌ・サン・ドニ県ボンディ市に小さなアパートを所有していた．居住する市と住居形態（賃貸と持ち家）は異なるものの，セーヌ・サン・ドニ県に一定期間居住した経歴をもち，同県の自治体に対する偏見がなかったという共通点をもっている．

> セーヌ・サン・ドニ県に住んだことがない人にかぎって，怖がって住むのを嫌がります．でも私たちはここに住むメリットを知っています．何よりも大事なのは地下鉄の駅です．この物件は駅から近いので職場までも50分程度の通勤時間ですみます．許容範囲です．近くにショッピング・センターもあって買い物にも便利です．このあたりは今，新しい建物ができて変わりつつありますし，今後はもっと変わっていくでしょう．

保険会社勤務のダニエラも15年前からオベールヴィリエ市に居住する．社会賃貸住宅に住んでいたが，年を追うごとに近隣の環境が悪化していったという．具体的には貧困世帯が増加して，共用スペースの荒廃や騒音，治安の悪さに耐えられなくなった．そんな折に，市内でも地下鉄の駅に近いという好立地条件の新築2DKアパートを購入した．

> 長いこと，友人を家によぶなど，考えられませんでした．まるで新しい人生が始まったように感じます．7番線でパリまですぐだし，買い物も歩いて行くことができる．建物のセキュリティもしっかりしていて，購入して正解でした．

ベルジェルとデスポンは，パリ地方圏の不動産取引関連データベースにもとづいて行った調査のなかで持ち家取得層に外国籍住民の占める割合がオベールヴィリエ市では2000年の11.8％から23.5％，隣のラ・クールヌーヴでは19.4％から34.5％に増加し，そのなかでも脆弱都市区域で外国籍住民の持ち家取得の増加が著しいことを示した（Bergel et Desponds 2011: 84-85）．同調査は対象を「外国籍住民」に限定しているが，国籍を取得した1世，2世を含めるとその数字はさらに高くなると推察される．筆者が調査した分譲住宅入居者の大半も，地元を含めるセーヌ・サン・ドニ県出身者であるだけでなく，いわゆる「白人」ではなく，ヨーロッパ外にルーツをもつエスニック・マイノリティであった．

社会賃貸住宅で展開された「ソーシャル・ミックス」政策が，移民・外国籍住民の入居排除を引き起こす結果を生み出したことは先行研究で指摘されており（Masclet 2005, Tissot 2007, Clerval 2013），このような差別をめぐる訴訟も実際に起きている．2009年にはサンテ・チエンヌ市のHLM公社が面接などを通して入居希望者を「アフリカ」「マグレブ」「アジア」などと非公式に分類して入居差別を行っていたこと，しかもその差別を正当化する論理が「ソーシャル・ミックス」であったこと――入居拒否の理由が「これ以上非ヨーロッパ系が増えるとソーシャル・ミックスが損なわれ，ゲットー化してしまうため」であった――が発覚し，HLM公社が有罪判決を受けた[10)]．2014年にもパリ郊外ナンテールのLogirep社職員がコート・ジボワール出身の入居希望者に対し，「この団地にはあなたと同じアフリカ出身者が多すぎるので，ソーシャル・ミックスを尊重して，入居をお断りします」と断ったことが明らかになり，5万

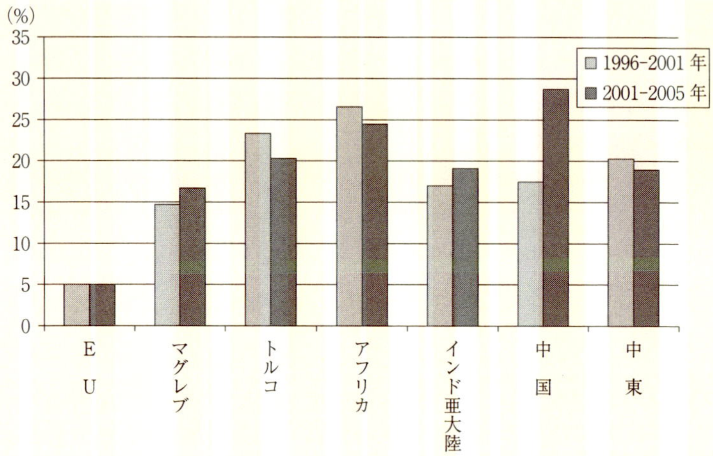


**図 5-2　脆弱都市区域における住宅購入の出身国別推移**

出典：Bergel et Desponds（2011: 81）.

ユーロの罰金刑を受けた．こうした批判を受けて，2013 年に全国社会住宅管理会社連合（Union sociale pour l'habitat）は「差別せずにミックスを実現するにはどうすればよいか」という手引きを作成し，各地の管理会社に配布した．それにもかかわらず，その後も新たな差別の事例が報告されている[11]．

だが同じソーシャル・ミックス政策といっても，分譲住宅に関しては「エスニックな出自」を理由とした差別・排除が，少なくとも本調査でみたオベールヴィリエ市においては同じように起きてはいない．先にみたように，オベールヴィリエ市の分譲住宅購入者の大半がエスニック・マイノリティであった．このことは分譲住宅と賃貸住宅では差別の状況が違うことを示している．

この違いは次の 2 つの観点から解釈できる．1 つめはエスニック・マイノリティであっても，分譲住宅のローンが組める程度の一定収入があれば入居差別はおきないのではないか，という理解である．もう 1 つは「購入者の大半がエスニック・マイノリティであること」は「差別がないこと」を意味するというよりも，むしろ同程度の経済力をもつ「フランス人」が「領土的スティグマ化」（Wacquant 2008）の進んだ地区での住宅購入を避けた結果ではないか，という理解である．実際，パリの地価高騰により郊外への転出者は増加しているが，「評判の悪い」セーヌ・サン・ドニ県を避ける人は少なくない．パリから転出した30代前半の「フランス人」カップルの次の言葉はその典型としてあげられる．

> パリで買えるだけの資金がなかったので，郊外で買いました．「消去法」で探しました．まず，オ・ド・セーヌ県はパリと同じくらい高いので無理，セーヌ・サン・ドニ県は論外だったので，ヴァル・ド・マルヌ県に絞りました（カリーヌ，通信社勤務）．

郊外でも社会賃貸住宅には一定の「フランス人」の入居者が存在する（そして，先にみたように「移民の差別」が報告されている）のに対し，分譲住宅には「フランス人」が少ない．そのことから以下のことが推察される．「フランス人」は収入が低ければ郊外の社会賃貸住宅への入居も辞さないが，一定の収入があれば郊外の分譲住宅には住まず，他の地域に移動するのではないか．ミシェル・パンソンとモニーク・パンソン＝シャルロは現代社会において「どこに住んでいるのか」は個人の社会的位置を示す指標として極めて重要な意味を帯びていると指摘したが（Pinçon et Pinçon-Charlot 2004），そのような文脈においてオベールヴィリエ市の団地地区は住宅価格が市場価格より大幅に安くとも，中産階級から敬遠される傾向にある．

ひとつ確かなのは，この分譲住宅供給政策が外部からの「フランス人」の誘致というよりも，かつて同市に暮らした経験があったり，同市に親戚・知りあいが居住していて地域に一定の知識があり，かつ経済的に比較的安定したエスニック・マイノリティ住民を市内に定着させる一定の効果をもたらしたと思われることである．

このような現象は，市政レベルであらかじめ想定されていたことではなかった．先にもみたように，再生事業で目標の１つとされたのは「外部からの住民の誘致」であった．だが現状を肯定的に捉え，この方向性を積極的に支援しようという考えも生まれている．たとえば市の住宅課の職員は，外部からの住民誘致に主眼をおいた政策を批判して，次のように語っている．

> （セーヌ・サン・ドニ県内には）再開発によって何としても外部の中産階級を

誘致しようと考える政治家が多いですが，地元住民のなかで家を買いたいと思っている層こそ，まず優遇すべきです．学歴を積んで，仕事もある，新中産階級が市内でも形成されつつあります．この層は地元に対する偏見もなく，地域社会に貢献したいと考えています．持ち家を取得すれば，より一層その気持ちは強まるでしょう．この層が地域に活力を与えるのです（クレモンティーヌ，住宅課職員）．

これまでの都市再開発研究では，パリなどの移民街が再開発されると，フランス人中産階級が増加する一方で，エスニック・マイノリティが排除される過程を明らかにしてきた．それに対してオベールヴィリエの事例はむしろエスニック・マイノリティの安定層を固定化する傾向を示している点で，パリ市などのジェントリフィケーションとは異なる結果を引き起こしているのである．

## 3——住民はどこに行ったのか?

ここまで再生事業後に転入してきた住民の特徴をみたが，その一方で再生事業によって住んでいた建物が取り壊されるなどして転出せざるを得なくなった住民もいる（川野 2008b）．彼らはどうなったのだろうか．

再開発事業が地区の住民構成に及ぼす影響や変化については，1970 年代よりアメリカ合衆国で始まったジェントリフィケーション研究が多くの知見を提示してきた（cf. スミス 2014）．これらの研究はジェントリフィケーションを先導するジェントリファイヤーのプロフィールや実態を明らかにし，新しい研究領域を切り開いた．その一方で，立ち退かされ，排除された側の状況は十分に明確にされたとは言いがたい．その原因は，排除される側への問題意識が看過されてきたからではなく，地区から転出した人々，そのなかでも転出した貧困層の行方を追跡調査することがきわめて困難だという方法論的，技術的問題に起因すると思われる．だが，それにしても，排除の実態を明らかにすることは，ジェントリフィケーション研究における課題には違いない．本節ではこのような方法論的困難やデータの限界をふまえつつも，できるかぎり素描を試みる．

事例としてとりあげるのが D 団地の住民である．同団地は 1960 年代後半に建設が始まった団地で，そのなかでも26階建てのR棟とT棟（計510戸）の解体が再生事業となった．同団地での事業目的は老朽化した住宅の改修（1220戸）に加えて，全住宅数を半分にして密度を減らすことが目指され，15棟のうち6棟が取り壊された．跡地に建てられたのは6割が分譲，残りが社会住宅で，その一部は芸術家用の制作スタジオだった．以下では，この団地が取り壊される以前に居住していた住民の状況に光をあてる．

## 3.1——団地住民の移動と貧困地区の再編

### 3.1.1——解体決定の説明会の光景

老朽化団地の解体は都市再生政策における主要事業であり，再生事業補助金の4分の1の予算がつけられた（**表5-1**）．そのような予算配分の説明としては，同事業が住民にもたらすプラスの効果が強調されてきた．居住地区が一新されれば，住民も立て替えられた新しい住宅，もしくは改修された住宅などに入居することができ，住環境が大幅に改善され，もはや「団地に住んでいる」というネガティブな自己イメージから脱却できる，というのである．こうして「団地解体事業は住民のためであり，住民自身が望んでいるのだ」という点を自治体も強調した[12)]．

ところが2008年1月にD団地R棟の解体を告げる説明会が開催されたとき，住民が示した反応は必ずしも自治体が繰り返してきたようなものではなかった．以下ではその説明会の様子をフィールドノートから引用する．

> 小雪のちらつく寒い晩．定刻の19時にはD団地R棟真向かいの小学校集会室は全席（150席）埋まり，立ち見がでるほど混雑していた．会場に入ってくる人が後をたたないなか，定刻10分すぎ，市長補佐が話を始めた．簡単な挨拶のあと，D団地R棟の取り壊しが正式に決定し，2010年6月の取り壊し工事の開始に向けて全住民の退去・再入居を完了させる，という流れを一息に発表し，その後にこう続けた．
> 「皆さんもご存知のとおり，以前から取り壊し計画はたびたびもちあがっていました．このたび助成金がとれたのでようやく実施の運びとなりました．現在の住まいに愛着をもつ人も多いでしょう．しかし近年，建物の老朽化がひどく，環境が悪化したことを否定する人はいないでしょう」．
> 会場のあちこちで「たしかに，そのとおり」「エレベーターは故障が多いし」

**表 5-1**　全国再生事業計画別補助金配分（2012 年 12 月 31 日時点）

| | 住宅数 | 計画予算（100 万 €） | 工事計画費に占める割合（%） | ANRU 補助金（100 万 €） | 補助金に占める割合（%） |
|---|---|---|---|---|---|
| 社会住宅事業 | | 29,518.9 | 65.5 | 7,136.1 | 61.3 |
| 取り壊し | 145,173 | 3,368.4 | 7.5 | 2,720.5 | 23.4 |
| 再　建 | 139,091 | 18,638.1 | 41.4 | 2,397.7 | 20.6 |
| 修　復 | 326,060 | 5,316.2 | 11.8 | 1,147.4 | 9.8 |
| 分譲化 | 351,423 | 1,920.8 | 4.3 | 764.9 | 6.6 |
| サービスの向上 | | 275.5 | 0.6 | 105.7 | 0.9 |
| 民間住宅事業 | | 2,152.9 | 61.7 | 466.2 | 46.4 |
| 地域再生事業 | | 563.1 | 1.3 | 168.3 | 1.4 |
| 民間住宅支援 | | 1,589.9 | 3.5 | 297.9 | 2.6 |
| 公共スペース・機能多様化 | | 12,246.8 | 27.3 | 3,577.9 | 31.7 |
| 用途変更 | | 54.8 | 0.1 | 10.4 | 0.1 |
| 整　備 | | 6,919.2 | 15.4 | 2,121.7 | 18.2 |
| 設　備 | | 4,495.2 | 10.0 | 1,291.2 | 11.1 |
| 商業スペース | | 777.5 | 1.7 | 154.6 | 1.3 |
| エンジニアリング | | 1,115.5 | 2.5 | 470.5 | 4.0 |
| 合　計 | | 45,034.2 | 100.0 | 11,650.7 | 100.0 |

「今朝も動かなかったわ」などと声があがった．市長補佐は，話を続けた．

「衛生問題もあります．ゴミ置き場にゴキブリが大量発生していると何度も苦情が寄せられました．また，玄関ホールに不良がたむろしてドラッグの取引をしていたこともありましたね」．

うなずく人，隣の人に耳打ちする人など反応はさまざまだ．だが市長補佐の言葉に反対を表明する者は見当たらない．

「これより再入居斡旋の担当者がみなさんに再入居までの流れをご説明します．１週間以内に再入居の手順と担当スタッフの名前が記載された書類が届きます．そして担当者がご自宅に相談にうかがいます．そしてみなさんと一緒に希望の部屋数や場所にあった再入居先を探します．ニーズにあった住宅を見つけるために，色々な質問をしますので，できるだけ詳しく答えてください」．

市長補佐は話を終え，斜め後ろに控えていた 30 代半ばくらいの女性に場所を譲る前にここまでで質問はないかときいた．

「あの……近所の人たちと同じ場所に再入居できるんですか？」

不安げな声でそうきいたのは，50 代くらいのアフリカ系の女性だった．

「新しいアパートはどのくらいの広さですか？（……）最近の新築は狭いので，それだと困るんです」．

子連れのヴェールを着用した女性も尋ねる．
会場から次々と声があがった．これらの声に自らの声を被せるように，市長補佐は声をはりあげてこう言った．
「ここで最初に建てられた住宅の設計は，深刻な問題をこの街に引き起こしました．その過ちからわれわれは学びました．ですから（……）」．
市長補佐の大声をさらに遮るように，大きな声が後方からあがった．
「家賃のことは何も言わないのか！」
会場の人々が一斉に声のほうを振り返った．
中肉中背の白髪の男性が立ちあがって声をあげていた．
男性に賛同する者が次々と声をあげた．
「そうだ，家賃についてきかせてください．新築アパートはどうせ高いんでしょう！」
会場は騒然となった．あちこちで声があがる．家賃こそ，会場の人々の最大の懸念事項のようだ．カリブ海出身と思われる女性が立ちあがり，こう言った．
「昨年壊されたH棟に知っている女性が住んでいましたが，彼女は再入居に関して十分な説明を受けられませんでした．その結果，家賃700ユーロのアパートに入居させられてしまい，家賃を払うことができなくなってしまったのです．きちんと説明しなければ住民はわからないのです」．
女性が発言を終えると会場は大きな拍手で沸いた．続けて，別の女性も不安そうに言った．
「今より高い家賃を払えない人はどうなるんですか？」
市長補佐は，「高すぎる物件」に入居することは決してないようにすると説明した．「行きたくないところに無理矢理行かせることはありません」．市長補佐ははっきりした口調で答えた．
小1時間が経過し，席を立つ人がでてきた．「建物が倒れるとき，私，泣くわ」と中学生くらいの少女が姉妹らしき娘に言いながら前を通り過ぎた．隣の席の40代くらいの女性も言う．「1年半後には皆出て行かなければならないなんて．ちょっと急すぎます」．
出口のところでもしばらく住民たちは立ち話を続け，会場がしまったのは21時近くだった．50代くらいのスカーフを着用した小柄な女性は複雑な表情を浮かべて言った．
「団地が取り壊されるときいたら，うれしくなると思っていましたが，実際にきいたら胸が痛くなりました．20年をここで過ごしたんですから」（フィールドノートより）．

### 3.1.2――団地住民の転居先と貧困地区の再編

こうして解体工事の対象となった棟の住民の再入居の調整が始まった．市によれば全住民の退出が完了したのは 2009 年 11 月だった．再入居先については市のデータにもとづけば大半が市内にある複数の団地に転居していることがわかった．団地解体決定時（2008 年）に居住していた 418 世帯のうち，市が把握する 342 世帯をみると，解体にともなう住民の再入居先にはいくつかの傾向がみられる．第 1 に，大半の世帯が再入居先に社会住宅を選択した点である．330 世帯，96％という圧倒的多数が社会住宅に再入居した．また内訳をみるともう 1 つの傾向が観察できる．330 世帯中 96 世帯が同地区内にある別の集合住宅，198 世帯が市内の別の脆弱都市区域内にある集合住宅，15 世帯がそれ以外の市内に位置する集合住宅に再入居したのである．

つまり，D 団地の取り壊し後も，市がデータを把握する住民（以下，旧住民）の大半が市内の社会住宅に住み続け，86％は脆弱都市区域にとどまっている．この事実だけをみると，都市再開発研究やジェントリフィケーションの議論で批判的に指摘されてきた住民の立ち退きがオベールヴィリエ市の再生事業においては起きなかったように見える[13)]．

ただし同じ市や地区といっても，そこには様々な種類の建物・住宅が存在しており，再入居先の条件や環境は必ずしも同じではない点には留意する必要がある．特に再生事業では，社会住宅の解体・再建と並行して本章第 2 節で言及した「社会住宅の多様化」がすすめられ，再生事業のなかで供給された新規社会住宅の 8 割弱（77％）が広義の中産階級向け（全国の 70.1％に入居資格のある PLUS と 84.1％に入居資格のある PLS）だった（OPH Aubervilliers 2013）．このように多様化された社会住宅に，解体された団地の住民が振り分けられた．

その結果，住民のなかでも比較的収入が安定している層が新築の社会住宅に再入居する一方，不安定層の多くは再生事業対象とはならなかった（つまり老朽化の進んだ）市内の別の団地に移動した．その結果，今度は移動先となった団地の貧困化がすすみ，新たな貧困集住地区が発生するという事態が起きた．

その代表的な例に，D 団地 R 棟から徒歩圏内の U 団地地区がある．全戸数 700，住民数およそ 2000 人といわれる同団地はパリと郊外を隔てる環状線に面した一角にある．1970年代に建設され，市内の他の団地よりも荒廃が激しくなかったため再生事業の対象から外れた．ところが再生事業が始まり，事業対象地区の不安定層世帯の転入が進むと，以前に他の団地で起きたのと同じ貧困化のプロセスが発生した．地域の状況悪化が（比較的）安定した層の流出を引き起こし，さらに状況が悪化するというスパイラルに陥った．

2011年8月にU団地を訪れたところ，周辺地域には閉店し遺棄された商店やガソリンスタンドが目についた．団地1階の集会所を会場に住民支援のNPOを運営するナウェルによれば，治安の悪化と住民の貧困化に加えて，市による商業施設誘致活動の一環で巨大ショッピング・センターが近隣に開店したことが地元の小規模商店に打撃を与えたという．現在ではモロッコ移民の経営する食料・雑貨店，タキシフォンとよばれる私設公衆電話店（電話だけでなくコピー，FAX，インターネットも利用できる）など数店が残るだけだ．

住民の話では，団地内には，長期滞納などで退去させられたり，滞在資格を持たなかったりして社会住宅への入居資格を持たない者に対して部屋を転貸するビジネス（「眠りの商人（marchand de sommeil）」とよばれる）もおこなわれているという．このような状況をふまえると，再生事業が目指していた「貧困集中の解消」は，本当に実現したというよりも，集中を他所に移動させるという結果を引き起こしたと言えるだろう．しかも単にある場所から別の場所に移動したというよりは，限られた地域にさらに貧困を集中させるという状況が新たにうまれているのである．

もっともU団地地区の状況が悪化したことは自治体でも把握されており，その解決策として2014年秋に開始される第2次都市再生全国計画（ANRU2）への応募の準備がすでに2013年3月には進められていた．U団地には別の地区の再生事業の影響で転入してきた世帯が少なくないが，ここでも再生事業が始まればこれらの世帯は再び転居を余儀なくされることになる．同団地が再生事業の対象になるかもしれないとの情報は住民の間でも広がっていた．ただし再生事業を好意的に評価するのではなく，再生事業によって自分たちの状況が好転することはないだろうと考える住民が少なくなかった．

　彼らがやっているのは，住民を古くなった建物から別の古い建物に移動させるだけなのです．また時間が経てば，同じように言うんですよ．「建物を解体する必要があります」ってね．数年前に移動させたことをすっかり忘れてね（インタビュー 29）．

たしかに，D 団地が取り壊され，新しい建物も造られて，きれいになりました．でも新しくなった場所に越したのは 3，4 軒，ほんの一握りですよ！　それも仕事があって，それもちゃんと給与明細をくれるような仕事をもっている人たちです．フランス人，フランス生まれのフランス人で，移民 2 世でもなくて，3 世とか 4 世でないとダメなんです．仕事がなくて，収入も不安定で，字も読めなければ，別の古い団地に送られます．彼らは選んでいるんです．新しい建物は特別な世帯専用なんです（インタビュー 3）．

不満を口にするのは近隣の老朽化団地に転居させられた層だけではなかった．先にみたように，新築の集合住宅や市内のその他の社会住宅に転居した者など，再入居先には一定の多様性がみられたが，こうした差異を超えて多くの人が問題にしたのが家賃の値上がりだった．本章の調査は，D 団地旧住民の一部に対して行ったものであり，データの一般化には限界があるが，聞き取りを行った世帯の 7 割以上は再入居後に家賃があがったと答えた．再生事業で立ち退きの対象となる世帯に対しては，基本的に家賃の値上げはないことが条件とされていたが，実際には管理費が上がったり，または同家賃の物件の条件が悪かったためより家賃の高い住宅への入居を受け入れざるを得なかった，などの理由があった．いずれにせよ，家賃の値上げは住民に一定の打撃を与えた．

家賃が同じだときいていたのに，ずいぶん高くなりました．管理費やら共用部分の清掃費やら中庭のメンテナンスやらで……おまけに駐車場代もかかるようになりました．前の団地では隣近所，みんな知りあいだったので，建物の前に停められましたが，今は周辺一帯が有料駐車場で停められません．これ以上安い物件はないよ，と管理会社に言われたので，仕方なく受け入れましたが，生活は苦しくなりました（インタビュー 7）．

こちらが頼んでもいないのに立ち退かされたんだから，てっきり同じ家賃のはずだと思っていて，確認もしませんでした．すると管理会社から「150 ユーロ，余計に払って別の社会住宅（PLUS）に移るか，家賃は同じだけど D 団地よりもひどい団地に移るか」を迫られました．向こうは選択肢というけれど，はじめから選択肢などなかったのです．引越しなんてしたくなかったのに（イ

**表 5-2　解体団地入居世帯のプロフィール**

| | 世帯人数 | 世帯 | 年齢 | 職　業 | 収入 | 出生地 | 再入居先 |
|---|---|---|---|---|---|---|---|
| 1 | 1 | 男 | 36 | 従業員 | B | フランス | 同地区 |
| 2 | 8 | 男 | 41 | 失業者 | D | セネガル | 隣の団地 |
| 3 | 7 | 男 | 37 | 失業者 | D | セネガル | 隣の団地 |
| 4 | 8 | 男 | 56 | 従業員 | — | マ　リ | 別の地区 |
| 5 | 5 | 女* | 42 | 従業員 | B | コンゴ | 別の地区 |
| 6 | 8 | 男 | 45 | 失業者 | B | モーリタニア | 同地区 |
| 7 | 3 | 女* | 38 | 従業員 | C | トルコ | 別の地区 |
| 8 | 3 | 女 | 35 | 従業員 | C | フランス | 同地区 |
| 9 | 1 | 女 | 63 | 年金生活者 | E | | 別の市 |
| 10 | 2 | 女 | 65 | 年金生活者 | — | | 市　内 |
| 11 | 2 | 男 | 72 | 年金生活者 | C | | 市　内 |
| 12 | 6 | 男 | 48 | 福祉受給 | D | | 市　内 |
| 13 | 5 | 女* | 30 | 福祉受給 | D | | 隣の団地 |
| 14 | 5 | 女 | 56 | 従業員 | C | カメルーン | 別の市の団地 |
| 15 | 5 | 女 | 47 | 労働者 | — | アルジェリア | 同地区 |
| 16 | 7 | 女 | 43 | 労働者 | — | トルコ | 同地区 |
| 17 | 5 | 男 | 45 | 従業員 | B | | 同地区 |
| 18 | 3 | 男 | 54 | 従業員 | B | | 別の地区 |
| 19 | 4 | 女 | 31 | 失業者 | D | | 隣の団地 |
| 20 | 4 | 女* | 48 | 従業員 | E | | 別の市 |
| 21 | 8 | 女 | 39 | 従業員 | A | | 別の地区 |
| 22 | 5 | 女* | 38 | 失業者 | C | アルジェリア | 別の地区 |
| 23 | 4 | 女 | 36 | 従業員 | A | | 別の地区 |
| 24 | 5 | 男 | 55 | — | — | アルジェリア | 隣の団地 |
| 25 | 5 | 男 | 31 | 従業員 | B | 中　国 | 小規模住宅 |
| 26 | 5 | 女 | 38 | 労働者 | A | チュニジア | 別の市（持ち家） |
| 27 | 4 | 男 | 35 | 従業員 | B | フランス | 別の市（持ち家） |
| 28 | 5 | 女* | 39 | 失業者 | E | マ　リ | 隣の団地 |
| 29 | 4 | 男 | 27 | 従業員 | C | フィリピン | 隣の団地 |
| 30 | 5 | 男 | 35 | 失業者 | D | モロッコ | 別の地区 |
| 31 | 3 | 男 | 49 | 失業者 | B | ハイチ | 別の地区 |
| 32 | 1 | 男 | 35 | 福祉受給 | E | アルジェリア | 小規模住宅 |
| 33 | 3 | 男 | 60 | 労働者 | C | アルジェリア | 小規模住宅 |
| 34 | 7 | 男 | 67 | 従業員 | A | モロッコ | 同地区 |
| 35 | 6 | 男 | 24 | 労働者 | A | チュニジア | 同地区 |
| 36 | 5 | 女* | 37 | 労働者 | — | カンボジア | 同地区 |
| 37 | 4 | 女 | 33 | 失業者 | — | トルコ | 同地区 |
| 38 | 3 | 男 | 41 | 労働者 | — | モロッコ | 同地区 |
| 39 | 11 | 男 | 36 | 労働者 | — | インド | 別の市 |
| 40 | 2 | 女* | 42 | 労働者 | — | アルジェリア | 同地区 |
| 41 | 13 | 女 | 46 | 従業員 | — | セネガル | 同地区 |
| 42 | 10 | 男 | 57 | 従業員 | — | アルジェリア | 同地区 |

注：＊は母子世帯.「収入」欄のA：それ以上，B：所得中央値（1,928€），C：最低賃金以下（1,365€），D：貧困ライン以下（964€），E：極貧ライン以下（642€），—：不明．筆者による現地調査のデータによる．

ンタビュー5).

D団地では4Kで460ユーロでしたが，今は同じ4Kでも少し狭くなり，家賃は75ユーロ高くなりました．でもまだ家賃は何とかなります．問題は共益費ですよ．この間，1年分の請求書が送られてきたら1200ユーロと書いてありました．こんなお金，どうやって払えというんですか？（インタビュー18).

いくら外部で「ゲットー」などとよばれ，評判が悪く，また共有部分に衛生や設備の面で問題があったとしても，安くて広い団地での暮らしは住民にとって「利益」であったことは改めて留意する必要がある．

納戸も，居間も，台所も，全部前のほうが広かった．団地が壊されたとき，私は泣きました．あそこが気に入っていたんです．安いのがよかったし，広くて部屋も明るかった．それを壊して，代わりに小さくて高いアパートが作られたのです（インタビュー14).

## 3.2——排除される世帯　排除住民の抗議運動から

D団地R棟に居住していた418世帯のうち，市がデータを所有するのは約8割の342世帯だったが，残りの約2割に関しては状況を市は把握していない．行政の再入居担当者によれば，これらの世帯には主に2つのケースが多い．1つめが超過滞納世帯である．全国社会住宅管理会社連盟の発表によれば，2012年には全国平均で約10％の世帯が家賃の催促状を受け取っている．オベールヴィリエ市では「滞納世帯（3カ月以上家賃を支払っていない)」は全世帯の約20％で，超過滞納世帯も増えている[14]．

アミナタは小学生2人を育てるシングルマザーだ．夫が出て行ったのとほぼ同じ時期に病気になり，月650ユーロの家賃が支払えなくなって3年半が経つ．現在では体調は回復し，再び保育ママの仕事をはじめて月1200ユーロの収入がある．また病気などを理由に社会住宅管理会社に対して家賃取り消しの申請を行い，6000ユーロ分の取り消しが認められた．しかしそれでも3年半分の借金の一部にしかならず，全額返済のめどは立たない．市はR棟の解体事業にあたり，滞納世帯を一律に再入居対象者から排除することはせず，それぞれの事情や状況，また「誠意」(「一部でも借金を返す努力をしているか」など）を個別に審査して対応を図った．その結果，市内の別の社会住宅に再入居できた世帯もあれば――ただし，その場合は3.1でみたように「人気のない」，条件の悪い住宅にまわされることが多い――，退去させられる世帯もあり，この後者の部分が自治体には把握されていない[15]．

２つめは居住者の法的・手続き上の資格に問題があったケースである．再入居手続きには一連の書類を提出する必要があるが，そこで所得証明に関する書類などの不備（無申告労働など）があった世帯はその一例である．しかしそれ以上に問題となったのは，又貸しなどによる居住者と契約者の不一致であり，そのなかには滞在許可のない居住者もいたという．フランスには住宅困窮者を支援する住宅請求権法（通称DALO法）があり，家賃が払えないほど困窮していると認められた世帯には住宅を要求する権利が認められているが，滞在許可のない外国人はその対象外である．自治体関係者によれば，このような世帯には移民のなかでもニューカマーのアフリカ大陸出身者（サブサハラとマグレブ）が多い．

先にも述べたように，これらの世帯に関しては市のデータは存在せず，その実態を描き出すことはここではできない．しかし，このように排除される世帯の状況を推察する材料として，2007年に同市M団地で団地の改修にともなって強制退去が執行され，それに対する抗議運動が起きた事例について言及したい．同団地では同年７月に52世帯に強制退去が執行された．大半がコート・ジボワール，マリ，ギニアからの移民で，難民資格をもっている者もいるが，申請を却下されたなどの理由で滞在許可のない者も多い．大半が就労し収入はあるが，民間住宅を借りるには不十分で，またフランスに頼れる家族もない住宅困窮者だ．アパートが空いているという情報を得て占拠した者もいるが，仲介者にだまされて不法だと知らずに入居したという者も多い．

たとえばママドゥーはコート・ジボワール出身で，2001年に渡仏し，難民資格を取得した．建設業で就労し，妻と住居を探していたところ，地下鉄の駅で「1500ユーロを払えば賃貸契約（bail）が結べる」と話をもちかけられ，２年前に同団地に入居した．自分の名前入りの電気料金請求書（フランスでは居住証明の代わりになる）が届いたので，正式な契約ができたと思っていたという．同じくコート・ジボワール出身のバンバは「家賃」を毎月管理会社におさめていたという．管理会社が「無契約占拠賠償金」という事実上の家賃を毎月600ユーロ支払わせていたのだった．そのため機動隊がやってきて，荷物とともに外に放り出された際に「家賃を払っているのになぜ追い出されるのかわからない」とパニック状態になったという．

NGOの支援を受け，約120名が退去させられた棟の目の前でテント生活を開始し，再入居先の斡旋を要求した．当初，自治体は「不法占拠者」には再入居の斡旋も行わない姿勢を示した．HLM管理会社代表で市長補佐のジェラール・デル・モントは「オベールヴィリエでは3800世帯が社会住宅入居申請を行っています．オベールヴィリエ住民が優先されなければなりません」と回答した．この回答は抗議活動をする移民たちに激しい怒りと失望の反応を引き起こした．ランシネはこう語る．

> もう慣れています．4回も立ち退きにあったから（……）でもわれわれは犯罪者でも泥棒でもない．働いて給与もある．お情けがほしいのではなく，住居がほしいのです．お金はある．妻は正規雇用です．夫婦で月2500ユーロ収入があるんです．でも色々あたっても住居が見つからないのです．

怒りの原因は彼らの陳情に耳を傾けようとしない態度にもあるが，退去させられた人々を「地元住民」として認めていないことを堂々と宣言した点にもあった．ここには，以前も同自治体でみられた「地元住民」と「移民」を区別して前者を優先する「地元住民優先の論理」が明確に表れている．これは一見，「当たり前」の論理にみえるかもしれないが，いったい何年居住したら「地元住民」として認められるのかなど，判然としない点が多い．ママドゥーたちは2年，なかにはそれより長く住んでいる者もいるが，あとどれだけこの市に住めば「住民」と見なされるのか．不法占拠というが，住宅弱者である自分たちを利用する詐欺にあった被害者である．そもそも「長く住んでいる人間」の権利を「新しく来た人間」には認めないというのは，極右の移民排斥の言説で用いられる論理でもあり，それは人権概念と齟齬をきたすのではないか——以上の理由から「地元住民優先」の論理は排除される側にとっては自明ではなく，それどころかきわめて不条理なものとして映る．「フランスに住んで6年，生活の基盤はここにあります．国に帰ったって一からやりなおし．わたしはもういい年です」とママドゥーは語る.

その後，自治体は8日間の「ホテル代」の支給を提案してきたが「8日間では根本的な問題解決にはならない」ため，多くの人が抗議行動を続けることを選んだ．そして2カ月の占拠の末，「公序良俗を乱す」という名目で機動隊の介入が行われ，テントが強制撤去された．退去をさせられた世帯は不法占拠期間分の「無契約占拠賠償金」を支払えば「3800世帯の市民と同じように」社会住宅入居の申請を行うことが認められ，社会住宅か民間住宅が見つかるまで県が当面のホテル代を支給することになった.

しかしそれが認められたのは「滞在許可のある者」にかぎられ，それ以外の者は再び115とよばれる緊急宿泊施設を探すか，知りあいを探すか，路上に出るか，新たな占拠の場所を探すなど別の方法を見つけるか，という不安定な状況に放り出された．日々，その日の寝場所を探して生きることはただでさえ休みなしの「フルタイム労働」であるが，その困難な作業を警察の目をかいくぐりながら――「職務質問を受けたらおしまいである」――という強いストレスのなかで行わなければならない．ゲットー論などの都市下層研究においては空間的セグリゲーションの視点から人々が特定の地域に「固定」されてしまう現象に光があてられてきたが，その一方で，安定的な居住形態を手にすることができず，常に移動を余儀なくされ，自らを1カ所に固定できない「強制されたフレキシビリティ」（森 2013）という現象もまた今日の貧困層の典型的形態である．そのことを団地から退去させられた世帯の事例は示している.

以上の経緯からは，市がデータを所持していないD団地退出世帯のなかにも，このような「強制されたフレキシビリティ」の状態におかれた者が少なくないと推察することができる．もちろんこれらの人々の居住状況を長期的に見ていかなければ把握できない問題が多々あることも事実だ．ただ，市の団地取り壊しが貧困層の排除につながるかどうか，という問いに対しては一定の回答を提示できると思われる．すなわち同事業は団地住民のなかでも経済面と（在留資格などの）法的面で底辺に位置する住民――それに加えて特定のエスニシティであるという点で「人種化」された住民――を排除する方向に作用したと言えるだろう．言い方を換えれば，自治体が「（再入居斡旋などの支援の対象となる）住民」をどのように定義し，誰がそこから排除され，その基準とは何なのかという問題の答えが，この事業を通して浮かびあがるとも言える．

その一方で自治体の立場からすると，「貧困層を排除しない」努力を最大限しているが，ただでさえリソースが限られているところに，「住宅請求権法」などで社会住宅の多い自治体に貧困層が増えやすい構造が国家によって作られ，また上記のような貧困ビジネスが団地内で次々に行われてしまい，対応が追いつかない，といった主張が展開される．実際，オベールヴィリエ市は「劣悪居住に関する取り組み」プロジェクトをたちあげ，強制退去をできるだけ防止するための施策を開始した数少ない自治体でもある．革新自治体として排除を防止しようとする姿勢と，同時に市の再生を図る上で貧困層をこれ以上増やしたくないという思惑は，サルヴァトールが「劣悪居住防止プロジェクト」を発表した際に行った次の発言にも現れている．

> 支援団体との話し合いや，市の独自の調査を通して，この取り組みを始めることにしました．退去対象者には暫定的な宿泊施設を提供することを目指します．(……) その方向でできるかぎりの努力をします．(……) 次の入居場所が見つかるまでの数カ月，適切な施設を提供したいと考えています．現在，市にはこのような緊急宿泊施設が 20 ありますが，それを 2014 年までに 50-80 まで増やすのが当面の目標です．

この目標が達成されても，高まる需要に供給が追いつかない可能性が高いことは，市側も支援者側も認識している．サルヴァトールは市が最大限の努力をしているものの，それが限界に達しているとして，次のように説明した．

> セーヌ・サン・ドニ県全体に言えることですが，なかでもオベールヴィリエ市は多くの移民を受け入れています．このまま移民の流入が続けば，フランスで一番連帯精神の強いわれわれの街は移民だけのゲットーになってしまう．それはソーシャル・ミックスの原則に反するので，拒否します．そうならないためにも住民を多様化しなければならないのです．

## 3・3――「ゲットー」の社会関係資本と多様性

郊外団地が地域内だけでなくマスコミなど地域外部の人間によっても「ゲッ

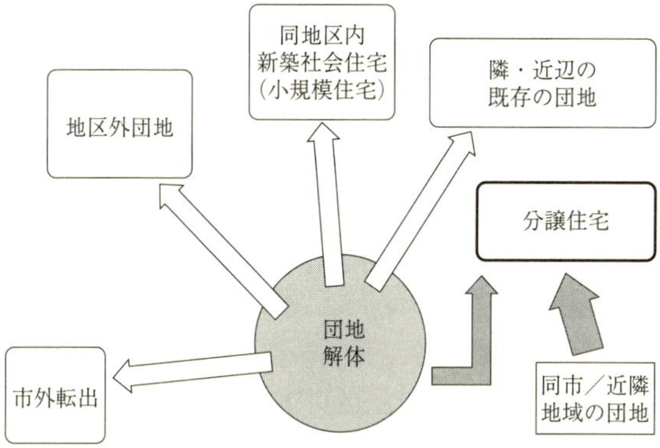


**図 5-3**　団地解体後の旧住民の「分散」と新住民の転入

トー」として否定的に表象され，自治体の関係者が再生事業によってその「ゲットー」の解体を目指していたのは先に見たとおりである．ここで言われる「ゲットー」とは荒廃した建物やその建物が地域環境において孤立しているというハード面のみを指しているわけではなく，そこに「同質的な人々」が固まって居住することで形成されるコミュニティを指していた．このようなコミュニティは人々がお互いに負の影響を及ぼしあうものとして，つまり負の社会関係資本であると否定的に理解され，そのようなコミュニティを解体することが再生事業の目標とされてきた．

さらに先行研究においても，このような団地コミュニティの社会関係資本の蓄積が及ぼす負の影響が指摘されることが多かった．たとえばイサベル・クタンはパリ郊外の少年院出所者の社会再統合過程について調査し，秀逸な分析を展開しているが，そのなかでも団地で暮らす若者が，団地内部の緊密な人間関係から抜け出せず，その影響で「段階的に非行に手を染めざるをえなくなる」過程を分析し，そのことを「歯車に巻き込まれる（engrenage）」と表現している（Coutant 2005）．

しかし同時に郊外団地コミュニティは住民にとって必ずしもマイナスだけではなく，そのような社会関係資本の蓄積が住民に何らかの利益をもたらしてきたことも指摘されてきた（Sauvadet 2006, Mauger 2009）．地域を熟知し，知りあいも多く，コミュニティ内部のネットワークを活用できることは住民にとってメリットでもあった．それはときには足かせにもなることもあるが，同時に貴重な資源でもあったのである[16]．元住民に対するインタビューを通して具体的にみていこう．

前の団地は入居して5年で，すべての住民と知りあいになりました．近所の人がとても親切で，よくしてくれました．クスクスを持ってきてくれて一緒に食べたり，わたしもお礼に何か持っていったり，親しくしていました．お互いに用事のあるときには子どもを預けたり預かったりして，人間的なつきあいがありました（インタビュー36）．

私の住んでいた建物は住民が団結していました！　住民同士よく気があっていて，知らない人なんてひとりもいませんでした．みんな知りあいで，すれ違うと「元気？　お子さんはどう？」と声をかけあい，とても感じがよかったんです．問題が起きることなどありませんでした．一度だけ，若者とトラブルになったことがありました．みんなで暮らしているという意識に欠けていて，大音量で深夜に音楽をかけていました．でもこの問題もみんなで協力して解決したんです（インタビュー23）．

これほど孤独を感じるとは思ってもみなかった．団地を出て，新しい建物に移れると喜んでいたのに，ここに移ってきてから何もすることがなくて気が狂いそう（笑）．なんとか適応したいけど，簡単にはいかない．何をするにもお金がかかる．（……）D団地のよさが今になってわかった．今でも近くに行ったついでに寄ると，色んな人に会うし，やることもいっぱいある．それに比べてここは何もない，砂漠同然（インタビュー22）．

今の建物は12世帯しかいないけど，みんなお互いの名前も知らない．挨拶しても返事しない人もいる．誰とも会わないよ，驚くほど誰とも会わない（インタビュー33）．

ここには知りあいが1人もいない．すれ違うと挨拶するだけ．D団地の時はよかった．ここでは人間関係が存在しない．こんにちはって言うだけ．だから玄関のチャイムが鳴ると，びっくりして怖くなる．いったい誰って．D団地のときは，しょっちゅう「今からちょっとあがってもいい？」と人が来ていたのに（インタビュー23）．

ヴァカンは，1950年代までの黒人ゲットーが支配層である白人社会と被支配層である黒人社会に対してそれぞれ異なる機能をもち，黒人社会に対しては「（ゲットーの）住民を外部の支配者との接触から解放し，限定された人間関係内部での多極共存とコミュニティ形成を促す点で，住民を統合し，保護するデバイスである」（Wacquant 2011: 10）と述べる．この時代の黒人ゲットーと現代フランスの郊外団地の間には決定的な違いもあるが（cf. Wacquant 2007），コミュニティが住民に与える「統合」と「（外部社会からの）保護」という機能を果たしている点において，程度や規模の差こそあれ，共通点も見られる[17]．

ところが団地再生事業によって住民が小規模集合住宅に分散され，団地を中心に構築されていた住民間の社会関係は分断された．そのことによって，団地コミュニティの統合・保護機能が失われた．このことは住民に一定の利点をもたらしていた団地の社会関係資本の剝奪につながり，住民に不利益をもたらし，その生活基盤の弱体化につながる可能性がある．この点について，リヨン郊外の団地再生事業の調査を行ったピエール・ジルベールも次のように述べている．

> 再生事業の影響の全体的評価をするにはまだ早いかもしれませんが，これまでの調査でわかったことの1つに，政策で言われる「地区から抜け出したくても抜け出せない（captivité）」という説に反して，取り壊し団地の住民の大半が「ここに残りたいと強く願っている」ことです．そこから浮かびあがるのは，再生事業によって地区を出て行かねばならなくなった世帯と残る世帯のどちらにとっても生活基盤を弱体化するリスクがある点です．団地に残れても，これまで関係を築いてきた隣人がいなくなり，別の人に変わることは団地内の社会ネットワークを通して得られる資源を不安定にするからです．団地で暮らす庶民にとって近所付き合いから得られる資源は生活に不可欠です．再生事業はそれを破壊する傾向にあります[18]．

一方，住民のインタビューを通して浮かびあがるもう1つの点として，D団地が「郊外ゲットー化論」で言われているように「同質的な人々の集まり」では必ずしもなかったことである．D団地のような「大規模団地」の住民は「ゲットー住民」などとよばれ，きわめて均質な集団として想定されがちであるが，実際には職業，学歴，所得，エスニシティなどの面で看過できない多様性が存在することは，先行研究で明らかにされてきた（Beaud et Pialoux 2003, Mauger 2006a）．これとほぼ同じ指摘をD団地に居住していた住民についてもできる．たしかに同団地では失業率が26.3%（そのうち1年以上の長期失業率は61.9%，Observatoire d'Aubervilliers），家賃滞納世帯の割合も29.9%など，オベールヴィリエ市でも貧困が集中する地区の１つであったが，その一方で，団地には一定の収入をもつ世帯もおり，なかには全国の所得中央値を超える所得のある世帯さえ，若干ではあるが存在した．世帯構成に関しても，一般に大規模団地に多いとされる大人数世帯ばかりではなかった．調査対象世帯の約３割は３人以下の世帯であった．出生地についても，外国出身者が圧倒的に多いことは確かであるが，出身国は旧植民地が中心であるものの，アジア，中東など多岐にわたり，エスニシティ面にも一定の多様性が存在する．また渡仏時期に関しても，長期定住者もいればニューカマーもおり，年齢層も20代から70代にまで及ぶ．さらに居住履歴にも看過できない差異が認められる（**表5-2**）．

それぞれの面で多様性が存在するだけでなく，さらに重要なのは，これらの変数が組み合わされることによって，より大きな多様性が生まれている点である．たとえば渡仏時期が比較的最近で，かつ世帯主の年齢が比較的低い世帯と，世帯主の失業が長期間にわたっていたり，一定の年齢に達して（再）就労の見通しがたたなかったりする世帯とでは，団地で暮らすことの意味（今後，別の住宅に移動できる見通しがあるか否か）は異なる．また同程度の収入でも世帯人員数に応じて生活水準は同じではない．さらに期間限定雇用などで収入が不安定か，年金のように安定しているかの違いもある．同じ「労働者」でも雇用形態は多様で，安定度にも差異が存在する．このようにＤ団地住民の生活実態にはかなりの多様性があり，一般に言われる「団地ゲットー論」とは大きく異なっていた．

ところが団地解体が決まり，住民の再入居先の調整に着手した社会住宅管理会社は民間企業を通して住民の要望とバックグラウンドを調査し，このように多様な各世帯の経済状況や家族構成を詳細に検討し，それにもとづいて審査をおこない，多様化された社会住宅に振り分けた．たとえば年金生活者のように定収入があり，しかも世帯人数の多くない層は，新しく建設され，比較的戸数の少ない集合住宅に移動した．それに対して収入が不安定だったり，多人数だったりする世帯は市内の既存の団地に再入居し，そのうち母子世帯や家賃を滞納する貧困世帯は老朽化の激しい団地への転居を余儀なくされた．そして正規の契約や滞在資格をもたぬ最も不安定な層は社会住宅から退出させられた．

このように老朽化団地を取り壊し，多様な住宅を新たに建設するというＤ

団地地区の再生事業は，大半が市内や同地区内で居住を続けたという点で大規模な地域間移動は引き起こさなかったが，地域内でのミクロな移動を引き起こした．このような移動は，社会住宅管理会社が収入，家族構成，生活水準などの基準をもとに団地住民を細かく分類した結果として発生した．こうして，団地住民はより同質性の高い小集団に細分化された．こうして地域社会のミクロレベルにおいて住民の階層化が引き起こされたと考えられる．

そう考えると，再生事業はオベールヴィリエ市というメゾレベルにおいては（下位）中産階級住民の誘致によって住民構成の多様化をある程度生み出したが，その一方で住民の顔が見える範囲での社会関係において多様性は減少し，隣人関係の同質性は逆説的に高まった．どのレベルで判断するかによるものの，ミクロレベルにおいては，再生事業は目的の反対，つまりソーシャル・ミックスを減らす方向に働いたとも言える．ここでもまた，政策の目標（貧困地区の住民構成の多様化）と現実に引き起こされた結果が乖離しているのがわかる．

本節では，再生事業によって団地に住んでいた人々の「その後」について，限られたデータに基づいて光をあてた．そこから見えてきたのは，オベールヴィリエ市の再生事業においては住民の大半が近隣に再入居するなど，一見すると（市長が繰り返し強調したように）ジェントリフィケーションとは全く異なるものに見える現象である．しかし非正規滞在者などの最下層は退去させられており，そのことをふまえると再生事業が（最）貧困層の排除を引き起こしたことも確かである．さらに他の社会住宅に再入居した層も家賃の上昇に悩んだり，団地コミュニティのネットワークなどの資源を失ったり，一定の不利益を被っていることもわかった．

## 4――「ミックス」の実情と課題

### 4.1――新住民と地域

ここまで再生事業によって住民構成にどのような変化が生じたのかを「新住民」,「旧住民」にわけてそれぞれみてきたが，このように物理的に同じ空間で暮らすようになった住民間に実質的な交流がどの程度生まれているのだろうか．

特徴の１つとしてあげられるのが，地域の治安に対する不安を口にする新住民が多い点である．ダニエラはオベールヴィリエ市での居住歴が長く地域に愛着をもっているが，治安には不安があるという．

> この地域で最初の分譲住宅ということもあって，ここの住民は周りからは「金持ち」という目でみられていて，ひったくりの被害なども発生しています．しかも警察に電話してもすぐには来てくれない．この点は前に住んでいた団地と変わりません．他の地域なら通報すればすぐに警官が駆けつけますが，郊外では違うのです．

市の外郭団体勤務のキュイデールも地域にある下町的な雰囲気を評価しつつも，同じような問題を口にする．

> キャトルシュマンは活気に満ちていて，住民も気さくですが，貧しい人が多く，生活は不安定で，警察によるドラッグの売人の取り締まりが頻繁に行われるなど物騒で，通りには緊張感があります．また外には男性の姿ばかりで，女性には居心地が悪いかもしれません．

銀行勤務のジャミラはセーヌ・サン・ドニ県バニョオレで育ち，その後夫とパリで暮らしていたが，２人目の子どもの妊娠を機に，友人の住むオベールヴィリエに新築アパートを購入した．だが彼女にとって，同じセーヌ・サン・ドニ県でもオベールヴィリエは「別世界」だという．その原因は，３カ月前に夫が建物の前で襲われたことで，それ以来外に出るのが怖くなったという．このような治安への不安は，新住民の地域社会との交流を妨げる要因の１つとなっている．

このような「保護」の欲求として現れるのが，子どもを地元の公立の教育機関に通わせないという選択である．親のなかには，初めから地元の学校には通わせないことを選択する者と，途中で切り替える者がいるが，本調査では後者が圧倒的に多かった．エステティシャンのマリーズは転校させた理由を次のように語る．

> オベールヴィリエに色んな住民が住んでいるのは素晴らしいことです．でも，

子どもには自分にあった環境で教育を受けさせたい．（近所の）公立には，親が仕事をしていなかったり，父親が母親に暴力をふるったり，兄弟がドラッグに手を出していたり，そんな家庭の子どもばかりでした．それがわかって，学校を変える決意をしました．

映画制作会社勤務のラキも，10歳の息子を初めは地元の小学校に通わせていたが，途中から私立の小学校に切り替えた．

初めは近所の学校に通わせていて，息子も楽しそうでした．ところが2年後の年末に学校で開かれたパーティーに行ったときのことです．自分たちと同じような人たちが誰もいませんでした．（……）息子が低学年の時は色んな子どもがいて，息子と似た服装の子どももいましたが，学年があがるにつれていなくなりました．（……）パーティー音楽はラップやタムタムばかりでした．（……）同じような人間だけで固まるのはよくありませんが，完全に孤立するのも子どもがかわいそうです．

再開発地区で中産階級の住民が，地元の公立学校を避けて学区外の公立や私立に子どもを通学させる「学校回避（évitement scolaire）」現象は，教育社会学だけでなく，ジェントリフィケーション研究でもとりあげられてきた．パリ東部の再開発による地域変容を論じたアンヌ・クレルヴァルも，新住民と旧住民が同じ地区で暮らしながら「交わらない」ことの原因の1つとして，新住民による「学校回避」を指摘した．この点について，本調査はオベールヴィリエでも同様の結果を示唆するものである．

ただし，クレルヴァルの研究では新住民と旧住民の間の「溝」が階級の違いに加えて,「フランス人」対「移民」という差異によって描きだされた（Clerval 2013）．それに対し本調査の事例では，新住民と旧住民のどちらのカテゴリーにおいてもエスニック・マイノリティが多く，その意味でエスニシティ面に関しては「近接性」によって特徴づけられている点が異なる．

シャンボルドンとルメールが，異なる階級の住民の共生は必ずしも相互理解を生み出さないと指摘したことはすでに第3章で言及したが（Chamboredon et Lemaire 1970），本章の事例はこの「空間的近接性／社会的遠隔性」の議論に「エスニックな近接性」という軸を加えることの必要性を示唆するものである．

筆者のここまでの調査では，「空間的近接性」に加えて「エスニックな近接性」が存在しても，「社会的遠隔性」を乗りこえることは自明ではない．「ソーシャル・ミックス」支持者が理想としたような「交流」は空間的近接性に加え，エスニックな近接性があっても自然には発展しない．それどころか，比較的安定している層の持ち家取得を支援する優遇政策は，持ち家取得層とそうでない層の間の差異意識を強める結果につながることが示された．

しかしながら本節の考察は，再生事業の数年間という限られた期間の結果である点も考慮する必要があるだろう．地域社会の再編成やソーシャル・ミックスの達成が長い時間をかけて形成されることを考えれば，本章の分析はあくまでも「途中経過」として位置づけることが適切かもしれない．真の成果については今後も長い目で観察を続けていく必要がある．

## 4.2——旧住民と新住民の関係性 ミックスの限界?

ここまで新住民の意識や言動を通して，階級の異なる者が近距離に住んでもソーシャル・ミックス論の描いたような「調和」が必ずしも生まれないことを見てきた．それどころか，交流なき同一空間の共生はときに緊張を生み出すこともある．以下では，このような緊張の実態とそれが地域社会に与える影響について，オベールヴィリエ市における，①大企業移転，②コミュニティ・サイクルの導入という2つの具体例にもとづいて考察する．

### 4.2.1——企業の「ピンポイント移転」と「ゲーテッド・コミュニティ化」

プレーヌ・サン・ドニ地区に大企業の移転がすすみ，パリ首都圏第3のビジネス街に成長したにもかかわらず，地元住民の雇用がほとんど進まなかったことは，すでに第4章でみたとおりである．たとえば電話会社オランジュ企業部門は2010年に同地区に移転したが，月収平均3500-8000ユーロの正社員はもちろんのこと，食堂やカフェテリアの従業員にも地元の人間がほとんどいない．2012年，労組SUDの発表によれば同社の全従業員1800人中セーヌ・サン・ドニ県民はたった5人である．

地元に企業が移転してきても，地元民は雇われない．その結果，「赤い郊外」の時代に存在したような「地元工場の労働者＝地元住民」という企業と住民の緊密な関係性は消滅した．それは，住民が企業に雇われないという単なる雇用問題にとどまらず，地域社会に看過できない影響を及ぼしている．企業で働く従業員と地元住民が構成する地域社会の間にほとんど交流がなく，両者の間に明確な断絶が生じているのである．企業の周辺に下請けや関連子会社が形成されるという第2次産業型の企業城下町形成がみられなかったのはもちろんのこと，企業従業員向けの飲食業をはじめとするサービス業の発展もほとんど見られなかった．

このような事態の原因の1つにあげられるのが「治安」の問題だ．本書でも繰り返しみたように，フランス社会においてセーヌ・サン・ドニ県のイメージは総じてよくない．オベールヴィリエ市の市長補佐によれば，「データをみれば，首都パリに比べてもトータルの犯罪率はむしろ低い」というが，メディアの影響もあって地区に一度も来たことのない人も非常に悪い印象をもっているため，「実際の治安以上に体感治安が悪い」という．前述のSUDの発表によれば，2009年にオランジュ社がプレーヌ・サン・ドニへの移転を発表した際には，従業員が「危険すぎる」「社員の安全を考えろ」などと激しく反対した．このような反応は，他の移転企業にも共通するという．

そして移転後，通勤中の社員が実際に窃盗やひったくりに遭うという事件が起きた[19)]．これらの事件は単なる被害の実額のレベルを超えて，従業員が地区に対して抱いていた先入観に根拠を与え，彼らの恐怖心をより強くあおる結果をもたらした．

企業側は様々な対策を講じて，不安の払拭を図った．オランジュ社ではトラブルを回避するための注意事項の周知が徹底され，路上での携帯電話の利用を極力控える，鞄は道路側には抱えない，駅前のATMでは現金を引き出さない，路上喫煙は避ける，外出は必ず集団でする，などの指示が出された．

こうした流れと並行して，企業は社員が極力社外に出なくてすむよう社内設備の充実を図った．たとえばオランジュのオフィスビル敷地内には，テーブルと椅子が置かれた庭園，レストランと広大なセルフサービスのカフェスペースが設置され，卓球やテーブルサッカーゲームなどの娯楽スペースも併設されている．また外部業者によるクリーニング・サービスや有機野菜などの販売，また「スシ」の出前なども行われている．また携帯電話のエスエフエール社は，プレーヌ・サン・ドニ地区でも最大規模の4.2ヘクタールの敷地内に4つのレストランと70のカフェテリア，コンシェルジュサービスカウンター，300人収容のホール，体育館，フィットネスルーム，ダンスホール，屋外庭園に屋内庭園，テラススペースを配備し，駐車場も1600台分用意した．このように最新設備の整った敷地は高さ2.4メートルの壁で包囲されている．こうして従業員は敷地内で仕事だけでなく，余暇やスポーツ，買い物とあらゆることができる仕組みになっている．つまり通勤以外は一歩も外に出ることなく事足りるよう組織されているのである．

アメリカ合衆国で1980年代より増加したゲーテッド・コミュニティは，住宅敷地内部にあらゆる機能を備えたコミュニティであり，それを都市政策研究のブレークリーとスナイダーは現代の「要塞都市」とよんだが（Blakely and Snyder 1997=2004），本節でみてきたプレーヌ・サン・ドニ地区の大企業もまさに「ゲーテッド・コミュニティ」であり，「要塞企業」の様相を呈していると言える．

こうして社員は駅とオフィスビルの間を往復するだけで，その他の地区とは一切かかわりをもたないという状況が生じるようになった．その点について，労組CFE-CGC（フランス幹部職総同盟）のティエリー・シャトゥリエはこう述べる．

> 2年前から窃盗などの被害は一度も再発していませんが，社員は会社以外のどこにも行きません．要塞の内側に閉じこもり，外部と遮断されているのです．外に出るのは駅との行き来だけです．社員にはそれが当たり前になっていますが，異常な事態です．

それどころか，大半の企業は駅とオフィスビルのおよそ徒歩10分足らずの距離を結ぶ専用バスの運行をはじめるに至った．これほど接触がないにもかかわらず，なぜバスまで運行させるのかと疑問をおぼえるかもしれない．しかしゲーテッド・コミュニティ研究は，完全に外部と遮断された同質的空間で暮らす住民が，かえって外部の他者に対して恐怖心を強める傾向を指摘しており，その知見にもとづいて考えれば「接触がないにもかかわらず」ではなく，「接触がないからこそ」であると考えることもできる．

こうしてプレーヌ・サン・ドニ地区では企業社員と地元住民の交流どころか，接触ができるかぎりないような空間編成が行われた．丹野清人は日系ブラジル人が日本ではなく「湘南台」や「保見」といった「ただ一点」を目指して移動する現象を「ピンポイント移住」と表現したが（丹野 2007），この議論は本節でみてきた動向――「プレーヌ・サン・ドニ地区」ではなく，そこに建てられた「オフィスビル＝要塞企業」の一点のみを目指して通勤し，地域社会と一切関わりがない状況――にも示唆を与えてくれる．「赤い郊外」時代とは異なり，地域社会と接触をもたない企業移転のあり方はまさに「ピンポイント移転」と呼ぶにふさわしい．

企業が「ピンポイント移転」にとどまり，地域社会と交流を持っていないという認識は地元でも共有されている．この点については市長も「企業は増えていますが，社員は残念ながら地域に馴染んでいません」と語っている．住民の間でも「市の政治家は地元に雇用が生まれると期待して市場の論理を受け入れたけど，結局利益を得ているのは大企業だけだ．地元にはほとんど雇用は生まれないし，ミックスも生まれていない」などと批判が起きている．それは単に「ミックスが起きない」というだけでなく，地元住民の意識面にも影響を及ぼしている．それは「自分たちは避けられている」という意識の内面化である．

> 平日は毎朝，ものすごい数のバスが行き交っています．徒歩 10 分の距離だけど，地元の人間が怖いんですね．（……）企業は住民を雇うことで緊張を和らげるのではなく，危険を避けるための様々なサービスを提供することを選択しました（ルイーズ，看護士）．

「ピンポイント移転」によって企業との近接性が物理的には高まった．しかし近くにいるにもかかわらず，社員と住民の接触の可能性をできるかぎり排除する空間編成は，企業側にとっては「治安管理」というきわめて正当な措置であるとしても，地元住民にとっては「自分たちが望ましくない存在であること」を日々，露骨に見せつけられているに等しい．こうした状況で「ソーシャル・ミックス」論が称揚したような「階級調和」が生まれていないことは，プレーヌ・サン・ドニ地区の事例に関しては確認できる．それどころか地元住民は企業社員との間の「溝」をかえって再認識させられ，排除意識を強める結果にもなっている．

### 4.2.2――「定着者」と「部外者」の再編成　「新住民寄りの政策」と旧住民の疎外感

このような事態を前に自治体は対応策をとった．企業側の治安への強い懸念を受けて，市は県の協力を得て「メディエーター」70名を雇用し，駅からオフィスビル街までの公共空間の警備にあたらせた．アフィフはプレーヌ・サン・ドニ地区生まれの28歳で2年前からスタッフとして働く．ひったくりなどの標的にされそうな通勤者をいち早く見つけ――鞄が開いていたり，電話をしながら歩いている，など――，注意を促すのが主な業務だ．「ここは企業の人たちが想像するほど危険な場所ではありません．最低限の注意を払って行動すれば問題は起きません」と話す．

自治体は，このような企業に配慮した施策だけでなく，転入してきた新住民に向けた施策にも力を入れてきた．その理由をサルヴァトールは次のように語る．

> 私の一番の願いは，よそから来た住民がこの街にずっと住み続けてくれることです．この層がいつか出て行ってしまうのではないか，と心配しています．引き止めるためにはできる限りのことをしなければなりません．（……）学校や保育園，スポーツ施設，公共空間の衛生や治安など，公共サービスのレベルを彼らのニーズにあうよう急いで引き上げなければなりません．新しい住民のニーズにあうよう時間帯を延長する必要もあります．（……）新住民が一時滞在のつもりでこの街に住むのではなく，この土地に根づいてほしい．彼らが必要なのです．

このような自治体の「新住民」への配慮は，再生事業の一環で行われた住宅以外の事業にも表れている．生活インフラの整備を目的とした工事が行われ，学校や文化センターなど幅広い住民を対象とした施設の改修が行われたが，そのほかに明らかに新住民の中産階級のみを対象とした施設の建設が行われた．民間資金もあわせ計4億ユーロを投じて建設されたショッピング・センター「ミレネール」や2016年オープンを目指して建設が進められている最新設備を備えたオリンピック・プールは原則的には全住民に開かれているが，それらが中産階級に向けた施設であることは明らかである．

だがショッピング・センターはともかく，公共プールは利用料を低く抑えれば全住民が利用できるのではないか，したがってそれを中産階級向けと断定するのは早計ではないかという反論もあるかもしれない．しかし問題は料金だけではない．この点について，サミュエル・ショーとダニエル・サリバンは低所得のエスニック・マイノリティと中産階級の白人が混住し，ジェントリフィケーションの進む合衆国オレゴン州ポートランドの一地区で毎月開かれるアートフェスティバルに注目し，興味深い考察を行っている．それによれば，ジェントリフィケーションによって地域内に経済的格差が生まれてはいるものの，アートフェスティバルは入場料無料で「みんなに開かれて」おり，全住民を対象としていることが売りであった．ところがふたをあけてみると，低所得のエスニック・マイノリティはフェスティバルのオーガナイザーや来場者のハビトゥスや文化的コードが自分たちと大きく異なることを感じ，一見開かれているフェスティバルに「見えない壁」を感じて決して近寄ろうとせず，結果的に排除されるという帰結をもたらした（Shaw and Sullivan 2011）．この知見にもとづけば，仮にプールの利用料を無料にしたとしても，それだけでは「ここは自分たちの居場所ではない」という低所得層住民の疎外感は解消されないのである．

このような疎外感はときにより明示的なコンフリクトを生むこともある．その一例としてコミュニティ・サイクル[20)]「ヴェルカム（Velcom）」の事例をとりあげたい．同サービスは2007年にパリ市で導入された「ヴェリーブ（Velib'）」の姉妹版で，2009年3月からプレーヌ・コミューンの自治体でも共同導入された．域内の50カ所のサイクルポートに450台が配置され，うちオベールヴィリエには13カ所，233台が配置された．それ以前にパリの「ヴェリーブ」をオベールヴィリエまで拡大導入することも決定しており（15カ所，142台），それとあわせて市内合計28カ所375台が配置された．利用には事前登録が必要で，30分未満の利用は無料でその後は時間ごとに料金が加算される．定期利用契約のほうが割安で1年間で29ユーロ，1週間5ユーロだった．

ところが自転車の盗難や破壊がたび重なり，システム導入から1年半後には「ヴェルカム」450台中428台が使用不可となり，2010年9月，自治体はサービスの一時休止に追い込まれた．セキュリティ対策が講じられ，一時休止から半年後の2011年3月末にサービスが再開された．サイクルポートのセキュリティシステムが強化され，自転車本体にもICチップを埋め込まれて盗難車の遠隔からの監視が可能になり，それらが盗難・破壊行為への抑止効果となることが期待された．だがそのような努力にもかかわらず，盗難・破壊行為は一向に収まらなかった．こうしてサービス再開から2カ月もたたないうちに「無期休止」が発表され，それから1年後の2012年8月に「ヴェルカム」サービスの全面的廃止が決定されたのである．

警察によれば，窃盗・破壊行為の大半は地元の11-17歳の少年によるという．オベールヴィリエ市で少年による窃盗や破壊行為はこれまでも存在したが，新規導入された「ヴェルカム」がこれほど短期間で廃止に追い込まれたことをみると——1年で自転車の95%が破壊された——，他の「非行」行為などと比べても被害が著しく，「ヴェルカム」が他の公共的な器物よりも集中的に破壊行為の対象となったと考えられる．

いったいなぜ「ヴェルカム」が標的になったのか．この問いを考えるには，コミュニティ・サイクル導入という施策が住民にもっていた「意味」を考える必要がある．コミュニティ・サイクルの利用は大人で年間29ユーロ，未成年でも年間19ユーロかかり，それをクレジットカードで支払う仕組みであった．未成年の少年たちはクレジットカードを所有しておらず，また同市の住民の一般的な経済状況を考えると，子どもの自転車利用に19ユーロ払う親はそうそういないと考えられる．以上からも同サービスがこれらの少年を対象としたものでないことは明らかだ．もともとコミュニティ・サイクルはパリの中産階級の間で定着したものであり，郊外の自治体が導入を決めた際にも利用者として想定したのはパリから転入した住民たちだった[21)]．「ヴェルカム」はサルヴァトールが言っていた「中産階級の新住民を引き留める政策」の1つだった．

そもそも日常生活の移動手段に自転車を用いるという生活スタイルは，通称「ボボ（ブルジョワ・ボエム bourgeois-bohême の略称）」とよばれる新中産階級の間で浸透し，発展したものである．ジェントリフィケーション研究のアナイス・コレがパリ郊外モントルイユで行った調査でも，パリから転入してきた，文化業界などで働く新住民を特徴づける要素として「いつも自転車で移動する」ことが，自転車を利用する習慣をもたない旧住民との対比において強調されている（Collet 2015）．またマキシム・ユレもヨーロッパの都市政策におけるコミュニティ・サイクル・サービスの普及に関する比較研究で，交通手段として自転車利用を支持する層には，大気汚染を問題視するなど環境問題を重視し，同時に自らの健康維持に強い関心をもつ，などのハビトゥスをもった一定の学歴をもつ新中産階級であることを指摘している（Huré 2014）．

以上をふまえると，地元の少年たちにとって「ヴェルカム」の存在は単に自分たちを対象外とする制度というだけでなく，「自転車で移動する」という異なるライフスタイルをもった中産階級の新住民のシンボルでもあると解釈できる．それは「自分たち」と「彼ら」の差異を象徴するものであり，「自分たち」よりも「彼ら」を優先する政策の象徴でもある．したがって「ヴェルカム」は地元住民の「疎外感」を強めるシンボルとしての意味ももっている．

ノルベルト・エリアスが弟子のジョン・スコットソンと書いた『定着者と部外者』は，集団・コミュニティ間の対立や緊張，それが生み出す排除，差別の構造について重要な貢献をした名著――社会的排除の問題を「階級」「人種」などの要因だけではなく，集団間の「関係性」において捉える必要性を指摘――で，その中ではイングランド中部の産業都市周辺にある架空の街ウィンストン・パーヴァを舞台に，地域に長く定住していた住民たちが「定着者」，ロンドンなどの他都市から転入してきた新参者が「部外者」の立場におかれ，前者が後者に対して排除を行うなど権力を所持する過程が分析された．このなかでエリアスは，特定の集団が暴力的行為に走る背景を，その集団が定着者に対して部外者意識を高めていく過程と関連づけて分析し次のように述べている．

> つまり，それは排除された部外者の方法であり，かれらは（……）まったく理由もわからないままかれらを排除した規律正しい社会を刺激し，混乱させ，攻撃し，かつできるかぎり破壊することによって，排斥に反抗したのである．かれらの感情と行為の論理は「愛しながらではないとしても，憎しみながら，みんなおれたちに注目せざるをえなくなるだろう」であるように思われた．（……）かれらは，規律正しい世界の代表者たちが，自分たちを部外者として排斥し，軽蔑の眼差しで自分たちを扱うよう繰り返し誘発した（Elias and Scotson 1965=2009: 195）．

**写真 5-3**　駐車禁止となったアンリ・ミュルジェ通り

これに対して，本書で扱うオベールヴィリエ市の再生事業対象地区においては，中産階級の誘致に力を入れる市の政策の下，転入してきた新住民が「定着者」，地元にもともと住んでいた旧住民が「部外者」の立場におかれる，という「ウィンストン・パーヴァ」とは逆の関係性が形成されつつあると言える．再生事業と新住民の増加によって，旧住民がただでさえ部外者意識を強めていたところに，自分たちをあらかじめ排除しているような「定着者」向けの「ヴェルカム」が導入された．部外者の少年たちはそれを破壊することで「定着者」の「困惑と憤怒の表現」を引き起こして，それを「最も楽しんだ」（Elias and Scotson 1965=2009: 216-7）と考えることができるだろう．

「定着者」と「部外者」の関係性の構築における自治体の関与は公共空間の利用にも表れている．その例にランディ地区で起きた違法駐車問題がある．もともと貧困層の多かった同地区は，再生事業によって民間住宅の建設がすすみ，高級ショッピング・センター「ミレネール」も建設されるなど新住民と旧住民の混住が著しい．その同地区の一角の「違法駐車」について新住民が共同で市に苦情を申し立てたのである．

問題の一角はカーボヴェルデ料理を出す飲食店があり，週末には同胞コミュニティの人々がその店と店外に集まり，彼らを相手にする移動型店舗トラックも多く駐車していた．その１ブロック先には中産階級向けの住宅が新設されたが，そこの住民が週末には近所に駐車しにくいことや，夜遅くまで人々が騒ぎ，路上でたむろして「怖い」ことなどに不満をもち，市に働きかけたのだった．その結果，通りは駐車禁止となり，駐車を妨げるためのオブジェが設置された（**写真 5-3**）．

この事例を通して指摘したいのは，新住民の苦情が正当である，あるいは旧住民に対する処遇が不当であるといった価値判断ではなく，こうした市の介入によって，それまで同地区の一角で行われてきた「路上での交流」が禁止され，公共空間の使用法に変化がもたらされた点である．「定着者」と「部外者」の関係性のなかで公共空間の使用方法やルールが再定義され，それは「部外者」を周縁化する効果を生み出した．

以上のように，本節ではソーシャル・ミックス政策の課題，あるいは同政策が新たに引き起こした困難と問題点をみてきた．政策によって物理的な「ミックス」が生まれ，同じ空間に異なる階級・バックグラウンドをもつ人々が存在するようになっても，そこに交流が（少なくとも必然的には）生まれるわけではないことが確認された．このことは，パリの再開発地区に転入してきた住民が地元の学校や商店を利用しないことを示したクレルヴァルの分析にも通ずるものである．また本節では単に交流が生まれないだけではなく，相互理解や交流なき「共生」がむしろコンフリクトの種にもなりうることをみた．さらにこのような「共生」の下で「定着者」と「部外者」の関係性が形成され，それが公共空間の再編成を引き起こしたことを確認した．そのような再編成は貧困層をあからさまに排除するものではないが，その居場所が縮小され，居づらさを感じさせ，結果的に貧困層に自発的排除を促すような性格をもっていた．そして貧困層は事実上エスニック・マイノリティの住民を意味していた．

## 5――都市政策と地域社会の再編

本章は，再生事業が地域社会にもたらす影響についてオベールヴィリエ市のD団地地区再生事業の事例にもとづいて検討した．同再生事業はジェントリフィケーションの先行研究が示してきたように，エスニック・マイノリティの旧住民に代わり白人中産階級がマジョリティを構成するようになるというようなラディカルな住民構成の変化は引き起こさなかった．第2節でみたように，住民の８割――その大半がエスニック・マイノリティである――が市内の別の社会住宅に残り，また新たに転入した住民には近隣地区に住むエスニック・マイノリティの世帯が多かった．つまり再生事業は抜本的な住民構造の変革というよりも，ベルナール・ライールのいう「小階層移動」（Lahire 2004: 413）を引き起こすにとどまり，この点でジェントリフィケーションの典型とは異なっている．

だが同時に，少数の最底辺層の立ち退きが起きていたこと，また解体された団地住民の再入居の斡旋を通して市内に新たな貧困地区が形成されたことも忘れてはならないだろう．これらの層については自治体のデータがないため，その実態をより明確に比較することはできず，問題の所在を示すにとどまった．しかしながら，オベールヴィリエ市の事例とジェントリフィケーションの先行研究の事例の間にある違いは示された．

こうした政策によって中産階級や企業の誘致が行われ，物理的な「ソーシャル・ミックス」は生まれたが，その一方で同じ空間に共存する異なる階級の人々が交流したり，中産階級の規範が下層に好影響を与えるといったことは，少なくとも現時点では機能していない．それどころか，企業や外部からの住民の誘致によって生まれた「物理的なソーシャル・ミックス」がかえって地元のエスニック・マイノリティの住民に「自分たちが排除されている／忌避されている」という意識を内面化させていることが確認できた．とはいえ，前節でも述べたように，地域社会の再編成と社会的紐帯の形成に長い時間がかかることは事実であり，本章の分析を現段階での経過として捉え，今後も長いスパンで問題をみていきたい．

また本章では，それまで同じ団地に住んでいた住民（その多くがエスニック・マイノリティであった）を多様化された住宅に振り分けることによって，住民の間にあった（時には小さな）差異を今まで以上に際立たせ，エスニック・マイノリティの住民間の差異化，細分化が起きていることもみた．以上を総合すると「多様化」や「ミックス」促進政策はおのずと住民間の交流をともなうわけではなく，ときにはかえって地域社会の住民間の差異意識，排除意識を強めるというパラドクスを生み出すこともあることがわかった．

そもそも「反ゲットー対策」のために中産階級を呼び込むという政策は，中産階級に住んでもらうためのメリットを与える必要があるが，そのメリットの1つが（様々なリスクをもっていると目される）貧困層の旧住民から「隔てられ，自分たちの利益と同質性が守られること」であると考えれば，それは当然の帰結とも言える．いずれにしても「反ゲットー対策」が新たな（様々な階級別の）「ゲットー形成」を促している．ここにもフランスの差別と排除のあり方に特徴的と思われる「建前」と「実態」の乖離の問題が現れている．

全体的に見ると，再生事業は旧住民の大半には住居費の増額や転居を強いるなどのデメリットを与える一方，比較的収入の安定した層にはより快適な社会住宅への移転や，安価での持ち家取得というメリットを与えており[22]，自治体が民間企業と連携しながら[23]おこなった中産階級，下位中産階級の優遇策だといえるだろう．このような政策によって住民間の格差は増大し，プレーヌ・サン・ドニ地域では所得下位10%の世帯平均収入が上位10%の25分の1という数字が出ている（Mairie d'Aubervilliers 2014）．現在，中産階級を対象とした住宅建設が新たに進められており，そこに新規転入がすすめば，この格差はさらに拡大することが予想される．この事実を通してわかるのは，都市内部の格差拡大や階級対立を引き起こすのは市場だけでなく，行政の施策が大きな影響を及ぼしているという点である．このような自治体の施策は，ロイック・ヴァカンが指摘した新自由主義時代における国家の役割の再編成が一定程度あてはまるといえる[24]．

> ネオリベラリズムとはトランスナショナルな政治プロジェクトであり，市場と国家，市民の関係を「上から」再編することを目的とする．（……）こうして国家は役割を変え，もはやかつてのような貧困層への支援提供者ではなく，中上流層の市民と企業に商品化されたサービスや設備を提供する業者となった（Wacquant 2008: 163）．

労働運動の代弁者として企業に対して労働者の利益を守るというスタンスをとっていたオベールヴィリエ市が，都市政策を通して企業や中産階級の誘致を優先するようになったという変化は，市が「地元住民」を誰と想定しているかにも影響を及ぼした．ソーシャル・ミックス政策を通した中産階級の誘致は，市による「地元住民」の再定義の試みとして解釈することができる．本来「地元住民」といえば，その土地に居住する者ということになる．しかし新規転入した，あるいは（誘致策によってこれから転入が見込まれるが）まだ居住していない中産階級向けの政策が「地元住民の利益」の名の下に行われる一方，地域に一定期間居住しているにもかかわらず，滞在資格や賃貸契約が正規でないという理由で排除される際にも「地元住民の利益」が主張された．そのことをみるかぎり，市にとっての優先すべき「地元住民」は地域への居住や地域社会との関わりを基準に想定されているのではなく，それとは別の次元で「望ましい層」「望ましくない層」が想定され，前者を「地元住民」として利益擁護の対象とし，後者はそこから排除される．このような市の方針は形式的にはカラー・ブラインドであるが（地元住民），排除される層がヨーロッパ域外出身の移民，エスニック・マイノリティである以上，カラー・コンシャスな性格をもっている．

1）　再生事業のほか，主な事業に1994-98年のヴィレット＝キャトルシュマン，ランディ地区での都市契約（contrat de ville）事業，1996年同2地区の「脆弱都市区域（ZUS）」指定とエリア限定型地域再活性化事業「都市のグラン・プロジェ（通称GPU）」の実施，1999年「地区安全契約（contrat local de sécurité）」，ならびにサン・ドニ市との「環境のための協定」，2000-06年プレーヌ・コミューン10自治体の都市政策協力協定，2001-06年サン・ドニ，ラ・クールヌーヴとの「都市グラン・プロジェ（GPV）」，2003年地区非行予防安全契約（conseil local de sécurité et de prévention de la délinquance），2007-09年「社会都市結束契約（CUCS）」などがある．都市政策の円滑な実施をめざし，1997年には市を12地区に分け各地区に市議2名，都市政策地区統括者1名を配置し，その上に各地区をとりまとめる再生事業統括責任者と社会都市結束契約部門責任者がおかれ，それらは「地域民主主義と都市政策センター（pôle démocratie locale et politique de la ville）」の管轄となった．

2）　ソーシャル・ミックスは1970年代アメリカ合衆国の黒人貧困地区対策をめぐる議論で注目されるようになり，日本でも橋本健二がウェンディ・サルキシアンの議論を参照しつつ，その重要性を紹介してきた（橋本 2011: 256-7）．

3）　住民構成を意味すると思われる．

4）　ソーシャル・ミックス政策が特に社会党の政治家・活動家が従来の共産党による政策を批判する文脈で主張された点は重要である．事実，オベールヴィリエ市でも2008年に共産党から社会党への政権交代がおき，それ以降の新たな都市政策として再生事業がすすめられてきた．本調査でも，ソーシャル・ミックス政策を推進する社会党市議へのインタビューで「住宅に関しての私の考え方は，共産党のそれとは異なるのです」といった趣旨の発言が散見された.

5） 重要なのは，自治体関係者は「貧困層」「中産階級」という階級を示す言葉しか用いないが，事実上一般的に「貧困層」は非ヨーロッパ出身移民が大半を占め，「中産階級」にはヨーロッパ系フランス人が多いという事実である．このような階級の事実上の人種化の進行は，今日のフランス社会における差別問題を考える上でふまえなければならない.

6） http://www.developpement-durable.gouv.fr/IMG/pdf/demande_log_social.pdf

7） 厳密には中産階級の「呼び込み」ではないが，社会住宅入居者の収入超過世帯の引き止め策も「ソーシャル・ミックス」の下で行われた重要な施策である．だからこそ2009年に都市住宅大臣クリスチーヌ・ブタンが入居収入基準を20%以上上回る世帯に割増賃料を義務化（それまでは40%）したところ，社会住宅を多く抱える郊外自治体，なかでもセーヌ・サン・ドニ県の自治体が激しく反発したのだった．反対運動の結果，オベールヴィリエ市を含む同県の自治体は同法の適用外となった．この時も反対の論拠とされたのが「ソーシャル・ミックス」だった．超過世帯の引き止めに加え，社会住宅の枠組みでの学生向け住宅の増設も「住民多様化」の重要な施策である.

8） ランディ地区では薬品工場の跡地に建設された300戸のうち40%が社会住宅，60%が分譲で，その近隣でも2015年に新設予定の73戸のうち33戸が社会住宅，40戸が分譲となっている.

9） 国や自治体の援助によって市場価格を大幅に下回る価格の分譲住宅のこと.

10） 詳細は以下のサイト参照．http://www.lexpress.fr/actualite/societe/justice/l-office-hlm-de-saint-etienne-condamne-pour-discrimination_738315.html

11） http://www.lefigaro.fr/actualite-france/2014/03/07/01016-20140307ARTFIG00008-une-societe-hlm-jugee-pour-discrimination-raciale-et-fichage-ethnique.php

12） この点については Gaudric et Saint-Macary（2013）を参照.

13） しかし重要なのは，市がデータを把握していない層の行方である．この点については以下で一定の分析を試みている．ただし網羅的なデータがないため，分析の中心はデータの入手が可能だった再入居者におかざるを得なかった．この点に本章の分析の限界がある.

14） 超過滞納世帯のうち，諸事情から滞納額の取り消しを求める世帯は2008年5.5%から2012年7%に増加した．超過滞納世帯に関しては様々な支援の仕組みが設けられており（2年間の支払い猶予期間など），処遇はケースバイケースで審査される．あらゆる支援の枠組みからこぼれ落ち，退去命令が出されたのは2012年で1万件，うち6000件の強制退去が実施された.

15） フランスには家賃が未払いであっても冬の間は賃貸者の追い出しを禁じる冬期休戦（trêve hivernale）のルールがあり，2014年は10月31日から3月31日までが該当期間だった．それにもかかわらず，アベ・ピエール財団によれば毎年約4万世帯が立ち退かされている．退去した世帯の多くが路上生活や緊急宿泊施設などを転々とし，不安定な居住環境におかれるという．

16） 郊外の団地を軸にしたアイデンティティ構築の一例として，ラップを通した若者のアイデンティティ構築については森（2006）を参照．

17） ヴァカンはゲットーが，①スティグマ，②拘束，③特定地域への監禁，④制度的囲い込み（institutional encasement）の4点を備えるものと定義し，一般的な隔離地区（segregated areas）から区別し，その意味で黒人ゲットーだけがゲットーであり，L. ワースが論じた「ユダヤ人ゲットー」も「隔離地区」にすぎないと述べている（Wacquant 2004: 2）．同様の視座から，フランス郊外の団地のセグリゲーションに対して安直に「ゲットー」という名称が用いられることに対して批判を展開してきた（cf. Wacquant 2007）．本章での議論は，このような「決定的な差異」をふまえた上で，改めてコミュニティが住民に果たす機能にみられる共通点を指摘するものである．

18） 原文は次のサイトを参照のこと．http://www.inegalites.fr/spip.php?article1387

19） 保険会社ゼネラリ社では移転後の1年半で7件，オランジュ社では1年間で11件の被害が自治体に報告された．

20） 自転車を借りた場所に返さねばならない従来の「レンタサイクル」とは異なり，地域内に複数設置された専用駐輪場（サイクルポート）であれば，いつでも自転車を借りたり，返したりできる自転車共有システムのこと．

21） “Présentation du système Velcom et de l’extension de Vélib”, Aubervilliers-Plaine Commune, novembre 2008.

22） ただし「下層エリート」の創出を単なる下位中産階級の優遇措置とするのも十分な説明ではない．フランスは1990年代末から住宅の商品化が加速し，不動産価格が著しく上昇して（パリの地価が過去10年で2倍以上），そのなかで住宅商品も多様化し，下層向けの商品も増加している．そういった事情をふまえると，下位中産階級による住宅購入は単なる優遇策としてではなく，「買わされている」という側面にも目を配る必要があるだろう．フランスでは現在，低所得層向けの住宅ローン制度の整備がすすめられ，一部では「フランス版サブプライムローン」と批判を浴びている．たとえば下記の論考がある．http://lexpansion.lexpress.fr/outils/imprimer.asp?id=1508123

23） 国と自治体に大きく支援を受けたこの事業が受注した大企業に利益をもたらしたことは複数の研究者に指摘されている．セーヌ・サン・ドニ県ではこのほかにも「免税都市区域（ZFU）」などの制度を通した企業の誘致などもおこなっているが，企業が来ても地元の人が雇用されないため，地域の失業率は低下していないなど，その効果に批判もあがっている．

24） 似たような内容の政策であっても，貧困自治体オベールヴィリエ市でおこなわれるのと，豊かな自治体でおこなわれるのとでは意味が異なってくることに留意する必要がある．実際，オベールヴィリエ市では本章で論じた都市政策だけではなく，大規模な社会政策も並行しておこなわれている．

# 6章
# 郊外マイノリティの多様な抵抗

## I——エスニック・マイノリティの若者たちをめぐる参加と抵抗

ここまで，近年のオベールヴィリエにみられる政策変化とそれがもたらす住民，地域社会への影響をみてきた．脱工業化の影響下で方向転換をせまられた「赤い郊外」が，従来の社会・経済政策に代わって都市政策を通した企業や中産階級の誘致に力点をおいた結果，住民の多様化は以前に比べて進んだ．だが一方で，それは真の「階級やエスニシティの調和」という意味での「ソーシャル・ミックス」を生み出さず，それどころか交流なき同空間での「共生」によって地域社会に新たな摩擦が生まれていることも確認した．

このような地域社会の「分断」が懸念されるなか，労働運動に代わって住民をとりまとめる価値観として重視されるようになったのが「直接民主主義」であり「住民参加」であった．こうした価値観を重視するようになった自治体はオベールヴィリエだけではなく，1990年代半ばより「直接民主主義」にかかわるローカルな取り組みは各地で行われてきたが（Blondiaux 2008），そのなかでも積極的な姿勢をとった自治体には共産党自治体が多かった．たとえば2005年直接民主主義の重要な施策の1つである「参加型予算（budget participatif）」をフランスで最初に導入した自治体12のうち，8つが共産党自治体で，そのうちオベールヴィリエを含む5自治体はパリ郊外の「赤い自治体」だった．ネーズとタルパンによれば，これらの自治体では直接民主主義による参加を通して「権力分有（partage du pouvoir）」や「議員と住民の共同決定（codécision entre les élus et les habitants）」をすることの大切さが有権者に対してアピールされた．そしてその際に「参加」の重要性というものが「一方的に地域に政策を押しつける」国家や（IMF などの）国際機関との対比において示された．つまり「ローカル・コミュニズム」時代に示された，国家に対する「対抗社会」と全く同じ構図が採用されたのである．そのことからも共産党自治体が「参加」というものを従来の労働運動に代わる「連帯」のツールとして位置づけていたと考えられる（Nez et Talpin 2010: 99-107）．

このように「分断」を回避するために「参加」の重要性が叫ばれたわけだが，そのなかでも特に懸念されたのがエスニック・マイノリティの若者の排除，周縁化だった．なかでも学業を挫折し，職もなく，社会との接点をもたない若者と地域社会との間にどう接点をつくり，参加を促すかが課題となった（Mori 2002: 5-19）．若者を地域社会に参加させることの困難の背景としては，労働運動の衰退とともに個人主義の発達が指摘されてきた．たとえばセーヌ・サン・ドニ県選出の国会議員で 2001-2010 年まで共産党書記長を務めたマリー＝ジョルジュ・ビュフェは 2011 年，住民参加の促進の難しさについて次の見解を示している．

> 以前に比べ住民のメンタリティは変わりました．皆とても個人主義になっています．新しい移民住民の中にはフランス語を話さなかったり，失業しているがゆえに参加を促すことが難しい人が多くいます．彼らの声をどのように代表すればよいのか，党としても答えがみつかっていません[1]．

この発言は，表向きには「住民参加」という抽象的な表現が用いられているが，それが実際に意味するのは「移民」，それも「新しい移民」の参加のことである．すなわち，本書でここまでみてきた「形式としてのカラー・ブラインド」と「実態としてのカラー・コンシャス」の乖離という問題がこの発言にも現れている．

このような問題意識は一部の研究者にも共有されている．歴史家のジェラール・ノワリエルは，20 世紀前半のフランスでは移民と社会をつなぐ仲介の場として「労働」と「労働運動」が重要な役割を果たしたことをふまえ，失業と雇用の不安定化が深刻化し，労働運動も衰退した今日，「移民の若者に希望を与える新しいタイプの『有機的連帯』，新しい『参加の場』を創出することが重要だ」と述べている（Noiriel 1988: 355-6）.

以上の議論は「住民を参加させる」という国家や自治体といった公権力の視点から参加を捉えたものであるが，その一方で住民の主体性を起点に参加を検討し，そのような観点から，「若者は社会に参加していないのではなく，参加の形態が変化したのだ」と捉える研究者もいる．ジャック・イオンは，個人主義の発達が社会参加の衰退を引き起こすのではなく，むしろ参加の様式の変化をもたらしたと指摘した．労働運動がそうであったように，従来の「社会参加」とは同質的な集団に継続的かつ全面的に参加することであると理解され，また「表現」は個人ではなく「代表者」を通して行われた．つまり個より集団が重んじられる様式だった．それに対して，今日の若者は単発的かつ限定的な形で参加をしており，また表現も「代表者」を通してではなく，個人の名において行われている，というのがイオンの議論である（Ion 1997）.

ヴィヴィオルカも政党や組合などを通した従来型の社会参加の衰退を認めた上で，新しい社会参加の様式の出現を見るべきだと指摘する．ヴィヴィオルカによれば，新しい様式は，従来の社会運動で対立的に捉えられてきた「個人」と「集団」，「個人主義の発達」と「集合行為への希求」を矛盾せずに両方抱え，特定のイデオロギーに「身も心も捧げる」というのではなく，「集合的主張」と「個人の選択」を両立させる点が特徴だという（Wieviorka 1998）．また，このような現代型の参加は「現状に対し問題提起するような文化的選択」を通して行われると述べ，具体例としてアソシエーション活動，文化表現，宗教活動をあげている（Wieviorka 2000: 156）.

このような「新しい参加の場」のうち，宗教を通した参加の実践と課題については日本でも浪岡（2004; 2009; 2015）を中心に実証研究が重ねられている．

しかし，これらの「参加」概念は，公権力の視点にせよ，住民の主体性という視点にせよ，権力によって定められた既存制度の内部に関与していくという点で共通する．それに対して本章は，こうした既存制度への反発としての「抵抗」の問題を扱う．抵抗というと，「権力のあるところに抵抗がある」というフーコーの抵抗論が想起される（Foucault 1976=1986）．本書でここまでみてきた郊外の誕生から現在までの流れにも，つねに国家や地方自治体による権力の介入が大きな影響を及ぼしてきた．このような「権力のあるところ」で，「参加」概念からこぼれ落ちる「抵抗」がどのようなかたちで起きているのかを検討することは，「参加」の検討と同じ重要性をもつと考える．

フランスのマイノリティの抵抗については，稲葉奈々子が社会運動論の観点から居住権をめぐる運動や反貧困運動，非正規滞在者による正規化要求運動について多くの分析を重ねてきた（cf. 稲葉 1996; 2010）．その一方で，抵抗は一枚岩的でなく，随所に散らばり，多様な形をとるものであり，生を生き抜くための闘いという抵抗とは異なる抵抗の形態も存在する．このような視点から，本章は生を生き抜くための闘いとは違ったレベルで展開される，郊外のエスニック・マイノリティによる差別と排除に対する抵抗をみていく．具体的にはまず 1980 年代以降フランスの郊外で発展をみせたアソシエーション活動に注目し，郊外におけるアソシエーション活動が若者の抵抗の実践としてどのような役割を果たしているのか，それが 2005 年暴動以降どのような変化をみせたのか，その背景と意味を考察する[2)]（第 2 節）．次に 1990 年代以降，郊外のエスニック・マイノリティの若者から絶大な支持を得るようになったラップという表現に光をあてる．ラップはエスニック・マイノリティの若者が日常で経験する問題を言語化かつ政治化し，社会に向けて表現する手段という性格を強くもっており，その点で「抵抗」の枠組みに位置づけて考察する意義があると判断した（第 3 節）．最後にそれらの議論をふまえて，エスニック・マイノリティの若者の抵抗が社会に与える影響をフランスに特徴的な「カラー・ブラインド／カラー・コンシャス」の枠組みを参照しながら考察する．

## 2――アソシエーション活動を通した抵抗　文化表現から政治活動へ

### 2.1――脱工業化以降のマイノリティの若者の参加形態の変容
労働運動から文化アソシエーションへ

1980 年代以降，郊外で労働運動に代わってアソシエーション活動が盛んになった．その背景には，1981 年のアソシエーション法の改正がある．それによって外国籍者に結社の自由が認められたことで，郊外のエスニック・マイノリティによるアソシエーションの結成数は大幅に増加したのである．これらのアソシエーションは若者と地域社会をつなぐ「場」として注目され，それを支援する措置が「都市政策」においてもとられてきた．増加したアソシエーション活動は多分野にわたったが，なかでも若者の間では文化活動を目的としたアソシエーションが多く結成された[3)]．

これらの文化アソシエーション活動は一見，抵抗とは無関係にみえるが，まずはその特徴をみていこう．その１つに「職業的次元」がある．アソシエーションを結成する若者には，すでに就労経験があるなど社会人経験を有する者が多いが，彼らの中にはアソシエーション活動を単なる趣味や余暇の楽しみとして位置づけるのではなく，職業（あるいは職業にしたい）として位置づける者が多い．その文化領域でプロになることを目指す者と指導者を目指す者がいるが，文化活動を通じて生計を立てたいという意欲はどちらにも共通する．

若年失業率が高いオベールヴィリエでは，若者にとって職を得ることは極めて切実な問題だ．そのことは同市で行われた「治安（insécurité）調査」で「政府が優先的に取り組むべき課題は何か」という問いに対して「治安」よりも「失業」や「貧困」を先にあげた人が多かったことにも現れている[4)]．こうした若者たちの困難を考慮すれば，若者がアソシエーションを単なる文化活動ではなく，生計を立てる手段として捉えるのはごく当然だと言えよう．文化活動を自分の職業にしたい若者の中には，アソシエーション結成の２年前から通信教育と企業への研修を通して「マネージメントを学んだ」経験があったり，プロのダンサーを目指すと同時に「失敗した時に備えて」文化活動指導員の資格取得の準備も並行して行うなど，自己投資を惜しまぬ者も少なくない．

「職業的・経済的次元」を孕む若者の文化活動を，「非営利目的であること」を原則とするアソシエーション活動として捉えるべきかどうかについては，議論のわかれるところである[5)]．アソシエーション活動にみられるこのような職業的・経済的次元を消費社会や新自由主義の影響から批判的に説明する論者もいる．だが，それだけに特化した解釈はやや早急である（Peralva 1998: 452）．なぜならこの経済的側面はそれ自体で完結するのではなく，若者の認知されたい，評価されたいという承認欲求とも密接に関わっているからである．自らの文化活動に含まれる「経済的価値」に対して若者がもつ意識を彼らの経済状況と切り離すことはできない．若者の失業が増大した今日，アソシエーション活動が雇用を創出するという可能性，つまりアソシエーションの経済的次元は極めて重要になっている．こうした状況のなか，アソシエーションでの文化活動を，失業などの現実の苦痛を一時的に和らげる「気晴らし」ではなく，個人の目標実現のための「手段」と位置づける若者が少なくないのである．

以上の側面は，エスニック・マイノリティの若者たちが階級構造の再生産のなかで運命づけられた道（失業者，不安定労働者など）から抜け出そうとする営みでもあり，その意味で個人レベルでの「抵抗」として位置づけられる．しかし興味深いのは，このような「抵抗」が単なる個人レベルにとどまらない次元を内包している点である．

そのことを理解するため，若者がなぜアソシエーションを結成したのかについての回答をみていこう．若者の多くは「場所がない」というきわめてシンプルで物質的な問題に端を発している場合が多い．郊外の団地地区で公共施設が不足しており，住民の集まる場所がないことはすでにこれまでの章でも見てきた．これらの団地では若者が共用スペースでたむろすることが他の住民の妨げになっていると問題視されて，2003 年の国内治安法ではその禁止が法制化されたほどであった．こうした問題も「場所のなさ」に起因している．

> ダンスが好きで毎日練習しようとしたが，とにかく練習の場所がない……仕方なく団地の中庭で練習していたんだけど，困っていた．市の体育館などを使いたくても，個人だと貸してもらえない（サラト）．
> 音楽を始める者は多いけど，たいてい演奏する場所や機材がなくてそのうちやめていく（マイク）．
> たしかに市のアソシエーションには「若者向けの文化プログラム」がたくさん組まれている．でも実際は似たようなものがほとんど．ヒップホップとか男の子向きのものばかりで，女の子には選択の余地も居場所もほとんどなかった（ケルトゥム）．

このような状況のなか，限られた資源＝場所を使用するには，個人ではなく団体として存在することが必要となる．そのような理由をアソシエーション結成の理由にあげる者も少なくない，しかし重要なのは，アソシエーション結成の理由がこのような「場所の希求」だけではない点である．同様の困難を抱える地域の若者に何かを伝えたい，共有したいという感情もアソシエーション結成の背景にあり，それが集団に，共同体に，社会に属したいという意識につながっていく.

> (別のアソシエーションで) ビデオの操作を覚えて以来ビデオに夢中になって,今の自分がある. 自分が覚えたことを次の世代に教えたい (ファリッド).
> 若者に明日にでもスターになれるぞと思い込ませるためではない. 目的は共有する経験という連帯感を地域に作り出すこと (マイク).
> 文化活動を通して探し求めるのは, 自分のアイデンティティを再定義すること. でも同時にひとつの集団, 共同体に関わることでもある. 集合的なものに関与したいという気持はとても強い (ケルトゥム).

ゴーシェは, 個人主義が著しく発達した現代における集団からの個人の「脱退」の進行と, それに代わる個人的アイデンティティの要求の顕在化に注目し, それを「超現代の個人主義」と表現した (Gauchet 2002). だがここで見てきた若者文化アソシエーションにおける個人的動機と連帯意識の連結は, 個人主義の進行が必ずしもゴーシェの言うような集団の解体に行き着くわけではなく, 新しいつながりの様式を提示しうることを表している.

他人と何かを共有したい, 集団に関与したいという感情が生まれたときに, 文化活動は単なる個人的な活動ではなくなる. そうなると, 若者たちが文化活動に取り組むのはもはや自己実現のためだけではなく, 自分の経験から生まれた連帯への要求を表現するためでもある. そしてこの個人的体験にもとづいた集合的要求にこそ「文化的」と「社会的」の接点が存在する. つまり, 当初の個人的動機が「個」の枠組みを超え「集団」に入った時点で, 若者の文化活動は社会性を帯びると考えられる.

ここで重要なのは「自己実現のための活動」と「集合行為」は決して矛盾しないという点である. たとえば「自分と仲間のために舞台を探す」という個人的動機から生まれたアソシエーションが, 音楽好きな地元の若者が情報を交換する場になったり, 初めは自分たちの住む団地内で活動していたアソシエーションに次第に団地外からの参加者が増えたりといった具合に, これらの文化アソシエーションでは個人の実現と集合行為が共存するのである.

### 2.2——「非政治的」な文化アソシエーションの活動と争点

郊外で発達する若者のアソシエーション活動は，本章の冒頭でみたような若者の参加を促すという文脈において，自治体と若者を結ぶ仲介の場としての意味ももつ．そのような事情から，オベールヴィリエ市も都市政策の一環で地域の若者文化アソシエーションとの連携を強化し，学校休暇中の文化事業の開催や助成金の交付の増加など，若者文化活動に積極的に介入してきた（森 2004）．

だが，アソシエーションの活動を既存の制度に組み入れようとする自治体の意向に対して反発を示す若者も多い．その最大の原因と思われるのが，自分たちが政治的に利用されることへの警戒心である．このような警戒心は，郊外の若年層の棄権率が極めて高いことを根拠とした「若者の政治離れ」論とは異なるものである．

> 政治家たちはいつも安易なステレオタイプを繰り返すだけなんだ．郊外の若者たちはナイキやアディダスに夢中で，政治意識に欠けてるってね．(……) たしかに前の世代みたいな政治文化はここにはないかもしれないが，それと今日の若者に政治意識がないというのは別の話だ（ファリド）．

若者たちは「棄権率の高さ＝政治への無関心」という公式を否定し，自分たちが投票に行かないのは既存の政党のやり方，特に 1980 年代に移民 2 世の若者運動を支持しながらも，彼らの社会的困難を改善できなかった左派政党の「裏切り」に原因があると批判する．

> 左派は何もしてくれなかった．(……) 社会運動を利用して，若者の移民運動を選挙に利用した以外は．だから今の若者たちは「政治」と聞くだけで警戒するんだ．政党の言う甘い話を信じてはことごとく約束を破られてきた上の世代と同じように，俺たちもだまされるんじゃないかってね．(……) だからといって彼らが政治的なものに関心がないわけではないんだ．だまされるんじゃないか，裏切られるんじゃないかという警戒心が強いんだ（マイク）．
>
> 選挙の時だけ声を掛けられて，利用されて，選挙が終わってから次の選挙が始まるまでの間は忘れ去られるのは，まっぴらだ．長いこと政権に就きながら結局状況を変えようとしない左派政権に票を投じるのは，まっぴらだ（ジ

ユッド).

政党に「利用される」のではないかという強迫観念は，既存の政治制度に対する激しい拒絶となって現れるだけではない．既存の政党に働きかける形で存在してきた従来の社会運動に対しても，若者たちは距離をとる．

> 政治制度に働きかけるということは，買収されるか，無視されるかのどちらかに結局陥ってしまう（ケルトゥム）．

これらの発言からわかるように，若者たちは政治制度に対して強い反発を示す．それは政治空間に自分たちの声が反映されないことへの失望であり，「だまされるのではないか」という警戒心でもある．ローラン・ミュッキエリは1980年代以降に現れた「ブール運動」を始めとするエスニック・マイノリティの若者の運動や集合行為に対して，政治家が十分な形で応じなかったことが，彼らに政治不信感を植えつけたと指摘した．重要なのはこの不信感は政治に対してだけでなく，社会運動や抗議活動をする団体にまで向けられ，その結果若者による社会運動の実現は困難になっているという（Mucchielli 2001: 118-22）．ラペロニーも郊外における集合行為の存在は認めながらも，その基盤の脆弱さを指摘する．1980年代に郊外で発達した移民運動などの「既存の回路を通した社会参加」の様式は若者の実際のニーズに対応できず，結局は若者に「説教じみたもの」という印象しか与えなかったことから，一部の若者は政治や社会運動に対してかえって強い拒否反応を示すようになった（Lapeyronnie 1997: 325-6）．

だがその一方で，若者自身も強調しているように，彼らを一概に「非政治的」とするのは正しく現実を反映した見解とは言えない．そのことは既存の政治制度に対して若者が激しい批判を展開するという事実にも表れている．イオンによれば，かつては「労働運動への参加＝組合への加入」，「政治への関心＝投票」とされていたが，今日はこのような図式が成り立たなくなった．つまり組織に加入していなくても運動には参加できるし，同様に選挙の棄権は必ずしも「脱政治化」を意味しない（Ion 2001: 28）．そう考えると，個より集団が重んじられ，均質化された集団の代弁者を通して行われる従来の代表制政治に若者が背を向けるのは，政治に対する無関心というより，むしろ新しい抵抗の様式の要請だとも解釈できる．本章の冒頭でみたような，自治体が懸念する若者の（不参加の原因としての）脱政治化は必ずしも現実を反映していない．

だが，社会運動にも政治運動にもすぐに結びつかない若者の文化アソシエーションの活動が表現するのはいったい何なのか．既存の政治制度とも，従来の社会運動とも距離をおく若者の文化アソシエーションの活動にも「日常の抵抗の実践」以上の意味があるとすれば，それは具体的にどう表現されるのか．それを考えるために，若者が文化表現をどのように考えているのかをみていこう．

> ダンスを通じて自分を表現することは，何よりもまず自己解放の手段だ（サラト）．
> 初めは特に社会的貢献などは意識してなかった．（……）ただ文化をこの団地に取りもどそうと思って活動を始めただけ．自分たちと地域の人たちを解放するための文化活動を（ケルトゥム）．

ここで強調されるのは，文化表現が何よりもまず「解放」の手段だという点である．だが，それは何からの「解放」を意味しているのだろうか．また，その「解放」は具体的に何を表現することで実現されるのか．

> ジャーナリストは（僕たちの暮らす）郊外のネガティブなイメージばかり流す．学校内の暴力とか，麻薬の売人，犯罪（……）この手の報道を見た視聴者はそれを鵜呑みにして，それが郊外の現実だと思い込むから，あそこはゲットーだとかひどく悪い印象ばかり持っている．最悪なのは，ここで暮らす若者たちが，自分たちの地域が否定的に報道されるのをテレビで見てそれを内面化すること．そうだ，俺らはゲットーに住んでいるんだ，それならもっとスゴイことをやってやれと．でもここにはテレビで報道されるようなことばかりじゃない，もっと違うものがたくさんあるんだ．だから，この地域の本当の現実を外の世界の人に知ってもらうために，ここの住民と協力して，メディアで報道される歪んだイメージとは違う，自分たちが経験する日常の様子を映すドキュメンタリーフィルムを将来的に作りたい（ファリド）．
> （音楽は）自分を表現し，他の人たちにここで実際に起きていること，社会で自分が日常的に経験していることを伝えるための手段．普通に話すより（音

楽を通したほうが）若者には効果的に伝わると思う（マイク）．
（この地域で）マリファナを売ってた奴が捕まったりすると，すぐ「ああ，また移民の若者だ，外国人がフランスの治安を悪化させてるんだ」とメディアは言う．（……）でも，「移民の若者」の親がフランスにやってきて，建設現場で働いて，フランスの復興に大きく貢献したにもかかわらず，悲惨な暮らしをしてるってこと，これはメディアでは全然報道されない．（……）僕が演劇を始めたのは，僕らの親たちの叫び，苦しみを表現し，メディアでは語られることのない現実を証言したかったから（ジュッド）．

これらの若者の言葉に通底するのは以下の２点である．１つ目は自分たちに課された「スティグマ」の問題である．それは自分の暮らす郊外に関わる場合（郊外についての否定的な報道）もあれば，自分たちの存在自体に関わる場合（「移民の若者」に対する差別，非難）もある．いずれにせよ，第５章でみたような「領土的スティグマ化」への抵抗として位置づけられる．２つ目は自分たちを取り巻く人種差別であり，貧困，失業などの社会的排除である．さらに彼らは自分たちの抱える問題が社会で理解されていないこと（たとえば，親の世代の悲惨な状況がメディアで全く報道されないこと）を批判する．これらの問題は当事者である「郊外の若者」にとっては「都市問題」ではなく，差別と排除の問題なのである．

ヴィヴィオルカは，自己のおかれた現状を把握し，自らの存在を捉えなおすことから主体的な行動が形成され，「社会から課された否定的なイメージに甘んじることなく，環境を変えようという行動への要求」が生まれるという（Wieviorka 2000: 200）．自分たちが日常的に経験する差別，排除がまず認識され，それを外の世界に向けて発信したいという要求が生まれるが，それではいったいどのような手段を用いてこれらの現実を表現するのかが問題になる．これらの要求は，政治制度やメディアが郊外の困難を「都市問題」に還元し，自分たちの声を反映していないとの意識に起因しているため，抵抗の回路はもちろん，メディアや政治制度ではありえない．その一方で若者たちは，１人１人の差異を同質的な一集団に還元して発言する「代弁者」の存在も強く拒否する．

メディアでも政治空間でも「語られる」存在に甘んじていた郊外の若者は，自分たちの日常と経験を外に発信し，支配的なシステムを批判し，自分たちの声を社会に響かせる手段を持たなかった．こうした文脈で彼らが選択するのが，オルタナティブな表現手段としての文化活動なのである．代弁され続けるという悪循環を乗り越えるものとして提示される文化表現とは，それまで公共空間において発言回路を持たなかった若者の新しい抵抗手段であり，まさにブルデューの言う「自分で自分のスポークスマンになり，語られる代わりに自分で語る」（Bourdieu 1980: 18）手段なのである．これらは直接的な政治表現ではないが，自分たちの主張と批判の言葉を手にし，自分自身で語り，表現する手段という意味で「政治性」への第一歩であると言える．重要なのは，このような抵抗がエスニシティなどを前面に出すのではなく，カラー・ブラインドな形で行われている点である．

## 2.3——「暴動」の影響と「再政治化」

### 2.3.1——マイノリティによる政治アソシエーションの結成と活動の方向性

だが 2005 年の郊外暴動を契機として，先に見たように狭義の政治運動に対しては不信感を示し，そうした政治活動とは一定の距離をおく文化アソシエーションとは異なり，より具体的に政治とかかわる政治アソシエーション活動がマイノリティの若者によって行われるようになるという大きな変化が起きた[6]．その中心となったのが「若者に選挙に行くよう呼びかける」ことを目的としたアソシエーションだった．たとえば「投票しよう郊外！（Votez Banlieues!）」は，高学歴（大学生以上）の郊外のエスニック・マイノリティの若者によるアソシエーションである．自分たちで行った分析にもとづいて若者に向けてわかりやすく選挙関連の情報提供を行った．同団体は同時に「郊外の若者」というと「学業に挫折して，現在は失業中の若者」ばかりが想起されがちだという現状を出発点にして，自分たちの選挙分析活動を通して，こうしたステレオタイプを批判して郊外の現実の多様性を示すことも目指していた．また「さあフランス！（Allez France）」というアソシエーションは，マイノリティの若者が投票しやすくなるように現行の選挙制度の改正を実現するためのロビー活動をおこなうことを目的としていた．さらに音楽活動を行っていた若者が結成した「アクティブな郊外（Banlieue active）」は，全国大都市郊外の団地でコンサート集会を開くなど，文化活動を通して郊外の若者に選挙に対する情報提供や啓蒙活動を行った．2005年暴動が始まった自治体であるクリシー・スー・ボワで結成された「アッセ・ルフー（ACLEFEU）」はフランス全国各地を2カ月かけてまわり，投票という行為を通じて異議申し立てを行う必要を説くとともに，行く先々で人々が抱える困難や問題を紙に書いてもらい，約2万人の悩みや苦情を集めて「陳述書」としてまとめ，2007年の大統領選挙の候補者に渡すという活動を行った．

さらに植民地主義の記憶の保全を目的とする「記憶の義務」というアソシエーションが中心となり，上記のアソシエーション，さらに著名なスポーツ選手や文化人を集めて始まったのが「選挙リスト登録運動」であった．フランスでは18歳以上の国籍保有者に選挙権があるが，実際に投票するには，選挙前に選挙リストに登録する必要がある．リストに登録していないために投票できない有権者の割合はフランスの有権者全体の7%に相当し，そのうち北アフリカとサブサハラアフリカ，トルコに出自をもつエスニック・マイノリティ有権者の未登録者の割合は23%にものぼる．なかでも18-25歳の若者の割合はさらに高い（2005年パリ政治学院政治研究所（CEVIPOF）の調査）．2002年4月の大統領選挙で，移民排斥を訴える極右政党のルペンが17%を獲得して決選投票に進んだ際に，危機感にかられ「ルペンに反対するために」投票する気になった者は多かった．だが事前にリストに登録していなかったために投票できない者が多く，なかには「登録していないと投票できない」ことをその時初めて知った者もいたほどだった[7]．「選挙リストに登録しよう」という声明は，このような若い世代のエスニック・マイノリティの若者に対して主に発信されたと言える．形式はカラー・ブラインドであったが，運動の意図・目的はカラー・コンシャスの要素を明確に内包していた．

「選挙リスト登録運動」は各地の郊外で地元のアソシエーションなどと連携して集会を開き，「存在するために投票しよう」「票を投じることは反対勢力をつくることなのだ．政治に参加しよう」と呼びかけた．そして集会後に集まった若者を市役所の選挙リスト登録担当課まで付き添うという活動を行った．

これら様々な取り組みの担い手となったのは，自分自身も郊外出身のエスニック・マイノリティの若者や「元若者」であった．だがそのなかにはもともと政治に関心をもっていたわけではなかった者が少なくなかった．それどころか，活動をする者のなかには「一度も選挙リストに登録したことがない」という者もいたほどだった.

> たしかに，今まで一度も投票したことがないのは認めるよ．社会問題に関心は強かったけど，政治家のやり取りは自分に関係ないと思ってた．自分みたいな人間にとって，左派の政権だろうと，右派の政権だろうと，どうせ同じだってね．市民としての義務は，ラップを書くことで毎日果たしてると思ってたんだ（ジョエイ）.
> 政治には全然期待していなくて，はっきり言えば拒絶してた．選挙カード［選挙リストに登録するともらえるカード］なんか持ってなかった．少しでもマシな政治家なんて見あたらなかったし，いるわけないと思ってた（レティシア）.

このように政治に強い不信感を抱いていた者たちが，他の若者たちに「投票しよう」と呼びかけるようになった．そのきっかけとしてあげられた回答には「2005 年都市暴動を機に生まれた危機感」が多かった．だがその「危機感」とは「暴動」という行為に対して感じられるものだけではなかった．むしろ「暴動」がメディアで大きく報道されたことが人々の「郊外」への「眼差し」に与えた影響に対して危機感をもつ者が多かった.

> 暴動が起きる前から，人々は郊外に対していいイメージは持っていなかったかもしれないが，はっきりしたイメージも持っていなかった．でも暴動のあとで，郊外のイメージはひどく悪いものに固定されてしまった（オシン）.

郊外に関するネガティブなステレオタイプが定着することに加え，郊外の住民に対する偏見や差別意識が強まり，政治家やメディアのなかにも露骨な偏見が顕在化するようになった．たとえば暴動の収束後間もない 2005 年 12 月には，暴動対策の一環として外国人の国籍取得審査を厳格化し，特に一夫多妻制をとる世帯を国籍取得の対象から排除する案が出された．「父親が同居していない家庭の若者には暴動に関与する者が多い」というのが理由としてあげられた．このような施策がエスニック・マイノリティの住民への偏見につながったことは容易に推察できる．つまり「暴動」を契機として郊外住民への差別意識がより一層強化された，というのである．こうした暴動後のフランス社会の変化を感じとり，それまで政治に無関心，またはあえて距離をとっていた人々が「何かしなければ」という意識を持つようになったというのである．

> 政治は自分でやるか，人がやるものを甘受するかのどちらかだ．自分たちが存在するんだと政治家に見せつけなければならないと思った（モハメッド）．
> 地元の若者たちが地元の施設，学校，体育館や車を破壊するのをみて，ここで何もしなかったら，彼らの絶望を理解しないのと同じだと思った．（……）サルコジは郊外の住民に対する誤った見解を広めるだけでなく，苦しい状況にある人々の不幸を選挙で票を集めるために利用した．許せないことだ．2005年11月の社会的抵抗が，われわれの運動を生んだんだ（サミール）．
> 2002年のルペンの躍進があって，今度は2005年の暴動が起きて，このままでは悪くしかならないと，ようやく目が覚めた．自分と同じように若者の目を覚ますことができたらと思う（ジョエイ）．
> 政治家は移民を相手にせず，アソシエーションの領域に閉じ込めてきたけど，やられてばかりじゃいられない．アソシエーションを通して政治に介入するんだ．アソシエーションが政治を動かすんだ（ファリド）．

選挙リスト登録運動は，2007年大統領選挙に投票するための登録最終期限である2006年12月20日まで続けられた．運動はメディアでも取り上げられ，注目を集めた．こうした活動の成果もあり，前回の大統領選挙時に比べて選挙リストの新規登録者数はセーヌ・サン・ドニ県のサン・ドニ市で25%，ボンディー市で18%，ヴァル・ド・マルヌ県のフォントゥネー・スー・ボワ市で36%増と郊外のエスニック・マイノリティ集住地区で軒並み増加した．ただし運動のあり方はあくまでカラー・ブラインドなものであった．

### 2.3.2――選挙リスト登録運動の内部対立　政治活動か市民教育か

「選挙リスト登録運動」は全国的に展開されていったが，運動を担う複数のアソシエーションやそのアクターたちの間で様々な問題も生じた．たとえば「若者よ，たちあがれ！」と呼びかけるミュージシャンや有名人に対して，さめた反応を示す地元の活動家も少なくなかった．暴動から2カ月後にクリシー・スー・ボワで開かれた集会では，移民出身のミュージシャンらが参加して若者に選挙に行くことで抵抗するよう訴えたが，地元のソーシャルワーカーからは「今日ここにいる有名人の誰一人として暴動の時には支持してくれなかったのに，なぜいまさら」「暴動が起きた後も起きる前も状況はずっと同じだよ」などの不信感を示された（森 2009）.

だが最も深刻な対立を引き起こした要因は「選挙リスト登録」が終わったあとの運動の方向性だった.「選挙リスト登録」運動の最終目的はもちろんリストに登録することではなく投票することである．ここで浮かび上がるのが「誰に投票するのか」という問題だ．この問いに直面した若者たちに対して，どう振舞うべきなのかが，運動に関わるアソシエーションの間で議論となった．議論を通して，２つの方向性が対立することとなった．１つ目は，郊外やエスニック・マイノリティに敵対的な政治家を当選させないよう，若者にはっきり呼びかけようという立場である．具体的には極右政党のルペンはもちろんだが，特に郊外の若者の一部を「ゴミクズ」呼ばわりし，暴動を悪化させた原因と目される与党候補のサルコジを当選させないようにしようという，反サルコジの姿勢を明確に打ち出すアクターが多かった．２つ目は，「自分たちは市民教育を行っている」という役割にこだわり，「誰に投票するのかは，自分で決めるべきだ．われわれの役目は，投票の大切さを教えるまでだ」という方針を貫く立場である.

両者の対立が公の場で明らかになったのが，2007 年２月パリ郊外パンタンで地元のアソシエーション「コレクティフ 2007」が主催した公開討論会である.討論会には「選挙リスト登録運動」の担い手である「アッセ・ルフー」と「アクティブな郊外」が招かれたが，この時に「アクティブな郊外」のメンバーたちが「ストップ・サルコジ」と描かれたＴシャツ姿で現れた．そして同アソシエーション会長のロストが「サルコジを何が何でもとめなければならない．サルコジはルペンより危険なんだ」と叫ぶと，会場の若者たちから大きな拍手が起こった.

ところが，そのような「アクティブな郊外」のパフォーマンスを「アッセ・ルフー」のメンバーが強く批判した．同アソシエーションのスポークスマン，ファティマ・ハニは「若者の頭に『ストップ・サルコジ』を詰め込むべきではない．若者は羊じゃないんだから，自分の意見を持たせるべきだ．（……）わたしたちは非政治団体であり，若者に投票に行くことは薦めても，投票の内容を指示することはできない」と述べた．「アッセ・ルフー」は先にも述べたように，全国をまわって人々の声をきき，それを「陳述書」として国会に提出したが，あくまでも「非政治的な市民アソシエーション」という枠組みを守るべきであり，誰に投票するかを指示するべきではないとの立場をとった．それに対し「ストップ・サルコジ」の姿勢を示した「アクティブな郊外」のロストは何が悪いのだ，と首を傾げる．

> 「ストップ・サルコジ」というスローガンのどこがショッキングなのかわからないよ．民主主義なんだから，自由に表現するのを恐れる必要はない．(……)「サルコジ頑張れ！」というTシャツやライターもあるのだから，「ストップ・サルコジ」だけを批判するのは変だ．そもそも僕たちにはサルコジのような資金も，メディア露出度もない．僕たちのTシャツなんか誰も話題にしていない．完全に負けてるんだ（ロスト）．

このように「選挙リスト登録運動」は「政治に参加し，投票を通じて異議を申し立てよう」というメッセージのもと，様々なアクターたちを担い手として展開された．運動を通して，郊外での選挙リスト登録数は軒並み増加した．だが，その先の投票行動については運動体の間に意見の不一致が見られ，「投票を通じて異議を申し立てる」にはどうすべきなのかという，ひとつの明確なメッセージが打ち出されることはなく，課題を残した．また運動の形式はカラー・ブラインドなものであり，その点ではフランス主流社会の枠組みに親和的であった．

### 2.3.3——マイノリティの代表民主主義への参入　「オベールヴィリエ 100%」の事例

その一方で，新しい試みも行われている．2007年6月の国民議会選挙では「アッセ・ルフー」のメンバーだったサミール・ミフリが出馬したのである．1年半にわたって選挙リスト登録運動にコミットしたあげく，「選挙で投票しても，自分たちの声を代表する人がいなければ結局何も変わらない」と考えるにいたり，出馬に踏み切ったとのことだった．結果は現職候補に大きく水をあけられて敗退したが，サミールは今後も選挙に出ることを継続する意向を示した．

このような試みは暴動から時間がたった後も継続されていった．2014年の市町村選挙ではオベールヴィリエで「オベールヴィリエ100%（Aubervilliers 100%）」というアソシエーションが結成され，同名の選挙リストがたちあげられた．中心となったのはオベールヴィリエで生まれ育ち，セーヌ・サン・ドニ県内の小学校で教師を務めるかたわら，オベールヴィリエでアソシエーション活動を行うサミール・メザで，その他にもオベールヴィリエのアソシエーションで活動したり，文化活動をおこなうエスニック・マイノリティの20-30代の若者がリストを形成した．

パリ郊外でエスニック・マイノリティの若者が一定数，地方選挙に出馬するということ自体は今回が初めてではない．たとえば2008年の市議会選挙では，パリ郊外のある自治体で現職の市長が率いる左派連合（共産党，社会党）が「多様性」を選挙キャンペーンのスローガンに据え，市議会の大半がいわゆるマジョリティである「中産階級の白人男性」によって構成されている現状を反省的に見直し，それらとは異なる背景を持った人々を登用し，地域の住民の多様性を市議会に反映させようという方針をとった．こうして左派連合35人の候補者リストにエスニック・マイノリティ候補が11人入り，その存在が選挙キャンペーンでアピールされるということがあった（森 2012）．

それに対して「オベールヴィリエ100%」は，全員がオベールヴィリエ出身のエスニック・マイノリティ候補であり，その責任者もマイノリティである点で大きく異なる．サミールは先に述べたように，地元で子ども向けの文化教育アソシエーションを主催しており，ユセフは子どもの放課後の指導員，ジシャムはマラドルリの団地地区で医師をしている．オシンはスラム（オーラル・ポエトリー）のアーチストで，地元でよく知られた存在だ．全員が政治未経験者で，選挙プログラム自体も学校給食の質の向上や子どもの安全対策としてのビデオカメラ導入など，特に際立った特徴はなく，他のリストと比べて目玉になるような施策もない．「有権者を驚かすような鮮やかな施策はありません．われわれは権力をとりたいわけではないのです」とオシンは言う．だが，全員が地元で長年活動を展開してきた経験をもち，地元では皆よく知られている存在であった．

リストは選挙の3週間前にようやく結成されたが，選挙運動期間の短さにもかかわらず，第1回投票で7.1%を獲得するという快挙を遂げた[8]．「オベールヴィリエ100%」は選挙に勝ったわけではなかったが，マイノリティの若者によるリストとして選挙に参加し，地域社会で一定のプレゼンスを示すことに成功した．この組織は形式こそカラー・ブラインドであったが（「オベールヴィリエ100%」），その目的は「エスニック・マイノリティの若者によるリスト」であることからカラー・コンシャスなものであった．これは「エスニック・マイノリティの市議が存在しない」という現実の変革をめざすと同時に，「自分たちこそ真のオベールヴィリエ市民である」という「地元住民」の再定義を促す運動でもあった．第5章でみたような，市による「地元住民」の再定義に対抗するかたちでの，住民の側による「地元住民」再定義の試みでもあったのである．アブデルマレク・サヤドは1985年の「存在するとは政治的に存在することである」というテキストのなかで「ネーションという社会政治の枠組みにおいては政治的に存在しなければ存在することはできない」と述べている（Sayad 2006）．2005年の暴動を契機に，郊外のエスニック・マイノリティの若者の間で既存の政党政治の枠組みに主体的にかかわる事例は増えていることは，サヤドのいうような「存在する」ための営みと言えるだろう．

## 3――問題化される「参加」　ラップの事例

### 3.1――暴動とラップの接点?

ここまでみてきたアソシエーション活動は自治体から支援を受けたり（文化アソシエーションの事例），既存の政治枠組みのなかで一定の評価を受ける（選挙での得票など）など，既存の制度と関係をもちながらの「抵抗」であった．それに対して，次にみるラップは評価や支援を受けるどころか，反対に公権力からの批判や弾圧の対象になってきたといえる．2005年の暴動開始から3週間後の11月22日，ちょうど「選挙リスト運動」が始まろうとしていた頃にも7つのラップ・グループが起訴されるという事件が起きた．保守派の国会議員152人と上院議員49人が「ラッパーの歌詞は『反白人差別』や『フランスへの憎悪』を促している．（……）われわれの国家，民主主義，そして共和国の価値観が脅かされているのだ！」と共同声明を発表し，ムッシューR，スマラ，リュナティック，113，ミニステール・アメール，ファブ，サリフの訴追を，法務大臣に請願したのである．この訴追をとりまとめたモーゼル県議会議員フランソワ・グロディディエは，訴追の理由を以下のように説明する．

> これらのラッパーは，移民統合の努力を水の泡にするような，破壊的イデオロギーを蔓延させる．ラップの暴力メッセージは，根無し草で伝統文化を失った若者にとって，非礼の礼賛，また最悪の場合には，テロリズムの正当化として理解される．ラップは郊外の暴動と無関係では全くない（森 2006: 110）．

「移民統合の努力を水の泡にする」ということは，ラップが移民統合を妨害しているということである．つまり訴追されたラッパーの歌詞が，郊外のエスニック・マイノリティの若者に悪影響を与え，「暴動を示唆したのだ」と解釈された．ラップの歌詞の「暴力」は，明確なメッセージも言葉もなく，判読不可能だった暴動の「意味」を裏づけるものとして理解されたのである．

だがそもそも，なぜラップとエスニック・マイノリティの若者は結びつけられるのか．そのようなラップを通して何が表現されているのか．ラップはなぜ，どのようなレベルで「マイノリティの若者」の抵抗形式として捉えられるのだろうか[9)]．以下では 1990 年代から郊外のエスニック・マイノリティの若者に絶大な支持を受けてきたラップの歌詞を通して，マイノリティの若者が何を表現し，何を訴えているのかを考察する．分析には 1990 年代から 2000 年代にかけてのテキストを中心に扱うが，本書でここまでみてきたように郊外をめぐる諸問題がこの 30 年近く繰り返されてきた歴史を考えると，時間が経っているとはいえ，1990 年代のラップで表現されていることは今日のエスニック・マイノリティの若者と社会の関係を考える上でも有効な視座を提示してくれると思われる．またこのようなアプローチは，2015 年に生じた一連の襲撃事件を「テロリズム」という側面のみに還元するのではなく，より広い展望で考察することを可能にすると思われる．

## 3.2——社会におけるラップの位置づけと実践

### 3.2.1——ラップ取り締まりの流れ

まず，フランスでラップがどのように取り締まられてきたのかを簡単に整理しておこう．というのもラッパー起訴は先にあげた2005年の事例が初めてではなく，1990年代半ばから繰り返されてきたからだ．たとえば1995年，パリ郊外サルセル出身のミニステール・アメールは，映画『憎しみ』（マチュー・カソヴィッツ監督）のサウンドトラックに収録した「鶏の生贄」の歌詞が「交番を焼き，警官の殺害を唆している」として警視庁職員組合に訴えられ，罰金25万フランが課された（*L'Humanité*, 1995年8月30日）．

同じ年にはパリ郊外サン・ドニ出身のNTMも起訴された．1995年6月，南仏トゥーロン市長選で極右「国民戦線」の候補者が勝利したのを受け，同年7月に反人種差別団体「SOSラシズム」は同市近郊で「自由のためのコンサート」を開き，そこにNTMは招かれた．かねてより人種差別を批判してきたNTMは人気曲「ポリス」を歌い，アドリブで「ファシストは青い服着て，ルノー19に3人乗り．彼らを困らせてやれ！」と発言した．「青い服」は警官の制服，「ルノー19に3人乗り」は巡回するパトカーを喚起する．この発言が「コンサート会場で警備に当たっていた警官への暴力を呼びかけた」という理由で起訴され，結局翌年11月に「懲役6カ月・6カ月の国内活動停止」の判決を受けた（*L'Express*, 1996年11月21日）．

1997年に政権をとった社会党が2002年に敗退し，再び保守政権が誕生すると，ラッパー起訴は再び増加する．2003年には当時の内務大臣サルコジが，パリ郊外エランクール出身のグループ，ラ・リュムールを起訴する．同グループのCDのライナーノーツに「警察を殺人犯扱いする記述があった」というのが起訴理由だった[10)]．同年サルコジは，パリ郊外ドゥーユ・ラ・バール出身のスナイパーを「反警察」と「反白人差別」として訴追する意思を表明した．スナイパーは従来より極右を批判し，敵対してきた．そのことから，サルコジのラッパー攻撃は，極右支持層にアピールするためのパフォーマンスではないかとの見方もあった．2004年内務大臣に就任したドゥヴィルパンもスナイパーを「行政への公的侮辱と犯罪の呼びかけ」の名目で訴追している[11)]．

こうした一連の動きのなかで2005年8月，冒頭にあげたグロディディエが，法務大臣宛にラップに関する報告書を提出し，複数のラップの歌詞をとりあげて「風俗を紊乱する」と厳しく批判している．続いて同年9月28日に「フランスと国家の尊厳の侵害」に対する法案が提出された[12)]．法案の前文には同年8月に出たラップの歌詞が引用され「明らかに，わが国家の尊厳侵害」「表現の自由を問題にするわけではないが，自由なデモクラシーに生きることと，何の制限もなく生きることは同じではない」と明記され，「フランス国家や歴史上の重要人物，国家責任者や組織の尊厳を侵害するような表現を出版物，インターネット，テレビ，ラジオなどで発表」した場合，最高で懲役3年，罰金4万5000ユーロを課すことが提案された．

### 3.2.2——郊外とラップの実践

憲法で表現の自由が保障されている国で，ラップの歌詞がこれほど攻撃されるのはなぜか．要因のひとつには，郊外におけるラッパーの影響力とそれに対する危惧が関係していると思われる．そうだとすれば，いったいなぜ，どのような影響力が存在するのだろうか．問題の背景を理解するため，ユーグ・バザン（Bazin 1997）やマニュエル・ブシェ（Boucher 1999）らの先行研究を参照しつつ，フランスにおけるラップの歴史的変遷を見ていこう．

アメリカで生まれたラップは，1980年代前半にヒップホップの一部門としてフランスに上陸した．若者向けのラジオやテレビで紹介され，爆発的な人気を収めるも，1980年代半ばには流行も過ぎ去り，ラップもメディアから姿を消した（Boucher 1999: 63-65）．

しかしこのブームの去った1980年代後半から，ラップは本格的に郊外の若者の間に浸透していく．流行が過ぎたあとも，ヒップホップのダンスは郊外の若者の間で熱心に続けられた．娯楽施設の少ない郊外の路上で，若者たちはアメリカの黒人が生んだダンスに興じた．このダンスに使われる音楽として，当初ラップは位置づけられていた．既存のアメリカ発ラップで踊っていた若者は，次第に自分たちのラップを求め，作るようになる．こうしてラップは屋外のダンスの場で実践されていく．初めは郊外の路上や団地の中庭，空き地，駐車場などが実践の場だったが，次第にパリ北部のスタリングラードやラ・シャペルといった移民街の空き地に東西南北の郊外から集まる若者の溜まり場ができ，若者がダンスに興じる傍らでラップが演奏された（Bazin 1997: 46）．

ラジオもラップの発達に大きな役割を果たしている．1981年ミッテランは大統領に就任すると，ラジオ放送の自由化を行ったが，それに伴い多くのラジオ局が誕生した．なかでもパリ・プリュリエル，ラジオ・ブール，メディア・トロピカルなど，若者を対象にした新しいラジオ局がラップ普及に大きく貢献したといわれている（Bazin 1997: 57）．こうしてラップ人気が高まるのと並行し，郊外のアソシエーションもラップのコンサートや講座を企画するようになり，またパリ郊外サン・ドニなどでは大きな音楽フェスティバルやコンサートが開かれ，ラッパーが自分たちのラップを聴衆に披露する機会は増えていった．

ラップ揺籃期である1980年代末から90年代前半には，自主制作のカセットやCDがダビングされることで地域の若者に広がった．そしてパリやパリ近辺で各地域から来たラッパーの交流が始まり，ネットワークが形成され，ある地区のラップが他の地区でも聴かれるようになっていく．1990年代半ばからラップは一大音楽産業となり，聴き手の幅も一気に広がるが，当初フランスのラップは歌い手も聴き手も郊外のエスニック・マイノリティの若者だった．これが「ラップ＝郊外の若者の表現形式」と見なされる所以である．

### 3.2.3――グループの役割と地域とのつながり

ラップ実践は個人的と思われがちだが，必ずしもそうではなく，むしろ集団的な側面も多く見られる．背景として，ラップをひとりで始める若者は少なく，大抵はグループ実践の形をとること，また初めからラップだけを実践するグループは少なく，むしろダンスや落書きなどの複数の文化表現を実践し，そのうちにあるグループはラップ，あるグループは他分野に「専門化」していくのが普通であることがあげられる．

ここでいう「グループ」はラップ実践のためにわざわざ作られるのではなく，普段から一緒につるんでいた仲間が，そのまま「グループ」になることが多い．そしてラップと郊外の関係を理解するには，この若者にとっての「仲間」の役割と自分の居住する郊外の地区との関係を押さえる必要がある．そこで以下では，この「仲間」と「地区」の機能を見ていく．

バックマンとルゲネックをはじめとする郊外研究者が指摘してきたように，郊外の若者の多くは，居住する団地の外に出かける機会が極めて少ない（Bachmann et Le Guennec 1996）．団地が公共交通機関の発達していない不便な場所にあることが多いのに加え，学業挫折や失業している場合，通学や通勤など外に出かける機会のないことが理由としてあげられる．どこかに遊びに行こうにも，お金がない．

こうして生活の大半の時間を居住する団地や地域で過ごす若者は，その地域や団地に強い帰属意識を持つようになる．パリ郊外で行ったインタビューでも，若者は「学生」などの身分や学校・職場ではなく，まず「僕はキャトル・シュマン出身」「私はランディ」など居住する団地や地区によって自己定義する傾向が見られた．同じ団地に住み，似たような日常経験を共有する若者たちの間には連帯意識が強い．その連帯意識はときに一種の拘束（何かすればすぐに噂が広まる）としても働くこともあるが，それについてはおって見ていく．

地域や団地内にはいくつもの若者グループがある．グループ内の結束は極めて固い．

> 似たもの同士で固まるんだ．（……）一番気が合って，居心地のいい仲間だ．同じ感覚で，笑いのツボもあう．グループの仲間とは，他の誰よりも一緒にいる時間が長い．皆，同じ団地の奴だよ．団地内にオレたちがいつも陣取ってる場所があって，大抵そこに溜まってる（ジブリル）．

郊外の若者研究のソヴァデ（Sauvadet 2006）は，この若者グループを「第2の家族」と呼ぶ．郊外団地で暮らすエスニック・マイノリティ世帯には大家族が多く，狭い家には場所がない．まして学業挫折や失業中の若者は，ますます家に居づらくなる．このような若者にとって団地の仲間との「グループ」はいつも行動を共にし，団地の地下倉庫などで寝食を共にすることもあるほど，生活に必要不可欠な「場」だというのである．

ラップ・グループの多くは，こうした若者で構成されている．ラッパーの強い仲間意識，また出身の郊外への帰属意識も，これらの要因と関係している．この帰属意識は，1995年に起訴されたミニステール・アメールとNTMの言葉にも現れている．

> 俺たちは93（パリ北部のセーヌ・サン・ドニ県の県番号）の代表，そしてサン・ドニの団地の代表でありたい（NTM）[13]．
> 俺たちはまずガルジュ・サルセルの人間，95200（ガルジュ・サルセルの郵便

番号）セクトだ（ミニステール・アメール）[14]．

### 3.2.4――若者の声を発信する

郊外や団地と密接なつながりを持ったラッパーは，歌詞を通して具体的に何を表現するのだろうか．この問いに対し，パリ郊外サントゥーアン出身のモンタナは言う．

> まずオレたちの地域について歌う．自分が一番よく知っていることだし，そこで起きていることを実際に経験しているから．

同様に，オベールヴィリエ出身の2人組タンデムのソクラテスも自分の地域での経験をラップのなかで前面に押し出す．

> ラップで表現したいのは，自分たちが見たままの純粋な状態で，現実を扱うこと．周りで起きていることを見なければダメだ．

「現実」へのこだわりはこれらの「駆け出し中」のラッパーだけではなく，90年代に一世を風靡したNTMやIAMのような「スター」的存在のラッパーも，ラップと出身地域とのつながりを強くアピールする．

> 自分たちが知ってることや経験したことしか歌わないよ．オレたちが歌うのはいつも路上の出来事，とにかくよく知ってるサン・ドニの地域の路上での出来事だ[15]．
> フィクションを歌いたくない．オレたちが歌うのは，本当に経験したことだけで，それは必ずしもいい思い出ばかりじゃない[16]．

郊外で起きる現実との「つながり」は，たしかに「ストリート発信の音楽」ラップの歴史やイメージと関係している．社会の底辺で暮らすマイノリティの若者が生んだラップは，郊外貧困層の現実を描くことで，初めて「真のラップ」たりうるという考え方である．また選挙前だけ票集めにやってくる政治家や，犯罪が起きた時だけ郊外にカメラを向けるマスコミに対し，郊外では極めて批判的な姿勢が強いことも背景となっている．郊外の日常を見ず，都合のいいときだけ来て，「現実とは違う」イメージを蔓延させる政治家やマスコミに反発し，自分たちの違いを強調するラッパーは，郊外の若者の声を代表し，社会に向けて発信するスタンスをとる．その結果，「同じ困難を抱える地域の若者を代表し」「郊外の日常を証言する」スポークスマン・スピーカー・コラムニストとして自らの役割を規定するラッパーが多い（Boucher 1999: 161-2）．

郊外の現実や若者の声を代表しようというラッパーの姿勢には，聴き手である郊外の若者との間に一種の「共犯関係」を生み出そうという意図も見られる．ラッパーが郊外の現実を歌えば歌うほど，似た境遇の若者が共感し，またラッパーもそれを意識して，さらに郊外の若者の声を反映し，彼らの困難や怒りを表現しようとする，一種の「相互作用」が成立するようになる（Boucher 1999: 165-67）．これが「ラップ＝郊外の若者の音楽」とされる所以である．それでは郊外の若者と密接な関係にあるラップに表現されるのはいったい何だろうか．

## 3.3——ラップを通して現れる郊外の若者の要求

### 3.3.1——ラップに描き出される世界

ここでは，ラップを通して表現される若者の「不満」とは何なのか，具体的に見ていく．たしかにラップのテキストはあくまでも「歌詞」であり，そこには比喩が用いられ，誇張されている箇所もあり，歌詞を額面どおりに若者のメッセージと受け取ることはできない．しかし，ラップが何よりもまず「フランスの 15-19 歳の 28％，20-24 歳の 10％が聴く」という「若者の音楽」であり（Donnat 1998: 74）[17]，若者のなかでも特に郊外の若者に支持され大きな影響力を持つことに加え，政治空間で批判されるのもこの歌詞であることから，ラップの表現に一定の重要性があるものと考え，分析していく．

3.1 で見たとおり，ラップには「暴力」のイメージがつきまとうことが多い．しかし実際にラップの歌詞を検討すると，若者の様々な不満が浮かびあがる．だがラッパーは，不満や怒りをただ叫ぶのではない．ラッパーは郊外の困難の現状認識だけでなく，困難の原因についても解釈を試み，その結果として激しい怒りや反抗が導き出される．ラップには「すべてを奪われた者」と「すべてを有する支配者」という極めて二項対立的な図式が提示され，その不条理さ，不公正が，直接，あるいは比喩を用いて表現される．以下に，ラップに現れる主なテーマ別に見ていく．

### ① 資本主義と社会的排除

ラップはただ「暴力」を叫ぶのではない．むしろラップには，現代社会の支配的価値観を客観的に認識しようという意図がみられる．なかでもよく見られるのが「すべてはカネで決まる」という世界観だ．このような社会では，個人の人格や人間関係も「カネ」によって変わり，またメディアから政治，音楽産業まですべてが「カネ」に支配されていることが表現される．

> すべては売られ，買われる／もちろん政治家だって／カネのためにズボンを下ろす準備はできてる[18]．
> カネはもう1つのドラッグ（……）／すべてはカネで決まる／政府だって，チビからデカい奴まで誰でも同じ／勉強したけりゃ，カネ出せ／遊びたけりゃ，カネ出せ[19]．

だがこのようによく表現される「カネ」に対するラッパーの態度はしばし両義的だ．直接的な批判もあれば，カネがなければ幸せになれないという立場もある．だが差異をこえて共通するのは，資本主義社会において「完全に取り残されている」自分たちの状況だろう．貧困に喘ぐのは郊外の若者だけではない．自分たちの家族や，同じ地域の住民も一緒であることが説明される．ラップに現れる貧困は「郊外に住む家族」と「都市に住むフランス人家族」との対比を通して描き出される．

> 世の中 不公平／カネがすべて／俺の顔には／書いてある／カネには縁がないってね[20]．
> 運命には差がある／持ち札は皆同じじゃない（……）／仕方ない，同じ星の下に生まれなかったんだ／なんで，よりによって，オレのポケットは生まれたときから空っぽなんだ？／なんで，奴らのポケットは金でいっぱいなんだ？／なんで，オレの親父は小型バイクで出勤し／奴の親父は三つ揃いスーツ着てBMW出勤なんだ？[21]

こうした不平等はどこから来るのか，とラッパーは問う．前述のNTMは単なる「運命」ではなく，郊外のエスニック・マイノリティを排除する社会システムが生み出しているものだと解釈する．

俺らを捕らえるシステムの中では／階級，スタイル／お前のツラ，人種別にルールが違うのさ[22]．

② 人種差別と警察

人種差別の経験もラップによく現れるモチーフである．なかでも極右政党についての言及は多く見られる．1980年代前半に台頭し，2002年の大統領選挙では18％[23]を獲得しその後も勢力を拡大する国民戦線と党首ルペンに対する強い批判である．だが問題にされるのは，極右のように「移民排斥」をあからさまに訴える差別主義者だけではない．日常生活における「何気ない」差別——通りで，店で，バスの中で自分に向けられる人々の冷ややかで，ときに攻撃的な視線や，買い物の際に差し出したお金を怪訝そうに調べられたり，建物に入るときの荷物検査では人一倍長く調べられたり，タクシーで乗車拒否されたりといった郊外の若者が日々経験する「些細」な，しかし彼らの日常を蝕むレイシズムの経験が描き出される．

注意しろ，オレはアラブ人，視線を逸らせ／逃げるような視線，もう見たくもねえ／お前らの陰険な目が語ること，わかってる／奴らの脳ミソは被害妄想に侵されてる／オレが通ると奴らの憎しみの臭いがする／ごまかそうとしても強烈に臭う／こうしてオレは視線の銃弾を浴びる[24]．
デパートのテレビコーナーに行くと／泥棒扱いさ，頭にくる（……）／レジで小切手を使おうものなら／IDカード，パスポート，保険証，家賃支払証明を見せろって（……）／地下鉄に乗れば，警備員にリュックを調べられる／爆弾なんて入ってない，保険証だけさ／車内で座っていると，老人たちが怪訝そうにオレを見る／トイレの紙で鼻をかめば，奴らは歯ぎしりする／オレの顔は「容疑者」の顔だ[25]．
タクシーはニグロを乗せない／ディスコの一部も，混血お断り[26]．
お決まりのパターンだ，オレたちは嫌われてる／褐色の肌イコール麻薬密売人さ[27]．

だが差別はこれだけではない．国家の秩序を維持する「警察」も郊外の若者に差別的で，ときには暴力的であることへの怒りがラップに表現される．ミュッケイリも言うように，警察は郊外の若者にとって国家体制の象徴であり，一番身近でわかりやすい抑圧の原因として認識されている（Mucchielli, dir. 2006）．実際，「反警察」はラップに最もよく現れるテーマのひとつである．そして警察による差別や暴力を告発，糾弾するラップが多い一方で，警察組合がラッパーを起訴するケースも多いのは先に見たとおりだ．

> 「警察の職務質問だ，身分証明書！」／この決まり文句に慣れなきゃならない／警察の奴らは郊外で，職権乱用し過ぎだ（……）／身体を押さえつけられ，ポケットを探られる（……）／肌の色が奴らの規定に反してたら，おしまいさ[28)]．
> オレが本当に　フランス人だと言うなら／なんで一日中　ID カードを見せなきゃならないんだ？[29)]
> 朝 7 時になっても，まだ取り調べ中……／オレの国籍を聞いて，奴らは大笑い／名前がラシッドだったら，もっと悲惨さ[30)]．

1990 年代から郊外団地での若者と警察の衝突は増加し，公安警察の統計によれば 1990 年代には 341 件の「暴動」が記録されているが，モジェも言うようにこれら「暴動」のきっかけの大半は「警察の暴力」に対する若者の死である（Mauger 2006a）．1990 年，公安警察に設置された「暴動担当課」の初代責任者を務めたビュイ・トロンも，90 年代の「暴動」の原因の 3 分の 1 が，直接あるいは間接的に警察だったことを認めている（Bui-Trong 2003: 63）．アムネスティが 2005 年 4 月に出した報告書でも，フランス警察の人種差別暴力が問題化され，犠牲者リストには北アフリカ，サブサハラアフリカ人の名前が連なる[31)]．

### ③　不信感と意識形成の試み

政治への強い警戒心もラップによく現れるテーマである．

> オレは投票しない／政党に興味ない／ラップするのは庶民のため／偽善者の

ためじゃない[32].
汚職は侮れない武器さ／政治で成功したけりゃ／イカサマは1つの「テクニック」だと肝に銘じておくんだな[33].

政治不信の背景には，1980年代にエスニック・マイノリティの若者に影響を与えた社会運動の「負の遺産」がある．フランスでは移民運動とワールドミュージックが連結した1970年代末から，音楽と移民と政治は，複雑で矛盾を孕み，張り詰めた関係で結ばれてきたが，1980年代に入るとSOSラシズムという反人種差別運動が音楽と接点を見出す（鵜飼 1997: 240-49）．この運動はロック，レゲエなどに，移民出身国の音楽要素を取りいれた「混淆音楽」を演奏する有名ミュージシャンを集めて，反人種差別コンサートを開催し，多くの若者の動員に成功した[34]．だがラップが郊外で拡がっていくのは，エスニック・マイノリティの若者の「SOSラシズム離れ」が進む1980年代末だった点は注目に値する．フランスのラップ草創期のラッパーには，1980年代SOSラシズムに何らかの形で関わり，この運動から結果的に「裏切られた」と感じる者も多かった[35]．たとえば1990年代のカリスマ的グループの1つで，郊外問題にもコミットするアササンのマジは1980年代の運動を振り返ってこう歌う．

フォークロアな，お人よし反人種差別で／休日の幸せ気分に浸るなんてまっぴらだ[36].

「腐敗した」政治に代表されない若者たちの声を発信するというラッパーの役割がここで提示される．

オレの声は，社会に対する自覚／オレの言葉は，真実を響かせる銃弾[37].
怒りで頭に血が上ると／オレはペンをとり，言葉を動かし始める／ここから聞こえるお前の嘆きが／オレに言葉を書かせる[38].

だがラッパーは若者の声を社会に伝えようとするだけではなく，若者自身にも語りかける．たとえば前述のNTMはこう歌っている．

俺はリーダーじゃない，ただ代表して言いたいだけ／みんなイカってる／こんな窮屈な世の中ぶっ壊すぞってね／でもシュプレームNTMはあきらめやしない／ナンにも持たない若者たちと一緒に／たった1つの真実——平等への権利を[39].

このように，ラップには郊外の若者の不満，怒り，苦しみ，要求を外部に発信するだけでなく，内部の若者に対しても誇りを取り戻そうとのメッセージを送るのだった．

### 3.3.2——標的としての国家

排除，差別など，郊外の若者が抱える様々な問題や不満がラップに表現されていることをみてきたが，1990年代後半から変化が見られるようになる．「暴動」の喚起や激しい「国家」批判が新たなテーマとして登場し，ラップの歌詞の「過激さ」が社会で指摘されるようになる．冒頭で見た起訴事件が相次ぐのもこの頃からである．

ラップ過激化の背景には，郊外の若者を取り巻く環境の悪化がまずあげられる．新自由主義論理の浸透に伴い，雇用は一層不安定化し，9・11以降のテロ対策の下，マイノリティのなかでもムスリムへの差別が悪化した．失業が増大しただけでなく，仮に就職できても正規ではなく不安定雇用で，職場では「競争」の名の下に連帯は生まれず，ストレスと疲労が重なり，先の展望は見えない．兄や姉が25-30歳になっても安定した職につけず苦しむ姿を見て育った弟や妹の世代は，「どうせマジメに働こうとしたって」と早くから絶望を内面化するようになる（Beaud et Pialoux 2006: 24-25）．ラッパーの言葉の過激化は，ラッパーが描く郊外の状況が悪化していることを反映している．この変化が起きるのが，政府による都市政策が社会経済支援から再開発と治安対策強化に移行する時期（第4章第2節参照）と一致するのも，偶然ではないだろう．

過激化の背景にはこうした構造的要因だけでなく，ラップ固有の要因もある．ラップで歌詞が重要なのは言うまでもないが，「タフ」や「強硬」が価値基準となるハードコア・ラップでは，郊外の「ホンモノの現実」を「より過激に」歌うことで他のラッパーと差がつく．つまり「ホンモノのラッパー」として認められるには常に「より過激」でなければならない．しかも，ひとたび成功を収めても「より過激」であり続けなければならない．そうしなければ，ファンだった郊外の若者から「彼らは変わった，ブルジョワ化した」との批判が起きるからだ．だからこそ，ラッパーたちは「ホンモノの現実」——警察の暴力，非行に走る運命，刑務所や法廷での経験の語りを通したゲットー神話の再構築——をさらに「過激に」歌うことで「ブルジョワ化」批判を牽制する．このように，ラップ内部にも過激化を促進する論理が働いている．

それでは「過激な」歌詞をとりあげながら，ラッパーの「国家の尊厳侵害」「フランス侮辱」と言われる「暴力」に光をあてていきたい．まずは前述のNTMの「早く火をつけろ」を見てみよう．

> だから無能な政治をたたき潰す／政治が無能だからフランスの価値も下落する／寛容の時代は終わった／奴らが俺たちをもう少しマトモに扱うには／火つけて事実突きつけるのが最善の方法だろう／（……）／目印はどこだ，モデルは誰だ／お前ら若者の翼を燃やし／夢を打ち砕き，希望の力を枯らした，ああそう思うと／問題をマジメに考える時が来た，フランスが／自分のしでかしたことを考える時がついに来た[40]．

この歌は「暴動をそそのかした」と批判を浴びたが，その歌詞には，これほどまでに若者が怒っている理由がはっきりと示されている．それは，郊外の若者の状態や環境を改善できない政治への怒りと，「移民」をまともに扱わないフランスへの強い失望である．

> 若者たちは（……）無法地帯に走る／でもそれを止めるため，誰が何した？／国家は俺たちにどんなチャンスくれた？（……）／自国の若者の一部を見殺しにする／それはフランスにとっては単なる削除にすぎない／フランス有罪，危機的状況に置かれた人間見殺し罪[41]．

この「フランスに見殺しにされた」という失望感は，NTMに限らず，ほかのラップにも繰り返し現れる．そして失望の反動として激しい怒りや暴力が叫ばれる．ザイール移民2世でパリ郊外育ちのラッパー，2005年に起訴されたムッシューRも同様の感情を歌っている．

フランスはあばずれ／ヒドい目にあわせてやれ／売女同然に扱え／ナポレオンもドゴールもヒドい目にあわせてやる／フランスはヒドい母親／道端に自分の息子たちを捨てて，知らん顔[42].

この歌が裁判沙汰になった際には，「あばずれ」をはじめとする過激で性差別的な表現に関心が集まり，こうした言葉が発される背景にある「自分たちを捨てたフランス」という失望感はほとんど議論されなかった．また移民2世であるラッパーが，自分自身を「フランスの息子」と呼び，フランスを「（ヒドい）母親」に喩えている点にも，全く注意が払われなかった．このような関心の偏りは，2003年にサルコジ，2004年にドゥヴィルパンから訴追されたスナイパーについても言える．

貧困から抜け出し／犬でなく市民として認められるため／皆どん底の問題を前に結束する／フランスは俺らをこんなに苦しめた（……）／話を聞いてもらう唯一の方法は車に火をつけることらしい／憎むべき最悪のシステム，でも燃やしても結局先に進まない（……）／フランスはあばずれ，俺たち裏切られた／システムが俺たちに奴らを憎ませる／憎しみが俺たちの言葉を下品にする／ポピュラーミュージックのメロディでフランスをやっつける／皆いいか，弾圧なんて気にするな／共和国も，表現の自由もまっぴらだ／法を変えてやれ，そうすれば，エリゼ宮で／アラブ人と黒人が権力を握るさ[43].

スナイパー訴追の際にも，歌詞で表現される「暴力性」ばかりが問題にされ，同じ曲のなかにはっきりと示された「暴力の理由」は問題にされなかった．貧困に苦しみ，平等に扱われていないと痛感する「俺たち」ことアラブ人・黒人の若者は，フランスとその「最悪のシステム」に「裏切られた」と感じている．ここから生まれる憎しみが「俺たちの言葉を下品に」させ，もはや苦しみを理解してもらうには「車に火をつける」しかないとまで思うが，「燃やしても結局先に進まない」ので，「ポピュラーミュージックのメロディ」という手段で，怒りを表現し，苦しみを社会に知らしめるというのだ．

若者の不満や困難の原因として，これほどまでにフランス国家が名指され，怒りの標的となるのは，フランスのラップの特徴だと言える．だが，なぜ企業や雇用者などではなく，国家やその行政機関に対して怒りが向けられるのだろうか．まず考えられるのが，やや逆説的であるが，マイノリティの若者がフランスの価値観を相対的に内面化している点である．アングロ＝サクソン諸国に比べ，マイノリティへの同化圧力が強いフランスでは，マイノリティの若者に対しても主流社会の価値観を学校などで叩き込まれる．このように文化的統合は進んでいるが，それだけにフランスのスローガンである「自由，平等，博愛」が自分たちには適用されていないという現実に対する不公平感や怒りも一層大きくなり，本来は平等を保証すべき国家に対して怒りが向かいやすくなる．しかもラッパーの若者には，一般に定着しているイメージに反して，学校の成績がよいなど，文化的統合度が高いものが多い（Zegnani 2004）．以上からも，ラッパーが示す怒りは，統合が進んでいないことが原因というよりも，むしろ進んでいるからこそだと考えられる．

また「移民」の状況の歴史性との関連もあげられる．郊外に住む移民2・3世でエスニック・マイノリティの若者が差別を受け，強い怒りと不満を抱いていることはすでに見たが，彼らの怒りは（移民1世だった）自分たちの親の経験に重なって一層大きくなる．「30年間，フランス復興のために働き，尽くしたにもかかわらず，差別され，人間以下の扱いをされた」「移民だから，植民地出身だからという理由でこき使われ，搾取された」親世代からの屈辱の原因として，旧植民地宗主国であり，移民受け入れ国であるフランス国家に怒りが向けられる．

だが最大の理由は，郊外の若者の「現状」にあるだろう．先にも見たとおり，ラップを聴くのは大半が15–24歳の若者である．彼らは就学していたり，失業していたり（郊外の団地では25歳以下の失業率が5割を超えるところもある）するため，職業世界を経験していない者がほとんどである．つまり労働運動の時代とは違い，若者は職業世界の完全に外側におり，企業は彼らにとって「仮想敵」でもない．デュベはこうした若者たちには「労働運動に見られたような仮想敵は一切ない」（Dubet 1987）とするが，実際，産業が撤退し，公共サービスも充実していない郊外の地域で，若者が怒りを向ける「敵」となりうる唯一の対象は警察をはじめとする国家機関なのである．

注目すべきは，「見殺しにされた」思いからくる「怒り」や「暴力」を通して現れるのがフランス国家の標語の１つである「平等」の希求だという点である．「火をつけろ」という叫びの裏側には，郊外の若者が経済的にも不平等を蒙り，警察からも人種差別される不公正なシステムを告発し[44)]，「自分たちにも共和国の標語を適応しろ」という平等の訴えなのである．前述のタンデムも歌う．

> 棺おけに入る若者が増えれば，刑務所の若者が減る／オレの人生はお前もよく知ってるよ，郊外はどこも同じさ／フランスをやっつける，フランスがオレを愛してくれるまで[45)]．

ラップにおける「怒り」や「憎しみ」の表現はきわめて複雑かつ両義的であり，よくラップ批判に見られる「根拠なき暴力」には還元できない．肝心なのは，ラップが暴力的かどうかではなく，「暴力」を生みだす背景を浮かび上がらせることだろう．ラップは「暴力的な歌詞」を通して，警察と若者の関係，失業，貧困，郊外の状況，エスニック・マイノリティと植民地主義の記憶といった深刻な問題を告発し，平等の実現を訴える．歌詞が「暴力的」なのは，「国家の尊厳侵害」のためではなく，提起される問題自体，つまり彼らの経験自体が暴力的なのである．ラ・リュムールのメンバー，ハメは言う．

> テキストが暴力を生むんじゃない．まず先に，暴力が存在するんだ．

### 3.4――「予言者」としてのラッパー　ラップの社会的機能

ラップに現れる世界観は，①若者自身，あるいは身近な人（家族・友人・地域の知りあい）の経験の語り，②若者の対抗文化の規範や価値観（非妥協，男性優位主義，反抗的），という２つの軸に影響されながら形成される．この２つがあって初めてラッパーは郊外の若者に支持され，どちらが欠けていても支持を得られない[46)]．このような文脈で，ラップは若者が感じる不条理・不公正と反抗をそのまま反映するだけでなく，この心情を②の規範のもとでまとめ，均質化し，強化する役割を果たしていると考えられる．その意味でラップは，単なるラッパーの個人的表現ではなく，郊外の若者の集合表現として位置づけられる．ラップは，郊外で暮らす若者が不満や怒りを発散させると同時に，抗議，抵抗を表現する場として機能するのである．

だがメディアでもラップの政治性や集団的な表現に注目が集まることはほとんどなく，「暴力」のイメージばかりが強調された．政治空間も同様で，右派はすでに見た一連のラッパー起訴が示すように，ラップを危険なものと位置づけ，攻撃をくり返し，また社会党をはじめとする左派も，ラップ教室やイベントを開くことが「何もすることのない若者」の非行防止に役立つといった観点から関心をもつ者はいたが，ラップのメッセージに対しては総じて無関心だったと言える[47]．

既存の市民運動もラップと接点を見いだすことはほとんどなかった．例外として，郊外のエスニック・マイノリティの若者に対する警察の暴力に抗議する団体「移民と郊外の運動（MIB）」が1997年に移民法に反対し，それに共感した複数のラッパーが「人種差別的な法に反対する11分30秒」というCDを作成したことがあった．だが，そのような例外的事例をのぞいては市民運動もラッパーを警戒し，ラッパーも市民運動を警戒するケースが，特に2005年の暴動までは多かった．前述のラッパー起訴が起きた際にも主要な人権団体が「表現の自由」を訴え，ラッパーを擁護するデモを行ったが，当事者であるラッパーは「運動に利用されたくない」とデモには参加しなかった．こうした現実を踏まえてミュッケイリは「郊外に住む移民の若者の要求や不満を表現するラップが，社会運動や政治行動として形成される可能性は完全に失われた」と指摘する（Mucchielli 1999: 65-66）．ここではラップが既存の運動や政治枠組みと結びつかなかったことが「挫折」としてマイナスに評価されている．

だが労働運動が衰退し，また1980年代に草の根から生まれた反人種差別運動も左派政党と結びついて体制化し，社会運動全般に不信感をもつ若者たちのオルタナティブとしてフランスでラップが発達し，支持されたという過程を考えれば，既存の政治や行動の枠組みをラップにあてはめること自体に問題があると言えるかもしれない．すでにデュベは1980年代，フランス郊外でアメリカから輸入されてきた新しい音楽ジャンルが若者の間で支持されている点に注目し，こうした音楽の実践が「政治的に構築された運動ではないが，だからといって単なる『消費社会』や『若者市場』のメカニズムにも還元することもできないもの」として捉え，それを若者にとっての「抵抗の小拠点」とみなし，抵抗の契機を見いだしている（Dubet 1987: 306-7）．このデュベの視点に立てば，ラップに「社会運動として形成されなかった挫折」という眼差しを向けるよりも，むしろ社会運動以前の「日常における抵抗」として位置づけるアプローチが必要であろう．

本章でみたように，ラップはフランスに敵対的なものとして扱われてきたが，そのメッセージは（少なくとも本章で扱った2000年代半ばまでは）エスニシティを前面に出さず，階級で結束して差別反対を訴えるという，実にフランス共和主義的でカラー・ブラインドな内容であった．その点で，ラップはフランスの価値観と矛盾するどころか，親和的であったともいえる．

## 4――おわりに

本章は，郊外のエスニック・マイノリティの若者の新たな「抵抗」の場として，アソシエーション活動とラップという文化実践に注目し，それらを若者の政治表現の実践という角度から考察した．アジャットは1970年代以降，フランス郊外で活動してきた移民団体や組織を，①社会活動，識字教育，補習などを行う相互扶助サービス的な位置づけのものと，②明確な政治的要求を表明する政治活動を行うもの，の2つに分類している．そしてフランス公権力が政治色を前面に出さない前者には補助金を与えて支援する一方，後者を「公的秩序の維持」などの名目で排除（逮捕，外国籍活動家の国外強制退去など）してきた歴史を明らかにした．そしてここにこそ移民団体の「脱政治化」の原因があると分析している（Hajjat 2006）．この指摘は（政治色の見えない）文化アソシエーション活動には助成金を与えつつ，ラップを通した政治表現を取り締まるという1990年代以降の公権力の対応にも重なると思われる．

2005年郊外暴動後，ラッパーのなかにもこれまでのような政治枠組みを拒絶するという立場を見直し，2.3でとりあげた選挙リスト登録運動にコミットし，若者に投票を呼びかける者が出てきた．ハードコア・ラップのなかでも特に非妥協的な態度で知られてきたジョエイ・スターも，パリ郊外の団地をまわり

「投票することは存在することだ」と説いてまわったほどである．また暴動の際にエスニック・マイノリティの若者を「クズ」呼ばわりしたサルコジに対して反対キャンペーンを展開するラッパーも現れた．しかし全体的にみればこのようなイニシアティブは例外的で，ラップは既存の政治の枠組みの外側にとどまっている．また政治家のなかにもラップを若者の政治表現として「真に受ける」者は管見のかぎりおらず，両者の間には深刻なディスコミュニケーションがある．

興味深いのは，公権力から支援を受けるアソシエーション活動にしても，逆に批判を受けたり，排除の対象となるラップにしても，本章でとりあげたマイノリティの若者の多くは，人種・エスニシティなどの集団間の差異を認識しないかたちでの平等を求めるという，カラー・ブラインドな主張を展開してきた点である．この点で，フランスのエスニック・マイノリティによる抵抗は，いわゆるアングロ＝サクソン型のエスニック・マイノリティのそれと大きく異なっていた．だが，このようにフランス的価値観を深く内面化していたにもかかわらず，これらの抵抗はたびたび排除や無理解に直面してきた．こうしたなかで従来の傾向に変化が起き始め，カラー・コンシャスな運動が形成されつつあるのも事実である．2.3 でみたような暴動後の選挙リスト登録運動や「オベールヴィリエ 100％」はこの流れを代表する動きと言えるだろう．

リベラシオン紙は 2005 年暴動の真っただなかだった 11 月半ばに「郊外——ラップの予言」という特集を組んだ．10 人のラッパーの歌詞が紹介され，ラップが 10 年前から郊外で大きな問題が起きうることを「予言」していたと書かれている．これはかつてトゥーレーヌが，社会運動に未来の予言者としての役割を見いだしたことを想起させる．ラッパーが 10 年前から郊外の現実に警鐘を鳴らしていたにもかかわらず，政治や行政，マスコミにそれが真剣に受けとめられてきたとは言いがたい．郊外暴動の際に批判された若者のメッセージの「不在」は，「送信者」である郊外の若者の問題ではなく，むしろ若者の要求や抗議を聞く意思や能力の問題，つまり「受信者」の問題でもある．従来の社会運動や政治表現とは異なった形の「メッセージ」に耳を傾け，聞き分ける努力がおこなわれないなか，ラッパーたちの言葉が現実化するという，ロバート・マートンのいう「自己成就的予言の悲劇的循環」が続いてきた．そして，このようなラッパーの予言を改めて思い起こす事件が2015年に起きたのだった．次章ではこの問題を考察する．

1）2011年6月12日，ボンディー・ブログより．http://bondyblog.liberation.fr/201106120001/au-temps-daubervilliers-la-rouge
2）この箇所は森（2004）で行った分析を発展させたものである．
3）たとえばオベールヴィリエ市でも，2003年に新設されたアソシエーション66のうち37が文化アソシエーションで，そのうち17が若者を対象とするか，25歳以下の若者自身によって結成されている（森 2004）．
4）*Enquêtes locales 2005 sur la victimation et l'insécurité*, CESDIP, http://www.cesdip.fr/IMG/pdf/EDP_no_100.pdf, p.21.
5）カルテンバック（Kaltenbach 1995）は，税制面の優遇措置を利用するためアソシエーションの体裁をとりつつ，実は企業同然の営利活動を行うアソシエーションを「目的なき営利団体」（Associations lucratives sans but）と呼んだ．さらに彼はアソシエーション補助金運用の不透明性，政治家によるアソシエーションの道具化，またボランティア精神，自由，無償，透明性など従来のアソシエーション的価値観の喪失を批判した．
6）本章の第3節でとりあげるラップの事例が示すように，暴動以前からエスニック・マイノリティの若者による政治表現は存在していた．アソシエーション活動としても「移民と郊外の運動（MIB）」や「共和国の原住民（Indigènes de la République）」などの団体が政治的発言や活動を展開してきた．しかしこれらのマイノリティによる政治表現は全体的に周縁化される傾向がみられる．言い換えれば，暴動後に政治化が起きたかのように言うのは，それまで存在してきたこれらの政治表現を無視するという，まさにフランスの主要メディアと同じことをすることにもなりかねない．ただし暴動後に政治化の流れが拡大したことは事実であり，本章の考察はこの点に光をあてている．
7）«Le malaise des beurs à la Grande-Borne», *Le Monde Diplomatique*, juillet 2002.
8）同リストのメンバーは選挙前には何度も共産党，社会党と話し合いの場をもったが，「相手にされなかった」（オシン）といい，どの党とも共闘しない道を選んだ．そのため，第2回投票では共産党や社会党に入れろといった指示を有権者に出すことも，またどちらかの党につくこともせず，「既存のエスタブリッシュメント政治とは断絶する」という当初の方針をそのまま貫いた．
9）ラップのなかにも複数の下位ジャンルが存在するが，以下では，郊外の若者の間で特に支持されるハードコア・ラップに対象を限定する．また郊外の若者には，当然のことながら男性だけでなく女性もいるが，本章では「暴動」の際に問題化され，ラッパーの圧倒的多数を占める「男性」の問題を中心に議論を進めたい．

10） 裁判所は 2004 年末，「表現の自由」で起訴を棄却.

11） 2005 年 11 月に無罪判決が出た.

12） 原文はフランス国民議会のサイトを参照. http://www.assemblee-nationale.fr/12/propositions/pion2532.asp

13） *Get busy*, no.1, 1994.

14） *Yours*, no.7, 1994.

15） *Authentik*, no.1.

16） *L'Affiche*, no.63.

17） 逆にこの年齢層を過ぎるとラップを聴く割合は激減する．20 代半ばに差し掛かった若者が，ラップを卒業したという意味での「もうラップは古い」といった発言をとりあげ，もはやラップは郊外の若者の声を代表していないと批判するジャーナリストには，この「年齢」の軸が完全に欠けている場合が多い.

18） NTM, « L'argent pourrit les gens », *Authentik*, 1991.

19） Ministère Amer, « Prisonnier de la monnaie », 1995.

20） NTM, « L'argent pourrit les gens ».

21） IAM, « Nés sous la même étoile », *L'Ecole du micro d'argent*, 1995.

22） NTM, « Le monde de demain », *Authentik*, 1991.

23） 2002 年 5 月 5 日に行われた決選投票の得票率.

24） Yazid, « Je suis l'Arabe », *Je suis l'Arabe*, 1996.

25） KDD, « Aspect Suspect », *Résurrection*, 1998.

26） ALARME, « Paris Black Night », *Rappattitude*, 1999.

27） Yazid, « Je suis l'Arabe ».

28） NTM, « Police », *J'appuie sur la gâchette*, 1993.

29） Sniper, « La France », *Du rire aux larmes*, 2002.

30） Rocca, « En dehors des lois », *Entre deux mondes*, 2003.

31） Amnesty International, *Rapport 2005* « FRANCE. Pour une véritable justice. Mettre fin à l'impunité de fait des agents de la force publique dans des cas de coups de feu, de morts en garde à vue, de torture et autres mauvais traitements », avril 2005.

32） Assassin, « L'Etat assassine », *L'Homicide volontaire*, 1995.

33） NTM, « L'argent pourrit les gens ».

34） 1985 年 6 月，有名移民アーチストを集めた SOS ラシズムの集会には 30 万人が参加し，その他にも各地で反人種差別コンサートが開かれ，多くの若者が集まった．つまり，1980 年代の移民運動において，音楽は若者動員に決定的な役割を果たした.

35） 言い換えれば，この時代の移民の若者で，SOS ラシズムのデモやコンサートに行ったことが一度もない，という人こそ，極めて稀であった.

36） « 11'30 Contre les lois racistes », 1997.

37） 同上.

38） 同上.

39） NTM, « Le monde de demain », *Authentik.*

40） NTM, « Qu'est-ce qu'on attend », *Paris sous les bombes*, 1995.

41） NTM, « Qui payera les dégâts? », *Paris sous les bombes.*

42） Monsieur R, « FranSSe », *Politikment Incorrekt*, 2005.

43） Sniper, « La France », *Du rire aux larmes*, 2002.

44） フランス警察の人種差別については，2005年4月にアムネスティ・インターナショナルが報告書を提出し，組織化された暴力の実態に警鐘をならしている．詳細はAmnesty International, *Rapport 2005* を参照.

45） Tandem, « 93 Hardcore », *Tandematique*, 2004.

46） たとえばヒットを飛ばし，より幅広い支持を得るために音楽会社の要望で「ソフト」になったラッパーが，昔からの支持層である郊外の若者に「売られた」と強く非難される.

47） 左派の政治家が移民の若者による表現や活動に注目し，政治の枠組みに積極的に取り入れようとしなかった点についてマスクレは，北アフリカやサブサハラアフリカなど旧植民地出身の移民を登用したら従来からの支持層の反感を買うのではないか，という政治駆け引きの「マイナス」の側面ばかりを左派の政治家が気にかけていたことを指摘しているが（Masclet 2005），この指摘は政治家のラップへの「無関心」にもある程度あてはまると考えられる.

# 7章
# 風刺新聞社襲撃事件と「見えない断絶」
## フランス統合モデルの限界・弊害とマイノリティの疎外

## I——追悼デモに来なかった「郊外の住民」たち

2015年1月7日，フランスの風刺新聞『シャルリ・エブド』社の襲撃事件が発生し，編集者，風刺画家，警官をあわせて12名が死亡した．翌8日には別の男が警官を射殺した後，人質をとってユダヤ系スーパーマーケットに立てこもり，4人を射殺した．2つの事件は別々に起きたものであるが，両事件の容疑者3名が親しい関係にあったことや「イスラーム国」や「アルカイーダ」といった国際テロ組織のメンバーだと名乗ったことなどから，「2015年1月テロ事件」とひとくくりにされることが多い．9日には容疑者全員が警察に射殺され，事件は一応の終息をみたが，容疑者を含め合計20名の死亡者をだし，その時点ではフランス過去40年で最大の「テロ事件」となった[1)]．

2日後の11日には全国で「追悼デモ」が開催され，首都パリだけで170万，全国で370万人が集まり，「表現の自由」の擁護を謳ったことは日本でも報道された．「私はシャルリ」というスローガンがクローズアップされたが，実際には参加者全員が統一した見解をもっていたわけではなく，スローガンに込められた意味は多様であり，またこのスローガンには賛同しない人も含め，様々な主張をもった人々が参加した——このような参加者の「多様性」は強調され[2)]，差異や多様性を超えた「国民の団結（unité nationale）」が賛美された[3)]．

しかしこのような「多様性」や「団結」の陰で，デモに「郊外の住民」たちの姿が見られなかったことは——少なくともデモの直後にはほとんど——言及されることがなかった．そのことに言及した数少ない論客が歴史家のバンジャマン・ストラである．1月15日に開かれた「共和国，イスラーム，ライシテ」と題された討論でストラは1月11日の追悼デモに参加した感想を次のように述べた．

> デモは大きな悲しみに包まれていました．しかしデモに参加しながら私はあることに気づきました．郊外の若者たちの姿がほとんど見えないのです．その事実をテレビでは誰もとりあげませんでした．彼らがいなかったにもかかわらず「フランス人は全員参加した，全員が団結したデモだ」などと報道されました．追悼デモを通してフランス社会の内部にある，見えない断絶が明らかになりました．なぜこのような断絶が生まれているのか，私たちは考える必要があるでしょう[4)]．

まるで「多様性」や「団結」のなかには初めから郊外に住む旧植民地出身の住民たちは含まれていないかのような報道や議論のされ方をストラは問題にした．そのストラがアルジェリア史の専門家で，かつ移民博物館館長であることは偶然ではないと思われる．

フランス戦後最大規模といわれる追悼デモに「郊外の若者」の姿がなかったのはなぜか．この問いに対しては「郊外の若者は『風刺』というものを理解していない」[5)] 彼らは「表現の自由がブルジョワの特権だと思っている」[6)] などの批判が起き，若者の教育を強化する必要性が指摘された（詳しくは第3節参照）．また主犯格の3人がイスラーム過激派との関係を主張したことと（クアシ兄弟はイエメンのアルカイーダと，クリバリはイスラーム国のメンバーだと主張），郊外の住民にムスリムが多いことが結びつけられ，「文明の衝突である」などと警鐘を鳴らす者もいた[7)]．

しかしこの問いは同時に，フランス社会で「全員が団結」と言うときの「全員」と「それ以外」がどのように規定されているか，という統合と排除をめぐる問いも提起する．風刺新聞社事件を通して浮び上がった「全員」と「郊外住民」の，「主流社会」と「マイノリティ」集団の「見えない断絶」の線はどこに，どう引かれているのか．それはどのような影響を及ぼしているのか．

本章は，ここまで展開してきたフランス郊外を舞台とする差別・排除・抵抗とそこに現れるカラー・ブラインドとカラー・コンシャスの議論をふまえ，よりアクチュアルな問題の検討を試みる．具体的には風刺新聞社襲撃事件以降に再びフランス社会で議論されるようになった「移民問題」をとりあげ，それを「文明の衝突」や「グローバル・テロリズム」としてではなく，フランスのマジョリティとマイノリティの「境界線をめぐる闘争」という角度から検討する．このような検討を通して，本書でここまで論じてきた「フランス主流社会」と「郊外」の関係性の問題を総括し，同国の差別，排除の特徴を改めて評価したい．以上の目的を考慮して，本章ではフランス郊外に存在する多様なマイノリティ・カテゴリーのなかでも[8]「郊外の住民」の多数派を占めるムスリムの存在を中心的にとりあげる．人口に占める割合が多いことに加え（セーヌ・サン・ドニ県では人口の45％にあたる70万人がムスリムである[9]），1989年スカーフ事件[10]以降，郊外はイスラームと関連づけて論じられることが増え（cf. Kepel 1991），1990年代半ばの「パリ地下鉄連続爆破事件」後はテロリズムとも結びつけられてきた．2015年1月には「イスラーム国」に滞在するフランス国籍者のうち，セーヌ・サン・ドニ県出身者が60名を超える（全国自治体のなかで最大）とも報告されている[11]．ただし本章の考察は文化本質主義的な議論の対極を目指すものであり，その考察はムスリムに限定されるものではなく，他のマイノリティ・カテゴリーにも適用可能であることをめざす．

## 2――事件直後の「郊外の住民」の反応

フランス社会内部の「断絶」について考えるにあたり，まず「郊外の住民」が事件直後に示した反応をみることから始めたい．「郊外の住民」の大半は事件の主謀者でも協力者でもないという意味で事件とは無関係である．しかし実行犯の3人が旧植民地出身移民の子どもたちであり，郊外の団地で育ち[12]，郊外の学校に通い，郊外に住むエスニック・マイノリティの若者の多くと似たような境遇（学校，家庭環境，経済状況など）で育ったこと，言い換えれば3人の実行犯と似たような経験をもつ若者が郊外にたくさんいるという意味で，事件は「郊外の住民」にとって無関係ではない．また郊外住民と共通する特徴をもつ者――つまり旧植民地出身のエスニック・マイノリティ――が問題を起こすと，本来全く無関係であるはずの郊外住民が白い目で見られたり，批判を受けたりするという「集団的懲罰」は過去に何度も繰り返されてきた．たとえばステファン・ボーはフィリップ・ギマールとの共著で，2010年サッカー・ワールド・カップ南ア大会でフランス代表チームの選手が問題を起こし，バッシングを受けた際に，選手とは何の関係もない郊外のエスニック・マイノリティの若者たちが，代表選手とエスニシティや出自が同じであるというだけの理由で同一視され，非難されるという「被害」を受けたことを指摘している（Beaud et Guimard 2014）．このような理由から，当事者の意思にかかわらず，「郊外の住民」は事件と無関係ではいられないのである．

当事者でないにもかかわらず，必然的に巻き込まれてしまう「無関係の関係者」である「郊外の住民」は，事件直後にどのような反応を示したのだろうか．この点について早い段階で報じた数少ない記事に1月15日付の『ルモンド』紙の記事がある．少し長くなるが引用していこう．

> 1月11日日曜のデモ行進で彼らの姿はほとんど見られなかった．その後「彼らはシャルリではない」との批判が起きた時にも彼らの声はほとんどきかれなかった．この1週間，郊外の住民は揺れ動いている．悲しみを共有し，犠牲者の家族に連帯を表明したいという想いと，2006年にシャルリ・エブドが掲載したムハンマドの風刺画への拒絶する気持ちの間で．
> グリニーでもヴィルパントでもセルジー・ポントワーズでも[13]，保護者会やNPO活動などに積極的にかかわる郊外のムスリム・フランス人が，取材に対してまず発した言葉は「人間なら誰でも」であった．「人間であれば誰も理解できません．こんなことは人間なら許せるはずありません」とヴァル・ド・ワーズの企業で働くムサ・カマラは述べた．
> しかし「シャルリ支援デモ」に行った人は多くなかった．まるでデモの参加者は別世界の人間であるかのようだ．近所で顔見知りの人と一緒に小さな集まりに参加した人はいたが，パリの「国民団結」デモに自分の居場所はないと感じたという．（……）レティシア・ノノンも団地の自宅に残り，ラジオでデモの様子をきいていた．「私の居場所はここ，郊外でした」．彼女の友人のアブバカール・サカノコも言う．「デモをするのは理解できます．でもちょっとした目くらましでしかないのです．郊外の貧困はなかったことにされ，貧困層や失業者，現場の人手不足の問題は語られません」．
> 不参加の背景には，イスラームを嘲笑した新聞への無言の拒絶もあった．敬虔な信者もそうでない者も，ムスリム・フランス人は風刺画によって侮辱を

受けたと感じていた．「デモに行くのはあの風刺画に賛同することになる．皆と同じように暴力には反対でも『私はシャルリ』のスローガンは受け入れられない」とアルジャントゥーユで働くアブダラー・ブドゥールは言う．ブラン・メニルの団体のラシダ・ハナンは怒りを示す．「表現の自由はいいですが，あの風刺画は無責任です」．
世俗化し，宗教とは無縁の生活を送るムスリム・フランス人でさえ，国民団結のムードには馴染めなかった．「全員が一致団結」という考え方自体が疑わしいという．「皆がデモに参加すればすべてが解決するかのような運動に参加する気になれませんでした．なぜこのような問題が起きたのかを考えなければなりません」とメドゥール氏は述べる．「犠牲者がでないと連帯が生まれないのは残念です」とブラン・メニルの保護者フェルーズ・ベナマール．
政治意識の高い人のなかにはイスラエル首相と一緒にデモに参加したくないという理由で行かなかった人もいた．あるいは政府の組織するデモに利用されたくないと考える人もいた[14)]．

このルポルタージュのなかで３つの点に留意したい．１点目は，住民が２つの感情の間で揺れ動き，事件に対して安易に態度をとることが難しい状況におかれている，という指摘である．このような「難しさ」は「郊外の住民」自身が抱く感情の複数性――暴力には反対だが，デモにも賛同できない――にも起因する．だが同時に「難しさ」は「テロリスト非難」の大合唱の圧力を受け，自由に発言しにくいという外在的な「難しさ」でもある．この点についてアジャットは次のように指摘している．

アルカイーダあるいは「IS」のメンバーを自称する３人のフランス人武装襲撃者グループが『シャルリ・エブド』社で大勢の人を惨殺し，ユダヤ人嫌悪の人質殺害事件を起こした．そのことによって（……）ムスリムとされる人々は大変な事態に直面している．ムスリムであるという理由で問題の原因とされ，ムスリムとして公にテロリストと「縁切り」しろと迫られている[15)]．

２点目は住民の反応の多様性である．以下でもみていくように，事件後には「郊外の住民」のなかでもムスリムの存在がクローズアップされ，「無関係な関係者」として問題化されたが，このルポルタージュをみてわかるのは「ムスリム・フランス人」とよばれる人々が示す多様な反応である．これは一見，当たり前の指摘であるが，テロ事件の類いが起きるたびに「ムスリム」が一枚岩的にカテゴリー化されて論じられることが多い現状においては，忘れられがちな点でもある．「デモには行かない」という一見，同一の行動の背景には多様な要因のあることがわかる．

3点目は，このように多様な人々が共有する「居場所のなさ」の感覚である．イスラームをアイデンティティのよりどころとする人はもちろん，宗教とは縁のない生活をすると答えた人までもが「国民団結」のなかに自分の居場所はないと感じている．彼らの多くは「国民」である．しかし「書類上のフランス人（Français de papier）」という表現が示すように，人々の意識のレベルにおける「国民」は憲法第1条で示されたような「出自，人種，宗教による区別なしに」構想されているわけでは必ずしもない．「国民」であるにもかかわらず「移民」扱いされる「郊外の住民」は，先にあげた「国民団結」のなかに自らを投影できない．それは宗教の実践の有無やフランス社会への統合度にかかわらず観察される．つまりストラが指摘した「見えない断絶」は，単に宗教の信仰やフランス的価値観の受容だけに起因するわけではないのである．この「断絶」はどのように引かれ，何を意味しているのだろうか．

## 3――「テロ対策」としての3つの改革　治安，教育，郊外

次に，政府が事件後にどのような反応を示したのかをみていこう．事件直後に大統領がシャルリ・エブド社を訪れてテロ行為を激しく批判し，1月11日の追悼デモでは政府関係者が先頭にたって「表現の自由」を擁護した．その一方で政府関係者は事件直後に「イスラームとテロリズムを混同してはならない」と繰り返し呼びかけ，イスラーム差別を牽制した[16)]．そのうえで政府は事件を受けて3つの改革を発表した．第1に国内治安の強化を図るための司法制度改革，第2に学校での市民教育を充実させるための教育改革，第3に郊外の問題地域を対象とした都市政策の改革であった．

### 3.1――治安対策としての「テロ行為擁護罪」と監視強化

襲撃事件後にとられた最初の政策はテロ対策の強化であった．警察による防

犯活動が強化される一方で，「テロを未然に防ぐ」目的で司法改革が行われた．前述した追悼デモ――テロリズムに反対し，「表現の自由」の擁護を謳ったデモだった――が開催された翌日の1月12日に法務省は「テロ行為擁護罪」の適用の強化を命じる通達をだしたのである．

「テロリズム擁護（apologie du terrorisme)」はすでに1881年「出版自由法[17)]」において軽犯罪に定められていたが，「イスラーム国」が台頭し，フランスがヨーロッパ最大の戦闘員供給源と言われるなか[18)]，「テロリズム対策の強化」の一環として2014年11月13日に刑法改正（421条2-5）が行われ，最大で5年の禁固刑，7万5000ユーロ（約1000万円相当，2015年10月20日時点のレート）という厳罰化が定められたばかりだった．1月12日の通達は同法の適用の徹底を要求するものであり，「徹底」の具体的内容として，即時出頭，逮捕後3日内に判決を下すことが求められた．

その結果，1月19日までの1週間で「1月テロ事件」関連で251件の訴追があり，うち117件に「テロ行為擁護罪」の嫌疑がかけられた．117件のうち40件は（飲酒など）他の軽犯罪との関連で裁かれ，残りの77件が純粋に「テロ行為擁護罪」の枠組みで扱われた．そのうち19日までに判決が下されたのが44件（うち22件が即時出頭）で，12件が有罪判決，7件が実刑判決を受けた．

このように処罰の対象となった「テロ行為擁護」の内容とは何だったのかを把握するため，実刑判決を受けた7つの事例を具体的にみていこう．北部リール市では34歳の男性が警官にむかって「クアシ兄弟（襲撃事件の容疑者）がもっと必要だ！　次の標的はお前らだ！」と叫んで禁固4年を受けている．またパリ南部のオルレアンでは27歳の酩酊気味の男性が警官に「カラシニコフ万歳」と叫んで6カ月，南部トゥーロンでは同じく27歳の男性がフェイスブックに「よくやった．俺たちは降伏しないぞ」と投稿して1年の禁固刑に処された．南西部トゥールーズでは21-25歳の男性3人が路面電車の車内などで同様の発言を行い，警察官に「暴言」を吐いた2名が10カ月，車内でトラブルを起こした1名が3カ月の判決を受けた[19)]．さらに別の容疑で留置所に拘留中だった34歳の男がクアシ兄弟への支持を表明し，「シャンゼリゼ通りに爆弾をおいてやる」と発言して15カ月の実刑を受けた[20)]．

それに加えて，初等・中等教育機関が生徒の発言を「テロ行為擁護」だと判断して警察に通報するという事例も事件後1週間で40件をこえた．フェイスブックにシャルリ・エブドを皮肉るイラストとコメントを載せた西部ナントの16歳の男子や，教室で「表現の自由」について討論している際に「クアシ兄弟は間違っていない」と発言したロワール地方の14歳の男子など未成年の身柄拘束も相次いだ．なかには南部ニースで8歳の少年が警察で事情聴取を受けるという事態まで起きた．

以上の「テロ行為擁護罪」の受刑者や容疑をかけられた者の人種，エスニシティについては共和主義を採用するフランスでは公表されていない．だが報道に出てきた名前から判断するかぎり（1月19日までの）受刑者の全員，容疑者の多くがムスリムであったと推察される．「テロ取り締まり」の政策は国内のムスリムへの監視強化と表現規制という側面をともなっていたのである[21]．

## 3.2——道徳教育の前景化

テロの予防として教育を強化することの必要性は事件直後から叫ばれていた．事件の翌日には1分間の黙禱が捧げられ，各学校では事件について討論が行われた．学校は「テロリスト予備軍の発生を予防する場」として位置づけられた[22]．約2週間の「調査期間」を経て，2015年1月22日に教育大臣ナジャ・ヴァロー＝ベルカセムは具体的な改革の内容を発表した．改革は3つの柱からなるものであった[23]．

第1の柱は「ライシテの促進」である．2015年7月までに「ライシテ教育専門員」を1000名養成し，現場の教員にライシテ教育に関するアドバイスや指導を与えること，教員の採用にあたって「フランス共和国の価値観を生徒に共有させる能力」を評価基準に導入すること，「フランス共和国の価値観を否定するような言動」を厳しく処罰すること，カリキュラムを改正して道徳教育と市民教育を導入すること，12月9日を「ライシテの日」に定め，啓発活動を行うことが具体案として示された．

第2の柱は「社会参加というカルチャーの強化」である．公的機関や市民団体へのボランティアを募る「市民力貯蔵庫」を各学校に設置すること，保護者会の活動領域を拡大するなどして保護者と学校の連携を強化することが具体策としてあげられた．

第3の柱は「不平等対策の強化」である．貧困層の子どもへの援助費を2割増額すること，非行などへの関与により少年院などに収容されている未成年がきちんと学業を続けられるような制度整備，さらに「問題を起こすリスクを有している」と思われる若者を早期に見つけ出すための学校責任者間の連絡体制の強化，そして家庭での指導の強化が提案された[24]．

全体として，教育の内容や行われ方に抜本的なメスを入れるというよりも，「ライシテ」「社会活動」の重要性など，道徳面を強化する内容が中心となっている．なかでも「ライシテ」教育の強化は改革案の柱になっているといってよい．このことは，過去25年以上にわたり「共和国のライシテを理解していない[25]」と言われ続けてきたムスリムの生徒が施策の主要なターゲットになっていることを推察させる．

## 3.3――郊外対策の再アピール

政府が着手したもう1つの改革が「郊外」に特化した政策だった．3大改革の1つが「郊外」に照準を定めていたことは2012年に社会党政権が樹立されて以降の流れとは大きく異なるものであった．というのも社会党政権発足以来，郊外は政策においてほとんどとりあげられることがなく，郊外政策は退行の一途をたどっていたからである．本書の主題とかかわる重要な点なので，少しくわしくみていこう．

この変化は，すでにフランソワ・オランドの大統領選挙運動の時点から示されていた．オランドは「都市政策」という郊外の問題地区に特化した政策のあり方こそが，これらの地域のスティグマ化を助長し，問題解決を妨げてきたと主張した．そして従来のアプローチとは異なり，より広い視野にもとづいて都市地域間の不平等改善に取り組む方針を明らかにしていた[26]．

そしてこの方針を具体化する「都市政策改革案」の準備がオランド大統領就任後にすすめられた．改革の焦点は政策対象地区の選定基準に関するものだった．1990年代以降都市政策の対象地区数は増加を続け，その数は2013年には2500地域を超え，その結果，各地域への予算配分額が減少し，政策効果が希薄化したことをふまえ，対象地区数を絞ることが目標にされた．こうして，それまでは住民の所得や学歴，外国人比率や年齢層の偏り，家庭状況（母子世帯や多人数世帯など），建築環境（老朽化団地など），治安など複数の基準にもとづいて選定を行っていたのを，2013 年 11 月「都市と都市結合に関する法」で純粋に収入だけを選定基準とし，地区数を制限することになった[27].

ところが選定基準を収入だけに絞った結果，対象地区は都市部（実際にはその多くが郊外に位置していた）だけでなく，périurbain とよばれる農村部の下位カテゴリー[28]にまで逆説的に拡大されることになった．もともと事実上の「郊外の大規模団地」対策として始められた「都市政策」は，その後（都市内部の荒廃地区など）次第に対象領域を広げてきたが，ついにオランド政権下では農村部までもが政策の対象に含まれるようになったのである．こうして「都市政策」はついに 2013 年，もはや「都市部」を対象としたものですらなくなったのである．

このような政策変化の背後には何があったのか．重要な要因としてあげられるのが，「都市政策はフランス人よりも移民を優遇する政策である」という批判の高まりであった．批判の急先鋒にたったのは都市研究のクリストフ・ギリーである．ギリーは 2010 年の『フランスの断絶』(Guilluy 2010)，そして 2014 年の『周辺部のフランス――どのように庶民が犠牲になってきたのか』(Guilluy 2014) で「郊外ばかりが大変であるかのように言われてきたが，最も苦しい状況におかれているのはフランス人庶民の暮らす農村部である」という議論を展開し，「郊外ばかり優遇してきた左派」を激しく批判した．

ここで「フランス人庶民の暮らす農村部」を見捨てて，「左派が優遇してきた」とされる「郊外」とは「移民」のメタファーである．つまりギリーの批判は，国民に対して移民を優遇しているという批判であった．この手の批判はすでに 1980 年代より極右と右派が左派に対して展開してきた．そしてこうした圧力を受けて左派は「有権者に配慮」するかたちで「移民びいきの政策とみられないこと」を意識する政策をとるようになり，そのことは，政治学者によって「政治空間のルペン化」と指摘されてきた (cf. Collovald 2004)．以上をふまえると，オランド政権下でみられた都市政策の変化は，こうした批判をかわし「移民だけを対象としているのではない」ことを示す効果があったと，社会学者のルノー・エプスタンは指摘する[29].

このシフトには複数の批判が寄せられた[30]．なかでも，郊外と農村部では直面する問題の内容が大きく異なるにもかかわらず，新しい政策の下では問題がひとくくりにされてしまうことに激しい批判が起きた．地理学者のダニエル・ベアールは「貧困問題に関する『ジャン・ピザニ＝フェリ報告書』[31]で，フランスの貧困問題は収入よりも居住，医療，雇用などへのアクセスの不平等にある，との答申が出ていたにもかかわらず，政府は都市政策を貧困だけに特化したものにしてしまった．これは明らかな矛盾である」と指摘する[32]．

このように，オランド政権下の「都市政策」において郊外は事実上背後に退けられていた．ところが風刺新聞社襲撃事件がその流れを変えたかのように「郊外」が再び政策の中心に出てきたのである．首相ヴァルスは2015年1月20日の記者会見で，新たな郊外政策をおこなうことを発表した．その会見で，ヴァルスは2週間前の襲撃事件と郊外の現状の関係について次のような見解を示した．

> この2週間の出来事で，わが国を蝕む害悪の存在が浮き彫りになりました．この試練に我々は立ち向かわねばなりません．（……）都市周辺部に追放された人々がゲットーを生み出し，地域的，社会的，民族的なアパルトヘイトがわが国に立ち現れているのです[33]．

さらに2日後の記者会見では，次の意向を示した．

> 一部の住民が郊外に追放され，同じ民族・宗教同士で固まってしまうことを，この30年間の公共政策は防ぐことができず，ソーシャル・ミックスを達成できませんでした．（……）郊外のゲットー化と隔離を防ぐために入植政策を実施しなければなりません[34]．

その後，1カ月にわたる関係者へのヒアリングや閣僚との協議を経て，3月6日に「ゲットー破壊政策」の具体的内容が発表された．120の郊外自治体で行政や住民などに対してヒアリングを行い，その結果にもとづいて策定されたという施策は，市民奉仕活動，公共サービスにおけるライシテの強調，保育学校と小学校でのフランス語教育の強化，公務員採用方法の多様化，IT系グランゼコールの設計，地域経済発展局の設置，優先治安地域（ZSP）の制定など多岐にわたっていた．ただし予算は3年間で10億ユーロ——フランスの年間国家予算約1兆5000億ユーロの0.07％にも満たない額が3年にわけて配分——ときわめて限定的であった．

### 3.4——「移民問題」と「共和国の危機」という枠組み

複数の領域にまたがった改革には，いくつかの傾向が指摘できる．1点目は，政策が特定のカテゴリーを対象に構想されている点である．たしかに表向きにはそのような規定は一切ない．だが，一連の政策が結果的にはムスリム住民，より広くは郊外の住民を対象としていることは明らかである．2点目は政策の力点が道徳・規律の強化におかれている点である．テロ行為擁護禁止法はもちろんのこと，ライシテ徹底と奉仕活動に重点をおいた教育改革，さらに都市政策における「市民奉仕活動」「公共サービスにおけるライシテの強調」などもそうである．教育政策と都市政策ではこうした道徳強化とならんで反差別施策も掲げられてはいるものの，（公務員採用方法の多様化など）限定的な印象は否めない．全体的にごく少額の予算で（予算のかからない）規則や道徳の強化をとおして効果を狙うという傾向がみられる．3点目は政策の根底にある問題認識である．1点目と2点目をふまえてわかるのは，政策策定者が政策によって何を解決しようとしているかであり，何を「問題」として捉えているかである．それは，フランスの価値観を受け入れない異質な他者が集まり固まっていることが，社会を危険にさらしているという問題認識であり，そのような異質な集団——ムスリムであり，郊外のエスニック・マイノリティ——を解体して社会に統合しようとの発想である．このことは，ヴァルスの「アパルトヘイト」発言にもっともわかりやすく現れているが，ライシテや奉仕活動を重視する教育政策や表現の取り締まりにも通じる．

本節の冒頭でもみたように，政府は事件後に強まった反ムスリム言説[35)]は明確に批判した．だが「ムスリム問題をどう解決するか」という政策に表れる発想は，ムスリムを「異質な他者」として捉え，そこに問題の原因を見いだす点で反ムスリム論者の問題認識と大きく変わらない．つまり「フランス」と「ムスリム」の，「共和国」と「郊外のエスニック・マイノリティ」の価値観の対立であり，両者の間に断絶があるという構図が採用され，問題はフランスの

「普遍的価値観」を「異質なマイノリティの文化」が脅かすという「共和国モデルの危機」なのであり,「文明の戦争」[36] なのだと解釈された.一連の政策の根底には,フランスと郊外のエスニック・マイノリティとの間に「断絶線」が存在するという認識があることを,改めてうかがうことができる.第2節でみた「郊外の住民」が感じる「居場所のなさ」とその背後にある「見えない断絶」は,このような政府の政策によっても増幅されているのである.

だがいったい,このような「文明の戦争」という解釈は本当に現実を反映しているのだろうか.この問いを次節以降で検討したい.

## 4——カラー・ブラインド原則とその実態　まなざしの人種化

### 4.1——共和国の危機と多文化主義

ここでヴァルスのいう「文明の戦争」において「危機に晒されている」とされる「共和国モデル」なるものが,いったい何を意味しているのかをもう一度確認しておこう.フランス国憲法第1条で同国が「一にして不可分」であり,市民は「出自,人種,宗教」の違いにかかわらず法の下での平等が保障されると定められていることはよく知られているが,「共和国モデル」とはこのようなフランスの国家理念にもとづいた国民統合のあり方である.このような共和国モデルの下で国家は各市民に対して平等の権利を保障する一方,少数者集団は「一にして不可分」の社会を揺るがすものと見なし,集団としての権利を認めないどころか,批判の対象となる.そのような理由から,フランスでは少数者集団の集団的権利を認める多文化主義は危険視される傾向にあり,共和国モデルの危機は多文化主義の浸透とセットで論じられることも多い.

「共和国モデルか多文化主義か」といった議論はすでに1990年代から繰り返されてきたが(cf. Wieviorka 1997),風刺新聞社襲撃事件がおき,さらにヨーロッパへの難民増加が起きるなか,再び「共和国モデル／多文化主義」の議論が再燃するかたちとなった.そのなかで評論誌『ル・デバ』が「多文化主義特集」を組んだ.17本の掲載論文のうち3分の1は海外の事例を扱っていたが,残りはフランスの事例を扱っており,さまざまな角度から「多文化主義」が

「共和国モデル（とその危機）」の対比において検討されている．

同特集に掲載された社会学者ドミニク・シュナペールの論考「どの多文化主義政策のことか」は，「共和国モデルの危機」がフランスで具体的に何を意味しているのかを理解する上での好例である．シュナペールの議論の論点は，公共空間において「文化的共同体」に特別な権利を付与することの危険性にある．シュナペールにとって，そのような集団への権利付与は個人を「固定的な特定のアイデンティティ」に縛りつけ，自分で選択したわけではない「共同体の責任者」に「個人」（とそれが持つ選択の自由）をゆだねることを意味する．そして，これらの「文化的共同体」の特徴を固定化することで，個人を「アイデンティティ面のゲットー」に閉じ込めてしまう．したがって，文化的複数性を法的に認知することは必然的に政治的分断を招く，というのがシュナペールの議論である（Schnapper 2015: 111-21）．

興味深いのは「共和国モデル」のアンチテーゼとして設定される「多文化主義」の理解のされ方である．ここでは多文化主義は「個人の選択の権利」よりも「個人が属するとされる共同体の権利」を重視するものであり，個人の自由に抑圧的なものとして否定的に想定されることが多い．『ル・デバ』に掲載された論考の大半も，このような見地から多文化主義を批判的に論じ，それに対して，万能とはいえないが，有効な共和国モデルをどう評価していくかに焦点を当てたものが多い．たとえばロラン・ブヴェは，現在，多様なアイデンティティが主張されるようになり，社会が分断される危機があるとし，危機を克服するための「共通の共和主義（républicanisme du commun）」を提唱している（Bouvet 2015: 159-65）．数少ない多文化主義支持の論考には，アラン・ルノーがケベック型多文化主義を参考にしつつ展開する「文化複数主義」の論考がある．いずれにせよ，特集の論点はフランスの「単一性（unité）」か「多様性（diversité）」か，共和主義と多文化主義のどちらを採用すべきか，というこれまで繰り返されてきた議論に収斂されている．

### 4.2――「色」自体の徹底的な否認　フランス版カラー・ブラインドの特徴

多文化主義との対比で語られることの多い「共和国モデル」とその基盤である「共和主義」の特徴を端的に言えば「カラー・ブラインド・イデオロギー」

ということになるだろう．だからこそ，エスニック・マイノリティをはじめとする構造的に不利な立場におかれてきた人びとへの積極的差別是正（アファーマティブ・アクション）のような措置も，英米などで行われている人種民族別の統計調査も，フランスでは「共和主義の平等原則」に反するものとして，徹底的に否定的に扱われてきた．特に公式統計で民族的出自を問うことは差別を助長するものとして禁止されているほどである（1978年1月6日個人情報保護法第8条）[37]．

このような「カラー・ブラインド」原則は，人種統計やアファーマティブ・アクションが行われてきたアメリカ合衆国との対比において論じられることが多い．それどころか共和主義は反アメリカモデルとして設定されることも少なくない．だからこそ，「共和国モデルの危機」は「フランス社会のアメリカ化」とあわせて論じられることが多い[38]．

もっとも，そのような「アメリカ」理解はいささか雑駁で，現実を正確に捉えていないと言える．事実，アメリカでも1970年代以降のニューライトの台頭のなか，アファーマティブ・アクションなどの流れとむしろ逆の方向をいく「カラー・ブラインド」が影響を拡大していったことは複数の研究者が指摘してきたところである（cf. 川島 2005）．こうしたなか，長島怜央はグアムにおける先住民族の権利運動に対するバッシングの動向に注目し，人種や歴史的不正義をめぐるあらゆる区別に反対する「カラー・ブラインド・イデオロギー」にもとづいた新たなレイシズムが存在するとして，それを「カラー・ブラインド・レイシズム」と呼んでいる（長島 2015）．また，大森一輝はそもそもこうした考えが比較的最近になって生まれたのではなく，人種差別反対論と同じく昔から，しかも「白人や『保守的』な黒人だけでなく，革新的な人々の心をも捉えてきた」ことを19世紀半ばのボストンを事例にとって明示している（大森 2014）．つまり，フランスで一般に考えられているような「フランスのカラー・ブラインドVSアメリカのカラー・コンシャス」の図式は現実と合致していない．アメリカにも「カラー・ブラインド」の流れが広がって久しいのである．

だが同時に注意しなければならないのは，アメリカのカラー・ブラインドとフランスのカラー・ブラインドの指す内容が必ずしも同じでないことである．アメリカにおけるカラー・ブラインドとは「アメリカ社会においては，メリトクラシーが機能しており，肌の色の違いによる差異はもはや社会的に意味をもたない」（松尾 2007: 99）とする立場である．それに対してフランスでは「色や差異を名指すこと自体が差別」という発想が根強い．だからこそ先に述べたように人種民族統計をとることが「差別」として禁止されるのである．

アメリカ合衆国では「かつて人種間の差別・格差はたしかに存在したが，（差別是正政策などの効果によって）今では存在しない」という発想がカラー・ブラインド・イデオロギーの前提になっているのに対し，そのような「人種間」という発想自体がフランス版カラー・ブラインドでは「差別」として扱われる．「人種の違い」に言及すること自体を「差別」とみなすフランスのカラー・ブラインド・イデオロギーの特徴は，このような「カラー・コンシャスの徹底的な否認」とよべるだろう．だからこそ人種民族統計がとられないどころか，「民族」や「人種」という言葉自体が差別的として忌避され，ついに2012年5月には「人種」という単語をフランス法から削除する法律が国会で可決されたほどだった[39]．フランス共和国において「色の違い」は「存在しない」のであり「見てはいけない」のである．

「カラー・コンシャスの徹底的な否認」の要請は，多数派を構成する「フランス人」だけでなく，潜在的に差別の対象となるエスニック・マイノリティの側も深く内面化している．社会学者のニコラ・ジュナンは，郊外の大学に通うエスニック・マイノリティの学生たちに，白人富裕層の集住するパリ中心部でフィールドワークを行わせ，それについて興味深い指摘をしている．ジュナンは，学生たちが観察対象の人々の（肌の色や顔つきなど）身体的差異を認知しているにもかかわらず，それを表現するのをためらい，「自粛する」傾向を示すことに注目し，次のように述べている．

> ほとんど全員がその「違い」を見て，感じているが，このようなセグリゲーションと社会的秩序が人種別に構築されているという事実を誰もうまく表現できないでいる．第1回目のフィールド観察の報告では，そのような「違い」自体に触れない学生も少なくない．本当に気づいていないだけなのか，それとも人種差別になると思って自己検閲しているのか．あるいは教員である私――教員は「肌の色の違いをみてはならない」と命ずるフランス共和国の国家公務員である――の反応を恐れて，黙っているのかもしれない．その一方

で「違い」をはっきりと認識している学生もいるが，いざそれに言及するとなると，ジャーナリストや学者が使うような，はっきりしない婉曲な言い方に終始してしまう（Jounin 2014: 86–87）．

### 4·3——実態としてのカラー・コンシャス　フランスモデルの矛盾

問題は，このような「カラー・コンシャスの否認」の言説と実態との間にギャップが存在することである．ギャップには主に2つのものがある．1つ目は言説面では否定される「色の違い」が，実際には存在していると言わざるをえないような現実の存在である．たとえばオベールヴィリエ市の荒廃団地の居住者の圧倒的多数がアフリカ大陸の出身者であり，逆に富裕層の集中するパリ中心部の居住者はほぼ白人しかいない．このような社会経済格差の「人種化」とよべる現象はたしかに存在する．または警官には白人が多いのに対し，スーパーや店舗などの入り口にいるガードマンには黒人ばかりといった職業の「人種化」も存在する（Jounin 2014: 86）．これらの現実は，カラー・コンシャスを否認しているにもかかわらず「結果的にそうなっている」という「意図なき社会関係の人種化」として論じられることが多い（cf. Wieviorka 1996）．

だがその一方で，単に「結果」としてそうなっているだけでなく，実際には共和主義の原則に反して，人々の意識や思考自体に「カラー・コンシャス」が深く根を張っているという問題も存在する．端的に言えば「言っていること」（「フランス共和国ではカラー・コンシャスは認めない」）と「行っていること」（その原則にもかかわらず，人間間の相互知覚にはカラー・コンシャスが大きな影響を及ぼしている）に矛盾があり，正反対にねじれているという問題である．

もっともわかりやすい例に，露骨に「人種」に言及する差別発言があげられる．それまでフランスで「人種」に言及することは「共和国の理念にそぐわない」と批判され，そのような言及をするのは極右だけだった（代表的な例として1996年に国民戦線のジャン＝マリー・ルペンが「人種間に不平等は存在する」と発言し，1万フランの罰金刑を受けたことがあげられる）が，近年は極右以外の政治家が「開き直って（se décomplexer）」人種に言及する事例が増えてきている．たとえば保守の政治家で元閣外大臣のナディーヌ・モラノは2015年9月下旬に「フランスはユダヤ・キリスト教徒の国であり，白人人種の国である」とテレビで公言している．

ただし問題は，このような露骨な差別発言を批判し，共和主義の「カラー・ブラインド」の価値観（共和国では人種を見ない）を擁護する政府関係者までもが，実際には「カラー・コンシャス」発言を繰り返すという矛盾にある．具体的にどういうことか．それは「人種」という言葉の代わりに「外国人」や「出自」などといった別の言葉を用いて「違い」を表現するという形をとる．たとえば2012年3月に起きた連続銃撃事件で民間人4名，兵士3名が死亡した際に，当時の大統領サルコジは，極右の政治家が事件を移民とイスラームに結びつけて敵意を煽っていたことを批判して次のように語った．

> テロとイスラームを一緒くたにしてはいけません．なぜなら亡くなった兵士のうち2人はムスリムというか……少なくとも外見はムスリムでした．そのうち1人は実際にはカトリックでしたが，外見がムスリム，いわゆるヴィジブル・マイノリティだったのです．2人のムスリム・フランス人が殺されたのに，テロとイスラームを一緒くたにするのは本当に汚いやり方です[40]．

この発言は極右による人種差別発言を批判する文脈で行われたものであるが，注目すべき点は口では「宗教」と言いながら，名指されている実態は「外見の違い」であり，きわめて「カラー・コンシャス」であるという矛盾である．一方，社会党のヴァルスは2011年に『同化――フランスモデルの周縁』の著者で人口学者のミシェル・トリバラが国会に召喚された際に，同書を読んだ感想を次のように語った．

> この研究結果は衝撃的でした．なぜならわが国のかなりの数の都市において，サブサハラアフリカとマグレブという外国出自のムスリムが住民の圧倒的多数を占めることがわかったからです（2011年1月19日国会国籍法委員会）．

ここでも「人種」という言葉こそ使われてはいないが，「サブサハラアフリカ出自」が「黒人」，「マグレブ出自」が「アラブ人」を事実上意味していることは明白であり，その点で実に「カラー・コンシャス」な発言だといえる．ヴァルスが2015年1月に行った「アパルトヘイト」発言もまた同じである．350

万人の黒人を強制移住させた南アフリカの徹底的な人種隔離政策と，旧植民地出身のアラブ・アフリカ系低所得層が都市郊外に滞留するフランス郊外は，規模・意味・結果などで大きく異なる．それにもかかわらず，あえて両者を結びつけて「人種」のイメージを想起させる．しかも「徹底的なカラー・コンシャス否認」の国フランスにおいて「アパルトヘイト」は，単に人種イメージを喚起するにとどまらない．それは国家原理の共和主義とは本質的に相容れない「異質な他者」の存在を喚起し，その存在が国の「脅威」であることのメタファーとして機能する．

このように「カラー・ブラインド」共和国の政府関係者が用いる「カラー・コンシャスの婉曲話法」はフランス社会の幅広い層に浸透している．その一例として，先にあげたジュナンによる郊外の大学生についての記述を再びとりあげる．学生が示す以下の態度は，先にみたような政治家が及ぼす影響と無関係ではないだろう．

> 学生の多くは，普段，学生同士で話す時には明確でわかりやすい表現——「アラブ」「黒人」「白人」など——を使う．ところが授業で調査報告をする時には普段とは違う言葉を使う．表向きにはより婉曲で，実際にはより差別的な語彙を用いて話すのだ．たとえば「人種」や「肌の色」という代わりに，国籍や出自，文化にかかわる語彙を用いて「違い」を表現しようとする．ある学生は「その地区に『外国人』はほとんどいなかった」と言い，別の学生は「喫茶店のウエーターは『外国出身』だった」と言う．また別の学生は「文化的多様性の人々」や「生粋フランス人」がたくさんいた，などと語る．どの学生も同じような語彙を用いるのは，それがフランス共和国の反人種差別の規範にかなった正しい表現であり，それを遵守しなければならないと思っているからだろう（Jounin 2014: 87）．

「人種」の代わりに「外国人」「国籍」「宗教」などに言及することで暗に「人種」の違いを喚起する「カラー・コンシャス」は，「カラー・ブラインド」を標榜するフランスの様々なレベルで浸透しているのである．本来，「カラー・ブラインド」とは「人種間の差異を考慮しない（もっともこの「差異」をどう解釈するかは議論がわかれるところであるが）」という意味であり，「その言葉を口にしてはならない」という意味ではないはずである．ところがフランスでは「人種という言葉を口にしてはならない」という解釈が広がり，それが「人種という言葉を口にしなければよい」と変形されたかのように「色の違い」をメタレベルで喚起する表現が濫用される，というパラドクスが起きている．つまり「カラー・ブラインド」は事実上，形骸化していると言わざるを得ない状況になっているのである．

「カラー・ブラインドの形骸化」は言説レベルだけでなく政策にも現れている．ヴァルスは襲撃事件の再発防止政策の一環として，共和国の重要な価値観である「ライシテ」教育を徹底させ，ゲットー化を防ぐという「カラー・ブラインド」を目標に掲げた．ところが実現のための具体案の1つにあげたのが「イマームの養成」であった．カラー・ブラインドの理念を掲げつつ，実際に行われたのはイスラームという特定のコミュニティのみを対象とする「カラー・コンシャス」な施策，という矛盾がみられたのである．このような政策の矛盾についてはストラも次のように指摘している．

> 数年前は刑務所での教育に大学教員が派遣されていました．ところが現在ではそれをイマームに担当させるという話になっています．ライシテを社会に定着させようという目標と，実際に行われている施策の間に驚くべきパラドクスがあります．(……) 別の例をあげましょう．1980年代，毎週日曜朝に「モザイク」という番組が放映されていました．移民の文化を宗教色なしに紹介する番組です．この番組に代わって現在では宗教の番組が放映されています．政治や文化という観点から移民を扱う番組はなくなってしまいました．移民たちは宗教という一点のみからしか見られなくなってしまったのです．(……) イマームや刑務所専属宗教者を養成し，宗教番組ばかり制作しておきながら，宗教と政治を分離するというライシテを遵守せよと言うのは無理です．一貫した政策が必要なのです[41)]．

以上，公式の言説で強調されるほどフランスは「カラー・ブラインド」ではないことを見てきた．それらをふまえると，フランスの特徴は「カラー・ブラインド」にあるというより，「カラー・コンシャス」の実態が「カラー・ブラインド神話」の下で徹底的に否認されている点にある，と言えるだろう．建前としての「カラー・ブラインド」の自己像と「カラー・コンシャス」の現実の間には大きな「乖離」が生じている．「乖離」どころか，ときとして「正反対」

の矛盾が存在する．このような乖離はアメリカ合衆国など他国のカラー・ブラインドにも存在する問題であるが，フランスの場合「カラー・ブラインド」のイデオロギーが「共和国の理想」というナショナリズムと強固に結びついているため，乖離の正当化の力もより一層強固であると思われる．

## 5——文化的統合の深化と（それゆえの）問題化というパラドクス

### 5.1——問題化するマイノリティとは誰か

ここで「共和国モデル」を脅かしているとされるマイノリティであるムスリムに光をあて，この集団がどのように理解され，なぜ，どのような文脈で「共和国モデル」の脅威とされているのかを考察する．

前節でみたように「共和国モデルの危機」とは，フランスの「普遍的価値観」を共有しない異質なマイノリティ集団が社会を分裂させるリスクを生じさせていること，と理解されている（cf. Schnapper 2015）が，ここでいう「普遍的価値観」とはフランス社会のマジョリティが共有する価値観であり，文化的特性のことである．「一にして不可分の」フランス共和国においては「マイノリティ」も「マジョリティ」もなく，市民社会とそこで共有される普遍的価値観があるだけだ，と理論上はなっている．だが，社会学的に考察すれば，フランスにも様々な価値・特性を共有する「文化的マジョリティ」——「白人」，世俗化しているがカトリック文化を保有，普遍主義，一定の経済・文化・社会資本を所有，など——が存在し，そのような人々が構成する「主流社会」がたしかに存在する[42]．

「共和国モデル」を脅かし，フランス社会との間で軋轢を生み出している存在とされるのは，このような「主流社会」の文化規範を受け入れない層ということになる．逆に考えれば，フランス共和国モデルとは「われわれに同化すればマイノリティも受容する」ことを意味すると考えられ，同化圧力の強いモデルであることを改めて確認できる．

ただしムスリム（あるいはそう目される人々）全員が「脅威」として同じように問題化されるかといえば，そうではない．「フランスのムスリム」とは通説と異なり，均質な集団ではない[43]．それではどのような「ムスリム」が「脅威」として問題化されるのか．それを理解するために「フランスのムスリム」の３つの類型をみていこう[44]．

### (1) 同化型

主流社会の文化規範や価値観，習慣を受け入れ，社会に順応しようとする同化ムスリムで，「中立的でエスニック・ブラインドな公的領域」と「多様な属性の表明をする場としての私的領域」という「公私分離モデル」を重んじるフランスの原則をふまえることを最優先する．

同化型の内部にも複数のカテゴリーが存在し，先に見たようなフランスの原則に抵触しない範囲で信仰や実践をおこない，イスラームを宗教というより文化的アイデンティティの一部として位置づける層もいれば，社会学者エリック・マセが「カウンター・ステレオタイプ」と呼んだような，自らのイスラーム性を全否定する層も存在する．後者の典型が2007-12年まで司法大臣を務めた政治家ラシダ・ダチである．ダチはフランスのムスリム移民女性のステレオタイプ（「家庭内で低い地位に甘んじている」「自己主張できない」「西洋社会に敵対的」など）と自分がいかにかけ離れているかを徹底的に強調し，自分には「ムスリム女性」と見なされるような差異が一切なく「普通の白人フランス人と全く変わりない」ことをアピールする傾向があるという（Macé 2007）[45]．

「同化型」は主流社会で想定される「理想的マイノリティ」だと言える．しかし「同化型」の当事者は，同化とひきかえに「自分たちの出自・特色を捨てる，あるいは抑圧すること」を常に要求される一方で，それにもかかわらず前節でみたような「カラー・コンシャス」の現実に直面することも少なくない．サヤドは，祖国を離れて別の国に渡った移民が，出身国でも受け入れ国でも「不在の存在」になり，「引き裂かれる」という経験について分析を行ったが（Sayad 1999），この指摘は「同化型」の経験にも通じる．フランスで生まれ，文字どおりの「移動」は経験していないが，フランスに同化するために親の文化を否定し，それでいながらフランス主流社会でも完全に受け入れられないという「引き裂き」を経験し，その過程で自らの「外部性」を意識し，フランス社会に対する関係が変化することもある[46]．

### (2) フランスのムスリム型

社会経済的統合と文化的同化を区別し，前者を肯定し後者を拒否するムスリム．フランス社会の一員として義務を果たし，社会に参加するが，世俗化の進むフランスの多数派とは異なる宗教観・価値観を維持し，同化の圧力に対して自分たちの文化的差異を主張する権利を求める．

自らを「ムスリム・フランス人（Français musulman）」と定義する．価値観やライフスタイルは(1)と近く，それほど変わらないこともあるが，決定的な違いはイスラームを自分のアイデンティティの一部として位置づけ，その実践の自由と承認を求める点である．フランス社会の一員として義務を果たし，社会への統合と参加を望むが，(1)のように主流社会に同調するのではなく，世俗化の進むフランスのマジョリティとは異なる宗教観・価値観を維持し，自分たちの文化的差異の承認を求め，「ムスリム・フランス人」として統合・参加することを要求する（浪岡 2009）．これはフランスの「ネーション概念」の定義，境界線の見直しを求める動きでもあり，内集団の再編の要請でもある．

イスラームへの敵視が顕在化するフランス社会でイスラーム性を主張することは「貶められたアイデンティティ」を再評価するという営みであり，それは「スティグマの逆転」という意味合いを強くもつ（森 2013; 2015a; 2015c）．

### (3) 離脱型

西洋はイスラームを冒瀆する悪であると考え，それをイスラームに改宗させるか，腐敗した社会と最大限距離をおいて生きようとする．いわゆる原理主義者である．(2)のように社会への統合や参加を求めず，内集団再編のベクトルをもたない．その結果，フランス社会からは限りなく離脱することになり，海外渡航や，ときには暴力行為にいたる場合もある．通説と異なり，コミュニティは形成されず，あるいはコミュニティとは言えないような小規模の家族や友人などの小さな単位で固まることが多い．

以上の類型のうち，フランス主流社会で一般に問題化されるのは(2)と(3)である．両者はフランス社会に対する関係性の面で決定的に異なり，「似て非なるもの」であるが，フランス主流社会では同一視されることが多い．

コスロカヴァールも述べるように，フランスのムスリムは出身国の事情（サハラ戦線をめぐるアルジェリアとモロッコの対立など），民族（アルジェリアのアラブ人と少数派のカビール人の違いなど），歴史的背景（ハルキと呼ばれるアルジェリア戦争時にフランス軍側についたアルジェリア人と他のアルジェリア人の溝など）といった要因によって細かく分断されていることが特徴であり，「ムスリム・コミュニティ」と呼べるようなまとまりをもったコミュニティは存在しないといわれてきた（Khosrokhavar 2003: 57-76）．しかし，フランス主流社会から非難，悪魔化されることによって，かえって「結束」が強化されるという現象も起きている[47]（森 2015a）．

## 5.2——問題化するマイノリティの文化的統合の実態

### 5.2.1——歴史的変化 ムスリムは常に問題化してきたわけではない

フランスで現在どのようなカテゴリーの「ムスリム」が問題化されるのかを見てきたが，ここで問題を歴史的なパースペクティブに位置づけてみたい．まず確認したいのは，フランス国土におけるムスリム住民の歴史が「文明の衝突」論の起きるずっと以前に始まっていたことである．植民地帝国時代も含めれば19世紀，フランス本土に限ってもすでに1920年代には20万人もの植民地出身ムスリムが定住し，モスク（1926年パリ）やムスリム病院（1935年パリ郊外ボビニー）などが建設されていた．そして戦後の高度成長期にはムスリム労働者が大量動員（1960年代後半で280万）され，定住化と家族形成がすすんだ．

重要なのはムスリムの存在が問題化するのは1980年代末以降のことだという点である．先にみたように1989年のスカーフ事件以降，ムスリムは「フランスの価値観に馴染まない存在」として次第に問題視されるようになった．興味深いのは，このようなムスリムの問題化は，フランスに移住したばかりのニューカマー，移民1世の時代ではなく，フランスで生まれ育ち，教育を受けた移民2世以降が中心となる時代になってからだという点である．

移民の統合を「フランス人との格差の解消」と捉え，言語習得，文化実践，雇用，居住，外婚率，政治参加などの複数の面から総合的に検討すると，1世より2世のほうが統合は明らかにすすんでいる．2世以降の就学率はフランス人と同じほぼ100％で，皆フランス語話者で，同階層で比較すれば移民２世のほうが全国平均より学業達成率は高い．また外婚率も２世以降で半数以上に達している．このように文化面では２世のフランス社会への統合はすすんでおり，フランス人との格差は大幅に縮小されたと言える．

その一方，失業率は全国平均の２倍以上，就職差別も根強く（同学歴の白人フランス人に比べ就職活動で面接に進める確率は５分の１以下），「脆弱都市区域」とよばれる貧困地区居住者も30％（全国平均は6％）であるなど，社会経済格差は依然大きい．つまり文化面での統合はすすんでいるが，雇用や住宅などの面で差別を受け続けていることがわかる．

以上のことから次の２点が言えるだろう．１点目は，フランスにはムスリムが長いこと存在してきたが，問題化するのは1980年代末からという比較的最近のことだという点である．２点目は問題化するのが，フランスに移住して間もなく，フランス文化との異質性の高かった１世の時代ではなく，フランスで教育を受け，統合がすすみ，フランスとの親和性が高まった２世以降の時代であった，という点である．このことからも，フランスで起きている主流社会とムスリムとの間の「問題」が，本質的な文化的差異という「文明の衝突」では説明できないことがわかる．

### 5.2.2――文化的統合の深化と誤解　ハラールの事例から

以上の見解に対して「２世以降もスカーフを被ったりハラールを消費したり熱心にイスラームを実践しているのだから，文化的距離は縮まっていない」といった反論が起きることも考えられる．だがそのような見解は，２世以降のムスリム・マイノリティによるイスラーム実践の意味上の変化を見落としている．変化の最大の争点は，１世の実践が祖国での習慣・伝統の「移植」であるのに対し，２世以降はフランス文化に馴染んだ上での，西洋の影響下における実践だという点にある．

たとえばハラール食品利用者の増加をムスリムがフランス文化に溶け込んでいないことの証左とする解釈があるが，これは誤解の典型的事例である．生活条件観察研究センター（Credoc）の調査によればフランス全体では１年以内に一度は食べた人が25％で，年齢別にみると18-24歳の41％，25-34歳の37％

と若い層に多く（55-64歳は16%，65歳以上は10%），これだけみると「若者のイスラーム化」が進んでいるようにみえる．しかしハラール消費の理由をみると「たまたま」が45%，「おいしいから」が22%，その他にも「体にいいから」「動物にやさしいから」といった宗教以外の理由があげられ，「宗教上の理由」は21%にとどまった．以上からもハラール消費が必ずしも宗教化だけを意味しないことがわかる．

またクリスチーヌ・ロディエは従来のハラール研究ではすくいあげられてこなかった未成年のハラール消費に関する質的調査を行い，移民1世が「伝統」や「習慣」としてハラールを消費するのに対して，フランス生まれの若い世代は現代フランス社会の若者の食生活実践と，家庭内の（親や祖先の）食生活実践という2つの食文化の間で自分の食生活スタイルを構築・選択していることを明らかにした（Rodier 2014）．この層の若者にハラール食品消費者が増えているのはフランスの食生活を拒絶しているというよりも，むしろ親に食べさせられてきたクスクスやタジンなどの伝統料理ではなく，ハム，ベーコンバーガー，ピザ，カルボナーラなど同世代のフランス人が食べるのと同じものを，イスラームの戒律に抵触しないかたちで消費したいという，若い世代のムスリムの食生活の変化の現れなのである[48]．

ハラール消費にみられる1世と2世以降の実践の意味の違いは，イスラームのスカーフ着用に関しても観察される．1世はムスリムがマジョリティだった出身国でのしきたりとしてスカーフを被るのに対し，フランスで生まれ育った世代のスカーフ着用者の多くは，社会に存在する多様なライフスタイルや可能性のなかから自分の信仰やアイデンティティのためにスカーフを着用することを「選択」し，そのような「表現の自由」が守られることを訴えている．

フランスでは自分たちは「よそ者」であると考え，なるべく目立たぬように暮らし，宗教の実践もひっそり行っていた第1世代と異なり，フランス語を母語とし，フランスで育ち，教育を受けた世代にとって，フランスは「外国」ではなく「自分の国」である[49]．同国のスローガン「平等，自由，博愛」を学校教育で教えこまれ内面化した世代だからこそ，「平等とはマジョリティの文化をマイノリティに押しつけることではなく，個々の差異を尊重しながら平等に扱うことだ」と考え，自分の信じる宗教を堂々と実践できないのはおかしい，と異義を申し立てる．

つまりニューカマーの第1世代よりフランスで生まれ育った第2世代以降の存在が問題化しているのは，後者が前者に比べてフランスに溶け込んでいないからではない．反対に文化面での格差が大幅に縮小し「対等」に近づいたからこそ，フランスの価値観に依拠しながら自分たちが受ける差別の実態を告発し，平等を要求するようになったからなのである．このような文化面の変化は2015年の襲撃事件などの衝撃の陰で忘れられがちな重要な論点である．

## 6――ダブル・スタンダードが生み出す問題

### 6.1――内集団と外集団の境界再編成をめぐる闘争

ここまで2つのことを確認してきた．1つ目は，カラー・ブラインドの原則に反してフランス社会にはカラー・コンシャスのまなざしが顕在化し，「共和国の人種化」と呼べる現状が存在することである．2つ目は「ムスリム・マイノリティ」が一般に思われている以上にフランスの価値観を内面化しており文化的に統合（同化とは区別される）していることである．それにもかかわらず，なぜ「問題」が起きるのか．これまでの考察をふまえると，問題の争点は「文明の衝突」のような単純な図式では理解できない．いったい問題の核心はどこにあるのだろうか．

この問いを考えるため，以下では文化本質的な解釈に代わり，主流社会とマイノリティ集団の境界をめぐる闘争という図式を採用する．このような集団間の境界や，境界の内外での道徳や規則の適用の差異といった問題については，すでにウェーバー（「対内道徳と対外道徳の二元論」）やマートン（「内集団の美徳と外集団の悪徳」），シュッツ（「内集団とよそ者（部外者）」）をはじめ多くの社会学者が注目してきたが，以下ではこれらの議論を総合した野村一夫の「ダブル・スタンダード論」（野村 1996）を参照しつつ，フランスの主流社会とマイノリティの関係を検討する．

本章で扱うマジョリティとマイノリティの問題は，実際に多くの社会に存在する（ほとんどの社会と言って差し支えないだろう）が，野村は両者の境界の自明性に注目し，それを問い直す．

> （外集団と内集団の）境界がどこにあり，どのように決まり，いかにして変化するかについては必ずしも自明ではない．内集団（われわれ）と外集団（かれら）の区別はふつう固定的であると見なされるが，社会学的にはむしろ逆に流動的ではないかと考えられる．ジンメルの形式社会学を闘争理論まで洗練させたルイス・A・コーザーによると，外集団との闘争こそが内集団の境界をあきらかにする．「闘争は，社会や集団の一体性と境界線を設立し維持するのに役立つ」（野村 1996: 12）．

野村の指摘で重要なのは，境界線が集団間の関係性に応じて変化することだけでなく，内集団の境界を維持するのに外集団との闘争が有益だという点である．だが内集団の境界が安定しているときには，あえてその設定や維持に腐心する必要はない．境界が何らかの理由で不安定になるときこそ，それを明らかにするための闘争が必要となる．それでは境界が不安定になるのはどのような文脈においてなのか．第１に，外集団と内集団の差が縮小したときである．両集団間に圧倒的な差があれば闘争を行う必要はない（ただしここでいう「差の縮小」とはあくまで相対的で主観的なものである）．第２に（何らかの理由で）内集団自体の凝集性（結束力）が低下したときと考えられる．

以上を本章の対象に即して考えると，①外集団であるムスリム・マイノリティが力をつけてきたこと（定住化がすすみ，相対的に主流社会との格差は縮まった），②内集団であるフランス主流社会の文化マジョリティの結束力が（福祉国家の削減など従来の国民統合基盤の縮小化によって）弱まって再統合の必要性が生じていること，という２つの要因によって境界線が揺らいでおり，そのような文脈で再設定の必要が生じていると解釈できるだろう．本章が批判的に検討している仮説──「フランス共和国モデルがムスリム移民に脅かされている」──はこのような社会情勢と集団間の力学のなかで理解する必要がある．「イスラーム脅威論」は単に「西洋とイスラーム世界が本質的に異なり理解しあえない」から起きるのではなく，（貧困や格差の増大，また「中産階級の解体」などを背景にした）社会不安が広がったり，ムスリム・マイノリティの社会上昇や統合がある程度すすんだりするという条件が揃わなければ起きない．実際，フランスにおけるイスラームの歴史は植民地支配時代も含めて長いが，「異質なムスリムと共和国モデル危機論」が生まれるのは1980年代末以降であることは，前節でみたとおりである．野村は「対外的封鎖の強化と対内的凝集の強化とは相即しており，自己保存のために主張される正当性とよそ者の排除・分離とはじつは一対のことである」（野村 1996: 12）と述べているが，フランス主流社会という内集団の結束を強め「境界線」を保つ上でも，外集団であるムスリムを脅威として捉え，問題化することは有益なのである．この闘争の1つのかたちとしてダブル・スタンダードがある，と野村は述べる．

> こうしてわたしたちは，対外的封鎖と対内的凝集という集団力学的概念としてのダブル・スタンダードの概念にたどり着く．ダブル・スタンダードとは内集団の仕掛けた社会的闘争であるといえよう．それは敵対行動による統合機能を巧妙に組み込んだ日常的な〈境界設定の闘い〉である（野村 1996: 12）．

ここまで内集団が仕掛ける闘争のプロセスをみてきたが，重要なのは外集団もまたこのプロセスにおいて影響を受け，変化するという指摘である．

> この内集団側の変化に対して，外集団側も変化する．つまり，内集団の特性を嫌悪すべきものとして結束を固めることになるのである（野村 1996: 14）．

ノワリエルは，フランス国家が「移民統合」の名においてライシテをはじめとする「共和国の価値観」の受け入れを今まで以上に強く要請し，同化圧力を強めていることに注目し，それを「『共和主義の教理』の布教活動」と呼んだ[50]．このような「教理の布教」はかえって共和主義に対するムスリム・マイノリティの反発を招き，それがムスリムという「外集団の結束」を固めるという「外集団化」を引き起こす（cf. Khosrokhavar 2004）．そして外集団の反発はますます内集団の外集団に対する敵意をさらに強め，こうして両集団間の相互作用と鏡映効果が生まれていく．

> その結果，内集団はますます自己解釈に固執し，教育やプロパガンダを通じて外集団の解釈を変えようとしたり，エスノセントリズムを強化したりする

（野村 1996: 14）.

フランス主流社会とムスリムの間で起きているとされる対立や摩擦は，宗教・文化の差異に起因するものとしてではなく，以上のような内集団と外集団の間にある境界線の闘争という角度から検討できることをみてきた．このような角度から分析することで，本章で扱うフランスの事例を「西洋とイスラーム」という特定な文脈のみに限定的なものとしてではなく，他のマイノリティの排除現象にも適用・比較が可能な（したがって日本の事例にも適用可能な）事例として捉えることができる．

## 6.2——差別の隠蔽と責任転嫁

境界線をめぐる闘争としてのダブル・スタンダードが内集団と外集団の間に鏡映効果をもたらしていると述べたが，そのことは両者に同等の影響が及んでいることを意味するわけではない．内集団がマジョリティ，外集団がマイノリティである以上，両者は権力関係に組み込まれており，水平な関係ではない．そこでフランス社会の権力関係において下位に組み込まれる外集団「ムスリム」に対して「共和国」のダブル・スタンダードが与える影響についてもう少し詳しく考えていきたい．

国家によるダブル・スタンダードはムスリムの多くがはっきりと意識している．そのような事例の1つとして，ドキュメンタリー映画『移民の記憶』に出てくるアルジェリア移民2世アーメッド・ジャマイの証言をみていこう[51]．ジャマイはパリ郊外のスラム街のバラックで育った子ども時代から次第にダブル・スタンダードの存在を意識するようになった過程を以下のように語る．

> 母と役所に行き，団地の入居を申請したら「移民枠は一杯」と断られた．僕には「移民」とは何かよくわからなかった．でも母は引き下がり，バラックからの引越しを断念するしかなかった．林間学校の申請も「移民枠」で断られたよ．どこでも「移民」扱い．（……）ところが18歳になった途端「フランス人」として兵役に徴集された．つまり18歳までは清潔な住宅やまともな教育を求めても「移民」として断られ，18歳を過ぎれば「フランス人」として徴兵される．社会から隔離されたこんな泥だらけの場所で生まれ育った人

間に何を求める気だ？　郊外の住民が憎しみを見せるのは信頼関係が壊されているからだよ．

このようなダブル・スタンダードの経験は自分自身に対してだけでなく，家族に与えられた屈辱としても記憶されている．

仮住まい団地の監視員は「おい ファトゥマ！」と母を呼び捨てにした．フランス育ちの僕らには理解できなかった．「マダム すみません」――普通はこう言うはずだ．僕らは口答えをし，衝突が起きた．奴らの態度も話し方も許せなかったんだ．でも両親は無言で耐え忍ぶばかりだった．「自分たちは移民だし，ここはよその国．だから仮住まい団地も仕方ない」と．けれども僕らはすでにアイデンティティの葛藤を抱えていた．フランスで生まれ，学校に通い，教室ではフランス人の同級生と「同じ」なのに，学校の外で「違う」のはおかしい，親にあんな話し方するのは許せない，と．

家族が「普通の人」と同様に扱われていないというダブル・スタンダードの経験は，多くのマイノリティに共通する．保守派の政治家ラシッド・カチは社会・政治的な立場は前述のジャマイと大きく異なるが，同じような経験について次のように語っている．

市民団体の代表として市が主催するパーティに出席したとき，父は会場で飲み物のサービスをしていた．でも父の上司である会場責任者は他の人には敬語なのに父には敬語を使わない．（……）僕は頭に来てその男に言ったんだ．「なぜ父に敬語を使わないんですか？」男は「何様のつもりだ？」と答え，口論になったけど，父は僕に「もう黙れ」と目配せをした．

これらは距離をとってみれば明らかなダブル・スタンダードであり，だからこそ第三者がみれば「怒って当然」と感じるだろう．だがダブル・スタンダードの問題は，そこから利益を得ている内集団の人々にはそれを当たり前と思う「心の習慣」があり，正当化の作用が働いているため「おかしさ」が見えない（見ない）点にある．逆に内集団から排除される者には，内集団の規範を当たり前とする「心の習慣」がないがゆえにダブル・スタンダードがよく見える．

これは「よそ者」だけが「鳥の視点」という客観的視点を有することができるというジンメルの指摘するところである.

このようなダブル・スタンダードは,それによって不利益を被る人たちにしてみれば,不当な扱い以外の何ものでもない.しかも不当な差別であるだけでなく,ダブル・スタンダードの効果によって内集団のメンバーにはそれが「差別」として映らず,差別自体が否定されるため,不当感は一層強くなる.そもそもフランスでは共和国の「平等の原則」がエスニック・マイノリティに対しても強く謳われ,叩き込まれているだけに,建前と現実の落差は広がり,「不当だという感覚」はますます強くなる[52).

> 小さい時から「外国人」扱いで今さら「統合」などと言われても,いったいどうしろというんだ? わけがわからない.僕は仕事を持ち,税金を納め,人並みに家賃も払っているのに「統合」していないと人は言う.じゃあ「統合」とは何だ? どうすればいい? 教えてくれ!

このような「不条理」さについては,前節でとりあげたコスロカヴァールによる「ムスリム・コミュニティ」に関する指摘とも通じるので,もう一度みてみよう.コスロカヴァールによればフランスのムスリムが民族や出身国国籍などの面で細かく分断されており,さらに民族共同体を認めないフランス共和主義の影響の下で出身国別コミュニティの組織力や紐帯も(ヨーロッパの他国にあるエスニック・マイノリティのコミュニティと比べ)弱いことが特徴的である.したがって「ムスリム・コミュニティ」はおろか,出身国コミュニティとよべる共同体も実質的に存在しない.ところがそれにもかかわらず,フランス主流社会では「ムスリム・コミュニティ」の一員とみなされ,「共同体主義」を非難されるというパラドクスがある.つまり,存在しない「ムスリム・コミュニティ」の一員であることを非難されるというわけである.ここにこそ「フランスのムスリム」に固有の困難がある,とコスロカヴァールは指摘する(Khosrokhavar 2003).

言われているようにやっても(逆のことを)非難されるというダブル・スタンダードは,1990年代以降展開されてきた郊外の「ゲットー化」批判についても同じように指摘できる.これは郊外に「同じ民族・宗教同士が固まること」を批判し，その解体を求めるものであり，第3節でみたヴァルスの「アパルトヘイト」発言もその系譜に位置づけられる．これらの議論では「ゲットー化」の原因はエスニック・マイノリティや移民自身が自ら固まること（congrégation）にあると見なされ，「共同体主義」などと批判されてきた．しかし本書の第3章以降で見たように，高度成長期には移民に対するセグリゲーションとよべるような住宅政策が行われ，1970年代以降も特定の郊外団地に低所得層の移民，エスニック・マイノリティを集中させる政策が国や自治体レベルでとられ，それらが今日の「ゲットー化」の背景にある．そう考えると，これもダブル・スタンダードと言わざるをえないだろう．

隔離しておきながら「隔離地区を生み出している」と非難するというダブル・スタンダードは，統合を拒否しておきながら「統合されていない」と非難するダブル・スタンダードと同じように，単なる言説ではなく，具体的な問題を引き起こす．それは実際に起きている差別を認知せず，隠蔽してしまい，結果的に差別に対する抵抗を抑圧するだけでなく，被差別者の困難の原因を被差別者自身に帰するという効果をもたらす．これはダブル・スタンダードから利益を得る内集団の側にとってはごく当然のこととして受けとめられる．だが不利益を被る外集団の側にとっては非常に不当に感じられ，怒りと絶望を引き起こす原因ともなる．

## 6.3——マイノリティの足かせとなるフランスのダブル・スタンダード

もう1点，フランスのダブル・スタンダードが引き起こす問題を少し異なる角度からとりあげる．それは「共和主義」の理想のもとに個人をコミュニティから引きはがしておきながら「異質なムスリム」として疎外することが個人に与える影響である．社会で同じように差別を受けても，帰属するコミュニティを持つ者と，よりどころにするコミュニティもない孤立した者とでは，疎外は後者のほうがより深刻なものとなる．2015年1月の襲撃事件の主犯格とされたクアシ兄弟は，母子家庭で育ち，それぞれ10歳と12歳の時に母親が自殺し，彼らをサポートする親族やコミュニティがなかったことから，施設で育てられたことが知られている（Lebourg 2015）．家族ネットワークもなく，頼れるコミュニティもなく，フランス社会でも排除され，あらゆるネットワークやコミュニティからこぼれ落ちて疎外された存在であった．つまり「共同体主義」や「ムスリム・コミュニティとの結束」とはまさに反対のことが起きていた．この点をアジャットも次のように指摘している．

> （宗教の名における暴力の原因の１つは）フランスの貧困地区で深刻化する排除と関連している（……）襲撃グループの３人のメンバーは，言ってみれば「自由電子」であり，周囲との個人的，感情的な結びつきが弱く，別離で心に傷を負った生い立ちと社会的な孤立と構造的不平等の産物だった．そのために，非行と暴力的小集団の世界に投げ込まれたのだ．こうした自由電子は，仲間，特に親族や地元モスクの信者とはすでに「縁を切って」いたのであり，教育支援の仕組みによって「すくい上げられる」こともなかった[53)]．

このようなフランスのダブル・スタンダードは，ある逆説的な結果をもたらすことがある．それは同じエスニック・マイノリティでも民族や宗教的コミュニティから自律的な「共和国モデル」に適った個人のほうが，「共和国モデル」に反してエスニック・コミュニティなどと強いつながりを持った個人よりも，結果的に孤立しがちであるという問題である．

この問題点を実証的に示したのが，社会学者のクレール・シフの研究である．シフは郊外の問題地区にある同じ団地で暮らす若者のうち，フランスで生まれ育ったマグレブ出身の若者と，ニューカマーで滞仏歴の浅いトルコとスリランカ出身の若者という２つの集団に注目して，両者の文化面，社会面の統合の度合いについて比較を行った．それによれば文化的同化の面では前者のほうが圧倒的にフランスに同化しているが，文化的同化のすすんだ前者がコミュニティから自律した個人として存在しているがゆえに頼るコミュニティがなく，また自らを差別するフランス社会に対して多くの葛藤や軋轢を抱えているのに対し，後者はエスニック・コミュニティと強い結びつきをもち，フランスへの文化的同化は前者に比べてすすんでいないが，それゆえにフランス人が就かないような底辺低賃金労働も積極的に受け入れることがわかった．その結果，後者のほうが前者よりも失業率が少なく経済状況のよいことが明らかになった（Schiff 2002: 230）．シフの研究は，従来の「移民統合論」で言われてきたことに反して，文化的統合と社会的統合が必ずしも比例しないことを示した．それどころかフランスへの（その価値観を受け入れるという意味での）文化的な統合が，かえって社会・経済的統合の足かせになりうることも示唆したのである．

「共和国モデル」のとおりにコミュニティから自律した個人が「モデル」どおりに平等に扱われないというダブル・スタンダードは，以上のようにマイノリティの断片化と排除を深めるリスクを孕んでいる．郊外のマイノリティの若者が「イスラーム」の名において引き起こす暴力の根には，このような社会的暴力が潜んでいると思われる．

## 7――プラグマチークな解決にむけた道のり

本章は，襲撃事件以降にフランス社会で再燃した「文明の戦争」という構図を検証し，そのような文化本質主義的解釈の問題点を明らかにした後，問題を主流社会とマイノリティの境界線をめぐる闘争として捉え直し，そこで作用しているダブル・スタンダードがマイノリティに及ぼす影響について検討した．

どの国のモデルにも利点と問題点はあるだろう．だがフランスモデルの問題点は，それに馴染まない異質なマイノリティの存在でもなければ，フランスモデルが十全に適用されていないことでもない．問題はむしろ（実践面では問題はあるとしても）原則的には差別や排除を生み出すはずがないという前提にたち，「共和国の理想」を疑わず，ときに非反省的な思考に陥ってしまう点にあるのではないかと筆者は考える．あらゆる差異もいつかは「共和国の下で」自然に混ざりあい，消えていくだろうという楽観的な考えと，そのとおりにいかなければフランスではなくマイノリティ側に原因があるという考えが表裏一体の関係になっているのではないだろうか．

そのような「フランス共和主義信仰」の事例として，反人種差別団体「SOSラシズム」代表のドミニック・ソポが2015年10月に『ルモンド』紙に掲載した論考がある．本章第4節でとりあげたモラノの「フランスはユダヤ・キリスト教徒で白人の国」発言への反論として書かれたその論考のなかで，ソポはモラノの発言を「恥」という言葉で批判し，自分の考える「本来のフランスの姿」を描写する．それは「腕を広げて外国人を受け入れ」，「あらゆる出自，出身国，肌の色の男と女たちが違いを乗り越えて，共和国の理想の下に融合してきた」国だという．そしてソポは，「白人」である自分の母方の祖父が，「黒人」である自分の父を「婿」として受け入れ，さらにその子どもであり「混血児」である自分自身を「孫」として受け入れたことを例にあげ，「共和国」の本来の姿は「色」を見ないで「人」を見ることなのだと説いた（『ルモンド』2015年10月2日付）．

ここで問題にしたいのは「カラー・ブラインド」の理想自体ではなく，「カラー・ブラインド」を反レイシズムの実践の手段とすることである．「肌の色にもとづいて差別してはいけない」というルールは理解できるが，それは「肌の色をみないこと」とは同じではない．様々な人種をめぐるイデオロギーによって構成される現代社会において，人々の他者認識から「色の認知」を排除することはほぼ不可能であろう．このような指摘は「色の認知」を排除の根拠として認めることを意味するわけではもちろんない．ただ「色をみない」という理想は人種化された現代社会の文脈では限界があるという立場である．

フランス社会にも多様な「色」が存在し，それらは現実のレベルで人々に意識され，具体的な影響を社会や人々の生活に及ぼしている．重要なのはこの現実を「共和国の理想」の名の下に否定するのではなく，それを受け入れ，（そのことの是非はともかく）「現代社会において人間の色は認識される」という前提に立ち，そこを出発点としてオープン，かつプラグマチークに差別是正と多様な人々が共存しやすい社会構築をめざし，それに向けた新たなルールづくりを考えることではないだろうか．それはアメリカ型，イギリス型多文化主義をまねろということではない，むしろ新たな「統合モデル」探しよりも，反貧困，反人種差別の具体的実践に今まで以上に力を入れることではないだろうか．「差別の起こり得ない原則」を夢想するより，差別が起きることをデフォルトと考え，プラグマチークな施策を模索する姿勢が大切ではないか．逆説的であるが，共和主義の理想に到達するには，共和主義は実践では機能しないという前提に立ち，それを出発点にしたプラグマチークな差別是正の枠組み作りから始めるべきと思われる．

1） 同事件は日本でも大きく報道され，雑誌の特集や関連書籍も次々に刊行された（『現代思想　2015年3月臨時増刊号　総特集　シャルリ・エブド襲撃』2015

年3月，青土社，『外交』30号，共同通信社，『イスラム・ヘイトか，風刺か——Are you CHARLIE?』第三書館，『シャルリ・エブド事件を考える：ふらんす特別編集』白水社など）．また襲撃された風刺新聞社を表現の自由の名において擁護する論者と，ヘイトスピーチであると批判する論者が論陣をはるなど，事件の解釈をめぐって日本でも論争が活発に展開されてきた．たとえば菊池恵介は経営難に陥った同紙がイスラーム攻撃によって発行部数をのばす戦略をとるようになり，風刺からヘイトスピーチへの移行が起きていたことを批判した（菊池恵介「『風刺の精神』とは何か？——パリ銃撃事件を考える」http://www.labornetjp.org/news/2015/0115kikuti）．

2）飛幡祐規「パリ連続襲撃事件の悲劇——考えつづけていること」http://www.labornetjp.org/news/2015/0119pari

3）http://www.la-croix.com/Actualite/France/Charlie-Hebdo-l-emergence-d-une-unite-nationale-2015-01-12-1265931

4）«La République, l'islam et la laïcité», *En direct de Mediapart*, http://www.mediapart.fr/journal/international/220115/en-direct-de-mediapart-la-republique-lislam-et-la-laicite

5）http://www.lexpress.fr/actualites/1/styles/charlie-les-profs-de-banlieue-en-premiere-ligne-pour-defendre-la-republique_1641206.html

6）http://www.atlantico.fr/decryptage/prof-histoire-en-banlieue-pour-certains-eleves-liberte-expression-est-accessoire-bourgeois-1948918.html

7）元大統領の側近でパリ郊外イヴリンヌ県議員アンリ・ゲノの発言．http://www.franceinter.fr/emission-le-79-henri-guaino-le-modele-republicain-est-menace-en-france

8）共和主義を国是とし，法の前での個人の平等を保障するフランスでは，民族や宗教などの差異にもとづいた共同体の存在とその集団的権利を一切認めず，英米型多文化主義は「共同体ごとの分離共存に道を開く」として拒否する傾向が強い．そのような理由から「フランスにはマイノリティが存在しない」（中力2007），「フランスではマイノリティの集団的権利は承認されない」などと言われるが，実態の面では地域少数文化などのナショナル・マイノリティやエスニック・マイノリティなど多様なマイノリティが存在する．

9）http://www.leparisien.fr/espace-premium/seine-saint-denis-93/une-soixantaine-d-habitants-du-93-seraient-partis-faire-le-jihad-31-01-2015-4493781.php

10）パリ郊外クレイユで，イスラームのスカーフを着用していた3人の女子中学生が校長に登校を禁じられ，それがきっかけとなり「公立学校におけるスカーフの着用の是非」をめぐる大論争が起きた．

11）http://www.leparisien.fr/espace-premium/seine-saint-denis-93/une-soixantaine-d-habitants-du-93-seraient-partis-faire-le-jihad-31-01-2015-4493781.php

12) クリバリはパリ郊外エソンヌ県の団地で育ったのに対し，クアシ兄弟は厳密にはパリ 19 区の移民街で育っている．しかし郊外に隣接するこの地区は「郊外」と社会学的に似た状況であり，クアシ兄弟は郊外で働き，結婚して郊外に住むなど，郊外と深い関わりをもっていたことから，このように理解される．

13) いずれもパリ郊外の自治体の名称である．

14) «La banlieue tiraillée entre «Charlie» et «pas Charlie»», *Le Monde*, 2015 年 1 月 15 日付．

15) «Qu'est-ce que ça fait d'être un problème». 日本語訳は荒井雅子による「自分が『問題』になるとはどういうものか」（http://www.tup-bulletin/org/?p=2777）があり，この引用も基本的に荒井訳による．同テクストはアジャットを含め 9 名の「ムスリム知識人」によって署名されているが，本文はアジャットが作成している．そのことを本人も認めており，またアジャットが個人名で発表している Hajjat（2015）とも内容が一致しているため，以下，本章ではアジャットの議論として引用する．

16) http://lci.tf1.fr/videos/2015/charlie-hebdo-il-est-essentiel-de-ne-pas-faire-d-amalgame-selon-8543945.html

17) 同法はフランス人権宣言（1789 年）第 11 条「思想および意見の自由な伝達は人の最も貴重な権利の 1 つである」に着想して作られ，その第 4 条（「出版を通じた重罪・軽罪」）では，公の場で発信された言論がその差別的な性格によって殺人や暴力などの犯罪を誘発したり，個人を侮辱したりその名誉を毀損した場合に言論の発信者に禁固刑や罰金刑を科すことが定められた．同法は 1972 年「反人種差別法（通称プレヴェン法）」のもとにもなっている．同法のくわしい内容については森（2013）を参照．

18) 2014 年 9 月 19 日毎日新聞東京版朝刊「イスラム国――戦闘地域への流入，欧米に危機感」，2014 年 10 月 29 日 NHK「くらし・解説――若者がなぜ『イスラム国』へ？」．

19) http://www.lefigaro.fr/flash-actu/2015/01/12/97001-20150112FILWWW00357-apologie-du-terrorisme-condamnations-a-toulouse.php

20) http://www.francetvinfo.fr/faits-divers/attaque-au-siege-de-charlie-hebdo/apologie-du-terrorisme-des-peines-de-prison-ferme-prononcees-a-paris_798351.html

21) だが襲撃事件後の「テロ行為擁護罪」が一様に厳しく取り締まられたわけでもない．アジャットは，警察や学校などの公権力に対し「悪態」をつく，といった相対的に軽微な行為に対して実刑判決が出るなどの重い処罰が下された一方で，テロ組織との関連が本格的に疑われる深刻な事例については実刑判決が出されなかったというパラドクスを指摘している．すでに超過収容状態の刑務所にテロ組織との関与が疑われる人物を送り込み，刑務所内で「リクルート」が行われることを国家が危惧しての対応であり，その一方でテロ組織との関わりのなさそうな「軽微」な事例に対しては「見せしめ」として厳罰に処したのではないか，というのがアジャットの仮説である（Hajjat 2015）.

22）http://www.lexpress.fr/actualites/1/styles/charlie-les-profs-de-banlieue-en-premiere-ligne-pour-defendre-la-republique_1641206.html

23）詳細は «Laïcité, «valeurs de la République», mixité... les solutions de Vallaud-Belkacem», *Libération*, 2015年1月22日付.

24）http://tempsreel.nouvelobs.com/attentats-charlie-hebdo-et-maintenant/20150122.OBS0516/morale-laicite-benevolat-ce-que-propose-najat-vallaud-belkacem-pour-l-ecole.html

25）フランスのムスリムがライシテとの関係でどのような批判を受けてきたのかについては，ドキュメンタリー映画『スカーフ論争――隠れたレイシズム』（日本語版，2013年，パスレル）参照のこと.

26）http://www.lemonde.fr/les-decodeurs/article/2015/02/05/politique-de-la-ville-quarante-ans-d-echecs_4569855_4355770.html

27）この改革で優先地域は1000に限定される一方，失業対策として15万の雇用創出をし，そのうち3割を16-25歳にあてること，アミアン，マルセイユなどの10都市で2000の「免税雇用（emploi franc）」――問題地区（quartiers sensibles）に居住する若者を雇用すれば5000ユーロの助成金が雇用主に与えられる――の試験的導入，問題地域における教育面での管理強化など計27の施策が提案された．だがサルコジ政権時代と異なり，特別予算が割り当てられるわけではなく，これまでの予算の再編・再分配でやりくりすることとなった.

28）多くの国と同様，フランスも国土を都市部（zone urbaine）と農村部（zone rurale）の2つに分類しているが，«périurbain»とは地理的には農村部に位置しながらも，就労人口の4割以上が1つあるいは複数の都市的地域（都市とその郊外）に通勤している地域を指す（Bigard et Durieux 2010: 38）．農村部でありながら都市部とつながっている地域と言えよう.

29）«Aborder la ségrégation à partir des quartiers populaires, c'est prendre le problème à l'envers», *Le Monde*, 2015年1月24日付.

30）もっとも，カテゴリーの異なるものをひとくくりにまとめて政策対象とするやり方はフランスの他の反差別政策にみられる特徴である．2005年に設置された「差別対策平等促進高等機関（HALDE）」も人種・民族だけでなくジェンダー，障害，同性愛などあらゆる差別を調査・審議の対象としていた．そうすることで「少数集団に特定の権利を与えている」という共和主義の立場からの批判を和らげることができる一方，差別是正に対する効果が限定的になるという問題も指摘できる．詳細は森（2013）参照.

31）http://www.economie.gouv.fr/files/files/PDF/Rapport_pisani-ferry_enderlein-VF.pdf

32）«La politique de la ville s'éloigne de la banlieue», *Mediapart*, 2013年11月22日.

33）郊外をアパルトヘイトに喩えたのはヴァルスがはじめてではない．たとえば

1998年当時の社会党政権内相のシュヴェヌマンも「あらゆる手段を用いて空間的，社会的アパルトヘイトと戦わねばならない」と述べている．ヴァルス発言の詳細は2015年1月20日付『リベラシオン』紙を参照（http://www.liberation.fr/france/2015/01/20/valls-denonce-un-apartheid-territorial-social-et-ethnique-en-france_1184618）．

34） 詳細は2015年1月22日付『リベラシオン』紙を参照（http://www.liberation.fr/france/2015/01/22/apartheid-valls-taille-sarkozy_1186459）．

35） フランス全国ムスリム評議会（Conseil français du culte musulman）の発表によれば，襲撃事件後の1週間で50件を超える反イスラーム行為が起き，南部では殺害事件も起きるなど，ムスリムに対する風当たりが強まった（http://www.lefigaro.fr/flash-actu/2015/01/16/97001-20150116FILWWW00425-un-marocain-tue-de-17-coups-de-couteaux.php）．事件への恐怖が社会に蔓延するなか，ムスリムは「共和国」を危機にさらしうるものとして危険視され，「問題の解決には再移民――現在ここにいる移民を追放するという意味――しかない」という議論まで起きた（Hajjat 2015）．

36） 首相ヴァルスによる2015年6月27日の発言（http://www.liberation.fr/societe/2015/06/28/guerre-des-civilisations-quand-valls-contredit-valls_1338931）．

37） 同法は1995年のEU指令を受けて2004年に大幅に改正されたが，同条項は改正されていない．人種・民族別統計をめぐっては1990年代以降論争が繰り返されてきた．1992年に国立人口統計研究所のM.トリバラが統計調査に初めて「民族的出自（origines ethniques）」を導入すると（Tribalat 1995），人口統計学者のルブラスが共和主義の原則を擁護する立場から激しい批判を展開した（Le Bras 1998）．2000年代には同じく人口統計学者のシモンが人種差別是正のために民族統計が不可欠であるとの主張を展開している．詳しくは中力（2012）を参照．また2014年地方統一選挙で極右・国民戦線の支持を受けて南西部ベジエ市長に当選したロベール・メナールが，2015年5月に同市の小学校の名簿にもとづいてムスリムが占める割合を算出したと発表し，論争が再燃した．

38） 代表的なものに1990年10月9日の『フィガロ』紙に掲載されたアラン・トゥーレーヌのインタビューがある．

39） «L'Assemblée nationale supprime le mot "race" de la législation», *Le Monde*, 2013年5月16日付．

40） http://tempsreel.nouvelobs.com/politique/election-presidentielle-2012/20120326.OBS4607/nicolas-sarkozy-invente-un-nouveau-concept-musulmans-d-apparence.html

41） «La République, l'islam et la laïcité», *En direct de Mediapart, op.cit.*

42） 「主流社会」についてはフランスでも少しずつ議論する向きが生まれている．アラン・ルノーは前述の『ル・デバ』特集号において「国を創設した文化的マジョリティ（majorité culturelle fondatrice du pays）」という表現を用いた．これは激しい批判の的となったが，同時にこれまで「普遍的で無色透明」とされてきたフランスのマジョリティもひとつの「文化的集団」であると認めたという点において（彼の思想を共有するかどうかは別問題として）重要である（Renaut 2015 : 153-58）.

43）この点については，以下で言及するコスロカヴァールの議論（Khosrokhavar 2003）を参照.

44）類型化にあたってはファラッド・コスロカヴァールの議論（Khosrokhavar 2009: 229-44）を参考にしながら，本章の目的である「フランス主流社会の文化規範との関係」という点を適宜補足した.

45）マセは，このようなカウンターステレオタイプが（ある特定のマイノリティに対する）既存のステレオタイプに及ぼす影響に注目する．そして，ムスリム家庭で育ったものの，「ムスリムの特性を何も持たない」と自らのエスニックな差異を否定し，「フランス人と変わりがない」とマジョリティとの完全同化を強調するカウンターステレオタイプの表象には，既存のムスリム女性のステレオタイプ（「西洋社会になじめず，伝統文化に縛られた女性」など）を無効化したり，克服する効果は認められず，逆に既存のステレオタイプを逆説的に強化する効果が認められたという．1990 年代末よりヨーロッパの反差別政策の影響下で，フランスでも「反差別政策」が構想されるようになったという社会情勢の変化のなかで「カウンターステレオタイプ」が形成され，一定の役割を担うようになったとマセは指摘する．具体的には，従来型カラー・ブラインドの統合モデルの下では，差別に対する無関心から非白人マイノリティは周縁化されていたが，非白人に対する差別が問題になるなかで，あらゆるエスニシティを否定し，したがって差別の事実も否定するような「カウンターステレオタイプ」の表象が現れるようになったというのである（Macé 2007）.

46）1990 年代半ばにアルジェリアからフランスに亡命したサミア・シャラは，当初はフランスの文化・価値観を全面的に支持し，宗教的アイデンティティも一切感じていなかったが，フランスにおけるイスラーム・バッシングの激しさを目の当たりにする過程で，次第に自らの「イスラーム性」に目覚め，フランスに批判的な眼差しを向けるようになったという．その過程については自伝的ドキュメンタリー映画『マダム・ラ・フランス（Madame la France, ma mère et moi, 2010）』で詳細に描かれている.

47）この点については第 6 節を参照.

48）以上の分析は，2014 年 10 月 10 日に早稲田大学で行われた第 2 回アジア・ムスリム研究会での報告「フランスのイスラモフォビアとハラール」にもとづいている.

49）2012 年に国立経済統計研究所が発表した調査によれば，移民 2 世・3 世の 9 割が「自分はフランス人」と答えている．しかし周りからもそう見なされていると答えたのは 67％にとどまり，27％が差別されていると答えた．調査結果の概要は次のサイトを参照．http://www.leparisien.fr/societe/neuf-enfants-d-immigres-sur-dix-se-sentent-francais-10-10-2012-2220103.php

50) « Apartheid : « Prêcher un catéchisme républicain ne suffira pas »», *Le Monde*, 2015 年 1 月 24 日付.

51) 以下の引用部分はすべてヤミナ・ベンギギ『移民の記憶』子ども編（パスレル，2007 年）を参照.

52) 第 6 章でとりあげたラップを通した政治表現の背景にも国家のダブル・スタンダードへのルサンチマンがあった．1990 年代のフランスのラップは，主流社会のダブル・スタンダードから生まれるエスニック・マイノリティの若者のルサンチマンの表現だったと言える．ラップを通して表現される怒りの矛先が国家に向かうのは「共和主義の美徳」を学校教育を通して叩き込まれ，それを内面化したにもかかわらず，ダブル・スタンダードを突きつけられるという現実を経験し，不当であるとの思いが強いからである．詳しくは第 6 章参照のこと．

53) 「自分が『問題』になるとはどういうものか」（http://www.tup-bulletin/org/?p=2777）前掲論文.

# 終章
# 脱領域的なマイノリティ研究をめざして

## I——亀裂を生じさせる二重の「乖離」

本書は「郊外」という場をひとつの起点にして，フランス社会にみられる亀裂の問題を「文明の衝突」のような文化本質主義的アプローチからではなく，マイノリティの差別，排除，抵抗という観点から検討した．その結果，亀裂を生じさせている要因として，2つの「乖離」が浮かんだ．1つ目はフランスが国家として掲げる理想——共和国の普遍的価値観——と実態との間にある乖離であり，政府が「言っていること」と「行っていること」の，「平等の理想」と「差別の実態」の間にある乖離である．第1章，第2章でみたように，1980年代以降，フランス郊外は「移民」が集住して「ゲットー」という閉鎖的空間を作り出し，社会の安全を脅かしている，と批判されてきた．しかし，そのようなセグリゲーショが19世紀以降のフランス国家による都市政策，住宅政策，移民政策によって徐々に形成されてきたことを第3章で確認した．つまり今日，国家が郊外やその住民——大半をエスニック・マイノリティが占める——に対して批判している状況は，実は国家による政策を通して作り出されたことがわかった．

また第4章，第5章では，そのようなセグリゲーションを解消するための政策が1990年代以降，主に「都市政策」の名の下で実施されてきたことに注目し，その過程と帰結を検討した．それらの政策は公には貧困の集中の解消を目的としたカラー・ブラインドな社会政策として行われたが，実際には外国人やエスニック・マイノリティの集住地区を対象としたカラー・コンシャスな性格をもっていたことを確認した．またヨーロッパ域外出身のエスニック・マイノリティが一部の郊外団地に集中することは「共同体主義」や「ゲットー」であるとして批判を受けるが，その一方で白人フランス人が特定の場所に集中することは不問に付される，というダブル・スタンダードも観察された．

このことは都市内部のセグリゲーションだけにとどまる問題ではない．それは，マイノリティの差別，排除に関するより一般的な文脈でも確認できる．フランス共和国の普遍主義的平等の原則は「法の前にすべての市民の平等を保障」するが，そのような原則とは全く相容れない差別と排除の現実が教育，雇用，住宅など様々な領域でたしかに存在するのである．差別はどの国にも存在する現象であるが，序章でとりあげたOECDの報告書にもあるように，フランスにおけるマジョリティとマイノリティの格差は他国と比べても大きい．社会学者のカミーユ・プニーの調査によれば，フランスの教育制度はヨーロッパのなかでも最も「教育格差」を再生産させているという（Peugny 2013）．このような現状をふまえ，統計学者のパトリック・シモンは，フランスの統合制度の特徴を「平等主義のつもりでいながら，実際にはセグリゲーションを生み出している点」だと指摘している（Simon 2015）．

問題は，フランス共和主義の理想が（十分に）実現されていない，というだけではない．理想とはときに正反対の方向性をもつ施策が行われ，政府の言説と実際の施策の間に深刻な乖離とも呼べるような状況が生まれていることである．第７章でもみたように，風刺新聞社襲撃事件後には「移民の社会統合強化」の必要性が叫ばれ，その一環として「ライシテ」という世俗的価値観の尊重を徹底させるという目標が掲げられたが，実際に行われたのはイマームの養成など宗教を通して問題解決をはかる施策だった．このような事例も深刻な乖離の一例である．言説レベルでは普遍主義を強調しながら，実際の施策では特定のエスニック・カテゴリーを対象とした政策が採用される．このようなダブル・スタンダードは，マイノリティの社会に対する信頼感にも大きな影響を及ぼしている．

政策面の「乖離」に加えて，もう１つの「乖離」が存在する．それはエスニック・マイノリティの若者にとっての「理想」と「現実」の乖離である．第６章，第７章では，郊外のエスニック・マイノリティの若者が，一般に考えられている以上にフランス共和国の価値観——平等，自由，連帯——を内面化していることをみた．アソシエーション活動からラップまで，郊外の若者の抵抗の実践は様々な形をとるが，それらの多くは人種・エスニシティの差異を問わず，貧困や差別に反対するというカラー・ブラインドな形をとった．その点でフランス共和主義の価値観に親和的な表現だったと言える．マイノリティの若者の反発は，フランスの共和国の価値観を内面化していないからではなく，内面化しているがゆえに生じている．学校で共和国の「平等」の理想を強く叩き込まれているからこそ，「現実」の差別とのギャップがより大きく，耐えがたいものとして感じられ，それが強い不満や怒りを引き起こしている．

重要なのは，このような若者の不満や怒りをどのように解釈するかという点にある．こうした不満や怒りが，若者の「イスラーム国」への渡航やテロリズムへの関与といった政治的暴力の根の一端を涵養していることについては，社会学者，政治学者をはじめ，複数の研究者が強調してきた（Hajjat 2015, Roy 2015, Khosrokhavar 2015, 森 2015a）．これらの研究は，昨今のフランスを震撼させている「暴力」が「宗教的暴力」であるというよりも，支配構造のなかで生み出された「社会的暴力」に起因していることを明らかにした．

それに加えて強調したいのは，こうした不満や怒りが前述したような暴力の根にもなりうる一方で，マイノリティの人々が差別や支配の構造を乗り越えるための力にもなる，という点である．支配の社会学を打ち立てたブルデューは，被支配層が支配関係を自明視し，支配構造に結果的に従うことで，それに「承認」を与え，支配構造の強化と再生産に自ら加担してしまう，という象徴的支配の仕組みを分析した．そして支配構造から脱却するための道は，自明視された支配構造を自覚し，被支配層が被支配層として自己認識することから始まると考えた．

そう考えると，郊外のエスニック・マイノリティの若者がフランス社会に対して不満を抱き，怒りをおぼえるのは，フランス社会の支配構造を自明視せず，支配—被支配の関係を「承認しないこと」の証しでもある．その点で，彼／彼女らの怒りや不満は支配構造から脱却し，真の平等を希求するためのポジティブな力にもなりうる．事実，怒りや不満を社会への憎悪に転化させ，政治的暴力行為におよぶ者が一部にいる一方で，こうした怒りや不満をエネルギーに転化して，個人レベルで，あるいはアソシエーション活動，文化活動，政治活動，宗教活動，その他の社会活動など，様々な活動へのコミットメントをとおして，不平等な現状の変革を実現するために行動するフランスのマイノリティも多く存在する．

このようにフランス社会に対する不満や怒りを上記のような活動のためのエネルギーに転化させる者と，暴力行為などに走ってしまう者は一見，正反対に見える．だが重要なのは，対照的に見える両者の境界線は必ずしも固定的ではない点である．「良い移民」と「悪い移民」がいるのではなく，両者は一定の条件下で相互浸透可能である．「良い移民」と「悪い移民」という善悪二元論的まなざしを筆者は一貫して批判してきたが（森 2004），二元論は 2015 年 11 月のテロの後も「テロリストを批判する良いムスリム」と「批判しない悪いムスリム」といったかたちで再び立ち現れている．このような「良い移民と悪い移民」論は複雑な現実を矮小化するだけでなく，ネガティブなステレオタイプや偏見をかえって強化する．そして，マイノリティの排除と孤立を一層深め，問題の解決とは逆の方向に進むことになるだろう．

いずれにせよ，暴力の背景にある怒りが前述した「乖離」によって養われているとすれば，問題の解決には「乖離」の軽減，解消が重要である．それは普遍主義の理想を放棄するということではもちろんない．最終的には理想に実態を近づけ，重ねる努力が必要になるわけだが，その第 1 段階として（現段階では）実現不可能な「理想」を過度に掲げてマイノリティに幻滅や不公平感を与えるのではなく，まずは差別の実態とむきあい，それを認めて信頼関係の修復に努めること，その上でプラグマチークに現実的な格差是正の道を探ることが大切だというのが本書の立場である．

## 2――郊外の比較社会学に向けて　変容する日本の郊外へのまなざし

本書の考察はフランス郊外に焦点を定めてきたが，考察の延長線上には日本の事例の理解・分析という今後の目標・課題がある．だが第 1 章でも述べたように，エスニック・マイノリティが集住するフランス郊外は，日本の郊外とは一見まったくかけ離れているように見える．中産階級の居住地として発達したアメリカ合衆国やイギリスの郊外モデルの影響を受け，日本の郊外は階級・エスニシティの両面で「均質」な空間として表象されてきた．日本の郊外論は1990年代のバブル経済崩壊以降，ニュータウンの空洞化や高齢者の集中，空き家増加や地価の下落，少年犯罪の問題など，次第にその負の側面をクローズアップしてきたが，それでもなお郊外生活者が「日本人中産階級」であることを前提にした議論が中心であった．

しかし実際には1990年の改正入管法施行以降，一部の郊外自治体では外国人の急増が見られ（1990年107万→2008年221万人，入国管理局2008），それにともなって従来の日本郊外像を覆すような変化が生じてきた．特に増加の著しかった南米出身者が，関東や東海地方の自動車産業，製造業，水産加工業，コンビニ弁当工場などで就労するようになり，これらの工場の多くが都市中心部ではなく郊外に立地していたことから，就労する外国人の大半も工場に通いやすい近隣郊外に居住するようになった．こうして工場の集中する郊外自治体では外国人人口が増加し，豊田市では1988年から2008年で外国人数が8倍（2000人から1万6035人），美濃加茂市では25倍（247人から6200人）となり，ブラジル人が多数を占めた（外国人集住都市会議2009）．これらの外国人は来日後にまず派遣会社の寮に住み，その後民間住宅や公営住宅に転居するケースが大半で，なかでも公営団地への入居希望者が増加した．

1990年代はまた，公営団地のなかでも人気の高い団地とそうでない団地の格差が増大した時代でもあった．それに加えて，都心再開発政策の影響で都心回帰現象が起きると，郊外の辺鄙な場所にあり，かつ築年数の古い団地では空室がいっそう増加した．このような状況の下，空室増に悩む一部の団地と，敷金・礼金が不要で家賃も安く，しかも入居差別のない物件を求める外国人住民の利害が一致し，愛知，静岡，神奈川，群馬など関東と東海地方の工業地帯に近い郊外の公営団地で外国人入居が次第にすすんでいった．稲葉佳子の調査によれば，1995-2005年で外国人登録者数は1.5倍増だったのに対し，公営住宅における外国人入居者数は5倍になっており，そのことからも外国人の公営住宅入居が全体から見ても急増したことがわかる．同時期には全国の半数近い22の都道府県の公営住宅で外国人入居者数が増加し，また29の都道府県で外国人集住団地が生まれていることが明らかになった（稲葉2008）．団地によっては入居者の半数を外国人が占めるところも出てきた．このような郊外における外国人集住団地の出現は地域社会に様々な変化をもたらしている．南米出身の日系人のコミュニティでは日本で育った移住第2世代と呼ばれる若者が増加し，差別や排除をはじめとする様々な困難に直面しながら暮らしている．

公営住宅に外国人の増加がみられるようになった1990年代には，公営住宅に大きな変化をもたらすもう1つの出来事があった．1996年公営住宅法改正により，公営住宅が貧困層，高齢者，障碍者などの様々な弱者の「受け皿」としての役割を与えられるようになったのである．このような公営住宅の「福祉的」性格は2005年の改正によってさらに強められ，公営住宅は「本当に困っている人」のみを対象とするものとして位置づけられるようになった．なかでも辺鄙な立地の郊外団地に弱者と外国人が集まるという状況が生まれ，地域コミュニティの形成や維持をめぐる課題を引き起こしている．このような外国人集住団地では，地域社会が直面する困難として外国人住民と日本人住民の「共生」がとりあげられることが多いが，以上のような公営住宅政策の変化を踏まえると，それは単なる異文化共生の問題には還元できない背景を持っていることがわかる．

このような日本の郊外団地の一部で進行している問題は，本書で見てきたフランス郊外とは全く異なる歴史的背景を持っており，規模もフランスに比べれば現在のところ限定的である．居住するマイノリティのエスニシティも異なる．しかし同時に，郊外団地に低所得のマイノリティの集住がすすみ，そこで差別と排除が生産・再生産される一方，地域コミュニティに対して「共生」に課題を突きつけているという状況には明確な共通点も見られる．

こうした事例のローカル，ナショナルな相違点を検証するとともに，両者に影響を与えるグローバルな要因や構造を探ることは，どちらの事例の理解を深める上でも重要な作業だと思われる．このような比較分析はきわめて時間のかかる作業であるが，それを今後の課題としていきたい．

もっとも郊外の変容は日本に限ったことではない．たとえばアメリカ合衆国でも郊外変容の事例が紹介されてきた．ジョン・ローガンが行った調査によれば，1990年以降，郊外居住者に占める黒人の割合は40％，ヒスパニックは72％も上昇しているという（Logan 2002）．シーン・リードンとジョン・ユンも

1990年代後半からマイノリティ人口が「内郊外（inner-ring suburb）」と呼ばれる都市に比較的近い地域に集中する傾向を指摘した（Reardon and Yun 2001）．だがスディール・ヴェンカテッシュによれば，都市を離れた黒人とヒスパニックは郊外に移ったといっても裕福な白人の居住地区に移ったわけではなく，郊外のなかでも初期に開発されて老朽化が進み，貧しい労働者の集住する荒廃した地区に越したのだった．それまで白人やブラックブルジョワジーと呼ばれるごく少数の中産階級マイノリティ居住地のイメージがあった郊外に，貧しいマイノリティ労働者が増加して飛び地を形成するようになり，富裕層の住む郊外と貧困化の著しい郊外の分極化がすすんでいるという（Venkatesh 2000）．

各国の郊外は固有の歴史や社会構造といったナショナル，ローカルな文脈に位置づけられている．だが同時に1990年代からグローバルな経済システムの再編に伴い，都市空間の再編が深化して，そのなかで都市中心部のジェントリフィケーションが起き，都市内部に居住を確保できなくなった人々が郊外に移動するという，19世紀のオスマン大改造後にパリで見られたのと似た現象が世界の様々な都市で報告されている．以上の状況を踏まえると，各都市の事例を国境を越えて比較・分析し，郊外という空間への知見を深め，そこで起きている問題解決のための考察をすすめるという「郊外の比較社会学」に向けた取り組みが求められていると思われる．そのような比較の理論的枠組みの構築において，本書で見てきたフランス郊外の事例をどのように位置づけることが有益かについても，今後の課題としていきたい．

## 3——「客観性」としてのマイノリティの視座

最後に，本書の研究対象であるフランス郊外とエスニック・マイノリティという枠組みをこえて，現代社会においてマイノリティや差別・排除について考えることがなぜ大切なのか，筆者の見解を述べたい．

そもそもマイノリティは定義のとてもむずかしい概念である．そのなかで，岩間とユらによるマイノリティ概念の7カ国国際比較は，同概念への理解を深めるうえで貴重な視座を提示した．それによれば，マイノリティ概念の主流な解釈とは，もともとはナショナル，エスニック，宗教，言語の面で多数派と異なる特性を持つ少数派をマイノリティとみなす「限定型」であったが，次第に障碍者や女性，貧困層などを含めた弱者一般をマイノリティとみなす「拡散型」の解釈が多くの国で主流になった．その結果，前者にあたるエスニック・マイノリティの保護を妨げるような状況が起きているという（岩間・ユ編 2007）．

このような分析を例証するような事例は世界中で顕在化している．2000 年代以降，ヨーロッパでは移民排斥やイスラーム・フォビアをあらわにする排外主義が再燃し，2014 年の欧州議会選挙では複数の国で極右政党が 1 位になるなど，その影響は政治空間にも及んでいる．アメリカ合衆国でも非正規滞在移民へのバッシングやムスリムに対する排外的な言説が蔓延し，2016 年大統領選挙でも移民をめぐるイッシューは重要な争点となっている．日本でも国家による「上からの」ナショナリズムの強化が指摘される一方，ヘイトスピーチの増加や草の根の排外主義運動の台頭が問題視されている．このような差別や排除を食い止め，解消するための対策を立てるうえで，エスニック・マイノリティをめぐる議論をより積極的に展開することが大切なのは明らかである．

だが，エスニック・マイノリティをめぐる問題を扱うことの重要性はそれだけではない．「マイノリティ研究」というと「多数派であるマジョリティには直接関係のないごく少数派の問題を扱うもの」だと考えるむきもあるが，ここには誤解がある．なぜなら「マイノリティ研究」とは「少数派だけにかかわる問題」を扱うのではなく「多数派にかかわる問題」を理解するための研究でもあるからだ．

このような角度からみたマイノリティ研究の重要性は，すでにこの領域の研究者たちによって多くが書かれてきたが，筆者も改めてその重要性を強調したい．筆者は，具体的にマイノリティ研究が次の 2 点で「マジョリティにかかわる」と考える．1 点目は，マイノリティが受ける差別や排除はマジョリティに属する人々にも及びうる，という論点である．たとえば本書で見たように，フランスでは 1970 年代半ばから失業率が増加するが，最初に解雇の対象となったのは移民労働者であったが，現在では 25 歳以下の失業率が 25％を超えるなど，社会全体の問題になっている．またヨーロッパ域外からの移民は 1950 年代から貧困に直面してきたが，1980 年代以降は長期失業などにより中産階級から没落するフランス人の「新しい貧困層」が増加するようになった．そして現在でも人口の１割前後が貧困ライン以下の生活を送るなど，貧困や居住の不安定はもはや一部のマイノリティだけにかかわる特殊な問題ではなく，マジョリティも含めた社会問題として解決が模索されている．

同様のことは日本でも指摘できる．「世界でいちばん企業が活躍しやすい国を目指す」と宣言した現在の安倍政権下で，労働者派遣法改正や改正労働基準法などの労働にかかわる規制緩和がよりいっそう推し進められ，そのなかで労働条件の改悪についての批判・懸念が高まっている．しかし，このような厳しい労働条件はずっと以前より外国人労働者に課されていた．外国人という理由で日本人より安い賃金で働かされたり，労働者としてではなく研修・実習生として連れてこられ，「研修」の名の下に最低賃金よりもずっと安い金額での労働を余儀なくされてきた数多くの外国人労働者が以前より存在してきた．政府の施策に対して野党は「国民切り捨て」「弱者切り捨て」と批判を高めるが，その一方で，外国人は国民と同じように税金を納める義務を課されながら，参政権は与えられず，政治に直接声を反映させる回路さえ持たない．同じ国に生まれ，育ち，働きながらも「国民切り捨て」が問題になるずっと以前から「切り捨て」られてきた人たちがいる．

このような事例を安易に一般化はできないが，それでも以上の事例にあるように，日本の外国人，エスニック・マイノリティだけに起きていたことが，次第に日本のマジョリティ（特に弱者と言われる層など）にも次第に及ぶということはこれまでも起きてきた．社会で最も周辺化され，弱い立場に置かれた層のみを排除するような施策が次第に別の層にも展開されることは，上記の事例にとどまらず，何度も繰り返されてきたのである．その点でマイノリティに起きることやその人々が置かれている状況を，社会の明日を占う「鏡」として見つめ直すことには意義があると思われる．またそれは同時に，マイノリティの差別を是正し，排除を解消するための制度設計をすることが，マイノリティだけでなくマジョリティも含めた社会全体の改善につながることも意味していると思われる．

２点目は，私たちが暮らす社会の客観的な理解に到達する上で「マイノリティ」の視点について考察することが非常に助けになる，という点である．自分自身を，あるいは自分の暮らす社会を客観的に見ることの重要性は多くの人が共有しているが，それを実現するのは容易ではない．私たちは日々の生活のなかで実に多くのことを「習慣」としておこない，多くの物事を疑問に付すことなく自明視し，ステレオタイプ化しながら世界を知覚して生きている．そうした条件の下，自分自身と距離をとって客観的に見つめることは極めてむずかしい．そのような状況のなか，マイノリティの視点を経由することは，できるかぎり主観性を廃し，客観性に近づくうえで非常に重要である．

マイノリティの視座に立つことで，その社会の本質がよりよく見えるという指摘は複数の社会学者が行ってきた．その事例の1つとして，ピエール・ブルデューがフランス移民研究のアブデルマレク・サヤドの著書に寄せた序文での考察がある．ブルデューは「移民」をめぐる分析が重要なのは，それが単に「移民」についての何かを明らかにするだけではなく，社会における「思惟されざるもの（impensé）」を掘り起こし，その社会の客観的分析を可能にする点にあると述べている．

> 「1つの国家のもとに1つの国民と1つの国籍があるという市民権のあり方を，当然とする根拠は何か」という問いが，移民の存在を通して提起される．また，国家が市民とは（「同一人種」とは言わないまでも）同一言語・文化共同体に属するものであると規定し，そこからの移民排除を正当化しているという事実や，「教育が国民を作り出すのだ」と同化主義的寛容を謳いながら，その背後には普遍主義を装った熱狂的愛国主義が隠れているという事実が，（国民国家の枠組みにおいて）不在同然に扱われる移民の存在を通して明らかになる．サヤドの分析において「移民」は（社会の構成員の）無意識のなかでも最も見えにくい部分を明らかにする，驚くべきツールとして機能する（Bourdieu 1999）．

また，本書の第7章でも言及したジンメルの「よそ者論」も，マイノリティの視座が社会の客観的分析を可能にするという，同様の指摘を行っている．「よそ者」とは，集団外部に存在する「異邦人」と異なり，集団内部に存在する「外部」であり，それゆえに集団内部で周縁化され差別を受ける．だが「よそ者」は集団のマジョリティとは区別され，不平等な扱いを受けるがゆえに，集団マジョリティが自明視して疑問に付すことのない習慣や権力の支配に縛られることなく，より自由な発想をもつことができる．こうして「よそ者」は，集団全体の状況をより偏見なく見渡し，普遍的で客観的な判定を可能にする「鳥の視座」をもつことができるという．

このように「よそ者」や「移民」，マイノリティの視座を志向し，それを通して「知っているつもりの社会」を見つめ直し，反省的な洞察を重ねることこそ「客観性」に近づくための数少ない道ではないか，と筆者は考える．エスニック・マイノリティの存在に関心を寄せることの意義は，マイノリティ問題ではなく，マイノリティを通してマジョリティ問題が明らかになる点にある．移民の研究を通して明らかになるのは「移民問題」ではなく，移民の存在を生み出す「国民問題」である．現代フランス社会を「客観的」に考察する上で，「よそ者」である郊外のエスニック・マイノリティの「鳥の視点」に注目すること，その視点を経由して考えようとすることはとても重要であろう．同時に，日本社会を客観的に考える際には，日本で暮らすマイノリティの視線を経由しようという営みが不可欠でだと思われる．

このようにマイノリティやその差別，排除，抵抗について考えることは，マイノリティという問題領域をこえ，社会を客観的にみつめ，把握するという脱領域的な地点で大きな意味をもつ．「マイノリティ」の直面する問題は，マジョリティにとっても決して「他人事」などではない．「マイノリティの視点をないがしろにしてよい」などという研究や客観的考察はありえないのである．

# 文献一覧

【外国語文献】

ACHRAFIEH Alexandre, 2007, «L'Etat, la classe ouvrière et les «cités-ghettos»», *Socialisme international*, n° 17-18. URL: http://revuesocialisme.pagesperso-orange.fr/s17sommaire.html

ADIL93 (Agence Départementale d'Information sur le Logement de Seine-Saint-Denis), 2012, *La primo-accession aidée en Seine-Saint-Denis*. Bilan des prêts à taux zéro accordés en 2010 Juin.

AFEV (Association de la Fondation Étudiante pour la Ville), 2012, «Jeunesses et inégalités: le grand défi de 2012», *Rapport de l'Observatoire de la jeunesse solidaire 2012*.

ANRU (Agence Nationale pour la Rénovation Urbaine), 2008, «Convention ANRU: La Villette Quartier Les 4 chemins».

AVENEL Cyprien, 2011, «Les émeutes juvéniles en Europe : question urbaine, sociale ou «ethnique»?», *Informations sociales*, n° 165-166, pp. 60-68.

BACHMANN Christian et LE GUENNEC Nicole, 1996, *Violences urbaines. Ascension et chute des classes moyennes à travers cinquante ans de politique de la ville*, Paris: Albin Michel.

BACQUE Marie-Hélène et SINTOMER Yves, 2001, «Affiliations et désaffiliations en banlieue. Réflexions à partir des exemples de Saint-Denis et d'Aubervilliers», *Revue française de sociologie*, n° 42-2, pp. 217-49.

BAILLET Dominique, 2001, *Militantisme politique et intégration des jeunes d'origine maghrébine*, Paris: L'Harmattan.

BALIBAR Etienne, 1996, «Existe-t-il un racisme européen?», *Futur Antérieur*, n° 37, 1996/3. URL: http://www.multitudes.net/Existe-t-il-un-racisme-europeen/

BALLAIN René et MAUREL Elisabeth, 2002, *Le logement très social*, La Tour d'Aigues: l'Aube.

BARON Julie, 2007, «Seine-Saint-Denis, histoire d'une banlieue», *Altermondes*, hors-série n° 4, décembre 2007. URL: http://altermondes.tmp37.haisoft.net/spip.php?article485

BARTHELEMY Martine, 2000, *Associations: un nouvel âge de la participation?*, Paris: Presses de Sciences Po.

BAUER Alain et RAUFER Xavier, 2002, *La guerre ne fait que commencer*, Paris: Jean-Claude Lattès.

BAZIN Hugues, 1997, *La culture hip-hop*, Paris: Desclée de Brouwer.

BEAUCHEMIN Cris, HAMEL Christelle, LESNE Maud, SIMON Patrick *et al*., 2010, «Les discriminations: une question de minorités visibles», *Populations et sociétés*, n° 466, INED.

BEAUD Stéphane et PIALOUX Michel, 2003, *Violences urbaines, violences sociales: genèse des nouvelles classes dangereuses*, Paris: Fayard.

———, 2006, «La «racaille» et les «vrais jeunes»: critique d'une vision binaire du monde des cités», in ouvrage collectif, *Banlieue, lendemains de révolte*, Paris: Regards et La Dispute.

BEAUD Stéphane et MASCLET Olivier, 2006, «Des «marcheurs» de 1983 aux «émeutiers» de 2005», *Annales. Histoire, Sciences Sociales*, 4/2006 (61e année), pp. 809-43.

BEAUD Stéphane et GUIMARD Philippe, 2014, *Affreux, riches et méchants ? Un autre regard sur les Bleus*, Paris: La Découverte.

BEHAR Daniel, 2008, «Les contradictions métropolitaines», *Projet, hors série Réinventer la ville, la Plaine Saint-Denis*, 2008/4, pp. 7-13.

BENGUIGUI Yamina, 2008, *9/3, mémoire d'un territoire*, Elemiah/Canal plus.

BERGEL Pierre et DESPONDS Didier, 2011, «Mobilités résidentielles et nationalité en banlieue parisienne (Yvelines, Seine-Saint-Denis et Val d'Oise) de 1996 à 2005.», *Annales de géographie*, n° 677, pp. 65-87.

BERNARDOT Marc, 2008, *Loger les immigrés. La Sonacotra 1956-2006*, Paris: Editions du Croquant.

BERTHO Alain, 1997, *Banlieue, banlieue, banlieue*, Paris: La Dispute.

———, 2005, «Penser la «ville monde»», *Socio-anthropologie* [En ligne], 16|2005, mis en ligne le 21 novembre 2006, consulté le 22 juin 2015. URL: http://socio-anthropologie.revues.org/430

———, 2008, «La Plaine-Seine-Denis dans l'entre deux», *Projet*, n° 303, pp. 23-30.

BIGARD Mélanie et DURIEUX Eric, 2010, «Occupation du territoire et mobilités: une typologie des aires urbaines et du rural», *La France et ses régions*, INSEE. URL: http://www.insee.fr/fr/ffc/docs_ffc/ref/fsr10d.PDF

BLAKELY Edward J. and SNYDER Mary Gail, 1997, *Fortress America: Gated Communities in the United States*, Washington: Brooklings Institution (=2004, 竹井隆人訳『ゲーテッド・コミュニティ――米国の要塞都市』集文社).

BLOCH-LAINE François (dir.), 1999, *Faire société, les associations au cœur du social*, Paris: Syros.

BLONDIAUX Loïc, 2008, *Le nouvel esprit de la démocratie. Actualité de la démocratie participative*, Paris: Seuil.

BODY-GENDROT Sophie, 1993, *Ville et violence. L'irruption de nouveaux acteurs*, Paris: Presses Universitaires de France.

BOUBEKER Ahmed et HAJJAT Abdellali (dir.), *Histoire politique des immigrations (post) coloniales. France 1920–2008*, Paris, Amsterdam, 2008.

BOUCHER Manuel, 1999, *Rap, expression des lascars: significations et enjeux du Rap dans la société française*, Paris: L'Harmattan.

BOULY DE LESDAIN Sophie, 1999, *Femmes camerounaises en région parisienne: trajectoires migratoires et réseaux d'approvisionnement*, Paris: l'Harmattan.

BOURDIEU Pierre, 1977, *Algérie 60: structures économiques et structures temporelles*, Paris: Minuit (=1993, 原山哲訳『資本主義のハビトゥス』藤原書店).

———, 1979, *La distinction: critique sociale du jugement*, Paris: Minuit (=1990, 石井洋二郎訳『ディスタンクシオン』(I・II) 藤原書店).

———, 1980, *Le sens pratique*, Paris: Minuit (=1988, 1990, 今村仁司・港道隆訳『実践感覚』(1・2) みすず書房).

———, 1984 «Comment peut-on être sportif?», *Questions de sociologie*, Paris: Minuit.

———, 1997, *Méditations pascaliennes*, Paris: Seuil (=2009, 加藤晴久訳『パスカル的省察』藤原書店).

———, 1999, «Préface» à SAYAD Abelmalek, *La double absence. Des illusions de l'émigré aux souffrances de l'immigré*, Paris: Seuil.

———, 2000, *Les structures sociales de l'économie*, Paris: Seuil (=2006, 山田鋭夫・渡辺純子訳『住宅市場の社会経済学』藤原書店).

——— (dir.), 1993, *La misère du monde*, Paris: Seuil.

BOURDIEU Pierre et WACQUANT Loïc, 1992, *Réponses*, Paris: Seuil (=2007, 水島和則訳『リフレクシヴ・ソシオロジーへの招待——ブルデュー, 社会学を語る』藤原書店).

BOURGOIS Philippe, 1995, *In Search of Respect: Selling Crack in El Barrio*, Cambridge: Cambridge University Press.

BOUVET Laurent, 2015, «Pour un républicanisme du «commun»», *Le Débat*, n° 186, pp. 159–65.

BOYER Jean-Claude, 2000, *Les banlieues en France, territoires et sociétés*, Paris: Armand Colin.

BRAVO Jacques et KIRSZBAUM Thomas, 1999, *Rapport final complété par les cinq dossiers thématiques disponibles auprès de l'Instance*, Conseil régional d'Ile-de-France, Préfecture d'Ile-de-France, Instance d'évaluation de la politique de la ville en Ile-de-France.

BREVILLE Benoît et VERZAUX Anaëlle, 2012, «La Seine-Saint-Denis entre deux mondes», *Le Monde Diplomatique*, 2012/3, pp. 20–21.

BROUANT Jean-Philippe et autres, 2005, *Code de la construction et de l'habitation annoté*, Paris: Dalloz.

BRUBAKER Rogers, 2001, «Au-delà de l'«identité»», *Actes de la recherche en sciences sociales*, Vol. 139, n° 1.

BUI-TRONG Lucienne, 2003, *La police dans la société française*, Paris: PUF.

CARON François, 1995, «L'embellie parisienne à la Belle Epoque: l'invention d'un modèle de consommation», *Vingtième Siècle, revue d'histoire*, vol. 47, n° 1, pp. 42–57.

CARTIER Marie, COUTANT Isabelle, MASCLET Olivier et SIBLOT Yasmine, 2006, *La France des "petits-moyens". Enquête sur la banlieue pavillonnaire*, Paris: La Découverte.

———, 2010, «Promotion et marginalisation des candidats de la «diversité» dans une commune de la banlieue parisienne», *Politix*, 2010/3, n° 91, pp. 179–205.

CASTEL Robert, 1995, *Les métamorphoses de la question sociale*, Paris: Fayard（=2012, 前川真行訳『社会問題の変容——賃金労働の年代記』ナカニシヤ出版）.

———, 1995, «Les pièges de l'exclusion», *Lien social et politiques*, n° 34, pp. 13–21.

CASTELLS Manuel, 1978, *City, Class and Power*, London: St. Martin's Press（=1989, 石川敦志監訳『都市・階級・権力』法政大学出版局）.

———, 1999, «The Informational City is a Dual City. Can It Be Reversed?», in SCHON Don *et al.*（dir.）, *High Technology and Low-Income Communities: Prospects for the Positive Use of Advanced Information Technology*, Cambridge: MIT Press, pp. 25–42.

CHABROL Marie, 2013, «Qui sont «les Africains de Château Rouge»? Usages et usagers d'une centralité commerciale immigrée à Paris», *Métropolitiques*, URL: http://www.metropolitiques.eu/Qui-sont-les-Africains-de-Chateau.html

CHAMBOREDON Jean-Claude et LEMAIRE Madeleine, 1970, «Proximité spatiale et distance sociale. Les grands ensembles et leur peuplement», *Revue française de sociologie*, vol. 11, n° 1, pp. 3–33.

CHARMES Eric, 2009, «Pour une approche critique de la mixité sociale. Redistribuer les populations ou les ressources?», *La Vie des idées*, 10 mars 2009. URL: http://www.laviedesidees.fr/Pour-une-approche-critique-de-la-mixite-sociale.html

CLERC Paul, 1967, *Grands ensembles. Banlieues nouvelles*, Paris: Presses Universitaires de France.

CLERVAL Anne, 2013, *Paris sans le peuple. La gentrification de la capitale*, Paris: La Découverte.

COHEN Stanley, 1972, *Folk Devils and Moral Panics*, London: Mac Gibbon and Kee.

COLLET Anaïs, 2015, *Rester bourgeois. Les quartiers populaires, nouveaux chantiers de*

*la distinction*, Paris: La Découverte.
COLLOVALD Annie, 2004, *Le «populisme du FN» un dangereux contresens*, Vulaines-sur-Seine: Editions du Croquant.
COUTANT Isabelle, 2005, *Délit de jeunesse. La justice face aux quartiers*, Paris: La Découverte.
CRAINZ Guido, 2008, «Les transformations de la société italienne», *Vintième siècle. Revue d'histoire*, n° 100, pp. 103-13.
DAL (Droit au logement), 2000, *Le logement des immigrés*.
DAVID Cédric, 2002, *La résorption des bidonvilles de Saint-Denis. Un nœud dans l'histoire d'une ville et «ses» immigrés*, Mémoire de Maîtrise, Université de Paris 1, octobre 2002, sous la direction de Marie-Claude Blanc-Chaléard et Jean-Louis Robert.
DE CERTEAU Michel, (1980) 1990, *L'invention du quotidien*, Paris: Gallimard (=1987, 山田登世子訳『日常的実践のポイエティーク』国文社).
DE RUDDER Véronique, POIRET Christian et VOURC'H François, 2000, *L'inégalité raciste. L'universalité républicaine à l'épreuve*, Paris: Presses Universitaires de France.
Délégation interministérielle à la Ville, 2004, *Les politiques de la ville depuis 1977*.
DESPONDS Didier, 2010, «Effets paradoxaux de la Loi solidarité et renouvellement urbains (SRU) et profil des acquéreurs de biens immobiliers en Ile-de-France», *Espaces et sociétés*, n° 140-141, pp. 37-58.
DESROSIERES Alain et THEVENOT Laurent, 1988, *Les catégories socio-professionnelles*, Paris: La Découverte.
DONNAT Olivier, 1998, *Les pratiques culturelles des Français. Enquête 1997*, Paris: La Documentation Française.
DONZELOT Jacques, 2006, *Quand la ville se défait : Quelle politique face à la crise des banlieues?*, Paris: Seuil (=2012, 宇城輝人訳『都市が壊れるとき――郊外の危機に対応できるのはどのような政治か』人文書院).
————, 2009, *La ville à trois vitesses*, Paris: Editions de la Villette.
DONZELOT Jacques et ESTEBE Philippe, 1994, *L'Etat animateur: essai sur la politique de la ville*, Paris: Esprit.
DONZELOT Jacques, avec MEVEL Catherine et WYVEKENS Anne, 2003, *Faire société: la politique de la ville aux États-Unis et en France*, Paris: Seuil.
DUBET François, 1987, *La galère. Les jeunes en survie*, Paris: Fayard.
DUBET François et LAPEYRONNIE Didier, 1992, *Les quartiers d'exil*, Paris: Le Seuil.
ELIAS Norbert and SCOTSON John Lloyd, 1965, *The Established and the Outsiders: A Sociological Enquiry Into Community Problems*, London: Frank Cass & Company (=2009, 大平章訳『定着者と部外者――コミュニティの社会学』法政大学出版局).

EPSTEIN Renaud, 2005, «Les politiques territoriales post-contractuelles: le cas de la rénovation urbaine», *Politiques et management public*, vol. 23, n° 3, pp. 127-43.
ESNA (Etudes Sociales Nord-Africaines), 1963, «Le Fonds d'action sociale», *Cahiers nord-africains*, n° 95, avril-mai 1963.
ESTEBE Philippe, 2005, «Les quartiers de la politique de la ville: Une catégorie territoriale pour une politique de «discrimination positive»», in *Entre protection et compassion. Des politiques publiques travaillées par la question sociale (1980-2005)*, sous la direction de BALLAIN René, GLASMAN Dominique, RAYMOND Roland, Presses Universitaires de Grenoble, pp. 111-20.
———, 2014, «La disparition», *Espaces et sociétés*, n° 156-157, pp. 241-48.
ESTERLE-HEDIBEL Maryse, 1996, «Virées, incendies et vols de voitures: motivations au vol et aux dégradations de voitures dans les bandes de jeunes de milieu populaire», *Déviance et société*, vol. 20, n° 2, pp. 119-39.
FASSIN Didier, 2002, «L'invention française de la discrimination», *Revue française de science politique*, vol. 52, 2002/4, pp. 403-23.
FAURE Alain, 1990, «De l'urbain à l'urbain. Du courant parisien de peuplement en banlieue (1880-1914)», *Villes en parallèle*, n° 15-16, pp. 152-70.
——— (dir.), 1991, *Les premiers banlieusards. Aux origines des banlieues de Paris 1860-1940*, Paris: Créaphis.
FISHMAN Robert, 1987, *Bourgeois Utopias: The Rise and Fall of Suburbia*, New York: Basic Book (=1990, 小池和子訳『ブルジョワ・ユートピア——郊外住宅地の盛衰』勁草書房).
FLEURY Antoine, FRANCOIS Jean-Christophe, MATHIAN Hélène, RIBARDIERE Antonine et SAINT-JULIEN Thérèse, 2012, «Les inégalités socio-spatiales progressent-elles en Ile-de-France?», *Métropolitiques*, 12 décembre 2012. URL: http://www.metropolitiques.eu/Les-inegalites-socio-spatiales.html
FOUCAULT Michel, 1976, *Histoire de la sexualité, vol. 1: La volonté de savoir*, Paris: Gallimard (=1986, 渡辺守章・田村俶訳『性の歴史』新潮社).
———, 2004, *Sécurité, territoire, population: cours au Collège de France (1977-1978)*, Paris: Gallimard/Seuil (=2007, 高桑和巳訳『安全・領土・人口——コレージュ・ド・フランス講義 1977-1978 年度』(ミシェル・フーコー講義集成 7) 筑摩書房).
FOURASTIE Jean, 1979, *Les Trente Glorieuses, ou la révolution invisible de 1946 à 1975*, Paris: Fayard.
FOURCAUT Annie, 1986, *Bobigny, banlieue rouge*, Paris: Editions ouvrières et Presses de la Fondation Nationale des Sciences Politiques.
———, 1992, *Un siècle de banlieue parisienne (1859-1964)*, Paris: L'Harmattan.

———, 2007, «Les banlieues populaires ont aussi une histoire», *Projet, Banlieues, cités dans la cité*, n° 299, pp. 7–15.
FOUTEAU Carine, 2012, «Les élus de Saint-Denis ont troqué les usines contre le tertiaire», *Mediapart*, 03/02/2012.
GALANO Mireille, 2002, «Une lutte exemplaire», *Plein droit*, n° 53–54, pp. 48–52.
GASTAUT Yvan, 1993, «La flambée raciste de 1973 en France», *Revue européenne des migrations internationales*, vol. 9, n° 2, pp. 61–75.
———, 2004, «Les bidonvilles, lieux d'exclusion et de marginalité en France durant les trente glorieuses», *Cahiers de la Méditerranée*, n° 69, pp. 233–50.
GAUCHET Marcel, 2002, *La Démocratie contre elle-même*, Paris: Gallimard.
GAUDRIC Paul et SAINT-MACARY Emilie, 2013, «L'architecture sans les habitants? Les choix architecturaux dans les projets de rénovation urbaine», *Métropolitiques*, 13/11/2013. URL: http://www.metropolitiques.eu/L-architecture-sans-les-habitants.html
GOFFMAN Erving, 1963, *Behavior in Public Places: Notes on the Social Organization of Gatherings*, Glencoe: The Free Press (=1980, 丸木恵祐・本名信行訳『集まりの構造——新しい日常行動論を求めて』誠信書房).
GUENIF-SOUILAMAS Nacira, 2003, *Des beurettes*, Paris: Hachette Pluriel.
GUENIF-SOUILAMAS Nacira et MACE Eric, 2004, *Les féministes et le garçon arabe*, La Tour d'Aigues: L'Aube.
GUIGOU Brigitte, 2010, «Diversité des moteurs et des formes d'exclusion territoriale en Ile-de-France et leviers de l'action publique», in *La ville, lieu d'accueil et d'hospitalité?*, Actes de la Rencontre organisée le mardi 23 novembre 2010 à la Délégation à la politique de la ville et à l'intégration de Paris, pp. 41–72.
GUILLAUMIN Colette, 1972, *L'idéologie raciste, genèse et langage actuel*, Paris-La Haye: Mouton.
GUILLUY Christophe, 2010, *Fractures françaises*, Paris: Bourin éditeur.
GUILLUY Christophe, 2014, *La France périphérique. Comment on a sacrifié les classes populaires*, PARIS: Flammarion.
HAJJAT Abdellali, 2004, *Une mémoire brisée. Approche sociologique et anti-intégrationniste des héritages de l'émigration-immigration post-coloniale*, Mémoire de fin d'études, sous la direction d'Ahmed Boubeker et Philippe Courcuff, Université Lyon 2-Institut des études politiques.
———, 2005, «Le MTA et la «grève générale» contre le racisme de 1973», *Plein droit*, n° 67, pp. 35–40.
———, 2006, «Quartiers populaires et désert politique», *Manière de voir*, n° 89.
———, 2013, *La Marche pour l'égalité et contre le racisme*, Paris: Editions Amsterdam.

———, 2015, “Reflections on the January 2015 Killings and their Consequences”, *Migration and Citizenship*, vol. 3, n° 2, pp. 7-14.

HAJJAT Abdellali, BEROUD Sophie, GOBILLE Boris et ZANCARINI-FOURNEL Michelle (dir.), 2011, *Engagements, rébellions et genre dans les quartiers populaires (1968-2010)*, Paris: Archives contemporaines.

HARVEY David, 2012, *Rebel Cities: From the Right to the City to the Urban Revolution*, London-New York: Verso（=2013, 森田成也・大屋定晴・中村好孝・新井大輔訳『反乱する都市——資本のアーバナイゼーションと都市の再創造』作品社）.

HOUARD Noémie, 2007, «Le logement des personnes «défavorisées»: une question sociale à l'épreuve du territoire», *Vie sociale*, n° 2, pp. 91-109.

HURE Maxime, 2014, «La différenciation des modèles standards urbains. Le cas de la réception d'un système de vélos en libre-service à Barcelone», *Gouvernement et action publique*, vol. 3, n° 4, pp. 115-44.

IAURIF（Institut d'Aménagement et d'Urbanisme de la Région d'Ile-de-France）, 2007, *Les ménages immigrés franciliens et leurs conditions de logement.*

INSEE, 2010, «La population des zones urbaines sensibles», *INSEE Première*, n° 1328.

INSEE, 2011a, «Zonage en aires urbaines 2010 : le centre se densifie, le périurbain s'étend », *Ile de France à la page*, n° 374.

INSEE, 2011b, «L'accès à l'emploi et au logement s'améliore pour les immigrés à Paris mais les inégalités et les discriminations persistent», *Ile de France à la page*, n° 376.

INSEE, 2011c, *Chiffres clés. Commune d'Aubervilliers.*

INSEE, 2012, *Immigrés et descendants d'immigrés en France.*

Instance d'evaluation de la politique de la ville en Ile-de-France, 1999, *Rapport final*, BRAVO Jacques (président), KIRSZBAUM Thomas (rapporteur), janvier 1999.

ION Jacques, 1997, *La fin des militants?*, Paris: Editions de l'Atelier.

JACOBS Jane, 1961, *The Death and Life of Great American Cities*, New York: Random House（=2010, 山形浩生訳『アメリカ大都市の死と生』鹿島出版会）.

JAZOULI Adil, 1986, *L'action collective des jeunes Maghrébins de France*, Paris: CIEMI/L'Harmattan.

JOUNIN Nicolas, 2014, *Voyage de classes. Des étudiants de Seine-Saint-Denis enquêtent dans les beaux quartiers*, Paris: La Découverte.

KALTENBACH Pierre-Patrick, 1995, *Associations lucratives sans but*, Paris: Denoël.

KELLEY Robin Davis Gibran, 1997, *Yo' Mama's DisFunktional: Fighting the Culture Wars in Urban America*, Boston: Beacon Press（=2007, 村田勝幸・阿部小涼訳『ゲットーを捏造する——アメリカにおける都市危機の表象』彩流社）.

KEPEL Gilles,（1987）1991, *Les banlieues de l'islam. Naissance d'une religion en*

*France*, Paris: Seuil.
———, 2012, *Banlieue de la République. Société, politique et religion à Clichy-sous-Bois et Montfermeil*, Paris: Gallimard.
KHOSROKHAVAR Farhad, 1997, *L'islam des jeunes*, Paris: Flammarion.
———, 2003, « Existe-t-il une opinion publique musulmane en France?», in WIEVIORKA Michel (dir.), *L'avenir de l'islam en France et en Europe*, Paris: Balland.
———, 2004, *L'islam dans les prisons*, Paris: Jacob Duvernet.
———, 2009, "Islamic Radicalism in Europe", in Jocelyne CESARI (ed.), *Muslims in the West after 9/11: Religion, Politics and Law*, London: Routledge.
———, 2015, « Une Europe du djihadisme menace une Union mal coordonnée », *Le Monde*, 2015/11/17.
KIRSZBAUM Thomas, 2009, *Rénovation urbaine. Les leçons américaines*, Paris: Presses universitaires de France.
KOKOREFF Michel, 1991, « Tags et zoulous. Une nouvelle violence urbaine », *Esprit*, n° 169, pp. 23-36.
La Documentation Française, 2001, *Le collège unique de 1975 aux années 2000*.
———, 2006, *Les politiques de l'emploi en France*.
LAHIRE Bernard, 2004, *La culture des individus. Dissonance culturelle et distinction de soi*, Paris: La Découverte.
LAPEYRONNIE Didier, 1987, « Assimilation, mobilisation et action collective chez les jeunes de la seconde génération de l'immigration maghrébine », *Revue française de sociologie*, vol. 28, n° 2.
———, 1997, « Autonomie et reconnaissance chez les habitants des quartiers de banlieue », *Produire les solidarités. La part des associations*, MIRE Rencontres et recherches, pp. 325-38.
———, 2008, *Ghetto urbain, Ségrégation, violence, pauvreté en France aujourd'hui*, Paris: Robert Laffont.
——— (dir.), 2003, *Quartiers en vacances : des opérations prévention été à Ville vie vacances, 1982-2002*, Saint-Denis-La Plaine: Ed. de la Délégation interministérielle à la ville.
LAPEYRONNIE Didier et KOKOREFF Michel, 2013, *Refaire la cité. L'avenir des banlieues*, Paris: Seuil.
LAUNAY Lydie, 2012, « Des HLM dans les beaux quartiers. Les effets de la politique de mixité sociale à Paris », *Métropolitiques*, publié le 19 novembre 2012. URL: http://www.metropolitiques.eu/Des-HLM-dans-les-beaux-quartiers.html
LAVILLE Jean-Louis et SAINSAULIEU Renaud (dir.), 1997, *Sociologie de l'association*.

*Des organisations à l'épreuve du changement social*, Paris: Desclée de Brouwer.

LEBOURG Eloïse, 2015, «L'enfance misérable des frères Kouachi», *Reporterre*, 15 janvier 2015.

LE BRAS Hervé, 1998, *Le démon des origines: démographie et extrême-droite*, La Tour-d'Aigues: Editions de l'Aube.

LELEVRIER Christine (dir), 2006, Dossier «Les mixités sociales», in *Problèmes politiques et sociaux*, n° 929, Paris: La Documentation Française, octobre 2006.

LEPOUTRE David, 1997, *Cœur de banlieue. Codes, rites et langages*, Paris: Odile Jacob.

LIEBERMAN Robert C., 2005, *Shaping Race Policy: The United States in Comparative Perspective*, Princeton, NJ: Princeton University Press.

LILLO Natacha, 2004, *La Petite Espagne de la Plaine-Saint-Denis 1900-1980*, Paris: Autrement.

LOGAN John R., 2002, *The New Ethnic Enclaves in America's Suburbs*, Lewis Mumford Center.

LOUNICI Fathia, 2006, «Les foyers de travailleurs nord-africains en banlieue parisienne : une politique de logement social d'exception (1945-1962)», *Cahiers d'histoire. Revue d'histoire critique* 98, pp. 43-63.

LYONS Amélia H., 2003, « Des bidonvilles aux HLM: le logement des familles algériennes en France avant l'indépendance de l'Algérie» *Hommes et Migrations*, n° 1244, pp. 35-49.

MACE Eric, 2007, «Des «minorités visibles» aux néostéréotypes. Les enjeux des régimes de monstration télévisuelle des différences», *Journal des anthropologues*, hors-série, pp. 69-87.

MASCLET Olivier, 2003, *La gauche et les cités. Enquête sur un rendez-vous manqué*, Paris: La Dispute.

———, 2005, « Du « bastion» au «ghetto»: le communisme municipal en butte à l'immigration», *Actes de la recherche en sciences sociales*, 2005/4, n° 159, pp. 10-25.

MAUGER Gérard, 2006a, *L'émeute de novembre 2005. Une révolte protopolitique*, Vulaines-sur-Seine: Editions du Croquant.

———, 2006b, *Les bandes, le milieu et la bohème populaire, Etude de sociologie de la déviance des jeunes des classes populaires (1975-2005)*, Paris: Belin.

——— 2009, *Sociologie de la délinquance juvénile*, Paris: La Découverte.

MAUGER Gérard et FOSSE-POLIAK Claude, 1983, «Les loubards», *Actes de la recherche en sciences sociales*, n° 50, pp. 49-68.

MAYER Nonna et PERRINEAU Pascal (dir.), 1989, *Le Front national à découvert*, Paris: Presses de la Fondation Nationale des Sciences Politiques.

MEISTER Albert, 1972, *Vers une sociologie des associations. Des organisations à l'épreuve du changement social*, Desclée de Brouwer.

MENANTEAU Jean, 1997, *Les banlieues*, Paris: Le Monde Editions.

MENDRAS Henri, 1990, «La sociologie rurale de 1950 à 1990», *Economie rurale*, vol. 200, n° 1, pp. 30-31.

MERLIN Pierre, 1999, *Les banlieues Que sais-je?*, Paris: Presses Universitaires de France.

MESMIN Georges, 1992, *Urbanisme et logement: Analyse d'une crise*, Paris: Presses Universitaires de France.

MILIANI Hadj, 1995, «Banlieues: entre rap et raï», *Hommes et migrations*, n° 1191, pp. 24-30.

Ministère de l'Intérieur (Services des affaires musulmanes et de l'action sociale), 1957, «Problèmes sociaux concernant la population musulmane algérienne en métropole», octobre 1957.

MORI Chikako, 2002, *Les mutations de l'engagement associatif des jeunes dans les quartiers populaires. Etude sur les associations culturelles pour les jeunes d'Aubervilliers*, Mémoire de DEA, Ecole des Hautes Etudes en Sciences Sociales (EHESS).

———, 2010, «Ecrire en banlieue: analyse des pratiques culturelles chez les jeunes issus des immigrations postcoloniales en Seine-Saint-Denis», Thèse de doctorat, EHESS.

———, 2012, «L'archipel invisible. L'écriture dans les «cultures de banlieue»», *Hommes et migrations*, n° 1297, pp. 68-79.

———, 2013, «Esquisse d'une sociologie des banlieues au Japon», *Hommes et migrations*, n° 1302, pp. 45-55.

———, 2015, «Heterogeneidad e Inestabilidad: Otra Perspectiva del Suburbio Japonés», *RECEI - Revista Científica de Estudios sobre Interculturalidad*, Vol. 1, n° 1.

MORLOT Georges, 1959, «Prise de participation par la Sonacotra dans le capital d'une Société HLM».

MUCCHIELLI Laurent, 1999, «Le rap, une tentative d'expression politique», *Mouvements*, n° 3, pp. 60-66.

———, 2011, «Pour une sociologie politique des émeutes en France», *Desafíos*, vol. 23, n° 2, pp. 223-75.

——— (dir.), 2006, *Quand les banlieues brûlent : retour sur les émeutes de novembre 2005*, Paris: La Découverte.

MUSIEDLAK Yoann, 2011, «Les ZUS franciliennes: paysages contrastés», *Ile-de-France à la page*, n° 356, Saint-Quentin-en-Yvelines, INSEE. URL: http://www.insee.fr/fr/

insee_regions/idf/themes/alapage/alap356/alap356.pdf
NEYRAND Gérard et TOMASI Antoine, 1993, *Jeunes défavorisés et vie associative: les conditions de l'engagement associatif des jeunes*, Paris, CIMERS/Fondation de France.
NEZ Héloïse et TALPIN Julien, 2010, «Généalogie de la démocratie participative en banlieue rouge», *Genèses*, n° 79, pp. 97-115.
NOIRIEL Gérard, 1988, *Le creuset français: histoire de l'immigration XIXe-XXe siècles*, Paris: Seuil（=2015，大中一彌・川﨑亜紀子・太田悠介訳『フランスという坩堝——一九世紀から二〇世紀の移民史』法政大学出版局）.
———, 2001, *Etat, nation et immigration*, Paris: Belin.
———, 2002, «Petite histoire de l'intégration à la française», *Le Monde Diplomatique*, janvier 2002, pp. 4-5.
———, 2007, *Immigration, antisémitisme et racisme en France. Discours publics, humiliations privées (XIXe-XX e siècle)*, Paris: Fayard.
———, 2010, *Le massacre des Italiens, Aigues-Mortes, 17 août 1893*, Paris: Fayard.
Observatoire de la société locale, 2012, «Qui sont les Albertvillariens? ».
Observatoire national des ZUS, Rapport 2005, éditions de la DIV; dossier thématique «Dynamique des quartiers. La mobilité résidentielle des habitants des ZUS entre 1990 et 1999».
OECD（Organisation for Economic Co-operation and Development）, 2015, *Indicators of Immigrant Integration 2015*, URL: http://www.oecd.org/els/mig/Indicators-of-Immigrant-Integration-2015.pdf
OLHP（Observatoire du logement et de l'habitat de Paris）, 2012, *L'accès au logement social à Paris - Analyse de la demande de logement social et bilan des propositions et des attributions de logements sociaux à Paris en 2012.*
OPH（Office Public de l'Habitat）Aubervilliers, 2013, *Rapport d'activités 2012.*
PALOMARES Elise, 2005, «L'ethnicisation des politiques locales et sociales», *ContreTemps*, dossier « Cité（s）en crise. Ségrégation et résistances dans les quartiers populaires», n° 13, pp. 93-102.
———, 2013, «Le racisme : un hors-champ de la sociologie urbaine française?», *Métropolitiques*, 11 septembre 2013. URL: http://www.metropolitiques.eu/Le-racisme-un-hors-champ-de-la.html
PARIZOT Isabelle, CHAUVIN Pierre, FIRDION Jean-Marie et PAUGAM Serge, 2002, «Santé, inégalités et ruptures sociales. Résultats de la pré-enquête conduite dans cinq Zones Urbaines Sensibles d'Ile-de-France», in *Rapport pour l'Observatoire national de la pauvreté et de l'exclusion sociale*, Paris: INED-INSERM.
PAUGAM Serge, 1991, *La disqualification sociale. Essai sur la nouvelle pauvreté*, Paris:

Presses Universitaires de France.

———, 2001, «Les formes contemporaines de la pauvreté et de l'exclusion en Europe» *Etudes Rurales*, n° 159-160, pp. 73-95.

PERALVA Angelina, 1998, «Violence urbaine, démocratie et changement culturel: l'expérience brésilienne», *Cultures et Conflits*, n° 29-30.

PERRINEAU Pascal, 1997, *Le symptôme Le Pen: radiographie des électeurs du Front national*, Paris: Fayard.

——— (dir.), 1994, *L'engagement politique: déclin ou mutation?*, Paris: Presses de la Fondation Nationale des Sciences Politiques.

PEUGNY Camille, 2013, *Le destin au berceau. Inégalités et reproduction sociale*, Paris: Seuil.

PIALOUX Michel, 1977, *Politique du logement et genèse de l'habitat dépotoir*, Centre de Sociologie Européenne.

———, 1979, «Jeunesse sans avenir et travail intérimaire», *Actes de la recherche en sciences sociales*, n° 26, pp. 19-47.

PINÇON Michel et PINÇON-CHARLOT Monique, 2004, *Sociologie de Paris*, Paris: La Découverte.

PRETECEILLE Edmond, 2006, «La ségrégation sociale a-t-elle augmenté? La métropole parisienne entre polarisation et mixité», *Sociétés contemporaines*, n° 62, pp. 69-93.

PUTNAM Robert, 2000, *Bowling Alone, The Collapse and Revival of American Community*, New York, Simon & Schuster（=2006, 柴内康文訳『孤独なボウリング――米国コミュニティの崩壊と再生』柏書房）.

RAGER Jean-Jacques, 1950, *Les musulmans algériens en France et dans les pays islamiques*, thèse de doctorat, Université d'Alger, Publications de la Faculté des Lettres d'Alger, 2. série, t. XVIII, Paris: Les Belles Lettres.

REARDON Sean and YUN John T., 2001, «Suburban racial change and suburban school segregation, 1987-1995», *Sociology of Education*, 74-2.

RENAUT Alain, 2015, «Débattre du pluralisme culturel en France», *Le Débat*, n° 186, pp. 153-58.

REY Henri et ROY Jacques, 1986, «Quelques réflexions sur l'évolution électorale d'un département de la banlieue parisienne», *Hérodote*, n° 43, pp. 6-38.

RIESMAN David, 1964, *Abundance for What?, and Other Essays*, New York: Doubleday（=1968, 加藤秀俊訳『現代論集２　何のための豊かさ』みすず書房）.

RINAUDO Christian, 1999, *Ethnicité dans la cité: jeux et enjeux de la catégorisation ethnique*, Paris: L'Harmattan.

RODIER Christine, 2014, *La question halal: sociologie d'une consommation controversée*,

Paris: Presses Universitaires de France.
ROUDET Bernard (dir.), 1996, *Des jeunes et des associations*, Paris: L'Harmattan.
ROY Olivier, 2015, «Le djihadisme est une révolte générationnelle et nihiliste», *Le Monde*, 2015/11/24.
SAGOT Mariette, 2008, «Les territoires de pauvreté en Ile-de-France. Etat des lieux», *Note rapide*, série «Population et modes de vie», n° 407, janvier 2008.
———, 2011a, «Niveau de vie des Franciliens en 2008: les disparités territoriales se creusent», *Note rapide IAURIF*, n° 551, juin 2011.
———, 2011b, «Les immigrés et leur famille en Ile-de-France», *Note rapide IAURIF*, n° 552, juin 2011.
SANDRIER Jean-Claude, 2001, *Associations et politique de la ville*, Paris: La Documentation Française.
SARKISSIAN Wendy, 1976, "The Idea of Social Mix in Town Planning: An Historical Review", *Urban Studies*, vol. 13, n° 3, pp. 231-46.
SASSEN Saskia, 1991, *The Global City: New York, London, Tokyo*, Princeton: Princeton University Press (=2008, 伊豫谷登士翁監訳『グローバル・シティ——ニューヨーク・ロンドン・東京から世界を読む』筑摩書房).
———, 2014, *Expulsions: Brutality and Complexity in the Global Economy*, Cambridge, MA: Harvard University Press.
SAUVADET Thomas, 2006, *Le capital guerrier: solidarité et concurrence entre jeunes de cité*, Paris: Armand Colin.
SAYAD Abdelmalek, 1980, «Le Foyer des sans-familles», *Actes de la Recherche en sciences sociales*, vol. 32, n° 1, pp. 89-103.
———, 1999, *La double absence. Des illusions de l'émigré aux souffrances de l'immigré*, Paris: Seuil.
———, 2006, *L'immigration ou les paradoxes de l'altérité*, Paris: Raisons d'agir.
SCHIFF Claire, 2002, «Les jeunes primo-migrants : un rapport à la société distinct de celui des minorités ethniques», *Ville-Ecole-Intégration Enjeux*, n° 131, décembre 2002, pp. 222-39.
SCHNAPPER Dominique, 2007, *Qu'est-ce que l'intégration?*, Paris: Gallimard.
———, 2015, «Quelle politique multiculturelle?», *Le Débat*, n° 186, pp. 111-21.
SHAW Samuel and SULLIVAN Daniel Monroe, 2011, «"White Night": Gentrification, Racial Exclusion, and Perceptions and Participation in the Arts», *City & Community*, Vol. 10, Issue 3, pp. 241-64.
SHORT John Rennie, HANLON Bernadette and VICINO Thomas J., 2007, «The Decline of Inner Suburbs: The New Suburban Gothic in the United States», *Geography Com-*

*pass*, 1/3.
SIMON Patrick, 1995, «La société partagée. Relations interethniques et interclasses dans un quartier en rénovation», *Cahiers internationaux de sociologie*, n° 98, pp. 161-90.
———, 1997, «Le logement des immigrés», *Ecarts d'identité*, n° 80, pp. 241-46.
———, 2015, «Notre système d'intégration produit des ségrégations en se pensant égalitaire», *Le Monde*, 2015/01/23.
SIMON Patrick et TIBERJ Vincent, 2013, «Sécularisation ou regain religieux: la religiosité des immigrés et de leurs descendants», in *Documents de travail*, n° 196, INED.
SUBRA Philippe, 2006, «Heurs et malheurs d'une Loi antiségrégation : les enjeux géopolitiques de la loi Solidarité et renouvellement urbain (SRU)», *Hérodote*, n° 122, pp. 138-71.
TEVANIAN Pierre, 2008, *La mécanique raciste*, Paris: La Dispute.
TISSOT Sylvie, 2005, «Une "discrimination informelle"? Usages du concept de mixité sociale dans la gestion des attributions des logements HLM», *Actes de la recherche en sciences sociales*, n° 159.
———, 2007, *L'Etat et les quartiers, genèse d'une catégorie de l'action publique*, Paris: Le Seuil.
TISSOT Sylvie, BACKOUCHE Isabelle, RIPOLI Fabrice et VESCHAMBRE Vincent (dir.), 2011, *La dimension spatiale des inégalités. Regards croisés des sciences sociales*, Rennes: Presses universitaires de Rennes.
TISSOT Sylvie et POUPEAU Frank, 2005, «La spatialisation des problèmes sociaux», *Actes de la recherche en sciences sociales*, n° 159.
TOUBON Jean-Claude et MESSAMAH Khelifa, 1990, «Coexistence et confrontation dans un quartier pluriethnique: le cas de la Goutte-d'Or», *Sociétés contemporaines*, Vol. 4, n° 1, pp. 37-50.
TOURAINE Alain, 1991, «Face à l'exclusion», *Esprit*, n° 169, pp. 7-13.
TRIBALAT Michèle, 1995, *Faire France: une grande enquête sur les immigrés et leurs enfants*, Paris: La Découverte.
VENKATESH, Sudhir, 2000, *American Project: The Rise and Fall of a Modern Ghetto*, Cambridge: Harvard University Press.
VIDAL Dominique, 2005, «Casser l'apartheid à la française», *Le Monde diplomatique*, décembre 2005.
VIEILLARD-BARON Hervé, 2001, *Les banlieues, des singularités françaises aux réalités mondiales*, Paris: Hachette Supérieur.

———, 2004, «Sur l'origine des grands ensembles», in DUFAUX Frédéric, FOURCAULT Annie (dir.), *Le monde des grands ensembles. France, Allemagne, Pologne, Russie, République tchèque, Bulgarie, Algérie, Corée du Sud, Iran, Italie, Afrique du Sud*, Paris: Créaphis, pp. 60-61.

WACQUANT Loïc, 1999, *Les prisons de la misère*, Raisons d'agir (=2008, 森千香子・菊池恵介訳『貧困という監獄——グローバル化と刑罰国家の到来』新曜社).

———, 2004, «Ghetto», in SMELSER Neil J. and BALTES Paul B., *International Encyclopedia of the Social and Behavioral Sciences*, London: Pergamon Press.

———, 2007, *Urban Outcasts: A Comparative Sociology of Advanced Marginality*, Cambridge, UK: Polity Press.

———, 2008, "Relocating Gentrification: The Working Class, Science and the State in Recent Urban Research", *International Journal of Urban and Regional Research*, vol. 32, n° 1, pp. 198-205.

———, 2011, «Désolation urbaine et dénigrement symbolique dans l'hyperghetto», *Nouvelle revue de psychosociologie*, n° 12, pp. 13-25.

WHYTE William H., 1956, *The Organization Man*, New York: Simon & Schuster (=1984, 岡部慶三・藤永保訳『組織のなかの人間』(上・下) 東京創元社).

WIEVIORKA Michel, 1996, «Racisme, racialisation et ethnicisation en France», *Hommes et migrations*, n° 1195, pp. 27-33.

———, 1997, *Une société fragmentée? Le multiculturalisme en débat*, Paris: La Découverte.

———, 1998, *Le racisme, une introduction*, Paris: La Découverte (=2007, 森千香子訳『レイシズムの変貌——グルーバル化がまねいた社会の人種化, 文化の断片化』明石書店).

———, 2000, *La Différence*, Paris: Balland.

———, 2003, *La violence*, Paris: Balland (=2007, 田川光照訳『暴力』新評論).

WIHTOL DE WENDEN Catherine, 1999, *Faut-il ouvrir les frontières?* Paris: Presses de Sciences Po.

WIHTOL DE WENDEN Catherine et LEVEAU Rémy, 2001, *La Beurgeoisie. Les trois âges de la vie associative issue de l'immigration*, Paris, CNRS Editions.

WILSON William J., 1987, *The Truly Disadvantaged: The Inner City, the Underclass, and Public Policy*, Chicago University Press (=2000, 青木秀男ほか訳『アメリカのアンダークラス——本当に不利な立場に置かれた人々』明石書店).

WINDELS Aurélie, FOUTEAU Carine, GUICHARD Serge et FASSIN Eric, 2014, *Roms et riverains: une politique municipale de la race*, Paris: La Fabrique.

WINOCK Michel, 2010, *Parlez-moi de la France. Histoire, Idées, Passions*, Paris: Perrin

(=2014, 大嶋厚訳『フランスの肖像――歴史・政治・思想』吉田書店).
ZEGNANI Sami, 2004, «Le rap comme activité scripturale: l'émergence d'un groupe illégitime de lettrés», *Langage et Société*, 110 (4): 65-84.

【日本語文献】

荒又美陽, 2013,「パリ移民地区の再開発と『社会的混合』――グット・ドール地区の形成と変容」『恵泉女学園大学紀要』no. 25.
東浩紀・北田暁大, 2007,『東京から考える――格差・郊外・ナショナリズム』NHK 出版.
ブルーベイカー, ロジャース, 2005, 佐藤成基・佐々木てる監訳『フランスとドイツの国籍とネーション――国籍形成の比較歴史社会学』明石書店.
中力えり, 2007,「フランスにはなぜマイノリティがいないのか――『共和国』の虚実」岩間暁子, ユ・ヒョヂョン編『マイノリティとは何か――概念と政策の比較社会学』ミネルヴァ書房.
――――, 2012,「フランス共和国とエスニック統計」宮島喬・杉原名穂子・本田量久編『公正な社会とは――教育, ジェンダー, エスニシティの視点から』人文書院.
デイヴィス, マイク, 2010, 酒井隆史監訳『スラムの惑星――都市貧困のグローバル化』明石書店.
ハーヴェイ, デヴィッド, 1997, 廣松悟訳「都市管理者主義から都市起業家主義へ――後期資本主義における都市統治の変容」『空間・社会・地理思想』第 2 号.
――――, 2006, 大城直樹・遠城明雄訳『パリ――モダニティの首都』青土社.
橋本健二, 2011,『階級都市――格差が街を侵食する』ちくま新書.
林瑞枝, 1984,『フランスの異邦人』中公新書.
檜谷美恵子, 1993,「フランスにおける持ち家部門の動向―― 80 年代の住宅政策レビュー」『都市住宅学』第 3 号.
――――, 2008,「地域空間化するフランスの住宅政策とそのガバナンス」『政策科学』第 15 巻 3 号.
広田康生, 2011,「『共生』論と初期シカゴ派エスニシティ研究」『専修人間科学論集』vol.1, n° 2.
ハーシュマン, アルバート, 1997, 岩崎稔訳『反動のレトリック――逆転, 無益, 危険性』法政大学出版局.
五十嵐泰正, 2012,「多文化都市におけるセキュリティとコミュニティ形成」『社会学評論』62(4).
ILO, 2014,「公正な移民労働―― ILO としての課題設定」2014 年第 103 回 ILO 総会事務局長報告 (http://www.ilo.org/wcmsp5/groups/public/---ed_norm/---relconf/documents/meetingdocument/wcms_242879.pdf).

今橋映子編，2004，『リーディングズ　都市と郊外――比較文化論への通路』NTT 出版．
稲葉奈々子，1996，「フランスの外国人住宅事情――歴史的変遷と現在」『住宅時事往来』9 号，まち居住研究会（http://www.emachiken.net/docment/09.pdf）．
――――，1998，「90 年代フランスにおける『もうひとつの移民問題』――脱工業社会とアフリカ系移民」宮島喬編『現代ヨーロッパ社会論』人文書院．
――――，2001，「サンパピエと市民権」三浦信孝編『普遍性か差異か――共和主義の臨界，フランス』藤原書店．
――――，2006，「仲間よ，安らかにくたばれ――フランス都市暴動と移民の声」『現代思想』2006 年 2 月臨時増刊号．
――――，2010，「国家が人種主義になるとき――フランスにおけるロマの強制退去」『寄せ場学会通信』76 号．
稲葉佳子，2008，「公営住宅における外国人居住の実態に関する研究」『都市計画論文集』n° 43-1．
稲葉佳子・石井由香・五十嵐敦子・笠原秀樹・窪田亜矢・福本佳世，2010，「公営住宅および都市再生機構の賃貸住宅における外国人居住に関する研究――外国人居住への取組が行われる 10 団地を対象に」『日本建築学会計画系論文集』vol. 75，n° 656．
伊藤るり，1997，「フランスのマグレブ系移民とその娘たち」栗原彬編『講座差別の社会学 3　現代世界の差別構造』弘文堂．
――――，1998，「国際移動とジェンダーの再編」『思想』886 号，岩波書店．
――――編，2008，『再生産領域のグローバル化とアジア――移住者，家族，国家，資本』平成 17-20 年度科学研究費補助金（基盤研究 A，課題番号 :17201051）研究成果中間報告書，研究代表者・伊藤るり，2008 年 3 月 20 日．
梶田孝道，1988，『エスニシティと社会変動』有信堂．
――――，1993，『新しい民族問題―― EC 統合とエスニシティ』中公新書．
梶田孝道・丹野清人・樋口直人，2005，『顔の見えない定住化――日系ブラジル人と国家・市場・移民ネットワーク』名古屋大学出版会．
川野英二，2008a，「フランス大都市郊外にたいする社会的処遇――フランスにおける現代的貧困の諸相」『現代社会の構想と分析』第 6 号，現代社会構想・分析研究所．
――――，2008b，「フランス福祉国家の再編と都市政策――現代的貧困にかんする比較社会学的試み」『都市政策研究』第 2 号，首都大学東京都市教養学部．
川島正樹編，2005，『アメリカニズムと「人種」』名古屋大学出版会．
喜安朗，1982，『パリの聖月曜日』平凡社．
コバヤシ，コリン編，2003，『市民のアソシエーション』太田出版．
松井道昭，1997，『フランス第二帝政下のパリ都市改造』日本経済評論社．
松沼美穂，2013，「脱植民地化と国民の境界――アルジェリアからの引揚者に対するフランスの受け入れ政策」『ヨーロッパ研究』第 12 号．

松尾知明，2007，「アメリカ合衆国における多文化教育と『白人性』――『白人性』の脱構築へ向けて」平成16-18年度科学研究費補助金（基盤研究（C）(1)課題番号16530333研究成果報告書）研究代表者・野入直美『多文化教育における「日本人性」の実証的研究』2007年3月．
三浦展，1995，『「家族と郊外」の社会学』PHP研究所．
――――，2012，『東京は郊外から消えていく！――首都圏高齢化・未婚化・空き家地図』光文社新書．
宮台真司，2000，『まぼろしの郊外』朝日新聞社．
宮島喬，1992，『ひとつのヨーロッパ いくつものヨーロッパ――周辺の視点から』東京大学出版会．
――――，2006a，『移民社会フランスの危機』岩波書店．
――――，2006b，「移民マイノリティと問われる『フランス的統合』」『商経論叢』第41巻2号．
――――，2012，「現代社会と移民・マイノリティ研究――日本とヨーロッパを比較して」『大原社会問題研究所雑誌』no. 647-648，法政大学大原社会問題研究所．
――――編，2009，『移民の社会的統合と排除――問われるフランス的平等』東京大学出版会．
宮島喬・梶田孝道・伊藤るり，1985，『先進社会のジレンマ――現代フランス社会の実像をもとめて』有斐閣．
宮島喬・梶田孝道編，1991，『統合と分化のなかのヨーロッパ』有信堂．
森千香子，2003，「EU地域政策における都市圏問題――パリ郊外の都市文化を中心に」平成13-14年度科学研究補助金（基盤研究B　海外学術調査，課題番号13752005）研究成果報告書，研究代表者・宮島喬『EU地域政策の展開と地域の文化・言語問題の実態』2003年3月．
――――，2004，「都市部における若者の社会参加と文化活動――パリ郊外オベルヴィリエ市の事例を通して」『年報社会学論集』17号．
――――，2006，「炎に浮かぶ言葉――郊外の若者とラップに表れる『暴力』をめぐって」『現代思想』2006年2月号．
――――，2007，「『声なき者』の声と『没収された言葉』の奪回――移民二世の社会的排除の経験と文化をめぐって」『平和コミュニティ研究』第3号，唯学書房．
――――，2009，「郊外コミュニティにおける『移民』の社会的排除と参加」宮島喬編『移民の社会的統合と排除――問われるフランス的平等』東京大学出版会．
――――，2012，「フランスの移民と左派――共闘の条件と課題」小沢弘明・三宅芳夫編『移動と革命』論創社．
――――，2013，「『人権の国』で許容されるレイシズムとは何か？――フランスにおける極右，反移民政策，イスラモフォビア」駒井洋監修・小林真生編『移民・ディアスポラ研究3　レイシズムと外国人嫌悪』明石書店.
――――，2014a,「ヘイト・スピーチとレイシズムの関係性――なぜ，今それを問わねばならないか」金尚均編『ヘイト・スピーチの法的研究』法律文化社.
――――，2014b,「貧困地区再開発と〈ソーシャル・ミックス〉」『理論と動態』7号.
――――，2015a,「過激派の根茎を涵養するイスラームバッシング――『パリ新聞社襲撃事件』を考える」『中東研究』no. 522，中東調査会，pp. 55-62.
――――，2015b,「フランス郊外と都市政策の変容――貧困の撲滅から貧困の管理へ」『現代思想』2015年3月増刊号，青土社.
――――，2015c,「移民の視点から――シャルリー・エブド襲撃事件をどう見るか」『外交』30号.
森千香子・エレン・ルバイ編，2014,『国境政策のパラドクス』勁草書房.
村田勝幸，2007,『〈アメリカ人〉の境界とラティーノ・エスニシティ――「非合法移民問題」の社会文化史』東京大学出版会.
長島玲央，2015,『アメリカとグアム――植民地主義，レイシズム，先住民』有信堂.
内藤正典，2004,『ヨーロッパとイスラーム』岩波新書.
中野裕二，1996,『フランス国家とマイノリティ』国際書院.
――――，2015,「共生の理念から排除の道具へ――『フランス的統合』の変化が意味するもの」中野裕二・森千香子・浪岡新太郎・園山大祐・エレン・ルバイ編『排外主義を問いなおす』勁草書房.
中田晋自，2015,「フランスにおける自治体間協力型広域行政組織とその制度的発展――『民主主義の赤字』問題と民主主義改革」『愛知県立大学外国語学部紀要（地域研究・国際学編）』47号.
浪岡新太郎，2003,「フランス共和制とイスラーム」『思想』第949号，岩波書店.
――――，2004,「フランスにおける移民新世代結社と〈新しい市民権〉」日本平和学会編『グローバル時代の平和学』法律文化社.
――――，2009,「宗教・参加・排除――ムスリム系移民の社会的位置とその行動」宮島喬編『移民の社会的統合と排除』東京大学出版会.
――――，2015,「『フランス共和国』におけるムスリムの社会教育と市民参加――リヨン大都市圏におけるムスリム青年連合のネットワーク」中野裕二・森千香子・浪岡新太郎・園山大祐・エレン・ルバイ編『排外主義を問いなおす』勁草書房.
野村一夫，1996,「ダブル・スタンダードの理論のために」『法政大学教養部紀要（社会科学編）』98号.
岡村茂，2010,『フランス分権化改革の政治社会学』法律文化社.
オルソン，マンサー，1996，依田博・森脇俊雅訳『集合行為論――公共財と集団理論』ミネルヴァ書房.
大森弘喜，2012,「19世紀パリの水まわり事情と衛生」『経済研究』第196号.

大森一輝，2014，『アフリカ系アメリカ人という困難――奴隷解放後の黒人知識人と「人種」』彩流社.

スミス，N.，2014，原口剛訳『ジェントリフィケーションと報復都市――新たなる都市のフロンティア』ミネルヴァ書房.

園山大祐，2004，「フランス高等教育におけるアファーマティブ・アクションの導入」『日仏教育学会年報』第 10 号.

園山大祐・ジャン＝フランソワ・サブレ編，2009，『日仏比較――変容する社会と教育』明石書店.

曽良中清司・長谷川公一・町村敬志・樋口直人編，2004，『社会運動という公共空間――理論と方法のフロンティア』成文堂.

杉山光信，1997，「フランスの人種差別」栗原彬編『講座差別の社会学 3　現代世界の差別構造』弘文堂.

タロー，シドニー，2006，大畑裕嗣監訳『社会運動の力――集合行為の比較社会学』彩流社.

玉野和志，2005，『東京のローカル・コミュニティ』東京大学出版会.

玉野和志・浅川達人編，2009，『東京大都市圏の空間形成とコミュニティ』古今書院.

田邊佳美，2010，「『移民の記憶』の排除から承認へ――フランス・国立移民史シテ設立の政治学」『年報社会学論集』第 23 号.

丹野清人，2007，『越境する雇用システムと外国人労働者』東京大学出版会.

寺尾仁，1999，「フランスの 1980 年代における不良住宅地区修復・改善政策の評価」『早稲田法学』第 74 巻第 3 号.

――――，2004，「フランスにおける都市再生政策の論理の対抗――ソーシャル・ミックスの実現を中心に」原田純孝・大村謙二郎編『現代都市法の新展開――持続可能な都市発展と住民参加：ドイツ・フランス』東京大学社会科学研究所研究シリーズ No. 16，東京大学社会科学研究所，pp. 131-45.

――――，2012，「フランスにおける荒廃区分所有建物の現状と最近の政策の動向（上）」『土地総合研究』第 20 巻 3 号.

トッド，エマニュエル，1999，石崎晴己・東松秀雄訳『移民の運命――同化か隔離か』藤原書店.

鶴巻泉子，2006，「メディアと『都市暴力』」『現代思想』2006 年 2 月.

――――，2013，「現代における『マイノリティ』？――ドゥアルネネ映画祭とそのマイノリティ概念の変容」『言語文化論集』vol. 34，no. 2，pp. 67-82.

鵜飼哲，1997，『抵抗への招待』みすず書房.

浦野正樹，2003，「グローバリゼーションと郊外社会の変容――『郊外』研究の可能性をめぐって」『早稲田大学大学院文学研究科紀要』（第 1 分冊）第 48 号，pp. 67-78.

若林幹夫，2007，『郊外の社会学――現代を生きる形』ちくま新書.

渡辺千尋，2007，「両大戦間期フランスにおける国民概念とその変容——1927 年国籍法の改正を中心に」『ヨーロッパ研究』第 6 号.
ヤマグチ，アナ・エリーザ，2013，「在日ブラジル人の移動形態および移住コミュニティが家族構成変容に与える影響についての考察——分散型居住地と集住型居住地の比較研究」一橋大学大学院社会学研究科博士学位論文.

【インターネットサイト】
http://www.u707.jussieu.fr/ds3/Rapports%20en%20ligne/rapport%205%20ZUS.pdf
http://lacommune-aubervilliers.fr/sites/default/files/presse/2015-05-105451www_mediapart_fr.pdf
http://www.lefigaro.fr/politique/2014/04/28/01002-20140428ARTFIG00096-retour-sur-40-ans-de-plans-banlieues.php
http://www.metropolitiques.eu/Des-HLM-dans-les-beaux-quartiers.html

# あとがき

本書は，2010年9月にフランス社会科学高等研究院に提出し受理された博士論文をもとに，日本の文脈を考慮し，また提出以降の展開をふまえて，大幅に加筆修正したものである．博士論文での議論・分析の一部はすでに日本語論文として発表しており，本書の以下の章はそれらをもとにして，大幅に加筆修正を施している．

第5章「貧困地区再開発と〈ソーシャル・ミックス〉――パリ郊外の団地地域再生事業と地域住民への影響」(『理論と動態』7号，社会理論・動態研究所，2014年)．

第6章「都市部における若者の社会参加と文化活動」(『年報社会学論集』17号，関東社会学会，2004年)，「炎に浮かぶ言葉――郊外の若者とラップに表れる『暴力』をめぐって」(『現代思想』(総特集：フランス暴動) 2006年)．

2015年はフランスに激震がはしった年だった．1月と11月に起きた襲撃事件については言うまでもない．だが，そのほかにもテロ行為擁護禁止法の下での規制強化，(テロ行為で有罪判決を受けた) 二重国籍者からの国籍剝奪を可能にする憲法改正案の決定，非常事態宣言の発令と6カ月にわたる延長といった政策や，地域圏議会選挙での極右・国民戦線の大躍進，反イスラーム行為の増加などの社会現象もみられた．以上のできごとによって，フランスという国は根底から揺さぶられている．

一連の事件は本書のテーマであるパリ郊外にも計り知れない影響を及ぼした．第1に，サン・ドニがパリとともに2015年11月の同時襲撃事件の「被災地」だったことがあげられる．第2に，実行犯のフランスでの拠点がセーヌ・サン・ドニ県にあったことがあげられる．そのため事件後，同県では大規模な家宅捜索が展開され，11月18日には警察がサン・ドニ中心部にあるアパートの急襲作戦を実行し（警察の放った銃弾は5000発を超え，近隣住民によれば，その様子は「戦争そのもの」だったという），主犯格の男を含む3名が死亡した．オベールヴィリエ市でも，主犯格とされるアブデルハミド・アバウドが13日の襲撃事件の後同市に数日間潜伏していたことも手伝って，モスクの家宅捜索をはじめとする強制捜査が相次いだ．ムスリムを危険視する空気が強まるなか，12月半ばには同市の小学校教師が「イスラーム国テロリストに襲われた」と訴え，後にそれが虚言だったことが発覚するという騒動が起きた．その一方で政情も混乱を極め，2016年1月には市長が任期半ばで辞意を表明するに至った．代わって新市長に選出されたのは，アルジェリア生まれの女性で，同国とフランスの両国籍をもつメリエム・デルカウイだった．共生をめぐる課題が山積するなか，これまでとは全く異なる背景をもつ（女性・二重国籍者）市長の選出は，地域社会の変革への期待を反映していると言える．

2015年に起きた一連の事件がパリ郊外にどのような社会的帰結をもたらし，それによって本書の分析の有効性にどのような影響が及ぶのかについては，長期的な展望のもとで検討していく必要があるだろう．だが現段階でひとつ言えるのは，一連の事件を通して，郊外をめぐる新しい展開が浮かびあがったことである．11月の同時襲撃事件でもその前の風刺新聞社襲撃事件でも「ホームグロウン」とよばれる自国育ちの若者が犯行に及んだ，という点が繰り返し指摘されてきた．だが風刺新聞社襲撃事件では主犯格の3名全員がフランスで生まれ育った若者だったのに対し，11月の事件では実行犯とされた者の半数以上が，ブリュッセル郊外モレンベークをはじめとするベルギーに居住するマイノリティの若者だった．今回の事件はブリュッセル郊外で準備された計画がパリ郊外で協力を得て実行されたのであり，パリ郊外の若者とブリュッセル郊外の若者が共同で起こしたのだった．

この事実は，これまでの郊外へのアプローチとは異なる展望を示している．というのも従来「郊外」という空間は，隣接する都市との関係性において考察されてきたのに対し，今回の事件を通して浮かび上がったのはパリ郊外とブリュッセル郊外の間で構築され，機能するネットワークの存在だったからである．これまでのように都市を経由することなく，異なる地域や国の郊外同士が直接つながるという関係性が立ち現れたのである．

郊外へのアプローチを再考する必要性については，すでに浦野正樹が2003年，グローバリゼーションの影響で社会変容が引き起こされるなかで「都市とセットにされた『郊外』社会の把握の仕方，都市と郊外の関係についての理解の仕方も，変容を余儀なくされる」と指摘していた（浦野 2003）．まさにこうした変容の1つと呼べるような「トランス・ナショナルなネットワーク」の存在が2015年11月の事件を通して浮かびあがり，そのような視点から郊外を捉え直す必要性が明確化したのである．

トランス・ナショナルなレベルで郊外を結ぶネットワーク構築の試みは，上でみたような「ジハーディスト」の若者たちにみられるものだけではない．それは第4章でも言及した，社会問題を抱えた自治体の情報交換や連携を促進するという目的で設置された「プログラム型都市ネットワーク」（URBACT）など，政策の領域でも観察されている．このようなトランス・ナショナルな郊外ネットワークはそれぞれの領域で，現在どのような状態にあるのか．また今後どう展開していくのだろうか．

以上の問題関心を筆者が抱くようになったのは，本書を脱稿した2015年11月以降のことであり，したがってそれを本書に盛り込むことはできなかった．このようなアプローチをとりいれることは，今後の研究課題である．同時に以上のようなトランス・ナショナルな視点の導入が必要であることは，本書で行ったようなナショナルな枠組みから郊外を考察することの意義がなくなったことを意味するわけではない．むしろ並行して，両方の視点から問題に光をあてることが求められているように思う．

*　　　　　　　　　　*

本書で「フランス」という枠組みにこだわった理由のひとつは，日本におけるフランス研究をめぐる現状にも根ざしている．筆者がフランス郊外に暮らすエスニック・マイノリティを研究し始めた1990年代末に比べ，日本におけるフランス移民・社会研究を取り巻く状況は厳しくなったと感じる．フランスをフィールドに研究する院生・学生の数は少なくなり，出版業界で働く知人からは「フランス」という言葉を本のタイトルにつけるとなかなか売れないのだ，とよく聞く．

その背景には，かつて北米・西欧に偏重していた社会学の研究関心がアジアをはじめとする他地域に広がって多様化が進んだことや，（それと一見，矛盾するようではあるが）大学の語学教育における英語一本化の傾向の影響で，技術的にフランスを研究することのできる人の数が減った，などの外在的要因があるだろう．だが同時に，フランスをフィールドに研究してきた者として，フランス研究という「界」の外部に，フランスの事例のおもしろさをうまく伝えきれていないのではないか，という疑問と反省の気持ちも個人的には抱いてきた．

そのような内在的な問題点の１つが「フランスの事例をどう伝えるか」というアプローチに起因しているのではないか，というのが筆者の仮説である．フランス社会に関わる多くの先行研究が示してきたように，フランスは共和主義，ライシテなどの理念を発達させ，重視する国である．それらの理念は普遍主義を標榜するものであるが，同時にこのようなフランス的普遍主義は日本では馴染みのないものであり，その意味でフランスは日本において「特別な国」でもある．

このようなフランスの「特殊性」は日本でも紹介・説明され，一定の理解は進んできたといえる．だが，フランスには他国には見られない独自のルールがあるといった理解・評価がなされる一方で，「フランスのことはフランスでしか通用しない」，したがってフランスのことを学んでも汎用性が低いとみなされたり，ときには「おフランス」と揶揄の対象にされてしまうことがあるのも事実である．だからと言って，フランスの特殊性を否定し，他の国との共通点を強調し過ぎれば，なぜわざわざフランスの事例を取り上げる必要があるのか，と研究の意義を否定することにもなりかねない．このようにフランス研究者は，（共和主義研究など）フランスの固有性を強調して「特別な国」として扱うのか，それとも他国との共通点を強調して「普通の国」として扱うべきか，というジレンマに直面してきたとも言えるのではないか．

このような問題意識は筆者自身が長年にわたって抱え，頭を悩ませてきたものである．それを踏まえて本書では，フランスの事例をより普遍的な文脈に位置づけ，「特殊性」をより普遍的な言語で語ることで，フランス研究の外側にいる人々に理解を深めてもらうことを念頭においた．具体的には「共和国」「ライシテ」といったフランスで自明視される概念自体を，脱フランス的な言語で分析することを試みた．それが「カラー・ブラインド・イデオロギー」という観点からの考察であった．

フランスの固有な文脈で形成されてきた「共和主義」を「カラー・ブラインド・イデオロギー」という角度から論じることについては，特にフランスを専門とする方々から見れば少々乱暴な議論に見えるかもしれない．しかし，これまで積み重ねられてきた「フランス移民研究」に新しい展望を切り開きたいと考え，批判を覚悟であえてこのようなアプローチをとった．それが成功しているか否かは読者の判断に委ねるが，これを契機にこの研究領域で新たな議論が生まれることを願うばかりである．

*　　　*

本書を上梓することができたのは，多くの方々のサポートがあったからである．なかでも宮島喬先生には大変お世話になった．宮島先生は日本でフランス移民研究を切り開いてくださり，私がこの研究をはじめたのも学部時代に先生の著書を通してフランスの移民に関心を持ったことがきっかけであった．その後，修士課程にすすんでからも，所属大学が違うにもかかわらず，要所要所で先生から貴重な助言・指導を受けた．本書でも企画の段階から指導いただき，大変お世話になった．心より感謝を申し上げたい．

ミシェル・ヴィヴィオルカ先生は，博士論文の指導教官として私の背中を押し続けると同時に，狭義のトゥーレーヌ派の枠組みとは違ったところで論文を書くことに理解を示し，博士論文審査の際にもフランス社会の差別の実態と構造を厳しく批判する私の考察を肯定的に評価していただき，大変感謝している．

フランス調査では大変多くの方々にお世話になったが，特に2名の友人の名前をあげたい．オレリー・カルダンさんには，1999年に出会って以来，オベールヴィリエ，セーヌ・サン・ドニ県について実に多くのことを教えてもらった．オベールヴィリエで生まれ育ち，地域に深くコミットする彼女のサポートがあったからこそ，多くの人からこころよく調査を受け入れてもらい，様々な情報を得ることができた．鋭い社会的感性をもつ彼女からは，研究以前の「人としての生き方」についても学ぶことが多い．ウルダ・アリール＝タバコフさんとはフランス社会科学高等研究院の博士課程時代に机を並べ，フィールド調査への同行や論文の草稿へのコメントなど色々な面で助けてもらった．フランス主流社会とマイノリティとの関係性については，彼女との議論から多くを学んだ．その他にも，ひとりひとり名前はあげないが，調査で話をきかせてくださった多くの方々，そしてフランスの友人たちに心より感謝したい．

日本の仲間のサポートも貴重だった．特に，問題意識を共有し，複数の企画に一緒に取り組んできた菊池恵介さん，「日仏移民の参加と排除に関する研究会」の運営に共に取り組んできた中野裕二さん，エレン・ルバイさん，浪岡新太郎さん，園山大祐さん，研究で得た知見を映像をとおしてより広く普及させるという課題に一緒に取り組んできた「パスレル」の久保田ゆりさん，フランスの問題を通して日本の差別・排除について考えることの大切さを気づかせてくれた李孝徳さんには貴重な支援をいただいた．

一橋大学の同僚にも大変お世話になった．伊藤るりさんには行き詰った時に何度も話をきいてもらい，本書の執筆の最終段階でも大変貴重なアドバイスをいただいた．また後藤玲子さんは，これまで日仏間でものを考えてきた私に「頭脳循環プロジェクト」の一環で渡米する機会をくださり，今までと違った角度からフランスを見つめる経験をいただいた．鵜飼哲さんには院生時代からフランスを批判的に考察することの面白さと難しさを教えていただいた．そのほかにも日頃よりお世話になっている一橋大学法学研究科，フランス・エリア，ジェンダー社会科学研究センターの同僚のみなさん，スタッフの方々にも心から感謝したい．

一橋大学での講義，ゼミ，また2015年度の東京大学での社会学特殊講義からも学ぶことが多かった．フランスを専門としない学生・院生とのやりとりをとおして，フランス研究のおもしろさをどう伝えるべきかを強く考えるようになった．あわせて感謝したい．

刊行にともなう諸作業でも多くの方々の支援を受けた．なかでも短時間で草稿に対して的確なコメントをくれた野村佳世さん，山口博史さん，終章に関してアドバイスをくれた金明秀さん，校正作業に尽力してくれた中嶋洋平さん，資料作成などを助けてくれた林論里さん，南波慧さん，山下美菜子さんには大変お世話になった．また年齢を重ねるとどうしても同業者同士のつきあいが中心になり，世界が狭まりがちであるが，そのような筆者の視野を広げてくれた，大学外の世界で生きる友人たち，さらに研究や刊行作業以外の日々の生活を支えてくれた家族にも感謝したい．

お世話になった方々のことをふりかえると，本を書くというのは共同作業である，と改めて思い知らされる．だが，支援・協力してくださった多くの方々のなかでも，筆者がもっともお世話になり，もっとも感謝しなければならないのは東京大学出版会の宗司光治さんである．企画から刊行にいたるまで迷惑の掛け通しで，しかも何度も挫折しかけたところをいつも冷静にサポートし，ここまで伴走してくださり，十分な感謝の言葉が見あたらない．本当にどうもありがとうございました．

2016年1月25日

森千香子

（付記）本書は，科学研究費補助金・基盤研究C（2012-14年度）および基盤研究B（2015年度）の研究成果の一部である．

本書の刊行に際しては，一橋大学大学院法学研究科選書の助成を受けた．

# 人名・地名索引

# 事項索引

## サ

## タ

ラ



ワ

**著者略歴**

1972年東京生まれ．フランス社会科学高等研究院博士課程修了．2005年より南山大学外国語学部専任講師，2008年より同准教授．現在，一橋大学大学院法学研究科准教授．博士（社会学）．

**主要著作**

ロイック・ヴァカン『貧困という監獄』（共訳，新曜社，2008年）
「郊外コミュニティにおける『移民』の社会的排除と参加」（宮島喬編『移民の社会的統合と排除』東京大学出版会，2009年所収）
「分断される郊外」（町村敬志編『都市空間に潜む排除と反抗の力』明石書店，2013年所収）
『国境政策のパラドクス』（共編，勁草書房，2014年）
『排外主義を問いなおす』（共編，勁草書房，2015年）


排除と抵抗の郊外
フランス〈移民〉集住地域の形成と変容

2016年3月23日　初　版

［検印廃止］

著　者　森《もり》　千香子《ちかこ》

発行所　一般財団法人　東京大学出版会
代表者　古田元夫
153-0041　東京都目黒区駒場4-5-29
http://www.utp.or.jp/
電話 03-6407-1069　Fax 03-6407-1991
振替 00160-6-59964

組　版　有限会社プログレス
印刷所　株式会社ヒライ
製本所　牧製本印刷株式会社




ISBN 978-4-13-056109-9　Printed in Japan